马克思主义理论研究
和建设工程重点教材

中国思想史

（第二版）

《中国思想史》编写组

主　编　张岂之

副主编　谢阳举

主要成员

（以姓氏笔画为序）

方光华　刘文瑞　刘学智

许苏民　肖永明　张茂泽

范立舟　周　群

高等教育出版社·北京

图书在版编目（CIP）数据

中国思想史／《中国思想史》编写组编. --2 版
. -- 北京：高等教育出版社,2018.9（2025.5 重印）
马克思主义理论研究和建设工程重点教材
ISBN 978-7-04-050088-2

Ⅰ. ①中… Ⅱ. ①中… Ⅲ. ①思想史-中国-高等学
校-教材 Ⅳ. ①B2

中国版本图书馆 CIP 数据核字（2018）第 209305 号

责任编辑 张 林	封面设计 王 鹏		版式设计 童 丹
责任校对 王 雨	责任印制 刘弘远		

出版发行	高等教育出版社	网 址	http://www.hep.edu.cn
社 址	北京市西城区德外大街 4 号		http://www.hep.com.cn
邮政编码	100120	网上订购	http://www.hepmall.com.cn
印 刷	唐山市润丰印务有限公司		http://www.hepmall.com
开 本	787mm×1092mm 1/16		http://www.hepmall.cn
印 张	29.25		
字 数	520 千字	版 次	2015 年 11 月第 1 版
			2018 年 9 月第 2 版
购书热线	010-58581118	印 次	2025 年 5 月第 15 次印刷
咨询电话	400-810-0598	定 价	57.00 元

本书如有缺页、倒页、脱页等质量问题,请到所购图书销售部门联系调换
版权所有 侵权必究
物 料 号 50088-00

再版前言　文化自信与中国思想史

一、文化自信包含五个认同

2016 年 5 月 17 日，习近平总书记在哲学社会科学工作座谈会上指出："坚定中国特色社会主义道路自信、理论自信、制度自信，说到底是要坚定文化自信。文化自信是更基本、更深沉、更持久的力量。"①

2016 年 11 月 30 日，习近平同志在中国文联十大、中国作协九大开幕式上的讲话，对文化自信作了进一步论述。他说："坚定文化自信，是事关国运兴衰、事关文化安全、事关民族精神独立性的大问题。没有文化自信，不可能写出有骨气、有个性、有神采的作品。"②

习近平总书记论述的文化自信包含有五个认同：

第一，文化自信应认同：中华文明从人文初祖轩辕黄帝开始，5000 多年没有中断。2015 年 9 月 3 日，是我国抗日战争胜利 70 周年。抗日战争始于 1931 年日军入侵中国东北。中国人民经过 14 年抗日战争，于 1945 年取得伟大胜利。在 9 月 3 日阅兵式上，习近平总书记的讲话两次提到 5000 多年的中华文明。他说抗日战争胜利"捍卫了中华民族 5000 多年发展的文明成果"，"中华民族创造了具有 5000 多年历史的灿烂文明，也一定能够创造出更加灿烂的明天。"③

第二，文化自信应认同：文化自信反映了中华文明对人类文明的重大贡献。2014 年 3 月，国家主席习近平访问欧洲，27 日在法国巴黎联合国教科文组织总部的讲演中说："中国的造纸术、火药、印刷术、指南针四大发明带动了世界变革，推动了欧洲文艺复兴。"④

马克思早就指出："火药、指南针、印刷术——这是预告资产阶级社会到来的三大发明。"⑤

第三，文化自信应认同：世界上不同国家和民族都对人类文明作出了贡献，我们必须尊重世界文明的多样性。联合国规定每年 5 月 21 日为"世界文化多样性促进对话和发展日"，我国积极参加了这方面的活动。

---

① 习近平：《在哲学社会科学工作座谈会上的讲话》，人民出版社 2016 年版，第 17 页。
② 《习近平谈治国理政》第 2 卷，外文出版社 2017 年版，第 349 页。
③ 《习近平谈治国理政》第 2 卷，外文出版社 2017 年版，第 445、447 页。
④ 《习近平谈治国理政》，外文出版社 2014 年版，第 261 页。
⑤ 《马克思恩格斯文集》第 8 卷，人民出版社 2009 年版，第 338 页。

2014 年 3 月，国家主席习近平在联合国教科文组织总部的讲演中有针对性地指出："每一种文明都是独特的。在文明问题上，生搬硬套、削足适履不仅是不可能的，而且是十分有害的。一切文明成果都值得尊重，一切文明成果都要珍惜。"①

第四，文化自信应认同：在中国，国家统一、民族融合为中华文明的繁荣发展奠定了坚实的基础。中国自古以来就是一个多民族国家。中华各民族日益密切的交往、团聚和统一的过程，也是民族大融合的过程。各民族经过迁徙、杂居、通婚和各种形式的交流，在文化上互相学习，在血统上互相融合，逐渐形成了共同的文化心理特征。特别是在近代以来，中华各民族共同反抗外国侵略者，为实现中华民族伟大复兴而努力奋斗，各族人民在中国共产党领导下站立起来、富起来、强起来。

早在先秦时期，我国就有华夏、东夷、北狄、西戎和百越五大民族集团。中国的主体民族——汉族的形成，就是各民族大融合的结果。汉族能够在历史上起主导作用，不仅是因为它人口众多，更重要的是因为它有比较先进的生产方式、比较发达的经济和文化。历史上有过少数民族入主中原进行统治的时间，比如鲜卑（北魏）、契丹（辽）、女真（金）、蒙古（元）和满（清）。当他们进入中原以后，不仅未能改变汉族原有的生产方式和文化传统，反而逐渐接受了汉族文化，由此进一步推动了汉族文化与少数民族文化的交流、融合与发展。

战国时代，我国不同地域的文化存在着明显的差异。秦始皇于公元前 221 年统一六国后，有汇合地域文化的理想，但没有成功。汉并天下后，到汉武帝执政时期，经过数十年的战争，地方分裂势力基本被肃清，地域文化也大体上完成了汇合的历史过程。与这个总的形势相适应，汉武帝实行"罢黜百家，独尊儒术"的国策，以汉族为主体的多民族文化共同体才真正形成。这个文化共同体虽然以儒学为主导，但并没有阻碍其他学派思想文化的传承发展，由此面临思想文化会通的问题，在唐、宋时期，儒、道、释的融合会通将中华文化推进到一个新阶段。

第五，文化自信应认同：中华文化具有独特的汉字文化系统。汉字最初有甲骨文、金文，秦始皇为统一汉字书写，采用小篆。我国各地乡音不同，但书面语言相同，这使得中华文化的传承与发展有了保证。文字的统一，有效促进了不同地域思想文化交流和国家政令畅通，对实现国家统一和多民族融合发挥了重要作用。文字的统一与各地方言乡音并存，在相同中保留有特色。

在中国，独特的语言文字，又有多样的书写形式，于是形成了独特的书法艺

---

① 《习近平谈治国理政》，外文出版社 2014 年版，第 259 页。

术。书画同源，中国书法艺术又和中国国画（水墨画）结合，成为中华艺术宝库中的一个部分。

二、中华民族有 5000 多年的文明史

古人说："观乎人文，以化成天下"，文化就是文明所产生的正面社会作用。

黄帝和炎帝是中国远古传说中的人物，这些传说经过文字加工，保存在先秦时期的一些文献中。

传说不都是虚构，只要有佐证，其中有可信的部分。关于黄帝及其历史贡献，经司马迁（前145—前90）在《史记》中的叙述，以及后来中国考古学关于中华文明起源的探讨，都说明黄帝时期揭开了中华文明的序幕。

司马迁说，关于神农氏以前的事他不了解，在《史记》中不写燧人、伏羲、神农"三皇"之事。他写《五帝本纪》，作为中华历史的开篇；"五帝"之首就是黄帝。（五帝：黄帝、颛顼、帝喾、尧、舜）

根据《史记·五帝本纪》，加上对中华文明起源的考古研究，我们认定黄帝时代距今有5000多年。

因此，我们学习、研究中国思想史，可从黄帝时期开始。

从黄帝肇始，到春秋时期（即公元前770年至前476年）、战国时期（即公元前475年至前221年），这是中华文明异彩纷呈、百家争鸣的时期，有儒家、道家、阴阳家、法家、名家（逻辑学家）、墨家、纵横家（外交家）、军事家、杂家、农家，还有在街头巷尾讲故事的"小说家"。"百家之学"的昌盛文化局面，渗透着溯本求原的辩证精神、天人合一的和谐精神、人格养成的道德精神、博采众家之长的文化会通精神、以天下为己任的经世致用精神和奋发图强、生生不息的民族团结精神等。

在距今2500多年的春秋末期，儒、墨、道学派的代表人物孔子、墨子和老子，都有他们自己的历史观与社会观，影响了后来中国历史和社会的发展。孔子自述："丘也闻有国有家者，不患寡而患不均，不患贫而患不安。"（《论语·季氏》）主要是贫富分化的问题，而不是财富绝对值大小的问题，因而治国者应当在"均"和"安"上下功夫。

孔子对上古尧、舜的功业给予很高评价，认为他们是后代治国理政的典范。到战国时期，子思、孟子等继承孔子思想，面对当时社会与民众的苦难，提出了"仁政"理想。孟子在关于"王道"与"霸道"的争议中，坚持"王道"，不但要使民众有自己的财产，更加重要的是要推行儒家教化，以孝悌仁义提高人们的道

德操守，建立良好的社会风气。

春秋末期墨家学派以"兼爱""尚同"作为社会生活的基本准则，宣传"有力者疾以助人，有财者勉以分人，有道者劝以教人。若此，则饥者得食，寒者得衣，乱者得治"（《墨子·尚贤下》）。墨子认为，社会生活中之所以存在不公平的乱象，原因在于人与人不相爱。只有从兼相爱、交相利出发，才能改变这种状况。为此就要选择天下贤良之士从事政事。

春秋末期的老子，在理想社会的追求上与儒、墨不同，他把对自然现象的观察引入政治社会理想。他说："天之道损有余而补不足。人之道则不然，损不足以奉有余。"（《老子》第七十七章）由此来看，社会的贫富悬殊与"天道"不合。他的理想社会是返璞归真，小国寡民。

儒、墨、道三家都关心社会现实问题的研究，从现实出发，反思历史，展望未来，形成理论，这是中华优秀传统文化的特色。

今天，中国特色社会主义文化，就是从中华优秀传统文化遗传基因中产生发展起来的。

三、"中华文明的精神标识"与史书

黄帝陵在今陕西黄陵县，历代都到这里祭祀黄帝。习近平总书记说，黄帝陵是"中华文明的精神标识"。

在氏族部落的繁衍过程中，黄帝统一了黄河流域的大片土地，成为中原部落联盟的首领。当时，国家雏形确立，文字出现，制作车、船，学会打井、养蚕和缫丝，推进原始农业，制作冠冕衣裳，又设官治民，为中华民族的多元统一奠定了物质和教化的基础。后代子孙们推崇黄帝、祭祀黄帝，认定黄帝是中华的人文初祖。

中华文明的精神标识是我们民族精神的源头，陕西黄陵县的黄帝陵是这个源头的象征，"不论树的影子有多长，根永远扎在这里"。

人们了解中华文明的精神标志，需要读史。

司马迁，今陕西韩城人，他撰写的《史记》，是中华的第一部通史。司马迁在《史记·太史公自序》中介绍了他父亲司马谈的《六家之要指》："六家"即六个思想文化学派：阴阳、儒、墨、名、法、道德（即道家）。司马谈受汉初"黄老之学"的影响，对道家的思想文化予以很高的评价，汉武帝时"罢黜百家，独尊儒术"，因而司马迁推崇孔子和儒学，在《史记》中写了《孔子世家》，并为孔子的弟子们立传，称孔子为"至圣"。这些对中华思想文化有很大影响。

还要提到东汉时期史学家班固（32—92），今陕西咸阳人，他继承父业，用 20 多年时间完成了《汉书》、即西汉时期历史的大部分。《汉书》是中国第一部完整的断代史。

《汉书》中有《艺文志·诸子略》，包含儒、墨、道、法、阴阳、名、纵横、杂、农、小说诸子十家的思想观点，《诸子略》有言："诸子十家，其可观者九家而已。"对于在街头巷尾说故事的小说家，是否可称之为"家"，尚可讨论；认为各家的思想观点"相反而皆相成也。《易》曰：'天下同归而殊途，一致而百虑'"，正因为中华文明有"百家之学"兼容并包这样的优良传统，才能长期传承发展。

西汉时期，玉门关和阳关以西的地域，即今新疆乃至中亚地区，被称为"西域"。汉武帝时张骞（前 164—前 114），今陕西城固人，艰苦备尝，用 13 年时间，获得关于西域的认知，对汉朝的政治、经济、文化有很大影响。后来又第二次去西域。张骞通西域，使汉王朝的声威和汉文化的影响传播到西域，又由此传到欧洲；当时的中国以文明和富强的政治实体而闻名于世。

东汉时期，被封为"定远侯"的班超（32—102）也为通西域做过重大贡献，这不但是物产、经济互通，而且是文明的交流互鉴。

关于两汉时期丝绸之路的状况，我们读了《汉书·西域传》就会有明晰的印象。唐宋时期又有"海上丝绸之路"的开拓，将中外联结起来。这些历史的认知有助于我们今天对筑梦"一带一路"的理解。一部中国历史实际是中华文明传承发展的历史，读史才能更好地知今。

四、文献典籍与中国思想史

习近平总书记在哲学社会科学座谈会上的讲话，对中华文献做了这样的评价："中国古代大量鸿篇巨制中包含着丰富的哲学社会科学内容、治国理政智慧，为古人认识世界、改造世界提供了重要依据，也为中华文明提供了重要内容，为人类文明作出了重大贡献。"[①]

这里举儒学"十三经"来说明，这是学习、研究中国思想史的部分主要文献。儒家的经书被称为"经天纬地之作"，言其重要性。西汉时有《诗》《书》《礼》《易》《春秋》"五经"。东汉时，"五经"加《孝经》《论语》成"七经"。唐朝时，《礼》分为《周礼》《仪礼》《礼记》，《春秋》有《左传》《公羊传》《穀梁

---

① 习近平：《在哲学社会科学工作座谈会上的讲话》，人民出版社 2016 年版，第 5 页。

传》，加上《周易》《尚书》《诗经》成为"九经"，后又加《论语》《孝经》《尔雅》成为"十二经"，宋代"十二经"加《孟子》形成"十三经"。

儒家的经书从"五经"到"十三经"，这是社会演进的需要。这些被认为是"经天纬地之作"的经书，包含了中华优秀传统文化中的珍品。它们的社会思想作用在于：1. 维护我国传统社会中尊卑贵贱的分野，使之各尽其职、各安其分；2. 这些经书对个人的道德修养，以及如何对待家庭、社会、国家的责任都有明确的论述，起了以文化人的作用。

还要提到，这些经书的普及版，如《三字经》《弟子规》等，在中国传统社会起了一定的教化作用。在这方面，我们要力求做到创造性的转化工作，对于过去的少儿启蒙读物，吸取其中的某些精华，而不是完全搬来，机械模仿。

2017 年 1 月底，新春佳节前夕，中共中央办公厅、国务院办公厅印发《关于实施中华优秀传统文化传承发展工程的意见》，全文共四大部分，论述了从 2017 年至 2025 年实施中华优秀传统文化传承发展工程的重要意义和总体要求、主要内容、重点任务、组织实施和保障措施。其中的"主要内容"共有三项：1. 阐释中华优秀传统文化的核心思想理念；2. 宣传中华传统美德；3. 发掘中华人文精神。

《意见》与国民教育紧密联系，提出："把中华优秀传统文化全方位融入思想道德教育、文化知识教育、艺术体育教育、社会实践教育各环节。"还应"推动高校开设中华优秀传统文化必修课，在哲学社会科学及相关学科专业和课程中增加中华优秀传统文化的内容。"这些需要我们深入学习，准确领会，使之落实。

五、中国思想史中包含有独特的科学精神

这是一个长久被人们忽略的问题，十分可惜，有人只承认西方近代的科学精神（从牛顿开始），否认中华有自身独特的科学精神。现在已到应当加以澄清的时候了。

2015 年 12 月 7 日下午，中国科学家屠呦呦获得诺贝尔奖，在瑞典卡罗琳斯卡医学院用中文发表了题为《青蒿素：中医药给世界的一份礼物》的讲演，其中阐述了中国的科学精神。

在中国古代的许多医学典籍中都有关于青蒿治病的记载，至于如何从植物中提取青蒿素，制作成为适合人用的药物，需要科学家们进行研究。经过屠呦呦及其团队的反复试验，得到从青蒿中提取抗疟成分的启示，制成的药品，在非洲和其他地区使用，取得了很大疗效。屠呦呦在讲演中说："通过抗疟药青蒿素的研究经历，深感中西医药各有所长，二者有机结合，优势互补，当具有更大的开发潜

力和良好的发展前景。……中医药从神农尝百草开始，在几千年的发展中积累了大量临床经验，对于自然资源的药用价值已经有所整理归纳。通过继承发扬，发掘提高，一定会有所发现，有所创新，从而造福人类。"

屠呦呦获得 2015 年诺贝尔生理学或医学奖，是世界对中国科学精神的认定和赞扬。

中国第一部编于战国时代，在西汉时期写定的医学经典《黄帝内经》，托名黄帝撰，实际是战国时诸多医学家共同完成的，包括《素问》《灵枢》两大部分。《素问》的内容偏重中医人体生理、病理学、药物治疗的基本理论。《灵枢》主要论述针灸理论、经络学说和人体结构等。

《黄帝内经》中有阴阳五行学说、儒家思想、墨家思想、道家思想，还有法家的若干见解。此外，名家、兵家等的某些成分也被吸纳，体现了博采众家之长的特色，说明中国医药学是百家之学的融会贯通。

2015 年 12 月 22 日习近平总书记致信祝贺中国中医科学院成立 60 周年，其中说："中医药学是中国古代科学的瑰宝，也是打开中华文明宝库的钥匙。"可见人们要全面理解中华文明，需要研究和阐述中国古代的科学精神。

司马迁的名言："究天人之际，通古今之变，成一家之言。"（《汉书·司马迁传》）在"天人之学"中，包含有中国古代的科学技术，从天文历算、中医药学、古地理学、古化学、古建筑学中，都可看到"天人之学"的卓越成果。在中华文明中有自己独特的科学精神，这是必须加以肯定的。

目　录

第二篇　秦　汉　篇

第三篇　魏晋南北朝篇

第四篇　隋　唐　篇

第五篇　宋　元　篇

第六篇　明代至清代中期篇

第七篇 近 代 篇

绪　　论

在我国五千多年文明发展历程中，中华民族创造出源远流长、博大精深的中华文化。文化是民族精神和民族智慧的结晶，也是民族生活方式和思维方式的体现。精神、思想、理论、价值观是文化的核心。中国思想史是中华文化的重要组成部分，它是理论化的中华民族社会意识的发展史，体现了民族最深沉的精神追求。

一、学习中国思想史的必要性

中国思想史具有丰富的理论思维。1938 年毛泽东这样指出："今天的中国是历史的中国的一个发展；我们是马克思主义的历史主义者，我们不应当割断历史。从孔夫子到孙中山，我们应当给以总结，承继这一份珍贵的遗产。这对于指导当前的伟大的运动，是有重要的帮助的。"①

在大学开设中国思想史课程，使同学们了解中华民族生生不息、发展壮大的丰厚思想滋养，了解"中华文明绵延数千年，有其独特的价值体系。中华优秀传统文化已经成为中华民族的基因，植根在中国人内心，潜移默化影响着中国人的思想方式和行为方式。今天，我们提倡和弘扬社会主义核心价值观，必须从中汲取丰富营养，否则就不会有生命力和影响力。"②

二、中国思想史的内容与学习方法

学习和研究中国思想史，应坚持马克思主义唯物史观的基本原则，通过相关历史知识的掌握，真正理解社会存在决定社会意识的复杂性和多样性。对于在校大学生来说，在学习中国思想史时，希望能够注意以下要点：

第一，学习中国思想史，要与阅读思想文化经典结合起来。历史上的理论思维成果主要体现在各个时代的文化经典著作中。在中国历史上，经学占据了思想文化传承的特殊地位，因此，"四书五经"及其历代注疏解释是相当重要的思想史资料。本教材编写中考虑到中国思想史的这一特点，对经学的历史变迁有适当的陈述。先秦子学激发了中国古代理论思维的百家争鸣，不读原著就很难感受到思想的乐趣和深度。《论语》的言简意赅，《老子》的冷峻辩证，《孟子》的机智论

① 《毛泽东选集》第 2 卷，人民出版社 1991 年版，第 534 页。
② 习近平：《青年要自觉践行社会主义核心价值观——在北京大学师生座谈会上的讲话》，人民出版社 2014 年版，第 7 页。

辩,《荀子》的理性思考,《庄子》的恣意旷达,《韩非子》的言辞犀利,都可使读者增长见识。中国传统史学十分发达,为后人留下了丰富的遗产。以《史记》《汉书》为代表的正史,有不少值得学生品味的篇章。秦汉以后直到明清时期的重要文献,从王充的《论衡》、王符的《潜夫论》,到黄宗羲的《明夷待访录》、王夫之的《张子正蒙注》、顾炎武的《日知录》,都是富有思想性的著名作品。周敦颐、程颢、程颐、张载、朱熹的理学著作,将儒学与中国佛教、道教相会通,在思想史上有新的创造。总之,从思想文化经典的阅读入手,是科学认识传统思想文化价值的可靠途径,也是准确把握传统思想文化内容的基础。经典的韵味,是二手传播不可替代的。学生如果根据学习进度适当选读这类书籍,对于准确理解思想史的内容会有很大帮助。

第二,学习中国思想史,应将思想史和学术史结合起来。这涉及两个方面。首先,在不同时代,应注意社会思潮的研究,因为社会思潮反映了社会变迁与社会思想之间的相互关系。所谓思潮,指的是一个历史时期思想领域内的主要思想倾向。在春秋战国时期,社会思潮主要表现为诸子之学;在汉代,则为经学;魏晋时期,则为玄学;隋唐时期,主要是儒学、道家道教和中国化佛学;宋以后,表现为理学和心学;清代,则是考据学、中学和西学的研究;近代,则是围绕古今中西之争而展开的各色思潮。其次,在同一时代,应注意学派及其相互关系的研究。不同学派的产生发展与互相影响,具体展示了社会演进和社会思想之间的相互联系。如春秋战国时期的儒、墨、道、法、名、阴阳等各学派及其相互关系,宋明理学时期程朱和陆王各个学派及其相互关系等。通过学派研究,可以更具体地考察社会思潮发展演变中理论思维的作用。在这样一种学习方法指导下,可以有效提高学生们的理论思维水平。

第三,学习中国思想史,应将思想史和社会文明史结合起来。理论思维的形成与发展,与社会文明的历史进程密切相关。只有把思想史置于广阔的中华民族五千多年连绵不断的文明史的背景之中,从社会史的角度探讨,才能了解思想文化生成的土壤;从文明史的角度观察,才能看清思想文化发展的意义。中国历史上的思想文化是中华民族在创造中华文明的历史实践中产生和发展起来的,作为历史上中华民族精神文明的主要内容,思想史是社会发展中形成的理论思维成果。以社会文明史为基础学习思想史,可以使学习更加深入。

三、《中国思想史》教材的编写意图

我们编写这本教材,力求贯彻社会存在决定社会意识的马克思主义唯物史观。

在具体的研究实践中，我们体会到，生产力决定生产关系，社会存在决定社会意识，经济基础决定上层建筑，这才是马克思主义唯物史观的基本原则。这种决定不是机械的，而是辩证的，特别是上层建筑中的理论思维部分，并不是经济基础直接决定的，而是经过多个中间环节，如政治、法律制度等曲折地加以反映的结果。由此可以看到，不能将中国古代的思想家们的思想简单地归入某一个阶级的专利品。他们的思想经过一定的社会经济基础与上层建筑之间的辩证作用的过滤，成为中华民族在历史发展过程中具有代表性的理论思维，体现了中华民族在创造发展文明过程中所做出的巨大贡献——这属于中华民族优秀传统文化的组成部分，其精华永远是中华民族子孙们共同的精神财富。直到今天，我们还要不断研究这些思想，传承其精华。同时，我们也应当看到，我国古代思想家们毕竟生活在历史环境中，其思想中既有与今天时代性相符的方面，也有刻印了古代历史社会某些滞后因素的痕迹。因而，对我国古代思想进行具体的历史分析，力求做到古为今用，这在今天和未来都是必要的。

我们在编写的《中国思想史》教材中，努力贯彻以下几点：

第一，力求结合中国历史阐述中国思想史的基本内容（思潮、学派、思想家、理论观点及其历史影响等）。

第二，力求准确地介绍关于中国思想史的基本史料。

第三，在教材中不宜空发议论，不宜作过多的引申和发挥，力求对材料加以解释、分析，得出相应的观点，由此给学生们以实事求是的方法论启示。

第四，注意教材内容的稳定性。

第五，文字力求简洁、明白晓畅，使用规范化的现代汉语，避免使用各种带有极端评价性的词句和公文化的虚文，使大学生们愿意阅读。

第六，对中国思想史中特有的范畴、名词术语，力求做准确的解释，在这一点上有和辞书相同的要求。

至于本教材是否完全达到以上六项要求，这要请选用此教材的老师和同学们加以评点和指正。

最后还要提到，思想史与哲学史既有内容上的交叉，又有侧重上的不同。"马克思主义理论研究和建设工程"已出版《中国哲学史》教材，因而我们编写的《中国思想史》教材为避免重复，拟着重反映中国学术思想、政治思想、史学思想以及道德伦理思想等方面的内容。

这本书稿能够在四年多时间写出并进行多次修改，要感谢教育部"马克思主义理论研究和建设工程"方面的大力支持，要感谢专家们对此书稿提出了宝贵的意见。我们编写组带着从容和愉快的心情来写作和修改书稿。我们希望：当此教材公开出版并被采用以后，相关老师和同学们能把使用这本教材的情况告诉我们，到一定时候我们对教材进行修订，进一步提高其质量。

第一篇 | 先秦篇

导　论

约公元前 21 世纪，黄河中下游出现了中国历史上第一个朝代——夏朝。约公元前 16 世纪，黄河下游的商部落灭掉夏朝，建立商朝。在商朝，以上帝为至上神的上帝崇拜和原始宗教的祖先崇拜、自然崇拜并行。

公元前 11 世纪，在渭水流域发展起来的周人推翻殷纣王统治，建立了"封邦建国""敬天保民"的礼乐制度。周人将殷商的上帝崇拜改造为天命信仰，称最高统治者为天子，将祖先崇拜和上天崇拜、神权和王权统一为一体。殷鉴不远，周人提倡民本思想，认为天命可以转移。这些是周人的创新。周人提出了自己的伦理思想，"德""孝"等范畴出现了。

殷周宗教观念和早期阴阳观、五行观有联系。阴阳本指自然界的天象明暗现象。西周初年，阴阳观念发展成含有辩证思维的阴阳说。西周末年，史伯和伯阳父用阴阳、五行观念解释自然现象和社会现象，《诗经》中《大雅》《小雅》的许多诗篇发出对上帝和祖先神的质问，反映出当时人们在宗教观念方面的疑惑。

春秋时期（前 770—前 476 年），先秦思想发生重大转折。此时私田增加，孕育出了新的生产关系。与此相应，出现了重视人、重视民的思想，无神论倾向扩大。阴阳、五行说被运用到对社会和人生的认知思维之中，同时在与具体科学如医学的结合中得到发展。道德领域出现了忠、仁等新范畴。春秋末期，老子开创道家学派，孔子创立儒家学派。春秋战国之际的墨翟始学儒学，后来批判儒学而创立墨家。

战国时期（前 475—前 221 年），社会生产力迅速发展，土地私人占有进一步发展，土地兼并和劳动力争夺加剧。与此同时，诸侯纷争，各诸侯国礼贤下士。"士"阶层活跃，他们或参与政治，或从事学术活动。社会变动促进了学术思想繁荣，战国时期学派众多，被称为"诸子百家"。各学派思想相互影响，彼此争辩，带来中国古代思想文化的繁荣，史称"百家争鸣"。汉代司马谈按照诸子学说的主要倾向，把他们划分为阴阳、儒、墨、名、法、道德六家（《史记·太史公自序》）；班固则把诸子划分为儒、道、阴阳、法、名、墨、纵横、杂、农、小说十家（《汉书·艺文志》）。

随着中华民族的逐渐融合以及各诸侯国的频繁交往，不同地域、不同学派的诸子思想也相互影响，彼此争辩、学习和吸收，"百家争鸣"同时也是百家相助相长的过程。诸子百家的学术贡献是多方面的，他们的著作不但在哲学、伦理、政治思想、逻辑等领域，而且在自然科学和治国理政等方面，都做出了很大的贡献，形成了中国古代历史上文化思想的繁荣局面。

第一章　夏商周时期的宗教观念

夏商周时期的宗教观念，以祖先崇拜观念为主，上帝、天命、阴阳、五行等观念也得到发展。随着社会生产的发展，人们认识改造世界的能力提高了，人的重要地位和作用也在思想中逐步得到正面阐述。

第一节　夏商周时期的祖先崇拜与宗教意识

夏朝开启了父传子的世袭制度，但夏朝的世袭制度没有代替氏族制度，反而在国家管理中推广了氏族制度。宗教意识也相应发生变化。

传说颛顼禁止人们私自祭祀鬼神，由此出现了最初的专门神职人员——巫觋，原始宗教开始变成人为宗教。《墨子》引用古书说，禹进攻三苗、征伐有扈氏的战争都假借神意进行，说自己只是"共（恭）行上天之罚"。这说明宗教已经为王权服务，宗教观念的政治性能得到强化。夏朝开国之君启讨伐有扈氏时，对将士们宣布，"用命，赏于祖；弗用命，戮于社"（《尚书·甘誓》），"祖""社"是进行祖先崇拜的神圣地，"赏"和"戮"都在"祖""社"进行，显示了祖先崇拜在夏代的精神作用。

商朝统治范围包括今河南全部，以及山东、河北、山西、陕西、湖北、安徽的部分地区。商人相信"天命玄鸟，降而生商"（《商颂·玄鸟》），认为自己能够取得王权，乃是天意。祖先崇拜和上帝崇拜结合，发展出宗庙祭祀制度，祭祖是商朝宗教中最重要、最隆重的活动之一。

从殷墟甲骨卜辞可见，殷人卜问的对象有天神、地祇和人鬼三大类。上帝统率着日、月、风、雨、雷等天神，土、地、山、川、四方等地祇，以及先王、先公、先妣、诸子、诸母等人鬼。在殷人的宗教观念中，至上神是人格神，有意志，有好恶，有支配自然界、主宰人间祸福的能力。像战争的胜负，政权的更替，以及兴建土木、出行、做买卖等日常生活事务，殷人都要通过占卜征求上帝的意见才付诸行动。但他们相信在世凡人不能直接与上帝交通，只有殷王死后才回归上天随侍上帝；因此上帝通过先公、先王的灵魂降祸或者降福。祭祖成为时王和上帝交通的唯一方式。

周平王迁都洛邑以前，史称西周。西周王朝疆域辽阔，北起辽宁，南迄长江以南，西抵甘肃东部，东达东海之滨。周人建立了封邦建国、敬天保民的宗法制度，宗教观念也发生重大变化。周人信仰的至上神不是殷商有人格色彩而无规定性的上帝，而是人格色彩淡薄但有"德"作为其本质规定的天或天命。周人认为，其祖先是上帝的儿子，被上帝派遣到下界做最高统治者。周王被称为天子，意思是上天的嫡长子，拥有治理天下的特权。王取得统治权叫"受命"，得到贤能辅臣叫"受屏"，维持政权叫"永保天命"。

西周初期，殷鉴不远，周代商的朝代更替史实，必须总结和说明。周王国空前庞大的统一疆域里，居住了各个部落，如庸、蜀、羌、茅、微、卢、彭、濮、蓟、祝、陈、杞、宋等，他们信奉不同的祖先神。如何解释周王取代商王成为天下共主这一历史事实呢？为了回答这个问题，周人在宗教思想上做出了两大创新：

第一，"天命"可以转移。周人总结殷王朝覆亡教训，追溯到夏朝的兴亡。周公等人的看法是，天随时都在寻找适合于做人民君主的人，最初选中夏人，后来夏人"大不克明保享于民，乃胥惟虐于民"，上天便抛弃夏人，命商汤"简代夏作民主"（《尚书·多方》）。商汤及中宗、高宗、祖甲等英明的殷王励精图治，不敢过度享乐，使殷商统治延续下来。但祖甲后，历代殷王"惟耽乐之从"（《尚书·无逸》），到纣王时，更是胡作非为，天又让周人取代殷王作民之主。周人探索三代历史更替原因，虽未脱离宗教观念，但将注意力转移到人事方面。他们承认天意主宰人事，却发现了人事可以影响天意，肯定了人的能动作用。

第二，治国者是否有"德"，被视为天命是否转移的原因，而君王是否有德，又要从"民视""民听"等民意方面判断。周人的"德"观念包含敬天、孝祖、保民诸项内容，用在政治上，要求明察和宽厚。周公反复强调，周人取代殷人，是修德所致。文王"明德慎罚"（《尚书·康诰》），缔造了周国；武王效法文王，努力奉行宽厚的大德，才得以代殷受命。只有继续推行德政，才能维持天命不坠。

周人思想和其宗法制度有联系。从周王到大夫的各级统治者，都由嫡长子继承父位，诸子分封为次一等级的统治者，整个国家为以宗法血缘为纽带的权力网络所统治。维持血缘宗法关系，就有维护政治稳定秩序的功效，因此"孝"的观念十分盛行。周人认为，对祖先"继序思不忘"，可以祈福长寿，使族人获得幸福。父慈、子孝、兄友、弟恭被认为是源于上天的社会关系准则，有神圣性，违背它被视为犯罪。

第二节　阴阳、五行观念的萌芽

从夏代流传下来，经后人修饰改订的《尚书·甘誓》，记述了夏启与有扈氏在甘地决战的誓词，其中指责有扈氏"威侮五行"，但"五行"指的是什么，尚无法确定。

西周初年流传下来的文献《尚书·洪范》中有"五行"的名称。武王克商后，箕子归顺，与武王谈话，讲述了上天给予夏禹治理天下的九大法则——"洪范九畴"。其中第一类就是五行："一曰水，二曰火，三曰木，四曰金，五曰土。水曰润下，火曰炎上，木曰曲直，金曰从革，土爰稼穑。润下作咸，炎上作苦，曲直作酸，从革作辛，稼穑作甘。"这段话描述了五行的性质和作用，表明五行是和人们社会生产生活密切相关的五种自然物质类别；但作者却把它看成上天赐予人间的根本大法。

殷墟卜辞中已经出现"阳"字，金文中已经有"阴"字，[①] 本指自然界的明暗现象。西周初年，阴阳观念发展成包含辩证因素的阴阳说，集中体现在《周易》经文（即《易经》）[②] 中。该书大约形成于殷周之际，由文字和符号两部分组成。文字含卦名、爻名、卦辞、爻辞、用辞，共450条，是上古人占卜的记录，内容涉及重大历史事件、农牧业生产、军事、政治、社会生活，以至谚语、歌谣等。符号部分即64卦的符号，由阴（－－）、阳（—）两种符号两两组合而成太阳、少阳、少阴、太阴四象，再由这四象和阴阳分别组合而成八个经卦：坤、艮、坎、巽、震、离、兑、乾。抽象的阴阳二气具象化为八个经卦代表的8种自然物：地、山、水、风、雷、火、泽、天。八卦互相重合，得64卦，包括386爻（加上《乾》卦"用九"、《坤》卦"用六"），代表万事万物。阴阳观念贯穿了《周易》经文始终，形成西周的阴阳学说。

《国语》中有两段材料，可以看出五行说和阴阳说在西周末年的实际运用情况。《郑语》记载，西周末年幽王的史官史伯对郑伯说："夫和实生物，同则不继。以他平他谓之和，故能丰长而物归之；若以同裨同，尽乃弃矣。故先王以土与金、木、水、火杂，以成百物。"史伯运用五行说，朴素地说明了事物是多样性统一的事实。《周语》记载，幽王大夫伯阳父说："阳伏而不能出，阴迫而不能蒸，于是有地震。今三川实震，是阳失其所而镇阴也。"这是运用阴阳说解释

① 有人认为卜辞中也出现了"阴"字。黎子耀：《阴阳五行思想与〈周易〉》，《杭州大学学报（哲学社会科学版）》1979年第1—2期。
② 《易经》来源于占筮活动，在《周易》经文出现之前，据传夏代有《连山》，首卦是"艮"卦，卦象为山山重叠；殷商有《归藏》，首卦是坤卦，卦象为大地。周代《易经》是逐步演变出现的，经过整理。《易经》的卦画本来是数字卦，后来将奇数记为阳，偶数记为阴。通行本《易经》已经从数字卦演变为阴阳卦。《易经》卦爻辞已包含一定的归纳和推理特征。

地震的成因。

第三节　西周末宗教思想的动摇

在西周末年的诗歌中，怨天、骂天、恨天的诗句屡见不鲜，反映了当时人们对"昊天"神圣性的怀疑。如"浩浩昊天，不骏其德。降丧饥馑，斩伐四国"（《小雅·雨无正》），"天降丧乱，饥馑荐臻"（《大雅·云汉》），老天不赐恩德，总是降下灾荒、饥饿、战祸，给人间带来无尽灾难，戕害了多少生灵！

"旻天疾威，弗虑弗图。舍彼有罪，既伏其辜。若此无罪，沦胥以铺。"（《小雅·雨无正》）可见周初的"天伐"是针对人间罪恶的。现在不同了，老天无端发淫威，不讲是非，不顾后果，隐瞒坏人罪恶，却使无辜的人们受害。"民卒流亡，我居圉卒荒"（《大雅·召旻》），"邦靡有定，士民其瘵"（《大雅·瞻卬》），"靡神不举，靡爱其牲。圭璧既卒，宁莫我听"（《大雅·云汉》），士民被厄运驱赶着四处流亡，从国中到边疆，土地全都荒芜了。国无宁日，民无定居。人们祈求神灵保佑，每位神灵都祭祀了，并未吝啬牺牲，祭神的圭玉用尽，神灵对此却充耳不闻。

"天"的形象和周初已经不同，明鉴转为昏庸，公正化为邪僻，尊严成为淫威，慈惠变成残暴。人们不禁对天不满了："昊天不佣！""昊天不惠！""昊天不平！"（《小雅·节南山》）"疾威上帝，其命多辟！"（《大雅·荡》）上天的神圣性、公正性等，都受到怀疑。上天已经变异，"在帝左右"的祖先神也变了，人们不断祭祀祈求，从郊外到宫廷，都十分虔诚，但后稷不降福，上帝不显灵。人们责问祖先神："群公先正，则不我助。父母先祖，胡宁忍予？"（《大雅·云汉》）苦难无助的人们虔诚祈求祖先神护佑，但这些神灵却不能提供什么帮助，怎么这样忍心呢？

西周末年宗教观念出现疑惑，是社会历史变化的间接反映。西周初，宗法制和分封制确立了贵族的特权地位，土地等生产资料为各级贵族所占有。"溥天之下，莫非王土；率土之滨，莫非王臣"（《小雅·北山》），一切都受周天子最高王权支配。基层盛行农村公社制度，排斥土地私相买卖。据铭文材料，西周中期后，经济发展，出现土地买卖和抵押，"田力不鬻"的凝固状态被冲破，贫富进一步分化。社会经济政治变化，加剧了社会矛盾，加重了民众生活困苦。有些贵族穷困甚至破产了，彻底没落了，他们发出了不满呼声："人有土田，女（汝）反有之；

人有民人，女覆夺之。"(《大雅·瞻卬》)同时，王室渐衰，士和平民处境也急剧恶化。昭王南征受挫，穆王征伐犬夷无功，又"欲肆其心"周游天下(《左传》昭公十二年)，荒废国事，导致"王道衰微"。厉王对淮南夷屡屡用兵，国力消耗很大。遂实行"专利"政策，由王室垄断山林川泽之利，对贵族和农村公社成员在山林川泽中开辟的"私田"则予以取缔。他还违背不对公社份地收税的旧例，增加对公社成员的剥削。厉王与民争利，触犯了贵族和平民的利益，导致"民不堪命"，引起舆论谴责。他又用高压手段，钳制民众言论，造成"国人莫敢言，道路以目"的恐怖局面，终于引起国人暴动，驱逐了厉王。共和后，宣王"中兴"，但没有解除社会危机。在征伐猃狁的战争中，"南国之师"逃散，这正是士和平民不堪重负的表现。

周人从贵族到平民对现实产生了不满，表现为西周末对宗教观念的怀疑。宗教批判是社会批判的先声。西周末宗教观念的变异，透露出新时代到来的一线曙光。

思考题：

1. 夏商西周时期祖先崇拜和上帝崇拜、天命信仰的关系。
2. 早期阴阳说、五行说对宗教观念的影响。
3. 西周末年对宗教观念疑惑的原因。

第二章　春秋时期的思想变化

春秋时期（前770—前476年）的思想和当时的社会相应，处于变化时期，带有亦新亦旧的过渡性特点。重人、重民思想产生，阴阳五行说发展，表明在宗教观念背景下，人文意识增强，理性思维有所提升。

第一节　春秋时期思想的特点

春秋时期，社会处于转变期，新旧观念并存，思想家们的思想不同程度地带有过渡性的特点。宗教观念在整个社会意识中仍然占据支配地位；但一些正视现实而有远见的人物开始摆脱传统束缚，提出新观点。旧时的王官之学逐渐废弛，但知识文化仍然掌握在卿大夫等贵族手里。学问主要还是《礼》《乐》《诗》《书》《易》。重人、重民的思想有明显发展，但天命信仰并未崩溃。作为各个社会等级言行活动规范的礼制遭到严重破坏，但反映出法治思想萌芽的措施却遭到许多人反对，周礼还是处理社会政治事务的准则和判断国家兴衰的依据。思想文化发展已经出现地域上的不平衡，天命观念在中原各国遭到怀疑，但其他形式的宗教信仰却在秦、楚、吴、越发生了超过以往的影响。

上述思想特点，是当时社会生产活动、经济政治关系和民族关系发展变化的综合结果。

农业生产中，牛耕成为新的生产方式，人口、农产品大量增加。西周中期后"私田"发展，井田制遭破坏。许多诸侯国为增加收入，纷纷实行赋税改革。公元前685年晋国"作爰田"，公元前594年鲁国"初税亩"，公元前543年郑国实行"田有封洫，庐井有伍"的措施，都打破公私田界限，按土地数量和等级征税；同时，晋国"作州兵"，鲁国"作丘甲"，郑国"作丘赋"，楚国"为掩书土田"，按土地数量和等级摊派军赋。这些都客观上承认了土地私人占有。随着土地私人占有的发展，出现了第一批贵族地主，如齐国田氏、鲁国"三桓"、晋国"六卿"等；也出现了从农村公社成员转化而来的个体农民，他们开辟少量私田，担负国家赋税、兵役、徭役；还产生了"隐民""私属徒"（《左传》昭公二十五年、哀公八年）等具有人身依附关系的劳动者。另外还出现了私商以及私营个体手工业者。新的生产方式开始出现，新的封建生产关系也孕育出来了。

春秋政治关系的变化集中表现为争霸战争。平王东迁后，周王名义上是天下共主，实际上已失去驾驭诸侯的能力。各国间战争频仍，强大诸侯国竞相争夺控制中小诸侯国。各霸主虽然都打着"尊王"旗号，实际上挟天子以令诸侯，操纵周王主持会盟，胁迫周王认可土地扩张的既成事实，要挟周王加封爵位。争霸战争和其他因素一起，还进一步破坏了各诸侯国内的宗法关系。春秋中后期，各诸侯国内以下犯上事件层出不穷，私门与公室明争暗斗，一些卿大夫作为新兴势力代表开始掌权，"田氏代齐""三家分晋"、鲁国"三桓"执政都是典型事例。争霸战争引起人才制度和官俸制度的变化，各大国在宗法制度"亲亲"原则外，不同程度地实行"尚贤"方针，在更大范围内选贤任能，士阶层空前活跃。

华夏族和少数民族融合是春秋时期民族关系的基本特征。当时形成了几个民族融合中心：东方以齐、鲁为中心，与邾、淮、徐、莱诸夷族融合；南方以楚、吴、越为中心，与群蛮、百濮、越族等融合；北方以晋国为中心，与北狄各部落融合；东北以燕国为中心，与山戎、北戎等部族融合。民族融合是通过多种途径实现的，其中既有杂居通婚，也有军事斗争、政治交往、经济交流等。春秋时期的民族融合，是中华民族形成发展的重要阶段，既推动了中国社会历史的发展，也推动了思想文化的进步。

第二节　天道与人道的关系

春秋前期，已经出现许多重人轻神的言论。随国贤者季梁说："夫民，神之主也。是以圣王先成民而后致力于神。"（《左传》桓公六年）鲁臣申繻说："妖由人兴也。人无衅焉，妖不自作。人弃常，则妖兴，故有妖。"（《左传》庄公十四年）周臣史嚚说："吾闻之：国将兴，听于民；将亡，听于神。神，聪明正直而壹者也，依人而行。"（《左传》庄公三十二年）虞大夫宫之奇说："鬼神非人实亲，惟德是依。"（《左传》僖公五年）他们没有否定鬼神的存在，但提出民为神主、先民后神，以及妖由人兴、神依人行、鬼神依德等重民、重人的观点，使传统以天命信仰为主的宗教的天人关系开始演变为以人文为重、以理性认识为基础的哲学的天人关系，预示着传统宗教观念开始向理性的天人之学转化。

重人轻神的倾向促进了自然观中理性因素的增长，因此又为重人思想提供了更多理论支持。周内史叔兴评论五次"陨石于宋"等自然异象说："是阴阳之事，非吉凶所生也。吉凶由人。"（《左传》僖公十六年）鲁大夫臧文仲反对焚烧巫尪求雨的迷信，说："非旱备也。修城郭，贬食省用，务穑劝分，此其务也。巫尫何为？天欲杀之，则如勿生；若能为旱，焚之滋甚。"（《左传》僖公二十一年）他们将自然变化理解为无人格、无意志的"阴阳之事"，肯定人类的吉凶祸福都是人们自身言行活动招致的结果；主张运用人的现实理性能力，解释和解决人们遭遇到的各种问题。

春秋晚期，重人的思想倾向得到延续。晋臣士伯评判薛人和宋人的争论时说："薛征于人，宋征于鬼，宋罪大矣。"（《左传》定公元年）认为在有关现实问题的争论中取证于鬼神是一种过失。著名政治家子产（？—前522）说："天道远，人道迩。非所及也，何以知之？"（《左传》昭公十八年）认为天道玄远，人道切近；既然人所不及，则人"何以知之"？明确反对以所谓"天道"附会人事。

迄春秋晚期，理性意识愈益滋润着治国者的观念。《国语·鲁语上》记载，晋人杀晋厉公，鲁成公问："臣杀其君，谁之过也？"里革断然回答说："君之过也。"他认为身为国君，失威而被杀，应由他自己负责。如君纵私欲而弃民事，落到夏桀、殷纣、周厉王、周幽王那样的下场也是自然的。《左传》襄公十四年载：晋侯问："卫人出其君，不亦甚乎？"师旷回答说："或者其君实甚。"他根据君主的言行，把君主分为"良君"和"困民之主"两类，认为后者治国，会导致"匮神乏祀，百姓绝望，社稷无主"。鲁昭公被季氏放逐，死于乾侯，鲁国百姓、各国诸侯中却无人起来反对季氏。赵简子和史墨议论此事，史墨说："鲁君世从其失，季氏世修其勤，民忘君矣。虽死于外，其谁矜之！社稷无常奉，君臣无常位，自古以然。故《诗》曰：'高岸为谷，深谷为陵。'三后之姓，于今为庶，王所知也。"（《左传》昭公三十二年）根据历史和现实经验，国君也会犯错误，并无完美无缺如神般的国君；国君地位可以改变，改变的原因主要在于其是否勤政爱民。历史证明，"君臣无常位"，治国者地位并非永恒不变。上述关于治国者的言论表明，随着理性认识的增长，人的能力的增强，宗教关于国君和天命的天然一致性，即国君统治的神圣性、合法性都受到冲击。

第三节　阴阳、五行说的发展

阴阳说和五行说结合，开始于春秋时期。周卿士单襄公说："天六地五，数之常也。"（《国语·周语下》）以为天有阴、阳、风、雨、晦、明六种现象，地有金、木、水、火、土五行。鲁国士师展禽、郑国执政子产、晋国史官史墨都有关于

"六气""五行"或"三辰""五行"的言论。史墨还进而概括出"物生有两"的法则，认为一切事物都包括对立面，正反两面的相互转化是常见现象。"六气"和"五行"的对立，"三辰"和"五行"的对立，都是"物生有两"法则的表现。

同时，阴阳五行说还和具体科学如医学相结合。《左传》昭公元年记载秦医和关于病理的议论，除将阴阳二气扩展为六气外，还提出五行对应"五味"（辛、酸、咸、苦、甘）、"五色"（白、青、黑、赤、黄）、"五声"（商、角、羽、徵、宫）；六气分为四时，序为五节，过则生六疾（阴→寒、阳→热、风→末、雨→腹、晦→惑、明→心）。医和用这些范畴的组合来说明病因，开创了中医理论的先河。

阴阳五行说在南方也得到传播发展，范蠡就是具有阴阳五行思想的政治家和思想家。他认为"天道"的规律是"阳至而阴，阴至而阳。日困而还，月盈而匡（亏）"。他将这种事物转化的思想运用到政治活动认识中，强调时机的重要性，主张"时不至，不可强生；事不究，不可强成"；"得时无怠，时不再来；天予不取，反之为灾，赢缩转化，后将悔之。"（《国语·越语下》）

春秋时期，以阴阳、五行思想解释世界的人，在论述问题时往往作出非宗教的解释。如史墨将"五行之神"解释为因有功绩而受后人尊崇的历史人物。（《左传》昭公二十九年）史龟和史墨将祖先神之间的关系理解为有水、火等五行性质的自然物的关系。（《左传》哀公九年）这些都说明春秋时期的阴阳五行说沿着理性思辨的历史道路发展。

第四节 《孙子兵法》的军事思想

春秋末的《孙子兵法》（为与战国《孙膑兵法》相区别，故名《孙武兵法》），是中国现存最古老的兵书，也是世界上最早的兵书。

《孙子兵法》开宗明义提出决定战争胜负的有五个因素："道"（政治清明，上下同心）、"天"（天时）、"地"（地利）、"将"（将帅）、"法"（法制）。在《谋攻篇》中，孙武（约前545—前470）还提出："故知胜有五：知可以战与不可以战者胜；识众寡之用者胜；上下同欲者胜；以虞待不虞者胜；将能而君不御者胜。此五者，知胜之道也。故曰：知彼知己者，百战不殆；不知彼而知己，一胜一负；不知彼，不知己，每战必殆。"主张根据战争双方客观实际情况确定自己的行动方针、策略、方法等。

第一，"知可以战与不可以战者胜"。孙武认为战争是关系军民生死、国家存亡的大事，应特别慎重。《作战篇》指出，进行一场战争，每天耗费"千金"巨资。战争要是不能取胜，将使军队疲惫，财政枯竭，给他国诸侯入侵以可乘之机，即使智者也难以善后。"故不尽知用兵之害者，则不能尽知用兵之利也。"《火攻篇》又提出："非利不动，非得不用，非危不战。"只有确有把握取胜，方可进行战争。

第二，"识众寡之用者胜"。掌握敌我双方兵力数量对比，按照数量对比关系采取相应战法。《谋攻篇》提出："用兵之法，十则围之，五则攻之，倍则分之，敌则能战之，少则能逃之，不若则能避之。"

第三，"上下同欲者胜。"《计篇》中说："令民与上同意"，"可以与之死，可以与之生，而民不畏危"，是战争胜利的条件。这里包括军队内部上下级关系以及君主与将帅间的上下关系。将士一心、君臣同心同德才能进行战争。如果君臣不和，上下相怨，必致战争失败。

第四，"以虞待不虞者胜"。应考察敌我双方作战准备情况，既有物质准备，也要周密谋划。"夫未战而庙算胜者，得算多也；未战而庙算不胜者，得算少也。"（《计篇》）周密准备，以使自己立于不败之地，然后寻求战机，打败敌人，夺取战争胜利；不存侥幸心理，不打准备不足之仗。

第五，"将能而君不御者胜"。孙武把"智、信、仁、勇、严"作为选将标准（《计篇》）。智可以权机识变，信可以使人不惑于赏罚，仁可以使士卒受命，勇可以断疑取胜，严可以威震三军。君主任命将帅后，就应放手使用，不可牵制他的行动。战争复杂多变，必须依据瞬息万变的形势当机立断。如果作战中时时处处等待君命，则会贻误战机。孙武有句名言："将在军，君命有所不受。"（《史记·孙子吴起列传》）

《孙子兵法》一书有丰富的军事辩证法思想。它注意到战争和政治、经济有密切联系。孙武认为，战争是取得政治、经济利益的手段，军事是实现政治、经济目标的工具。他提出"上兵伐谋，其次伐交，其次伐兵，其下攻城。攻城之法为不得已。"（《谋攻篇》）比起作战获利，不通过作战或不打硬仗而获得政治、经济利益更好。

孙武论及战争中的矛盾及其相互依存、相互转化的关系，发现了战争中进攻与防御、速决与持久、兵力分散与集中的矛盾，还提出了敌我、主客、众寡、强弱、进退、正奇、死生、虚实、动静、勇怯、治乱、胜败等对立范畴，认为它们相互依存、相互转化，如"怯生于勇，弱生于强"（《势篇》），"投之亡地然后存，陷之死地然后生"(《九地篇》),"奇正相生,如循环之无端"(《势篇》)等。

孙武强调在战争中发挥人的能动作用。战争是敌我双方实力的较量,敌人实力如何,谋划是否有失,事在敌人,因而"胜可知,而不可为"(《形篇》)。发展和恰当运用自己的实力,避免自己被动,创造条件让敌人被动和失败,才可能胜利,这是"胜可为也"(《虚实篇》)。《计篇》说:"兵者,诡道也。"用兵含有诡诈的因素在内,应使敌人不能确知其真实意图。如能打假装不能打,要打假装不要打。本向近处,却佯装向远处;本向远处,却装作向近处。以小利引诱敌人,使敌人混乱,然后打败他。又如《势篇》用正奇之分表达战争态势的一般形式和特殊形式,认为军事指挥者根据战况,从"正""奇"两种基本态势出发,可以创造出多种多样的战术,因敌情变化而灵活地改变自己的作战方式,使敌人无法推测自己的作战意图和行动规律。《孙子兵法》极大地丰富了春秋时期的辩证思维。

思考题:

1. 春秋时期思想的特点是什么?

2. 春秋时期天人之学的思想内容有哪些?

3. 简述《孙子兵法》的军事辩证思维。

第三章 老子的"自然"之学

老子（约前 571—约前 477）是春秋末期思想家，"道家"创始人，中国哲学思想的开山者。他创立了一套以"道"为核心的哲学体系，其最高范畴是"道"，道的本质则是"自然"，道的功能是"无为而无不为"。道家是先秦活跃的学派，先秦以后作为学派的道家实际上不存在了，但是道家的思想因素一直在延伸繁衍，对中国各个时期的思想文化、科技医学、文学艺术、道德宗教等产生了深刻、持久而广泛的影响，18 世纪开始逐渐播及世界。

第一节 老子的"道"论

据《史记·老子韩非列传》，老子姓李名耳，字聃，里籍是"楚苦县厉乡曲仁里"（今河南鹿邑和安徽涡阳一带）。他曾任东周守藏室史官，也称征藏史，职责是管理文献档案。老子和孔子有过交往，孔子曾向他请教礼学。后免职告老还乡。春秋乱世，老子目睹天下无道，对周王朝统治失去信心，遂出周隐居，西游于秦。出关时应关长尹喜的要求著述五千余言，"言道德之意"，分上下两篇，分为 81 章，后世称为《道德经》，亦称《老子》。旧时研习老子思想，学者多用王弼注本，道士多用河上公本。最近 40 余年的考古发现显示：该书很早就有多种版本流传，如：1973 年马王堆汉墓出土的汉初帛书《老子》甲、乙本，德经在前，道经在后；1993 年郭店一号楚墓（战国中期偏晚下葬）残篇竹简《老子》甲、乙、丙三篇。老子自白说"行不言之教"。司马迁说他"隐君子也"，以"自隐无名为务"。身处春秋季世之中，老子思想亦新亦旧，但总体是一位有创造性的大思想家，其创造就是"道"论。

"道"论指的是老子以道为最高范畴的思想体系。"道"见于金文，本指人们所行的道路（《散氏盘铭文》）；"道"还表示言说。当然，在老子之前，"道"字已有抽象用法，例如：用"有道""无道"评论社会政治状态；另有"天道"（或"天之道"）、"人道"（或"人之道"）的用法。但哲学意义上的"道"是老子首创的，通行本《老子》中"道"字出现 74 次。老子以"道"为世界本原，其道论的主要内容包括：

第一，道是世界的根本。《老子》第二十五章①说："有物混成，先天地生，寂兮寥兮，独立而不改，周行而不殆，可以为天下母，吾不知其名，字之曰'道'，强为之名曰'大'。""道"是自足的、永恒的、不变的、运动不息的，不是概念。"大"相当于"大全"，谓其无所不包、有普遍性。道不是空无，"其中有象……其中有物……其中有精；其精甚真，其中有信。"（第二十一章）老子又说万物"莫不尊道而贵德"（第五十一章），"万物恃之以生而不辞"（第三十四章），即道是终极本源和原理，具有本体性意义。因为它是本体，所以"无名"（第四十一章、三十二章），不可名状，不能拿别的事物或者概念解释它。老子又说"道常无为而无不为"（第三十七章），可见道是最消极的，也是最积极的。

第二，道生天生地生万物。老子从万物本源、过程、模式等几个方面探讨万物生成原理，奠定了中国最早的宇宙论。他认为道是世界总源头："谷神不死，是谓玄牝。玄牝之门，是谓天地根。"（第六章）"天下有始，以为天下母。"（第五十二章）谷神、玄牝都喻指"道"，道是世界万物的母体，是源源不断的生命元。道产生万物的具体过程如何？"道生一，一生二，二生三，三生万物。万物负阴而抱阳，冲气以为和。"（第四十二章）即：混沌形成气，气分化为阴阳，阴阳聚敛成天地，天地孕育万物。万物如何具体化？老子说："道生之，德畜之，物形之，势成之。"（第五十一章）"德畜之"指从道那里获得生机、秉性；"物形之"指物质化、质料化；"势成之"，指通过某种动力、形式获得定型。事物的存在离不开本质的统一性。关于万物生成，老子还有一个重要表述，即"得一"，"天得一以清，地得一以宁……万物得一以生"，道生成万物也是万物自身运转、循环无已的过程，所谓"万物并作，吾以观复。夫物芸芸，各复归其根。"（第十六章）

第三，道法自然。道的实质内容是自然。"自然"在《老子》中出现5次。老子首次将其用作哲学概念。老子说："人法地，地法天，天法道，道法自然。"（第二十五章）这抑制了超自然的路向，也斩断了人类任意妄为的路向，给中国文化做了初始"定义"。老子的自然侧重内在性质，不以外在关系为内涵；自然是"自然而然"，是事物存在的常态，所谓"复命曰常，知常曰明。不知常，妄作，凶。"（第十六章）"常"字是正常、常态、恒常的意思，体现了老子对反常和

---

① 本文凡引《老子》均夹注章号，不特别另加说明的，皆指王弼注本（个别文字参照他本偶有改动），王弼注本为《道德经》的通行本。王弼注、楼宇烈校释：《老子道德经注校释》，中华书局2008年版。

妄作的否定；自然是和人为、有为相对而言的；自然高于超自然的"帝"（第四章"象帝之先"）；自然反对外在目的论，"天道无亲"（第七十九章）；"自然"反对主宰、占有、外界干扰，他说："道之尊，德之贵，夫莫之命而常自然。"（第五十一章）

理解老子的道要防止两种误解：一是将自然等同于今天所说的自然事物，老子的"自然"是指自然对象的本质自然而然，并非自然对象；二是以为道仅是客观规律。道是终极原因，有本体性、辩证性，和具体规律不一样。

老子富有辩证思维。他将矛盾作为思维单元带入认识过程。他说"正言若反"（第七十八章），即正确的言论听起来好像与常识或俗见相反，"若反"的表达差不多是《老子》每一章的特点。道最简单，也最复杂，辩证性属于其固有内涵。其一，《老子》发现了一系列自然或思维中的辩证环节，创制数十对辩证法范畴，论及许多相反相成的命题，如：有无、无为无不为、动静、柔弱刚强、美恶、祸福、损益、古今、取与、进退等。老子认为对立的方面存在双向转化的可能，且转化没有止境。例如他说："有无之相生也，难易之相成也，长短之相形也，高下之相盈也，音声之相和也，先后之相随，恒也。"（第二章，帛书本）其二，物极必反和循环运动。老子说"反者道之动"（第四十章），意思是：整个世界和思维总法则都有辩证性。关于道的运动，他说："（道）大曰逝，逝曰远，远曰反"（第二十五章），道的运动中始终包含着逝（往）、远、反几个辩证环节。其三，有名和无名的辩证关系。老子提出了无名论，说"道常无名"（第三十二章）、"道隐无名"（第四十一章）①；又说："道，可道，非恒道。名，可名，非恒名。无名，天地之始；有名，万物之母。"（第一章）"非恒名"相当于"无名"，"可名"属于"有名"。"可道"和"非恒道"也存在类似关系。老子提醒人们要辩证地看待概念与范畴，不能因"名"而忽视自然的"实"。其四，道是有、无的统一。道本身为什么有辩证性？这涉及有无关系。《庄子·天下》说，关尹、老子"建之以常、无、有，主之以太一"。常字相当于道，而无、有是其组成和动力，太一是统一属性。在老子看来，事物的状态或者变化的趋势才是实在，世界以及任何事物不是简单、静止的，也不是单方面的或"有"或"无"，毋宁说，任何事物都是由"有"和"无"两种相反的因素、动力和可能性组成，因此事物不可能是静止不变的。道也是这样，不偏向"有"，也不偏向

---

① 汪奠基认为，无名论相当于老子的自然逻辑，这种自然逻辑是一种辩证法。汪奠基：《中国逻辑思想史》，武汉大学出版社 2012 年版，第 139—140 页。

"无"，而是有无的统一。

第二节 "贵柔"的人生哲理

《淮南子·缪称训》说："老子学商容，见舌而知守柔矣"，《吕氏春秋·不二》说："老聃贵柔"，可见柔弱是老子思想的精髓之一。老子说："人之生也柔弱，其死也坚强。草木之生也柔脆，其死也枯槁。故坚强者死之徒，柔弱者生之徒。"（第七十六章）"天下之至柔（指水），驰骋天下之至坚。无有入无间。"（第四十三章）他总结出几条普遍的规律，即："见小曰明，守柔曰强"（第五十二章）；"反者道之动，弱者道之用"（第四十章）；"柔弱胜刚强"（三十六章）。老子的柔弱包括柔、弱、静、退、后、不争、谦、有道、文明、拙朴等，而刚强包括刚、强、动、进、先、争、暴力、野蛮、任智等。老子柔弱的人生原理，是其辩证的道论在人生问题上的推广和运用。柔弱的提倡也与老子对春秋战国历史趋势的把握有关。当时天下刚暴无道、恃强欺弱、争战不息比比皆是。《老子》书中有几种运用柔弱原则的典型示例。

第一，拙朴。智慧的锋芒是严厉的，老子是"智者"。他认为，道决定智，智的使用不能违背道，有为的人任智临愚是危险的。由此，他主张人要反思自己，韬光养晦，称"自见者不明；自是者不彰；自伐者无功；自矜者不长"（第二十四章）。真正的智者，大智若愚，虚静无为，和光同尘，他说："古之善为道者，微妙玄通，深不可识"（第十五章）；"是以圣人方而不割，廉而不刿，直而不肆，光而不耀"（第五十八章）；"俗人昭昭，我独昏昏。俗人察察，我独闷闷"（第二十章）。智者处世，"知其雄，守其雌……知其白，守其黑……知其荣，守其辱"（第二十八章）。这些人弃我取的态度是对浊世的超越，是辩证的智慧。

第二，以退为进，后发制人。柔弱也是一种高明的谋略，即应而不发、和而不唱、后发制人，在其"三宝"中就包含"不敢为天下先"（第六十七章）；他引兵家言"吾不敢为主而为客，不敢进寸而退尺"（第六十九章）。后发制人可以用作欲擒故纵的谋略，克敌制胜，老子说："将欲歙之，必固张之；将欲弱之，必固强之；将欲废之，必固兴之；将欲取之，必固与之。是谓微明。柔弱胜刚强。"（第三十六章）不承认老子有柔弱的谋略是不客观的，以为老子思想是阴谋之学的评价也忽视了老子哲学遵道贵德的本意。

第三，为而不争。老子说："上善若水。水善利万物而不争，居众人之所恶，故几于道。""夫唯不争，故无尤。"（第八章）大意是：至善像水性一样，水柔弱处下，兼利万物而不争功，与道的性质接近。水可喻"不争"，因为不争，所以能远离怨愤。反对"争"、主张"不争"，二者合起来构成他的争于道德而不争于俗思俗利的理论。他说："不自见，故明；不自是，故彰；不自伐，故有功；不自矜，故长。夫唯不争，故天下莫能与之争。"（第二十二章）大意为：不自我标榜和炫耀才能高明，不是己非人才能彰显个人见解，不自吹自擂才能为天下人称道，不自我矜持才是好领导，所以自己不争，天下人反而都争不过他。老子认为不争之德可以比拟天道天功，所谓"是谓不争之德，是谓用人之力，是谓配天，古之极。"（第六十八章）"不争之德"，堪与天道类比，是历史和社会行为的最高准则。《老子》全书最后一句说："天之道，利而不害；圣人之道，为而不争。"这句话颇能反映老子对"争"的实际看法，表明他重视的是合乎道的规则的行为。这样的规范，能使弱小的不灭亡且变得强盛，使强盛的能够更加持久。

第三节 老子的伦理和政治思想

一、老子的伦理思想

许多人认为，老子和道家不重伦理，甚至是反道德的。这是曲解老子和道家。今天的"道德"一词由道家的术语"道"和"德"合成而来，这不是偶然的。实际上老子也是中国古代伦理哲学的开山者。

在老子那里，形而上的"道"同时也是其伦理学理论的初始原则。老子伦理学可以称为一种"道德形而上学"。第五十一章说："是以万物莫不尊道而贵德。"道和德存在一般与特殊、母子、体用、本末等多重关系。"德"本义为"得"，指的是从"道"那里分享道性，成就个体本性而使之得以实现。就人而言，"德"是其本质或德性，蕴含有独立价值和实质义务。一旦拿掉"道"，势必会动摇老子道德理论的根。

道家被称为"为己之学"，指的是其强调道德自觉。含"自"的词组在《老子》一书中屡屡出现，比如"自是""自正""自化""自知""自朴"等，它们反映了《老子》全书贯穿着很强的主体意识。老子恰当地肯定了人在宇宙中的地位，他说："故道大，天大，地大，人亦大。域中有四大，而人居其一焉。"（第二十五章，据范应元《老子道德经古本集注》校正）老子强调道德认识或思维能力。老子说"自知者明"（第三十三章），"自知"即自己认识自己。

老子说："绝圣弃智，民利百倍；绝仁弃义，民复孝慈；绝巧弃利，盗贼无有。"（第十九章）这是在批判圣智仁义被滥用，实质是批判空洞名教。只有克服了伦理思想中名教的异化，人们才能回归质朴的人性。老子说："（天下）皆知善之为善，斯不善已。"（第二章）这么说非但不是否定善，反而是为了达到更本质的善。他的意思一是教人辩证地看待善恶关系，二是反对欺世盗名的伪善，强调道德的实行。他憧憬的是"上善若水"（第八章）。

老子首次区别了知性和德性。孔子初步区分了"仁"和"智"。到北宋，张载明确地划分开"闻见之知"与"德性之知"。不过，第一个对道德和知识的特性进行界分的是老子。他极力否定以智代德。据考证，"人心之危，道心之微"是《老子》逸文。① 在老子道德思想的结构中确实存在着对道心（无为）和人心（有为）的划分。老子说："绝圣弃智。"（第十九章）"为学日益，为道日损，损之又损，以至于无为，无为而无不为矣。"（第四十八章）这样的论述正是老子伦理思想的深刻性所在。

老子的三宝之一是"慈"。他称颂说："大道泛兮，其可左右。万物恃之而生而不辞，功成而不名有。衣养万物而不为主，可名于小；万物归焉而不为主，可名为大。以其终不自为大，故能成其大。"（第三十四章）大道是崇高伟大的，自始至终像尽责的母亲一样，永远无私地瞻顾、拥抱着万物，但是它生长万物而不占有万物，厚生载物并不索取万物的回报，蓄养万物而不倚仗功劳，导引万物而不主宰万物。大道是这样的，圣人或统治者也应该是这样的，统治者应该时刻以生民的性命和幸福为自己的天职。老子的慈是无条件的义务，他说："人之不善，何弃之有？"（第六十二章）这就是说，对那些不善的人，怎么忍心弃之不顾呢？他要求慈爱面前一视同仁，"圣人无常心，以百姓心为心。善者吾善之，不善者吾亦善之，德善。"（第四十九章）慈爱是超越的大爱，这与儒家有差等的仁爱观形成对照。老子说："大小多少，报怨以德。"（第六十三章）意思是：大怨化小，多怨化少，受到怨恨都以德相报。

老子的"道"具有普遍性、至上性和包容性，显然包罗自然生态及其法则在内。在老子的世界观中，人没有突出的至上价值或优越地位，万物各有其固有的价值，它们组成了价值多样和平等的共同体。老子讲"玄德""无为"，发明整体

---

① 《荀子·解蔽》引《道经》有"人心之危，道心之微"。参见王仁俊：《玉函山房辑佚书续编三种》，上海古籍出版社1989年版，第446页。

性和深层性的道德律；"无为"的理念，是要人类遵循自然而自律。老子讲返璞归真，合乎生态人性论的健康观点。

二、老子的政治思想

老子主张以道治理天下，说："治大国若烹小鲜。以道莅天下，其鬼不神。非其鬼不神，其神不伤人。"（第六十章）意思是：治理大国就像烹小鱼一样，不去鳞，不去肠，不翻炒，否则鱼就烂了。与礼治、德治、仁政、贤能政治、刑政、神权政治不同，道家主张道治。道治，即以道治国，高于神权和圣人政治，这就与超自然之路划清了界限，也堵死了用圣智过度干扰的模式。老子说，"执古之道，以御今之有。能知古始，是谓道纪"（第十四章），"道恒无名，侯王若能守之，万物将自化"（第三十七章），"执大象，天下往"（第三十五章），道治的实质是依据最根本、最普遍的原理。道是社会认知、价值和信念的基础，如果没有根本的道，则社会认知和价值系统将陷入混乱无据。

老子的理想政治是无为而无不为的政治。他说："太上，不知有之；其次，亲而誉之；其次，畏之；其次，侮之。信不足焉，有不信焉。悠兮，其贵言。功成事遂，百姓皆谓：'我自然'。"（第十七章）在最理想的社会，统治者只是象征而已，人民不受干扰，以至于可以忽视统治者的存在。无为而无不为是贯穿《老子》通篇的纲领。老子要求统治者恪守"无为"，让人民自治，统治者有功也没资格居傲，"故圣人云：我无为，而民自化；我好静，而民自正；我无事，而民自富；我无欲，而民自朴"（第五十七章）。老子认为，统治者"有为"是政治的万恶之源，"民之饥，以其上食税之多，是以饥。民之难治，以其上之有为，是以难治。民之轻死，以其上求生之厚，是以轻死"（第七十五章）。这样的控诉具有时代意义。《老子》中反复出现关于民的论述，民是政治之本，而不是统治阶级的财产、工具或奴隶，统治者的功劳属于"民"和"道"。

老子主张不以智治国，说："故以智治国，国之贼；不以智治国，国之福。"（第六十五章）"非以明民，将以愚之。"（第六十五章）老子的非智、愚民，其"愚"不是愚昧，而是保持拙朴和自在状态。老子反对强权和精英政治，要求治理因民之需而顺其自然。他已经认识到政府能力的有限性。

老子的理想社会是："小国寡民。使有什伯之器而不用；使民重死而不远徙。虽有舟舆，无所乘之；虽有甲兵，无所陈之。使民复结绳而用之。甘其食，美其服，安其居，乐其俗。邻邦相望，鸡犬之声相闻，民至老死，不相往来。"（第八十章）这反映了老子希望在春秋末期社会纷争中找到一个淳朴、安宁的社会，这就是他所向往的"小国寡民"社会的背景。

第四节　老子思想的世界性影响

《道德经》在国外产生了巨大影响，隋唐传入东亚和南亚，玄奘与成玄英曾将该书译成梵文输入印度，明清传入西方。目前有外文译本数百种，涉及 30 个语种。① 20 世纪以来老子思想的积极影响越来越显著，成了世界思想创新的源头之一。

对怀特海（1861—1947）的影响。他认为西方近代机械论哲学已经过时，取而代之的将是有机论哲学。有机自然观更多地考虑生物学、生命、生成过程、自然过程的模式，将复现自然的真正意义和价值。据贺麟回忆："他说，他的著作里面就含蕴有中国哲学里极其美妙的天道（Heavenly order）观念"；在《过程与实在》中，怀氏写下了"我的有机体哲学的总的立场，似乎多少更接近于印度人或中国人的某些思想线索"②。

对海德格尔（1889—1976）的影响。1946 年夏，海德格尔与萧师毅用德文合译《老子》共 8 章。晚年他说："对于我，与那些相对于我们来说是东方世界的思想家们进行对话是一桩一再显得紧迫的事情。"③ 老、庄思想对海德格尔有启发，他说"道"能"为一切开出道路之道域"，又说："一切都是道。"④

对人本心理学的影响。人本主义心理学创始人、美国心理学家马斯洛（1908—1970）晚年致力于开创"超越心理学"。他的"需要层次论"把人的需要分为多个层次，而最高满足叫"高峰体验"。高峰体验的要义是整体论和超越。所谓整体论，是"倾向终极整体的状态，即倾向整个宇宙，倾向全部实在，以一种统一方式看的实在"。所谓超越，"指的是人类意识最高而又最广泛或整体的水平，超越是作为目的而不是作为手段发挥作用并和一个人自己、和有重要关系的他人、和一般人、和大自然，以及和宇宙发生关系"。超越是专一入神、是忘我、是回归

---

① 《大道流行》编委会编：《大道流行：〈道德经〉版本（文物）展图录》，宗教文化出版社2007 年版，第 2、45 页。香港展览中展出 460 余种。

② 贺麟：《现代西方哲学讲演集》，上海人民出版社 1984 年版，第 103 页。

③ 张祥龙：《海德格尔思想与中国天道——终级视域的开启与交融》，生活·读书·新知三联书店 1996 年版，第 450 页。

④ 张祥龙：《海德格尔思想与中国天道——终级视域的开启与交融》，生活·读书·新知三联书店 1996 年版，第 443 页。

自然。马斯洛在书中多次把它称作"道家的态度""道家的方式"①。

对环境哲学的影响。老子思想受到西方环境哲学界广泛青睐。《天网》的作者马希尔说:"生态思维首次清晰的表达在大约前6世纪出现于古代中国";"道家提供了最深奥、雄辩的、空前详尽的自然哲学和生态感知的第一灵感";"道家持整体宇宙观,因为认识到多样性统一的生态原理"②。深层生态学创立人奈斯(1912—2009)一直受到老、庄道家思想的影响。其理论包含生态自我论,奈斯直言:"我称作'大我'(the Self)的,中国人把它称为'道'。"③ 中国目前正进行生态文明建设,老子和道家含有促进我国生态文明建设的宝贵思想资源。关于这些,习近平总书记在多种场合发表有许多论述,2013年5月24日,《在十八届中央政治局第六次集体学习时的讲话》中,他指出:"历史地看,生态兴则文明兴,生态衰则文明衰";又说:"我们中华文明传承五千多年,积淀了丰富的生态智慧,'天人合一'、'道法自然'的哲理思想。'劝君莫打三春鸟,儿在巢中望母归'的经典诗句,'一粥一饭,当思来处不易;半丝半缕,恒念物力维艰'的治家格言,这些质朴睿智的自然观,至今仍给人以深刻警示和启迪。"④ 这些精辟重要的论断对人类实现生态文明转型具有重要的指导意义,值得我们认真学习、深入研究和切实践行。

李约瑟(1900—1995)研究中国科学思想时一再发现道家的价值。他认为,中国文化中如果没有道家,就像大树烂掉了根。他曾经这样写道:"从儒家的观点看来,他们未免不负责任,但提倡天道自然的哲学家,可以说衷心地感到(虽在冥冥中觉得很对,但绝不能用语言完全表达出来)要入世必先出世,欲治理人类社会,必先超越人类社会,而对自然宇宙有一高深的认识和了解,否则即使有儒家救世的热诚,也是枉然。"⑤

老子的"自然"之学有助于人类摆脱天人分裂的困境,老子的道哲学的范畴和方法可以丰富世界哲学,老子的辩证有机思想有助于人类走出机械论,老子的虚静方法论对身心调节和精神健康有启迪,老子的无为哲学有助于人类实现普遍

---

① 参见马斯洛《人性能达的境界》,林方译,云南人民出版社1987年版,第8、340、132、254、76、271、263、214页。

② Peter Marshall, *Nature's Web*: *Rethinking Our Place on Earth*, Armonk and London: M. E. Sharpe, 1996, pp. 9, 11—13, 125.

③ Bill Devall and George Sessions, *Deep Ecology*: *Live as if Nature Mattered*, Salt Lake City: Gibbs M. Smith, Inc., 2001, p. 76.

④ 《习近平关于社会主义生态文明建设论述摘编》,中央文献出版社2017年版,第6页。

⑤ 李约瑟:《中国古代科学思想史》,陈立夫等译,江西人民出版社1990年版,第40—41页。

自律，老子的超越哲学有助于人类克服自我中心主义和人类中心主义。可以展望，老子思想对世界的影响会更加深广。

思考题：

1. 简述老子"道"论的要点。
2. 老子社会思想的基本内容有哪些？
3. 如何理解"柔弱胜刚强"？

第四章　孔子与儒家学派

孔子是儒家学派创始人，继承和发展了三代以来的文化传统。他创立的儒学作为人学，主要是一种研究现实的人如何提高德性、成为君子圣贤的学问。儒学还以仁政和王道思想确立政治价值准则，多和政治相结合，成为政治意识形态。孔子也是伟大的教育家，通过教育作用的发挥，儒学成为中国历史上最大的学派。儒生作为古代知识分子群体的代表，深刻地影响了古代社会的发展进程。在古代中华民族共有精神家园里，孔子的思想长期居于主导地位。

第一节　孔子与西周思想文化

孔子（前551—前479），相传农历九月二十八日出生，春秋末期鲁国昌平陬邑（今山东曲阜东南）人，名丘，字仲尼。先世为宋国贵族，宋国内乱，曾祖父避难到鲁。父亲叔梁纥做过鲁国下级武官，是一位武士。孔子幼年丧父，生活贫贱。青少年时做过"委吏"（会计）、"乘田"（牛羊管理人）。他非常好学，对历史上流传下来的礼乐制度尤感兴趣，曾向老子问礼，向苌弘学习音乐，向师襄学习弹琴，向郯子请教少昊氏"以鸟名官"问题。30岁左右开始的"私学"教育，是他一生的事业。34岁在齐国，欣赏《韶》乐，被深深吸引，三月不知肉味。51岁出任鲁国中都宰，后升司空、大司寇，终因不能实现政治主张，于54岁离开鲁国。他带着弟子周游宋、卫、陈、蔡、齐、曹、郑、叶、楚等国，自称："如有用我者，吾其为东周乎！"（《论语·阳货》）但各诸侯国都不采用其主张。孔子68岁时返鲁，致力于教育和学术事业，他把西周以来流传的文献加以整理，作为教材，其中有《诗》《书》《礼》《乐》《易》《春秋》等文献，史称"六经"（因《乐》失传，故后世流传为"五经"）。这些文献有的是孔子自己编纂删修（如《诗经》和鲁国史书《春秋》），有些是经孔子门人相传整理（如《仪礼》），从而保存了先秦基本典籍，并面向社会传播。

《论语》是由孔子弟子、再传弟子整理的言行录，孔子思想保存在其中。朱熹《四书章句集注》中的《论语集注》是南宋以来注解《论语》的权威著作。

孔子生活在春秋末期。当时，各诸侯国已经独立发展起来，周天子只是名义上的共主，"礼崩乐坏"，西周初期行之有效的礼乐制度已经不能维护现实的社会秩序，"天下无道"，诸侯争霸，大夫擅权，相互之间争战不断。孔子希望运用自己所学，以西周的礼乐文化为楷模，创建一种新型思想，指导人们生产生活实践，改变"天下无道"现状，维护社会稳定。

在西周思想中，天命观念是自然观、历史观、伦理观、政治思想等的基础。孔子没有完全摆脱传统的天命思想，但他将天命观和人学思想联系起来，推动天人之学进入理性的形而上学阶段。他承认天命对人富贵贫贱、生死寿夭，以及事业结局等有一定主宰权能，也认为天是"四时行""百物生"等自然现象。对天命，他敬畏、罕言，又提出"知天命"，主张理性认识天命，认识和觉悟人之所以为人的使命或天职。

作为社会阶层，"儒"可以溯源到原始社会从事宗教活动的巫觋。商朝甲骨文中有"儒"字，表明"儒"在殷商时已经出现，他们在村社里主持祭祀仪式、接待宾客。当时宗教和政治未分，作为教职人员的"儒"与村社管理等政治活动密切相关。春秋时，儒演变为以传统礼仪知识谋生的自由职业者。孔子通过自学，具备了儒的修养，也从事过儒的活动。但他不是一个普通的儒，而是学问最渊博的"儒"。孔子以传授六经为基础，创建了儒学。他有远大政治理想，一生"志于道"，为"天下有道"而奔走呼号。即使多次碰壁，无功而返，也仍不动摇。孔子创办"私学"，依照"有教无类"（《论语·卫灵公》）原则，对学生因材施教。其弟子甚众，《史记》记载有三千多，著名的有七十多人。此后儒家学派代代相传，对中国思想文化影响极大。

孔子创建的儒学根本上是人学，即养成君子人格、追慕圣贤之学；也是观察社会和人生，反思人性，探讨人的理想，认识人生意义和价值的学问。他希望人们通过学习和"克己"修养，认识"道"，认识自己，提高自己的素质，调整自己的言行，进而推己及人，帮助社会上所有人都提高素质。他提倡的理想人格是君子，希望天下人人都是君子；在此基础上的最高理想人格是圣人，即典型的、完美的标准人格。孔子的思路是以每一个社会成员的素质提升为基础，提高整个社会文明水平；每一个社会成员素质的提高，又应从自己做起（"为己"），然后推己及人。他的思想方法是"无过无不及"、不偏不倚的中庸方法，这是一种朴素辩证法。他倡导"和而不同"的文化观、重视学习的人生观、重视教化的政治主张等，长期影响着中国思想文化的发展。

第二节　"仁""礼"观念

孔子对周礼很熟悉，且深有感情，他关于"礼"的思想却不局限于周礼。孔子淡化了礼作为敬神仪式的宗教色彩，将礼改造成为人之所以为人的文明修养和言行活动规范。他说："不学礼，无以立。"（《论语·季氏》，以下引用《论语》只注篇名）他扩大了礼作为制度的适用范围，将礼看成一般人的言行活动规范，看成社会公共制度的总称。西周时期，"礼不下庶人"，孔子主张对所有人"齐之以礼"（《为政》）。他说："先进于礼乐，野人也；后进于礼乐，君子也。如用之，则吾从先进。"（《先进》）学习礼乐和从政有何关系？无世袭官位的"野人"，必先学习礼乐，然后才可能做官；有世袭做官资格的"君子"，先承袭爵位然后学习礼乐；如果要用人才，孔子愿意选用野人。让"野人"学习礼乐等文明成果，培养国家需要的人才，是适应春秋末期形势的新思想，孔子为此奋斗了一生。孔子的学生中，出身可考的，南宫适、司马牛是贵族，其余多为庶人子弟。孔子不仅在政治上主张为政以德、为国以礼，而且通过学术、教育活动培养了大量有德、懂礼的人才。在他看来，治国者依礼行事，才更易"使民"，并使统治者内部互不僭越，避免冲突；士阶层依礼"事君"，用礼约束自己的言行，恭敬尽到自己的职责，才能在社会上立足。孔子提出仁作为礼仪形式的内容，揭明了礼的人学性质和意义。他认为礼会根据时代精神不同而有因袭和"损益"；因为礼是表达人性修养、调节人际关系的规范，而不是徒具形式的虚文。

仁是春秋时期的新观念。孔子认为，"仁者爱人"。他主张行礼要有仁爱情感作基础。比如，"出门如见大宾"，待人要恭敬；"使民如承大祭"，使用民力要慎重：这些都有爱人的意义。他提出"己欲立而立人，己欲达而达人"（《雍也》），"己所不欲，勿施于人"（《卫灵公》），都贯穿着爱人精神。爱众人落实到礼这种节度上，是仁；克制自己的欲望，使之符合礼的要求，也是仁。

为现实的人能成为理想的人进行论证，是儒学作为人学的主要性能。仁作为孔子思想的核心范畴，指人的本质特征，由仁的意义引申出人生的意义和价值、理想人格特征等。孔子的仁是包罗众德的最高概念，是人们修养达到的很高境界。他说具有"恭、宽、信、敏、惠"（《阳货》）五种品德才可能合乎仁，又说"刚、毅、木、讷近仁。"（《子路》）遵循这些道德德目，是达到仁的必要条件；任一德目，单独都不能称为仁，只有全部美德的总和才接近仁。达到仁境界的人，孔子称之为"仁者"。仁者"居处恭，执事敬，与人忠"（《子路》），具备勇敢、"不忧"（《宪问》）等特征。

"为政以德"（《为政》），是孔子的政治主张。在治国方式上，他认为，治国者以自己较高素质、较强能力教育人、感化人是主要政治活动，刑罚等只是辅助手段。在治国内容上，在孔子看来，最重要的是"正名"，即"君君臣臣，父父子子"。每一个人都担当多重社会角色，尽到自己应尽的社会职责，言行活动都应符合自己份位之"名"。其次是"政者正也"，主张治国者以较高的道德修养为基础，制定适应时代变化的礼乐规范，引导和带动国民不断提高自己的人性修养，实现社会正义。当然，孔子也注意到人口增加、生活富裕乃是实施政教的必要条件。他还认为尽孝就是"为政"，强调家庭道德和家庭和睦对于国家治理的积极意义，反映了小农经济条件下宗法社会的特点。

第三节 "和而不同"的文化观

孔子毕生从事文化事业，在继承发展三代文化的基础上，还归纳出"和而不同"的文化观。中国古代思想家一般来说比较强调统一性。统一性有两种：一种是否认矛盾，不承认差异的同一性，古人称为"同"；另一种是承认有矛盾，有差异的统一性，古代称之为"和"。孔子继承了西周末以来的"和""同"思想，将它纳入儒家学说范围，作为"君子"的修养内容。他主张"君子和而不同，小人同而不和"（《子路》）。有修养的君子，乐于听取和自己不同的意见，善于吸收其优点，改进自己原来的想法，不断提高自己；或者听到不同意见时，不肯盲从附和，敢于提出自己的见解。只有缺乏修养的"小人"，才不愿听取和自己不同的意见，甚至排斥、打击和自己不同意见的人；或者在听到不同意见时，处处盲从附和，不敢提出自己的见解。孔子特别反对无原则地迎合他人，称这种人为"乡愿"，是"德之贼也"（《阳货》）。

孔子的贡献在于，把"和而不同"原则运用于认识领域，提出"叩其两端"（《子罕》）的认识方法。将"和而不同"原则运用于文化领域，就形成了"和而不同"的文化观。"和而不同"的文化观要求在对待历史文化时，既不与前人的思想绝对对立，又不与他人的思想雷同，而是有所"损益"，既有继承和吸收，又有创新和发展。孔子整理三代文化遗产时，遵循"述而不作"的原则，强调应尊重文化遗产，注意保持文化遗产原貌，广泛吸取历史上积累起来的精神财富。但这种学习吸取并非不加分析地全盘接受，孔子"不语怪、力、乱、神"（《述而》），就包含着舍弃三代文化遗产中迷信巫术的含义。他提倡学习与思考结合，要求举一反三，在真理面前"当仁，不让于师"（《卫灵公》），都体现了"和而不同"精神。孔子晚年，"读《易》，韦编三绝"（《史记·孔子世家》），其认真精神可想而知，然而他并不相信占卜。

"中庸"也是孔子重要的思想观念，是孔子理想人格的特征之一，其含义并非折中调和，而是指君子做事与待人接物力求不偏不倚，达到和谐高度，这称为中庸之道。"中庸"是中国儒学追求的精神境界；达到这个境界，毋需成神成仙，在现实生活中经过努力学习就可以达成。《论语·先进》载，"子贡问：师（子张）与商（子夏）也孰贤？子曰：师也过，商也不及。曰：然则师愈与？子曰：过犹不及。"孔子评价学生就用了中庸标准，批评"过"和"不及"，反对片面和极端。中，不偏不倚，无过无不及；庸，平常，日常。在日常生产生活中学习和践行"道"（真理），就是中庸。孔子还认为中庸是一种"至德"（《雍也》），即最高境界的德目，少有人能掌握。他的孙子子思特著《中庸》一书，阐发中庸之道。追求中道，反对极端思想，是中国思想文化的优秀传统。

第四节   教育思想的特点

孔子是中国历史上伟大的教育家。他创办了当时规模最大的私学，向民间普及文化知识，形成了系统精当的教育思想，确立了教育在中华文化中的重要地位。

孔子的教育思想源于他广博深厚的学问，本于他学而不厌、诲人不倦的人生，和其学习思想联系密切。孔子一生好学，不断进步，为他的学习思想和教育思想提供了坚实基础。孔子学习和教育的人生，活化了教学相长的道理。他说："吾十有五而志于学，三十而立，四十而不惑，五十而知天命，六十而耳顺，七十而从心所欲，不逾矩。"（《为政》）他承认有生而知之者，但没有指明谁是，也不承认自己是这样的人。他说"我非生而知之者"（《述而》），乃学而知之者。孔子一生勤奋好学，不耻下问，孜孜以求，学而不厌，自述"发愤忘食，乐以忘忧，不知老之将至"（《述而》）。他希望学生树立追求"道"（真理）的远大志向，肯定"人能弘道"（《卫灵公》）的主体性。将学习纳入人之所以为人的修养范围，让学习和做人、理想人格的达成、理想社会的建立相关联，是孔子学习思想的要点。

孔子说："君子谋道不谋食""忧道不忧贫"（《卫灵公》），指君子应以实现"道"为人生目的，不可仅仅为了有饭吃，有衣穿，比这些更加重要的是人生理想。他称赞弟子颜回箪食瓢饮而不改其乐的好学精神，给后人留下了"孔颜乐处"的学习榜样。君子真正好学，就会"三人行，必有我师焉。择其善者而从之，其不善者而改之"（《述而》）。人人可做自己的老师，"四时行焉，百物生焉"（《阳货》），天地自然、鸟兽草木，可以作参照。一个真正好学的人，在学习的道路上定能坚持到底，坚韧不拔，决不"中道而废"（《雍也》）。对待真理，"知之为知之，不知为不知"（《为政》）。要在自己真有收获，而不在炫耀于人。在学习中，既不妄自菲薄，也不意、必、固、我；既不道听而途说，也不独学而无友。

孔子可谓中国历史上最著名的老师，古人称其为"至圣先师"。他提倡有教无类，只要学生愿意学习，"自行束脩以上"，他就进行教育，"未尝无诲焉"。（《述而》）他整理、编辑文化经典《诗》《书》等做教材，教学内容有礼、乐、射、御、书、数六艺，奠定了古代学校教育的基本范围。他认为，"不学诗，无以言。""不学礼，无以立。"（《季氏》）诗、礼等文化经典是立德树人的基础性教育。孔子重视学生的文、行、忠、信四个方面，教学生做人，帮助学生成人，是孔子教育的宗旨。他要求"弟子入则孝，出则弟，谨而信，泛爱众而亲仁。行有余力，则以学文"（《学而》）。"志于道，据于德，依于仁，游于艺"（《述而》），也可以表现孔子教学的以德育人宗旨，即追求真理，言行活动以德性为依据，仁爱情怀、艺术感染也不可缺少，这是涉及人生产生活各个方面的人文综合教育，可谓古代人性教育的样板。"见贤思齐焉，见不贤而内自省也"（《里仁》）的学习原则，"己所不欲，勿施于人"（《卫灵公》）的为人原则，"不患人之不己知，患不知人也"（《学而》）的知人原则等，都是他的教学内容。在教学活动中，他注重因材施教，根据学生的不同情况而进行不同教育。如对什么是孝这同一问题，对不同的学生，孔子答以"无违""色难"、敬养、"父母惟其疾之忧"等不同内容。分类施教形成了德行、言语、政事、文学四科。孔子主张身教与言教结合，以身作则是孔子的主要教育方法。他告诉学生："不义而富且贵，于我如浮云。"（《述而》）用自己作理想教育、道德教育的范例，开启了中国德育教育的优秀传统。孔子教育学生，"不愤不启，不悱不发"（《述而》），启发诱导，举一反三，循循善诱，博文约礼，温故知新，学思并重，听言观行。

孔子创办私学，使文化普及民间，影响深远。他强调教育的社会教化作用，奠定了古代教育发展中尊师重教的基本理念。

第五节　孔子思想的世界性影响

孔子的思想，经过后来历代儒者的继承和发展，成为中国历史上长期占主导地位的意识形态。随着中国文化对世界产生影响，儒学也传播到朝鲜半岛、日本、越南等地。大约在 16 世纪，借助西方来华传教士，儒学传播到欧洲。

西方人称中国、日本、朝鲜半岛、越南等东亚地区为"儒教文化圈"。所谓儒教或儒学，英文都是 Confucianism，意为孔夫子主义。这说明，在外国学者眼里，孔子是中国甚至东亚地区文化的共同象征。

在历史上的欧洲人眼中，孔子的形象各不相同，但都受到欧洲启蒙运动影响，被当作正面因素介绍给欧洲人。明末意大利在华最著名的天主教传教士利玛窦认为孔子是哲人。他在《中国传教史》中说，"中国最大的哲学家是孔夫子，生于公元前五五一年，活了七十余岁，一生以言以行以文字，诲人不倦。大家都把他看为世界上最大的圣人尊敬。实际上，他所说的，和他的生活态度，绝不逊于我们古代的哲学家；许多西方哲学家无法与他相提并论。故此他所说的或所写的，没有一个中国人不奉为金科玉律；直到现在，所有的帝王都尊敬孔子，并感激他留下的道学遗产。"① 中国君主受哲学家牵制，也是受孔子思想影响的缘故。

18 世纪法国有些学者高度赞赏孔子。伏尔泰一生在近 80 部作品、200 封书信中提到中国，对孔子不吝颂扬之辞。他认为孔子"己所不欲，勿施于人"一言是世界上最好的行为准则，"他在公元前六百余年便教导人们如何幸福地生活，自他之后，普天之下有谁提出过更好的行为准则？"对于儒教，伏尔泰认为是一种既古老又纯正的自然宗教，是"简朴的、明智的、庄严的，无任何迷信无任何蛮气"。在《百科全书》的孔子像下，伏尔泰题诗道："他是纯理性的健康的阐释者，不炫骇俗，而启迪人类的智慧；他说话，只显得是智者，而不是先知；然而人们相信他，在本国也还如此。"② 正是出于对儒学的仁爱、信义等价值观的推崇，伏尔泰根据"赵氏孤儿"的传说，创作了《中国孤儿》剧本，其剧作副标题即《孔子的伦理》。据说，伏尔泰还在自己的礼拜堂中挂了孔子的画像，朝夕礼拜。

德国哲学家康德认为孔子是中国的苏格拉底。黑格尔虽然说过"孔子的哲学就是国家哲学，构成中国人教育、文化和实践活动的基础"，但认为"孔子只是一个实际的世间智者"，不能算是哲学家。其理由为：第一，孔子只注重常识道德，或者说是"一些善良的、老练的、道德的教训"；第二，孔子不懂思辨哲学。因此，"为了保持孔子的名声，假使他的书（指《论语》）从来不曾有过翻译，那倒是更好的事。"③ 黑格尔只是从传教士的介绍中了解孔子思想的一鳞半爪，对东方

---

① 利玛窦：《中国传教史》，刘俊余、王玉川译，台湾光启出版社、辅仁大学出版社 1986 年版，第 23—24 页。
② 转引自钱林森：《伏尔泰与中国文化》，《社会科学战线》1997 年第 4 期，第 80—89 页。
③ 黑格尔：《哲学史讲演录》第 1 卷，贺麟、王太庆译，商务印书馆 1983 年版，第 119—120 页。

文化发展线索无从把握，低估孔子可以理解。

美国当代分析哲学家赫伯特·芬格莱特在《孔子：即凡而圣》一书的"致中国读者"中谈自己读《论语》的心态变化，颇能代表西方学者认识孔子的思想轨迹。"初读孔子时，我觉得他是一个平常而偏狭的道德说教者。对我来说，他的言论集——《论语》，也似乎是一件陈旧的不相干之物。后来，随着逐渐增强的力量，我发现，孔子是一位具有深刻洞见与高远视域的思想家，其思想堂奥的辉煌壮观足可与我所知的任何一位思想家相媲美。渐渐地，我已然确信，孔子能够成为我们今天的一位人师——也就是一位饱经人世沧桑、饱含人生智慧的思想导师，而不只是给我们一种早已流行的、稍具异国情调的思想景象。"①

思考题：

　　1. 孔子思想的主要内容是什么？

　　2. 我们今天应如何看待孔子和儒学？

---

① ［美］赫伯特·芬格莱特：《孔子：即凡而圣》序言，彭国翔、张华译，江苏人民出版社2002年版。

第五章　墨子和墨家学派

　　墨子（约前468—约前376），是墨家学派和团体的创始人，也是先秦最重视逻辑和科学方法的思想家，认识论上主张感性色彩浓厚的经验主义，伦理上深染重视天下公利的功利主义色彩。墨家团体是宗教性组织，有侠义精神。墨者尚义，爱好和平，自苦救世，凡事亲力亲为，不惜牺牲。墨学在战国是与儒学相抗衡的显学。关于中国平乱归治的路向，当时有三种主要观点，孔子儒家承认既定宗法社会，主张损益周礼，复兴"周道"；道家代表人物之一杨朱主张立足"为我"，顺应社会，各安性命，返璞归真，以求社会调适；墨家代表以新兴手工业为主的劳动阶层，主张兴天下之利、除天下之害，反映天下公共利益和劳动价值的诉求。墨子死后，其学派分裂为三家，秦汉以后几乎沉寂无闻，到清代乾嘉时期墨子思想才重新受到重视。

第一节　墨子生平和墨家

　　墨子是春秋战国之际鲁国人，姓墨名翟，祖先为宋国人，后迁居鲁国。墨子是墨家学派创始人、平民哲学家、政治活动家、军事家。他对历史、军事、技术、教育、政治、伦理、力学、光学、数学、逻辑和哲学等都有研究。最值得注意的是，他特别重视科学和逻辑，在中国科学思想史上占有突出地位。墨子和其学派撰有《墨子》，《汉书·艺文志》称有71篇，今存53篇。从《尚贤》到《非儒》24篇，有"子墨子曰"，基本上可以看作反映墨子思想的可靠史料。《经》上下、《经说》上下、《大取》、《小取》6篇，以名辩与科学思想为主，也含有墨子的思想成分。目前《墨子》最好的注释本是清朝孙诒让的《墨子间诂》。

　　墨子曾任宋大夫，为了保存宋国，不辞劳苦，数次游说齐、卫、楚等国。墨子也是一个信念坚定而有气节的士人。他派门徒公尚过游说越国，越王对墨家学说叹服不已，表示愿意用五百里封地礼遇墨子，希望墨子能做越王的顾问，并配五十辆的车队让公尚过去鲁国聘迎墨子。墨子却说："子观越王之志何若？意越王将听吾言，用我道，则翟将往，量腹而食，度身而衣，自比于群臣，奚能以封为哉？抑越不听吾言，不用吾道，而吾往焉，则是我以义粜也。钧之粜，亦于中国耳，何必于越哉？"（《墨子·鲁问》，以下引《墨子》只注篇名）这表明墨子绝不是投机势利之徒。

墨子是技艺高超的木工，善于制造器械。《公输》篇说著名的发明家公输制造了一种攻城的云梯，准备帮助楚国攻打宋国。墨子从齐国赶到楚国，劝阻楚王，并在楚王面前机智巧妙地击退了公输演示的九种攻城器械。《韩非子·外储说左上》说："墨子为木鸢，三年而成，蜚一日而败。"三年造的木鹰，虽然飞一天就掉下来了，但也是不简单的。

墨子自称是"贱人""北方鄙臣"，属于手工业阶层，主张"赖其力者生，不赖其力者不生"（《非乐上》）。《墨子》一书反复提及"王公大人"，并认为他们属于不劳而获者。这些表明他崇尚劳动和自食其力，反对懒惰，反对窃占他人劳动果实，可以印证他是代表劳作阶层的。

墨子本受业于儒门，却成了儒学第一个批判者，《淮南子·要略》说："墨子学儒者之业，受孔子之术，以为其礼烦扰而不说，厚葬靡财而贫民，（久）服伤生而害事，故背周道而用夏政。"墨子对儒学的批判既深且广，最根本的有四点：儒家不信天、鬼；儒家厚葬久丧，苦民伤财；儒家礼乐烦琐，耗费大而有损实际利益；儒家相信天命，使人听任命运摆布而懒惰。（参见《公孟》）墨子返归"夏政"，即推崇大禹之道。与西周文化重"文"的礼仪文化不同，夏文化重"质"。《礼记·表记》说："子曰：'夏道尊命，事鬼敬神而远之，近人而忠焉，先禄而后威，先赏而后罚，亲而不尊。其民之敝，蠢而愚，乔而野，朴而不文。'"大禹的精神节操、价值取向和行为准则是墨子效法的典范。在批判儒者、弘扬夏道的过程中，墨子确立了自己的根本思想，这就是兴利除害（《尚同中》），其目标是"天下皆得其利"（《尚贤中》）。围绕这个中心目标，他提出了十大主张，即兼爱、尊天、明鬼、非攻、尚贤、尚同、节用、节葬、非乐、非命。

墨子开创的学派既是一个学术共同体，也是一个有严格纪律的集团，其首领称为"钜子"。钜子有指定继任者的权力，对成员有生杀予夺的权威。墨子是墨家首任钜子。集团成员叫做墨者。墨者要忠于团体，承担集体义务，有过错要接受团体惩处，即使被推荐出仕的也一样。这个集团的起源与中国古代游侠文化有关，也有一定的宗教和教育训练的性质，还是一个坚韧不拔的行动团体，可能类似于某种帮会。《淮南子·泰族训》称："墨子服役者百八十人，皆可使赴火蹈刃，死不还踵。"但是他们反对侵略战争，是一个有道义担当的群体。墨子知名的弟子有禽滑离、高石子、公尚过、随巢子、胡非子等，墨子死后，墨家学派分化为相里氏、相夫氏、邓陵氏三派。（《韩非子·显学》）《庄子·天下》提到"相里勤之弟子，五侯之徒，南方之墨者苦获、已齿、邓陵子"等，说明三派已经有了内部分化，相互抵触，贬称对方为"别墨"。

战国时期，墨子学派的思想显赫一时，韩非子说："世之显学，儒、墨也。"（《韩非子·显学》）孟子说："杨朱、墨翟之言盈天下；天下之言，不归杨则归墨。"（《孟子·滕文公下》）足见墨学影响之大。

第二节　"兼爱"和"非攻"思想

墨子曾说："凡入国，必择务而从事焉。国家昏乱，则语之尚贤尚同；国家贫，则语之节用节葬；国家憙音湛湎，则语之非乐非命；国家滛僻无礼，则语之尊天事鬼；国家务夺侵凌，则语之兼爱非攻，故曰择务而从事焉。"（《鲁问》）由此来看，墨子的兼爱、非攻等十大主张似乎并无一个核心，只是针对具体国家的具体问题对症下药。功利主义是墨子的思想灵魂，墨子的多数思想命题都是以"兴天下之利，除天下之害"（《兼爱下》）的社会或公共功利为目标和取向的。

"兼爱"与"非攻"分别是墨子社会伦理与国际正义的纲领，"兼相爱"是为了社会"交相利"，"非攻"是为了国家间"交相利"。在《兼爱》《非攻》专篇外，全书其他篇章的许多地方，墨子学派都极力倡导"兼相爱""交相利"的思想。《墨子》一书所说的内容无不是趋利避害，倡明"万民被其大利"（《非命上》）、"万民之大利"（《兼爱下》）。墨子说：

> 今天下之士君子，忠实欲天下之富，而恶其贫，欲天下之治，而恶其乱，当兼相爱，交相利。此圣王之法，天下之治道也，不可不务为也。（《兼爱中》）
>
> 子墨子言：视人之国，若视其国，视人之家，若视其家，视人之身，若视其身。是故诸侯相爱则不野战，家主相爱则不相篡，人与人相爱则不相贼，君臣相爱则惠忠，父子相爱则慈孝，兄弟相爱则和调，天下之人皆相爱，强不执弱，众不劫寡，富不侮贫，贵不敖贱，诈不欺愚。凡天下祸篡怨恨，可使毋起者，以相爱生也，是以仁者誉之。（《兼爱中》）

可以从以下方面理解"兼爱"。其一，"兼"是与"别"相对而言的。"兼"是墨家的最高哲学范畴，建立在墨子的自然观和科学与逻辑思想基础之上。《墨经》说："体，分于兼也"，体是部分，兼是整体。兼包含整体、共同、交互、包容等意思。① 其二，墨家兼爱思想的产生是对儒学批判反思的产物。墨子也讲"仁"与"义"，而且早于孟子将二者并称为"仁义"，但是儒、墨的仁义概念是大相径庭的。儒家的仁爱是由亲亲推广至大众，而墨家要求打破爱的差等。其三，墨子相信"兼是别非"，兼爱能够"交相利"，所以兼爱就是"义"，而正义是社会稳定和谐的基础（参见《兼爱下》）。墨子认为"夫爱人者，人必从而爱之；利人者，人必从而利之；恶人者，人必从而恶之；害人者，人必从而害之。"（《兼爱中》）在他看来，伦理行为在人际间具有传递性和反馈性，"兼相爱"使人际关系形成良性互动，"别相恶"则必然导致社会人际恶性循环，所以伦理原则的恰当与否，是社会治乱的重要原因。其四，在中国伦理学史上，墨子是最早重视效果论证的，他从效果对比上检验了兼爱的价值和正当性。当时许多人怀疑墨子兼爱的可行性，《兼爱下》针对各种发问加以驳斥。墨子假设有二位士人，一是"兼士"，主张兼相爱，爱朋友及其家人就像对待自己的一样；另一位是"别士"，不相信兼相爱的道理。二者谁可以托付和信赖呢？一遇到特殊变故，即使"别士"也会把亲属托付给"兼士"。他又以"兼君"和"别君"两种君主相互设问，以辨别兼别之利害，别君认为先关心人民后关心自己不合人之常情，因此无视人民艰难困厄；而兼君先考虑人民的生活需要，因此人民当然拥护兼君。

墨子的"非攻"，指的是反对不义的战争。他认为，战争将给敌我双方国家的人民带来无尽的灾难，战争毁灭家园和生产，消耗财富和资源，导致政治崩溃和社会混乱。在他看来，即使获胜方，也损失惨重，得到的也只是满目疮痍的破败城池。《非攻》三篇，还对各种为战争辩护的理由展开有力的驳斥。墨子认为遏制战争也要靠兼相爱：

> 若使天下兼相爱，爱人若爱其身，犹有不孝者乎？……犹有大夫之相乱家、诸侯之相攻国者乎？视人家若其家，谁乱？视人国若其国，谁攻？故大夫之相乱家、诸侯之相攻国者亡有。若使天下兼相爱，国与国不相攻，家与家不相乱，盗贼无有，君臣父子皆能孝慈，若此则天下治。（《兼爱上》）

当然，墨子反对战争不是无条件的，他区分了"伐""诛"、攻防的不同，认为诛有罪、御侵略是正当的。墨子说，人们知道偷邻家东西是不正当的，大国觊

---

① 参见袁运开、周瀚光主编《中国科学思想史》（上），安徽科学技术出版社2000年版，第312—313页。

舰小国的利益而发动不义战争，反而看不出其违背道义，这是很荒谬的。（《公输》）

应该高度肯定的是，墨子的兼爱、非攻思想含有双赢共利的博弈论思维。这是因为他善于运用逻辑推理而达到的思想高度。

第三节　"尚贤""尚同"等主张

墨子的政治思想也比较丰富，主要有尚贤、尚同。尚贤思想反映了战国时期的政治由亲亲、尊尊、贵贵的世袭贵族政治向新的贤能政治的急速转变。尚同思想体现了墨子对国家起源和本质的探索。

墨子堪称春秋战国之际贤能政治理论最著名的提倡者，他说："古者圣王之为政，列德而尚贤，虽在农与工肆之人，有能则举之，高予之爵，重予之禄，任之以事，断予之令，曰：爵位不高，则民弗敬；蓄禄不厚，则民不信；政令不断，则民不畏。举三者授之贤者，非为贤赐也，欲其事之成。故当是时，以德就列，以官服事，以劳殿赏，量功而分禄。故官无常贵，而民无终贱，有能则举之，无能则下之，举公义，辟私怨，此若言之谓也。"墨子相信贤能政治有历史依据，古代圣王统治是列德尚贤；主张打破贵贱区分，有能则举，无能者下；依照公义推举贤能，并晋爵厚禄，委以重任。他认为统治者的中心任务就是扩展贤能人才，所以说："得意，贤士不可不举；不得意，贤士不可不举。尚欲祖述尧舜禹汤之道，将不可以不尚贤。"（《尚贤上》）

尚同，指的是"同天下之义"，其中包含秩序、体制、公义、贤能等环节。首先，尚同思想对国家起源提出了新的看法。从前人们相信天命、神权的国家学说。墨子说，古代处于自然状态，没有定是定非，人们互相反对，相互攻击。"夫明乎天下之所以乱者，生于无政长。是故选天下之贤可者，立以为天子。"（《尚同上》）但是天子一人无力治理天下，于是举贤任能，完善国家治理体制。墨子的意思是国家和统治者是应协调社会冲突的需要而出现的。其次，墨子的"尚同"，包括尚同"天志"。墨子说："天下之百姓皆上同于天子，而不上同于天，则菑犹未去也。"（《尚同上》）就是说，国家不但要符合民意，也要符合天意，说明墨子没有完全摆脱神权国家起源论。墨子由此推论出社会要以天子的是非为标准。墨子说："天子之所是，必亦是之，天子之所非，必亦非之。"（《尚同中》）学者们对此多有批评，以为墨子的意思是天下人民要服从上级，天下不能有二"义"或多

"义",以天子为绝对权威,具有集权专制因素。其实墨子的政治思想有历史进步意义,他说的国家是理论形态的,"天意"是抽象规则和原理的体系;墨子的国家理论和贤能政治是缠结在一起的。

在社会生活和风俗方面,墨子提倡"节用""节葬""非乐",他认为奢侈、厚葬久丧和音乐等都耗费人力、财富,减少生产,不但没有实际功利,反而有害。

在天道观方面,墨子的思想新旧参半,显示他是处于社会转折时代过渡性人物。他主张"天志""明鬼""非命"。墨子认为天有目的性,就是为天下万民服务,这就要求人们兼相爱、交相利;国家的成立、政治的目的,凡是合乎天下大利的事情都来自上天的意志;天能够洞察一切,赏贤罚暴。他的思想虽然有局限性,但是其中包含有超越性维度,对后世影响很大,董仲舒的天人感应思想吸收了墨子的部分思想。

墨子认为根据历代人们的经验感知,无法否认鬼神的存在;历代统治者祭祀虔诚,说明鬼神不是没有;反之,不信鬼神而举行祭祀是自相矛盾。他还认为鬼神比圣贤更聪明。

墨子强调人的主观能动性,所以主张"非命"。他认为儒家的命定论是荒谬的,因为天的目的即天志已经给了人类机会,一切人间政事都是统治者安排的,怎么能说命定呢,怎么能放弃人为努力而委之于命呢?所以他说:王公大人勤政,是因为"强必治,不强必乱,强必宁,不强必危,故不敢怠倦";卿大夫勤勉是因为"强必贵,不强必贱,强必荣,不强必辱";农夫勤劳是因为"强必富,不强必贫,强必饱,不强必饥"。(《非命下》)他反对宿命论,无非是要求人们自强奋斗。在墨子看来,这已经证明命的虚幻不实和人为的重要性。当然,墨子没有看到,如果分配制度不公正和机会不均等,人为努力也无法消除社会分化现象。

第四节　重视经验和效用的"三表"说

墨子在哲学上取得的成就也是独树一帜的。战国时期百家争鸣,莫衷一是,没有公是公非,因此墨子很注意认识论的发展。

墨子肯定人的一切知识都来自于感觉经验。这在他论证鬼神存在的主张时表现得十分明显,也有些极端。他说:

是与天下之所以察知有与无之道者,必以众之耳目之实,知有与亡为仪者也。请（诚）或闻之见之，则必以为有。莫闻莫见，则必以为无。若是，何不尝入一乡一里而问之？自古以及今，生民以来者，亦有尝见鬼神之物、闻鬼神之声，则鬼神何谓无乎？若莫闻莫见，则鬼神可谓有乎？（《明鬼下》）

裁断鬼神的有无，需要一个标准，这就是"众之耳目之实"。他认为自古以来，很多人说见了鬼神，当然就不能否定鬼神的存在。这种看法忽视了经验需要严格检验的环节，但是重视感觉经验的出发点是没有错的。

墨子认为概念的意义依赖于事物、事实，名是第二性的。这是正确的名实观。《贵义》说："子墨子曰：今瞽曰：'钜（皑）者白也，黔者墨也。'虽明目者无以易之。兼白黑，使瞽取焉，不能知也。故我曰：瞽不知白黑者，非以其名也，以其取也。"盲人知道黑白的概念，却不知道区分黑白的实体，所以不能真正有黑白的认识。关于伦理，墨子也认为，实质才是最重要的："今天下之君子之名仁也，虽禹汤无以易之。兼仁与不仁，而使天下之君子取焉，不能知也。故我曰天下之君子不知仁者，非以其名也，亦以其取也。"

墨子重视实践，区分了理论和实践、知和行。他说："言足以迁行者，常之，不足以迁行者，勿常。不足以迁行而常之，是荡口也。"（《贵义》）这就是说，不能转化为行动的言论就是凭空胡说，没有意义。他认为政治伦理不仅取决于言论，还要看实行，"政者，口言之，身必行之"（《公孟》）。如果理论不能实行就没有价值，应该放弃，"用而不可，虽我亦将非之，且焉有善而不可用者？"（《兼爱下》）

战国学术繁多，如何评价它们？墨子说"言必立仪"（《非命上》），就是说要有标准。墨子提出了"三表法"作为评价标准：

> 故言必有三表。何谓三表？子墨子言曰："有本之者，有原之者，有用之者"。于何本之？上本之于古者圣王之事。于何原之？下原察百姓耳目之实。于何用之？废以为刑政，观其中国家百姓人民之利。此所谓言有三表也。（《非命上》）

"三表"分别是直接经验、间接经验和效果检验。"古者圣王之事"是间接经验，"百姓耳目之实"是百姓的直接经验，"国家百姓人民之利"是效果检验。墨子的方向是正确的，然而其内容的局限性很大。"百姓耳目之实"只是认识的初级形式，不能直接拿来检验真理；"古者圣王之事"属于历史经验，不可能有超越时空的永恒价值；"国家百姓人民之利"是重要标准，但是认识不能完全依据功利化标准判断，有些真理性知识的功利性价值难以判断，而有些具有功利效果的认识未必是真理性认识。尽管如此，三表法实际上是讨论认识和真理的标准问题，这在中国哲学史上是史无前例的。墨子能提出这样的观点，可能与他的科学技术和社会实践有密切关系，可惜这种认识论建构方向没有得到充分发展。

墨子及其学派有丰富的科学和逻辑思想。关于时间，《墨经》说时间是不能用五种感官把握的；墨家用宙、久、时、有久、无久、先后、始、止等来刻画和区分时间，很清楚时间的一维性与相继性。关于空间，墨家区分了宇、域，还提出了"域徙""徙而有处""宇徙久"等命题。墨家对运动的定义是："动，域徙也"，而静是"止，以久也"，止便是运动终点。墨家也有时空无限性观点。在数学方面，墨家第一次对几何圆下了准确科学的定义："圆，一中同长也"；同时比较系统地探讨了点、线、面、体、平、直、间、比、对称等概念的特性和关系。在光学方面，他们从试验出发研究了反射、投射、凹面镜成像等。在力学方面，他们探讨了多种力的现象，发现了杠杆原理，对滑轮、斜面运动都有实际研究。

《庄子·天下》称道墨子及墨家门徒克己自律、节衣缩食、日夜奔走、"自苦救世"的精神，说"墨子真天下之好也"，但又认为墨家自苦救世的做法"反天下之心""离于天下"，还说"墨翟、禽滑厘之意则是，其行则非也"；"墨子虽独能任，奈天下何"，意思是说：墨家学说违逆人之常情，脱离社会实际，即使墨子做得到，天下人还是没法做到。汉代以后，墨学中绝，《汉书·艺文志》所见的大多墨家著作逐渐佚失。清代以后，墨学又逐渐重放光彩。

思考题：

1. 墨子的兼爱说和儒家仁爱观有何区别？
2. 说明墨子三表法的基本内容和意义。

第六章 孟子的"仁政"说

孟子是地位仅次于孔子的儒家学者。朱熹认为,孟子思想通过子思、曾子而上溯孔子。这为孔孟之道的形成提供了文脉根据。在儒学的传承上,孟子明确提出人性善,注重人的道德主体性,发展了孔子思想的"民本论"。

第一节 孟子生平及其思想来源

孟子(约前372—前289),名轲,字舆,战国时期邹(今山东邹城东南)人。司马迁认为他"受业子思之门人"(《史记·孟子荀卿列传》)。子思是孔子的孙子,孟子应为孔门第四代传人。孟子曾带弟子游说齐、梁、邹、滕、薛、宋等国,"后车数十乘,从者数百人,以传食于诸侯"(《孟子·滕文公下》,以下引《孟子》只注篇名),影响很大。当时,各国大体完成了国内改革,开始追求富国强兵,统一天下。"当是之时,秦用商君,富国强兵;楚魏用吴起,战胜弱敌;齐威王、宣王用孙子、田忌之徒,而诸侯东面朝齐。天下方务于合从连衡,以攻伐为贤,而孟轲乃述唐、虞、三代之德,是以所如者不合。"孟子的学说被当时诸侯认定为"迂远而阔于事情"(《史记·孟子荀卿列传》),没有获得实践机会。但孟子没有动摇,没有放弃自己的理想和做人原则,他对于自己的学说非常自信,说:"如欲平治天下,当今之世,舍我其谁也?"(《公孙丑下》)

晚年,孟子和弟子万章等人著《孟子》七篇。宋朝以后,孟子被尊为"亚圣",《孟子》一书被列入儒家"十三经"中。朱熹《四书章句集注》中的《孟子集注》是南宋以来的权威注解本。

孟子"私淑"孔子,自觉继承和发展了孔子的学说。在游说各诸侯国时,在和当时墨、道、法、农等家的辩论中,孟子阐发了自己的观点。他表达观点带有强烈的辩论色彩。在对道家和墨家的学说进行批驳时,他指出杨朱"为我"说会导致"无君",墨子"兼爱"说则导致"无父"。(《滕文公下》)但孟子自己清楚,他并非"好辩",而是因应新的社会历史条件,重新诠释远古流传下来的"先王之道",以解决现实问题。孟子言论气势恢弘,高屋建瓴,观点深刻,尤其驳论尖锐犀利,说服力强,有锐不可当之势。他的人性善说、良知或良心说、大丈夫说、尽心知性知天说、仁政说等,都丰富和深化了孔子开创的儒学思想,对后来的思想史产生了巨大影响。

《韩非子》记载，孔子去世后，儒家分为八派，其中孟氏之儒、孙氏之儒分别以孟子和荀子为代表。孟子大约从子思上接曾子，而溯源于孔子。后人按其传承，称这一学派为思孟学派。

从《论语》看，曾子常常自我反思，关心人的内在修养，要求一个人应"仁以为己任"，具备强烈的使命感和责任感，做到"以能问于不能，以多问于寡；有若无，实若虚，犯而不校"（《论语·泰伯》），有谦虚好学、虚怀若谷的学习精神和广阔胸怀。孔子曾说："古之学者为己，今之学者为人。"（《论语·宪问》）孔子本就有重视"己"（自己、真我）胜于重视"人"（他人）的思想倾向，曾子突出了这点。

子思的思想，沿着曾子的反省之路，进一步引导儒学思想向着重视内在修养的"心性"论方向前进。今存《礼记·中庸》篇，可以作为反映子思思想的代表作。子思比曾子更重视内省和修养，他的天命德性论、道德主体论、"诚"论、中庸思想等，发挥了孔子未尽之意，并下启孟子，与孟子人性善说、良心说等紧密相联。《中庸》第一段将"天""命""性""道""教""隐微""中和""中庸"等范畴联系起来谈论，和盘托出了孔子儒学的"一贯"思路，即天人合一（"天命"与人的"率性""修道"合一）、内外合一（人性、人道与现实人的言行活动合一）、体用合一（道与人合一、"隐微"与"显见"合一、"大本"之中与"达道"之和合一）、主客合一（"天命"之人性与天地万物及其运动变化、生生不已、井然有序等合一）的朴素的人学辩证法思路。《中庸》在理论上系统解决了孔子提出的关于人通过修身养性而成就真正的理想人格的问题，丰富了孔子人学的本体论、方法论、主体论，提升了儒学理论思维水平，成为先秦儒家思想的代表作。

在孟子看来，天道（"道"）有常，人道（"性"或人性）有本，人应通过学习和修养，"尽心→知性→知天"，发挥自己的固有天性，实现人的价值。他提出的"仁政"主张，发展了儒家的政治学说，成为儒家政治思想的典型，对后世影响极大；其理论基础就是他的天命论、人性善说和良心说。

第二节 "人性善"说

孟子认为，治国者将自己的"不忍人之心"，即恻隐之心、同情心，推己及人，用以治国理政，就是"仁政"。他认为人人都有"不忍人之心"，这源于人人

"固有"善的本性；孟子也称人的善性为"良知""本心"或"良心"（见《告子上》《尽心上》）；"不忍人之心"是良心在心理上的部分表现。他坚信人人都有良心，圣人如尧、舜，贤人如颜回，和普通人一样，拥有同一个良心，叫作"道一"，也称为"同道"（见《滕文公上》《离娄下》）；其具体内容就是仁义道德等。人的修养，在努力学习，"求其放心"，尽心知性知天，存心养性事天，修身以待，夭寿不贰，达到"万物皆备于我矣，反身而诚，乐莫大焉"（《尽心上》）的理想境界，使本善的人性成为现实。

为了论证人性本善，孟子和主张人性无善无恶的告子进行了多次辩论。告子认为人性指食、色等自然生命活动，可以通过经验观察而认识；孟子认为人性不是自然生命，而是自然生命所以然的本性，必须"反求诸己"才可能觉悟。此外，孟子还用"孺子将入于井"，人们会毫不犹豫救下孩子做例子，说明人人都有恻隐之心，即同情心。孟子断定，恻隐之心就是人性本善的发端。和恻隐之心相类，还有羞恶之心、辞让之心、是非之心，它们是人性中仁、义、礼、智的分别表现。对于四心，人们修养时应着力存养、扩充，使其发展壮大。

人"固有"善性，是《中庸》"天命之谓性"的另一说法。孟子认为人生贫富、贵贱、事业成败由天命决定，他称为"求之有道，得之有命"（《尽心上》），"若夫成功，则天"（《梁惠王下》）。他界定说："莫之为而为者，天也；莫之致而至者，命也。"（《万章上》）"人之所能为"以外的，叫做"天命"，其含义有二：无人推动，但它在运动，是自然的天；无人努力，但导致了某种结果，或者说人努力了，但所得结果和人努力无必然联系，这是"命"。听天由命，有其消极性，但孟子主张"正命""立命"，丰富和完善了孔子的"知命"说。人不断学习进步，提高自身素质，实现自己使命，"尽其道而死"，是"正命"；人尽到天职，挺立人格，确立自己在天地间的地位，就可"立命"。

在孟子看，正命、立命的人有一种"大丈夫"人格，"居天下之广居，立天下之正位，行天下之大道。得志，与民由之；不得志，独行其道。富贵不能淫，贫贱不能移，威武不能屈。"（《滕文公下》）达到大丈夫境界的人，胸怀全宇宙、全人类，以宇宙规律、人类共性为准则，在生活实践中，就可以为自己培养出一种"浩然之气"，这是像志气、豪气、勇气那样的磅礴精神力量。有这种精神力量支持，任何人都可以挺立起自己的高尚理想，追求正义事业，自有"舍我其谁"精神；即使面对强大的假、恶、丑势力，也会藐视它，"勿视其巍巍然"（《尽心下》），大义凛然，决不低头。

第三节　"仁政"说

孟子的"仁政"说是他的政治思想体系。性善论、正命修养论等是其理论基础；基本原则是"推己及人"，即"举斯心加诸彼"（《梁惠王下》），用良心治理国家，实行仁政；细化"推己及人"的原则，采用"制民之产"等措施，就是王道。

关于权力来源，孟子提出君权"天受"和"民受"论。国君的修养，是实行仁政的前提。由谁做国君，坐江山，虽由天命决定，但也表现在君权"天受"和"民受"两个方面。"天受"指上天通过一个人的家庭出身、时代条件、机遇等，接受这个人做国君；"民受"指一个人有较高修养，人民群众拥戴他做国君。"天受"是一个人做国君的必要条件，如周公、孔子等有德有能，但没有"天受"，故仍然做不成国君；"民受"是一个人能够长期做国君并保持政权稳固的条件，如夏桀、殷纣王虽有"天受"，但自己修养不够，没有"道德"，所以其政策不得民心，没有"民受"的条件，结果终究亡国。（参见《万章上》）一个人要具备什么条件才能成为一国之君？孟子保留了"天受"这一条件，这是他受到历史因素制约的反映，但他有意将政治权力奠基在仁义道德等人性修养上，强调政治权力的巩固在得民心，对儒家的"民本论"有了进一步的发展。

关于治理国家的方式，孟子提出"以善养人""以德服人"原则。这要求治国者不断提高自己素质，用人道的力量感化、教育其他社会成员，使大家各自提高自己素质，不断进步。治国者应有仁民爱物的"良心"，有爱民如子、视人如己的切身体会。像伊尹这样的治国者，就有"思天下之民，匹夫匹妇有不被尧、舜之泽者，若己推而内之沟中"（《万章上》）的真实情感和责任感，百姓自然会心甘情愿，心服口服。故孟子说："君仁莫不仁，君义莫不义。"（《离娄下》）他反对治国者用自己权势、国家机器的力量强迫、掠夺老百姓的以力服人，也反对以道德教化作为手段以巩固自己统治的"以善服人"，主张"以善养人"，强调道德熏陶、人性修养提高本身就是目的。他说："以善服人者，未有能服人者也；以善养人，然后能服天下。天下不心服而王者，未之有也。"（《离娄下》）

在君民、君臣关系上，孟子提出民贵君轻、以民为本主张。孔子已经提出"庶民""富民""教民""利民"等主张，孟子说："民为贵，社稷次之，君为轻。"(《尽心下》)治国者会变更，政权会更替，只有老百姓才是国家的根本。一个政权的建立或者垮台，关键在它是否得民心，得民心者得天下，失民心者失天下。商汤、周文王和周武王得天下，因为他们得了民心；夏桀、殷纣所以失天下，在于他们先失了民心。孟子提出，国君如暴虐无道，残害百姓，那他就不再是国君，而变成"一夫""残贼之人"(《梁惠王下》)了，老百姓奋然兴起，诛杀暴君，也不叫弒君，而是除害。在君臣之间，既有上下层次，又要互相尊重。孟子说："君之视臣如手足，则臣视君如腹心；君之视臣如犬马，则臣视君如国人；君之视臣如土芥，则臣视君如寇仇。"(《离娄下》)所以，君主的权力只有尽到"君君"职责、承担了相应责任才有道义正当性。

孟子"仁政"说还有贯彻推己及人原则的具体措施。他认为，实现王道并不需要复杂的条件，只要把"不忍人之心"推广到社会各个方面即可。"以不忍人之心，行不忍人之政，治天下可运之掌上。"(《公孙丑上》)"老吾老，以及人之老，幼吾幼，以及人之幼，天下可运于掌。"(《梁惠王上》)

孟子重视国家发展经济，提出了"制民之产"主张。他说："民之为道也，有恒产者有恒心，无恒产者无恒心。"(《滕文公上》)"无恒产而有恒心者，惟士为能。若民，则无恒产，因无恒心……是故明君制民之产，必使仰足以事父母，俯足以畜妻子，乐岁终身饱，凶年免于死亡；然后驱而之善，故民之从之也轻。"(《梁惠王上》)所以，治国者应全力"制民之产"，发展农业，不误农时，减少赋税，让普通百姓"五十者可以衣帛"，"七十者可以食肉"，"黎民不饥不寒"，都有基本生活保障。

政治上，孟子主张治国者应征求左右、诸大夫、国人的意见，尊贤任能，使俊杰在位，能者在职。要是"不仁者在位"，他们的恶言恶行到处传播，对国家损害极大。军事上，孟子反对当时流行的争霸战争、兼并战争，主张在迫不得已时才进行符合道义、实现和推广道义的"义"战。文化教育上，他主张治国者应"与民同乐"，广设学校，教育人民，提高大众文化素养，帮助所有人成为理想的人。

思考题：

1. 孟子的思想贡献。

2. "人性善"的理论意义。

3. 孟子"仁政"说的主要内容。

第七章　庄子思想及道家别派

庄子（约前 369—约前 286），先秦道家中坚人物，战国时期伟大的思想家、文学家，创造性地发展了老子哲学。他和其学派留下了《庄子》一书，计 52 篇，是兼具哲学和文学两栖成就的千古奇文。今本《庄子》包括内、外、杂三部分共 33 篇，其中内 7 篇被认为是庄子自撰的著作，提出了怀疑、逍遥、齐物论、以道为精神导师等许多影响深远的观念。庄子一生贫寒，志行高卓，文笔奇诡，想象力丰富，思辨深刻。战国时候还有许多道家别派，其中以黄老思想影响最广。

第一节　庄子的道论

《史记·老子韩非列传》说："庄子者，蒙人也，名周。"蒙的地望主要有两种看法：宋之蒙（今河南商丘）、楚之蒙（今安徽蒙城）。庄子活动地域主要在楚、宋、魏，一生穷困潦倒，不辱其志，终生宗师大道，全性保真，是高行卓绝的哲人。他当过看管漆园的小吏，穷得无米可炊，不得不借米下锅（《庄子·外物》，以下引用《庄子》只注篇名）；曾拒绝楚国宰相之聘（《秋水》）；他的妻子亡故，他鼓盆而歌（《至乐》）；临终前弟子要厚葬他，他说天地是他的棺材，日月星辰为之点缀，万物伴随，葬礼岂不隆重？斥责弟子愚昧而不能顺化（《列御寇》）。

庄子生当战国中期，战乱频繁，社会混乱。他以超越世俗的姿态观察社会，引导人们以大道为宗师，逍遥以养生，齐物而大通，使丧己失性的人返璞归真。正因为如此，他不屑于贩卖道术、游说诸侯、奔走投机的行为。庄周是批判性思想家，笔锋所向，历代学孽和当世宿儒无可幸免。司马迁说庄子"其著书十余万言"，《汉书·艺文志》著录"《庄子》五十二篇"。今存的郭象注本只有 33 篇（分为内 7 篇、外 15 篇、杂 11 篇），约 7 万字。《庄子》是战国庄子学派的著作总集，其中内篇基本上是庄子本人所著，外篇和杂篇也含有庄子思想。庄子学问渊博，思想犀利，言谈辩论细密精辟。《庄子》言说风格有三种形式：大多是"寓言"，一部分是有一定历史根据的"重言"，再就是合乎自然、言而无言的"卮言"。

庄子继承和发展老子道论，是战国道家中坚。一方面，他捍卫道的存在和最高地位，主张以道为宗师。他对道的描述是："夫道有情有信，无为无形；可传而不可受，可得而不可见；自本自根，未有天地，自古以固存；神鬼神帝，生天生地；在太极之先而不为高，在六极之下而不为深，先天地生而不为久，长于上古而不为老。"（《大宗师》）按这个说法，道是实有的、无形的、超时空的、自足的、高于创世的存在。这个道当然是最高实体或曰本体，是世界的源头和根据。另一方面，和老子的道论一样，庄子之道的核心也是"自然"。《应帝王》中有一个寓言，说南海之帝王叫儵，北海的帝王叫忽，这两个名字隐讽人类的自以为是和急切心态；中央的帝王叫"混沌"，隐喻浑然淳朴，即自然。混沌对儵和忽很好，后二者想报答混沌，认为人人有七窍而混沌没有，于是每天给混沌挖一窍，挖了七天，混沌死了。

庄子将道内在化、具体化。《知北游》载："东郭子问于庄子曰：所谓道，恶乎在？庄子曰：无所不在。东郭子曰：期而后可。庄子曰：在蝼蚁。曰：何其下邪？曰：在稊稗。曰：何其愈下邪？曰：在瓦甓。曰：何其愈甚邪？曰：在屎溺。东郭子不应。庄子曰：夫子之问也，固不及质。"东郭停留在感觉经验的层次，问庄子道在哪里，庄子说在一切之中，甚至在砖头瓦片屎尿之中，最后点明东郭子提问题的方式错了。东郭以为事物之外别有一个道，庄子告诉他：道与万物是不可分的，道在物中而不等于物。老子论道是从形上下行，而庄子从形下上行，贯通了形而上和形而下，完善了老子的道论。

庄子论道还有一个特点，即与"气"的学说融合在一起，这也是对老子思想的发展。他说："人之生，气之聚也。聚则为生，散则为死。若死生为徒，吾又何患！故万物一也。是其所美者为神奇，其所恶者为臭腐。臭腐复化为神奇，神奇复化为臭腐。故曰：'通天下一气耳。'圣人故贵一。"（《知北游》）人的生死就是气的聚散，万物变化同理类推。气相当于一种元物质、元能量。

庄子另一个高明之处是将道转化为认识方法，他说：

> 以道观之，物无贵贱；以物观之，自贵而相贱；以俗观之，贵贱不在己。以差观之，因其所大而大之，则万物莫不大；因其所小而小之，则万物莫不小。知天地之为稊米也，知毫末之为丘山也，则差数睹矣。以功观之，因其所有而有之，则万物莫不有；因其所无而无之，则万物莫不无。知东西之相反而不可以相无，则功分定矣。以趣观之，因其所然而然之，则万物莫不然；因其所非而非之，则万物莫不非。（《秋水》）

这段话概述了道、俗（世俗）、差（差异）、功（功效）、趣（取舍）等几种观察、理解事物的视角及其各自特点。拿大道的眼光看，万物平等，各有价值。"道观" 的方法论化是道家思维普遍化、客观化的重要环节。

第二节 "逍遥游" 和 "齐物论"

"逍遥游"，既是庄文篇名，也是庄子的最高价值理念。"逍遥" 言状态，"游" 言动态，是二而一的。《庄子》中 "逍遥" 出现六次，"游" 在《庄子》中出现近百处。从 "逍遥游" 出现的语境看，其意思是：超越世俗和社会价值观，不以人的功利取向看待万物，无为无事，与道合一。无为无事是针对有为而言的。有为指的是违背自然，背离本真存在，被富贵显严、功名利禄所主宰，被人欲所茅塞。

逍遥不等于自由。逍遥有 "道" 和 "自然" 的支撑，本质是 "无为"，即遵循自然；而近代西方传入的 "自由" 一词更多地强调自主和自治。二者也有交叉，比如独立自主、不受扰乱等。逍遥是立足于自然层次上的美学精神，可以包含自由的基本宗旨，却更有超越自由而不绝于 "自然" 之意。

"齐物论" 也是庄文篇名，从内容看，该篇针对的是战国百家的价值冲突与意见分歧，以 "齐物" 超越众论。宋代陈景元将齐物论的要义归纳为："齐我"，指超越自我；"齐智"，指超越大知、小知之争；"齐是非"，指超越儒墨惠施等争论；"齐道"，指超越有限界限而归于道；"齐治"，指超越尧舜以来政治绝对主义；"齐物"，指任物自齐；"齐死生"，指理解生死顺化；"齐同异"，指不争绝对同异之辩；"齐因"，指摆脱有待入于无待；"齐化"，指认识万物无限转化的过程。"齐" 就是将种种差异放到大道的面前衡量。

庄子认为世俗人们的争辩和计较经不起回头反思。《齐物论》中有两个寓言微妙地反映了他的意思。一个寓言说养猴人给猴群分橡子，早餐三个、晚餐四个，猴子闹起来，改成早四晚三，猴子欢呼雀跃，殊不知名称变了、实质没变。另一个寓言说庄子梦见自己化成蝴蝶，又觉得是蝴蝶变成庄周，难以分清。这个故事中，梦代表着变化的世界、人生及其认识，蝴蝶和庄周都是变化中不确定的或者可以相互转化的对象，寓意物我主客之间是不断变化的。

《齐物论》从逻辑辨析出发，走向相对论而否定绝对论。庄子认为：是非乃是由彼此、主客、名实二分造成的；各种具体是非互为依存，不是绝对的。"毛嫱丽姬，人之所美也；鱼见之深入，鸟见之高飞，麋鹿见之决骤，四者孰知天下之正色哉？"（《齐物论》）由于事物的多样性、动态性、复杂性和主观的差异性，以及语言表达的歧义性，任何是非判断都不可能穷尽可能，达到绝对。真理是靠不同认识的整合得以展示的，如果固守己见，排斥他人而挂一漏万，就成了"一曲之士"。庄子说："物固有所然，物固有所可。无物不然，无物不可。故为是举莛与楹，厉与西施，恢诡谲怪，道通为一。"又说："物无非彼，物无非是。自彼则不见，自知则知之。故曰：彼出于是，是亦因彼……是亦一无穷，非亦一无穷也。故曰：莫若以明。"（《齐物论》）

是非本身的标准在哪里？庄子说圣人只是"照之于天"。就是说让"自然"判定是非。所以他说："是以圣人和之以是非，而休乎天钧，是之谓两行。"（《齐物论》）"和"指和同；"天钧"即"天倪"，指自然之道。《齐物论》对是非的反思有内在逻辑结构，这就是"两行"。两行遵循的是自然的逻辑，是理解"齐物论"的钥匙。庄子总是尽可能揭示相反的判断和见解的关联性、多样性与可能性。他希望通过两行来治疗独断论，以求逐渐达到在道指导下的完整性、客观性、公正性。《齐物论》本质上是要百家走出门派之争，踏上逻辑和认识论化的道路。

第三节　《天下》的学术观

庄子思想是战国百家争鸣时期的产物。《天下》说战国思想界的特点是：

> 天下大乱，贤圣不明，道德不一。天下多得一察焉以自好。譬如耳目鼻口，皆有所明，不能相通。犹百家众技也，皆有所长，时有所用。虽然，不该不遍，一曲之士也。判天地之美，析万物之理，察古人之全，寡能备于天地之美，称神明之容。是故内圣外王之道，暗而不明，郁而不发，天下之人各为其所欲焉以自为方。悲夫！百家往而不反，必不合矣！后世之学者，不幸不见天地之纯，古人之大体，道术将为天下裂。

《天下》非庄周作品，但合乎庄文内篇的思想。后世学者一般无条件地肯定百家争鸣的正当性和积极性，而庄子从百家纷争看到的主要是问题而不是盲目乐观。置身于"天下大乱，贤圣不明，道德不一"的社会里，庄子的心情不同于后人，他只有无际的思想忧患，坚决反对"一曲之士"沉溺于剖判天地、解析万物、猜测历史的门户之见。因为这样的学风和目的使人们淡忘天地大美与人的健康心智。

他的目的是要恢复学术自身的基础和范式。在他看来只有"道"能担当此任，能支持学术观重建。

如何走出百家"往而不返"的乱局？一般看百家争鸣兴废原因都局限于社会政治因素，庄子则不同，他是一个真正的哲学家，其方法论主要是从形而上学、认识论和逻辑切入。以《齐物论》《大宗师》《秋水》《知北游》等为代表的庄子认识论篇章，意不在争一是一非，而是要辨析是非的原因和公是公非的可能。他认为，百家停留于"物论"，解决其争端需要经过一与多、差异与统一的辨析而上升到"道论"。百家在认识论上没有建立大道的基础，缺乏客观主义原则，见识片面，限于主观争论，妨害开放的心灵与社会。大道作为学术上统一的原理必须确立。实际上大道定义了两千多年中国哲学的特质。立足于新的哲学高度，庄子形成了自己的批判哲学，包括历史、文化、政治、伦理等多方面。

政治上，当时的百家各言治道，庄子批评他们为"以火救火，以水救水"（《人间世》）。他自己崇尚的是以道治世，无为而治，使民性复归素朴。在理想社会方面，其后学发挥他的道治思想，勾勒了"至德之世"，认为那是一个万物自然而和谐的世界："夫至德之世，同与禽兽居，族与万物并。恶乎知君子小人哉！同乎无知，其德不离；同乎无欲，是谓素朴。素朴而民性得矣。"（《马蹄》）

庄子对儒家价值观有所批评。他认为尧舜禹禅让及圣明故事是伪造和美化的（《盗跖》），提倡"大仁不仁"（《齐物论》），认为仁爱伦理脱离性命之情，必造成人的伪善和异化（《骈拇》）。他倡导为己之学，反对以德临人。《渔父》斥孔子："今不修之身而求之人，不亦外乎？"对于墨家，他认为其自苦救世很感人，但违反天下常情，天下人受不了那一套。至于慎到、田骈、惠施、公孙龙，都只有一得之见。庄子敏锐地感受到学术分化带来的片面性，其思想包含正确的新起点，但未能提出统一学术的实践之道。

第四节　黄老道家与先秦道家其他流派

西汉刘安（前179—前122）的《淮南子·要略》有"考验乎老、庄之术"一语，在学术史上首次定下老、庄并称的基调。刘安的学术总倾向合乎黄老学派，但极为推崇老庄。老、庄堪称道家正宗，不过战国还有众多道家支派，这些道家支派统称为道家别派。

战国时期，老学急剧衍生分化，道家派系在列国滋生繁衍。从地域看，楚、齐、宋、魏、郑、晋、韩、赵、秦等莫不有道家踪迹；从学派看，文子、关尹、列子、杨朱学派、慎到、田骈、庄学派、黄老学派、《鹖冠子》等踵事生华。① 道家的影响无所不在，百家无不受其营养，这使得战国思想得以深化、创新。《汉书·艺文志·道家略》载 37 家 993 篇，大多为战国所作，我们按照派别略述如下：

文子学派：文子是老子弟子。汉志著录《文子》九篇。今本《文子》有 12 卷，过去学者多疑其伪。1973 年定县（今河北定州）40 号汉墓出土《文子》残简，与今本《文子》有 6 章相同，残简中也有今《文子》不见的文字。② 这证明西汉已有《文子》。文子对老子思想有修正，说"一也者，无适之道也"（《道德》），不合老子讲的"道生一"；《文子》说"无为"包含"循理而举事、因资而立功，推自然之势"（《自然》），对老子虚静无为说有改造；《文子》强调道德为本，但不排斥仁义礼；《文子》还说"人与天相类"（《九守篇》），这是天人感应的先导，异于老子天人观。《文子》是早于黄老而兼采众家思想者。《文子》以"一"为"无适之道"的说法为后世道家开了先河，后来黄老学派、《吕氏春秋》、法家韩非、《淮南子》都讲"一"即"道"。

关尹学派：关尹即老子出关时的关长尹喜，列子老师。《庄子·天下》把关尹放在老聃前，说他们"建之以常无有，主之以太一"。郭店楚简中有一篇被命名为《太一生水》，该篇以"太一"为宇宙本源，可能是《汉志》所列"《关尹子》九篇"中的文字。《吕氏春秋·不二》说他"贵清"；《庄子·天下》谓之"寂乎若清"，指的是保守清纯之气。关尹提出保守天真的"至人"理论，即"至人""是纯气之守也，非知巧果敢之列"，要求人们"壹其性，养其气，合其德，以通乎物之所造"。（《庄子·达生》）

杨朱学派：杨朱，即阳子居，老聃弟子。他信奉老子的"卫生之经"论，曾问老子"明王之治"。老子告诉他：明王之治是无为之治，"功盖天下而似不自己，化贷万物而民弗恃。有莫举名，使物自喜。立乎不测，而游于无有者也"（《庄子·应帝王》）。孟子说"杨朱取'为我'，拔一毛而利天下不为也"（《孟子·尽心上》），指责杨朱思想是"无君"。《吕氏春秋·不二》说"阳生贵己"，《淮南子·氾论训》说他"全性保真"，杨朱学说是老子为己之学和无为理论的发展。杨朱后学有子华子、詹何，他们发展出养生哲学。子华子说："全生为上，亏生次

---

① 黄老学派亦有多种分支。丁原明在《黄老学论纲》中，将黄老分为南方黄老（《黄老帛书》、庄子《天道》诸篇、《鹖冠子》）；北方黄老（田骈、接子、慎到、《管子》四篇）。丁原明：《黄老学论纲》，山东大学出版社 1997 年版，第 90—159 页。

② 定县汉墓竹简整理组：《定县 40 号汉墓出土竹简简介》，《文物》1981 年第 8 期。

之，死次之，迫生为下。"（《吕氏春秋·贵生》）全生指六欲皆得其宜，亏生指六欲部分宜适，迫生指六欲没有宜适的。子华子说"迫生"不如死。詹何则主张重生轻利。（《吕氏春秋·审为》）

列子学派：列子，即列御寇，也称列圄寇，郑国人。今本《列子》不是班固著录的《列子》，只有少数文字代表列子思想。列子"贵虚"，主张"无为名尸，无为谋府，无为事任，无为知主。体尽无穷而游无朕，尽其所受乎天而无见得，亦虚而已。至人之用心若镜，不将不迎，应而不藏，故能胜物而不伤"（《庄子·应帝王》）。意思是：不要被名声、计谋、事务负荷，不要被已知的有限知识所主宰；要让精神自由地活动，接触事物但不积藏于心，始终保持精神空灵，故能从容应对任何事物。

黄老学派（或称黄老道家）：黄老并称，始见于《史记》。《史记》中有"黄老""黄老之术""黄老道德之术""黄帝、老子之言"等说法。"黄老道德之术"的称呼可能早于申子、慎到。先秦黄老道家最著名的有南方黄老和北方黄老，黄老思想在汉初七十年曾得到积极运用。黄老道家有个共同特点，即司马谈在《论六家之要指》中说的："道家使人精神专一，动合无形，赡足万物。其为术也，因阴阳之大顺，采儒墨之善，撮名法之要，与时迁移，应物变化，立俗施事，无所不宜。指（旨）约而易操，事少而功多。"（《史记·太史公自序》）

1973 年马王堆帛书出土，其中有四篇古佚书，不少人认为它就是《汉书·艺文志》说的《黄帝四经》[①]。这是南方黄老的经典。约当战国中期，出现伪托黄帝著述的风气。《隋书·经籍志》说，汉代道书 37 家，"其《黄帝》四篇、《老子》二篇，最得深旨"。《老子》思想是四篇古佚书最重要的源泉。四篇在道论上大体通于老子，认为宇宙始于道，道是太虚、无名、无形、无为、湿湿梦梦（即混混沌沌）、广大隐微等（参见《道原》）；四篇也认为，"极而反，盛而衰，天地之道也，人之李（理）也"（《经法·四度》）。足见其是演绎老子思想而来。但四篇目的在于将道的原理用于社会人事。它认为"恒一"为道之"号"（《道原》），"物有不合于道者，谓之失理"，"理之所在谓之道"（《经法·论》），还说"道生法"（《经法·道法》），这种将道规律化和法理化的说法，与《老子》有异。为了推大道、制法度以图强盛，四篇讲究规定等级名分，肯定人的力量和竞争的功用，说"作争者凶，不争亦无以成功"（《十六经·姓争》），主张"是非有分，以法断之；

---

① 值得提醒的是：《吕氏春秋》《新书》等所引的"黄帝之言"却不见其中，因此难以断定其是《黄帝四经》。

虚静谨听，以法为符"（《经法·名理》），这些都是黄老四篇的新观点。

稷下道家：稷下道家是北方黄老道家。稷下学宫是田齐桓公午（前 374—前 357 年在位）在临淄城稷门外设立的学宫。其学者称为稷下生，即稷下先生，鼎盛时多达千余人。稷下先生著述多佚失，但《管子》中保留的《白心》《内业》《心术》（上下）四篇是稷下道家代表作。稷下道家把道、德、义、礼、法统一起来，倡导臣道有为而君道无为的南面之术。在道论上，《内业》说："凡道，无根无茎，无叶无荣。万物以生，万物以成，命之曰道"；《心术上》说："虚而无形谓之道，化育万物谓之德"。稷下道家提出了著名的精气说，认为万物有精，精是"气之精者"（《内业》），"一气能变曰精"（《心术下》）；精"化则生物"（《心术下》）；认为心是"精舍"，静心可以得道。《管子·水地》中还提出水为万物本源说，可能是对老子以水喻道和关尹主张太一生水、水反辅太一而成天等思想的发展。

稷下道家主要有彭蒙、慎到、田骈、环渊、接子等。慎到著有《十二论》，环渊有《上下篇》，另外田骈、接子也有著述。彭蒙，齐人，早期稷下学者。慎到，赵人，齐宣王、湣王时居稷下。田骈，齐人。三人属于一个小学派。慎到主张弃知去己，抛弃是非，齐同万事万物，实际上是要树立道和法的权威。《荀子·天论》说"慎子有见于后，无见于先"，《解蔽》又说他"蔽于法而不知贤"。彭蒙、慎到都有很重的名家、法家色彩。慎到是道家向法家过渡的中坚人物。《吕氏春秋·不二》说田骈"贵齐"，张岱年认为田骈可能是齐物说的创立者，庄子受到他的影响。[①] 环渊，楚人，《汉书·艺文志》录有 13 篇，有人说《黄帝四经》或与其有关。接子和季真都是齐人，游过稷下。接子又名接予、捷子。二人有一争论存于《庄子·则阳》：关于道和宇宙万物由来的关系，季真主张"莫为"，即道并无作为；接子主张"或使"，即"或使之"，道是使其产生者。大公调评价他们二人的争论说，他们不知道"道"的神通，二人的争论必然陷于矛盾。

黄老道家转道入治，化道为法，是战国中期以后的显学。以后在汉初七十年成了统治思想。庄子学派中也出现了黄老化趋势，庄文外篇中《天道》《天地》《天运》《在宥》等是著名的黄老篇章，其思想与帛书和稷下道家的内容相似。

思考题：

1. 什么是"道观"？

[①]   张岱年：《中国哲学史史料学》，生活·读书·新知三联书店 1982 年版，第 93 页。

2. 应如何评价庄子"齐物论"?

3. 道家别派有哪些?

4. 黄老道家和老子思想的关系。

第八章 名家思想

名家的研究对象是名实关系。春秋战国是社会转型期，旧的语词（"名"）、话语（"辞"）不能表达已经变化了的社会现实，"名实相怨"（《管子·宙合》）成为普遍现象，于是产生了辨析概念的需要，名辩思潮随之兴起，出现了"名家"。名家思想的主要内容是名学。名学是关于名辩的学问，涉及"名"（名词或概念）、"辞"（判断或命题）、"推"（推理或证明）等问题。

第一节 邓析的刑名学

邓析（前545—前501），郑国人，是先秦名家早期代表人物。他的著作没有流传下来，其事迹散见于史籍。《吕氏春秋·离谓》载："洧水甚大。郑之富人有溺者，人得其死者，富人请赎之，其人求金甚多，以告邓析。邓析曰：'安之。人必莫之卖矣。'得死者患之，以告邓析。邓析又答之曰：'安之。此必无所更买矣。'"对溺水淹死的尸体，邓析告诉尸主，不要理睬打捞者的挟尸要价，他无法卖给别人；又告诉打捞者可以挟尸要价，因为尸主非买不可。同篇又载："子产治郑，邓析务难之。与民之有狱者约：大狱一衣，小狱襦裤。民之献衣、襦裤而学讼者，不可胜数。以非为是，以是为非。是非无度，而可与不可日变。所欲胜因胜，所欲罪因罪。"《列子·力命》也有"邓析操两可之说，设无穷之辞。当子产执政，作竹刑，郑国用之。数难子产之治，子产屈之"等语。邓析与子产同时，多次非难子产的政策。他对当时郑国的"讼"颇有研究，并教育民众有关"讼"的知识。

邓析关注"名"，并据以展开"名辩"。但他对"名"与现实世界的关系并不很关心，而只关心抽象的推理。照现代逻辑学看，抽象的"名"本就与事实无关，与现实的功利、权威等更无关联。上引几条材料中，没有明确点出抽象的"名"来，但邓析的做法，确实是根据"名"的抽象性，在现实人们的具体得失、利害、是非、可不可、罪与非罪等方面随意变换。

就"洧水甚大"一例看，要做成一桩交易，买卖双方缺一不可，这是由交易本身的性质，或交易的"名"决定了的。至于交易能否顺利进行，交易中谁得利或害，谁得利多或得害多，并不是交易这个"名"本身的事情。据此，邓析劝说双方均"安之"，可谓抓住交易这一抽象的"名"做足了文章。在尸体的赎买与出卖、高价与低价、买者的利益与卖者的利益、买者的心态与卖者的心态双方之间，邓析可以分别进行各自分析而互不干扰，还能完全中立地为买卖双方提供最有利的谈判策略，展现出中国古代第一"律师"的风范。

再看子产治郑一例，所谓"以非为是，以是为非。是非无度，而可与不可日变。所欲胜因胜，所欲罪因罪"，可以典型体现出邓析的名学态度，即重视抽象的名，而不计较诉讼中具体的是或非、可或不可、罪或非罪。就诉讼的结果而言，任何一次判决总要划分出是或非、可或不可、胜诉或败诉，这当然牵涉到诉讼者的得失利害；以一定的"法"为准则，判决可以得到确定。邓析则不管诉讼者各自的是或非，也不管执法者或"法"本身能否划分出具体的是或非，而是用"难"的非常手段，显示出是或非、可或不可、罪或非罪等具体的价值标准在"名"或"法"中所处的相对性、有限性。

邓析的"是非无度，而可与不可日变"，掩盖了名学在现实生活中的正面积极意义，而流于诡辩。邓析重视"名"，发现现实世界价值标准的相对性，应予肯定；但这并不意味着现实世界的是或非就完全相对且可以任意变化，更不意味着现实世界就可以没有是非。荀子批评邓析"不恤是非、然不然之情"《荀子·儒效》，抓住了邓析思想的薄弱环节。但也应注意，邓析着力推敲法律条文中的概念意义，善于分析矛盾双方的逻辑关系，为不同的行为找出法律根据，具有一定的社会影响。邓析站在平民立场，教育人们利用法律手段维护自身利益，否定统治者的权威，给政治伦理秩序带来了负面影响，挑战了旧的政治制度和统治者的权威，因此邓析最终被统治者杀害，他的思想也长期被其他思想家从政治伦理的角度予以否定。

第二节　惠施的名学（逻辑学）命题

惠施（前370—前310），宋人。曾做魏惠王相，为魏立法，主张齐、魏"相王"，对抗秦国，是战国中期合纵派的组织者。惠施在当时以善辩为名，博学多才，回答南方黄缭提出的"天地所以不坠不陷、风雨雷霆之故"等问题，能够"不辞而应，不虑而对"。《庄子·天下》保留了惠施提出的十个命题。

在先秦名学中，惠施是"合同异"派的代表。他的主张，除了《庄子·天下》所载"历物十事"外，还包括"辩者二十一事"中的八事，分别是：卵有毛，郢有天下，犬可以为羊，马有卵，丁子有尾，山出口，龟长于蛇，白狗黑。此外，《荀子·不苟》和《正名》二篇中还保存了七个命题。

这些命题可分三类：

（一）论时、空及时、空内的形色等性质是相对的（共 11 个命题）。它们是：1. 日方中方睨；2. 今日适越而昔来；3. 南方无穷而有穷；4. 我知天下之中央，燕之北、越之南是也；5. 齐、秦袭；6. 无厚不可积也，其大千里；7. 郢有天下；8. 天与地卑，山与泽平（山渊平，天地比）；9. 连环可解也；10. 龟长于蛇；11. 白狗黑。

（二）论时、空内形色等性质不同的事物本为合同（共 7 个命题）。它们是：1. 卵有毛；2. 马有卵；3. 丁子有尾；4. 山出口（入乎耳，出乎口）；5. 物方生方死；6. 犬可以为羊；7. 钩有须（妪有须）。

（三）断定超时、空的存在以及以超时、空为基础的世界统一性（共 3 个命题）。它们是：1. 至大无外，谓之大一；至小无内，谓之小一；2. 大同而与小同异，此之谓小同异；万物毕同毕异，此之谓大同异；3. 泛爱万物，天地一体也。

惠施提出的命题，凸显了具体事物存在的相对性。在他看来，时间的长短、中睨、今日或明日，空间的大小、高低、厚薄、内外、无穷或有穷，形色性质的白黑、同异等，都是相对的，没有普遍性、永恒性。人们对于万物之间的差别，不能太执着，对时空内事物的经验认识不能迷信。但惠施不是相对主义者。他既破除人们对事物差别认识的执着，又向人们展示了事物之间的相同，进而引申出"天地一体"的大同。

概念有内涵和外延。内涵加多，外延就缩小；内涵减少，外延就扩大。惠施的"大一""小一"，和"大同异""小同异"两对概念，就体现了概念内涵与外延相对变化的情况。这些已经成为理论思维中的最高范畴，体现了先秦时期概念分析的巨大进展，是中国古人理论思维的重要成果。

第三节　公孙龙的名学思想

公孙龙，赵人。公元前 279 年渑池之会到公元前 257 年邯郸解围间，在赵国为平原君客。秦攻赵，平原君派人求救于魏，信陵君发兵至邯郸，围解。赵王欲以地封平原君，公孙龙劝平原君不要接受，平原君听从了劝告。秦、赵曾约定互相支持。不久，秦攻打赵的邻国魏国，赵欲助魏。秦指责赵违背互助协议。公孙龙献计，反而遣使指责秦人，赵国欲救魏，而秦不助赵，是秦国违背了互助协议。

公孙龙是"离坚白"派的代表。反映其学术思想的著作，除了《公孙龙子》各篇外，还包括"辩者二十一事"中的十三事。它们是：1. 鸡三足；2. 火不热；3. 轮不辗地；4. 目不见；5. 指不至，至不绝；6. 矩不方，规不可为圆；7. 凿不为枘；8. 飞鸟之影未尝动也；9. 镞矢之疾，而有不行不止之时；10. 狗非犬；11. 黄马骊牛三；12. 孤驹未尝有母；13. 一尺之棰，日取其半，万世不竭。

公孙龙的《指物论》探讨了"名"与"物"的关系。名的意义及其表达，公孙龙称为指。他说："物莫非指，而指非指。"（《指物论》）万物莫不可以称谓或表达，但称谓或表达，并非指本身。他又说："天下无指，物无可以谓物。非指者，天下无物，可谓指乎？指也者，天下之所无也；物也者，天下之所有也。以天下之所有为天下之所无，未可。天下无指，而物不可谓指也。不可谓指者，非指也。非指者，物莫非指也。天下无指而物不可谓指者，非有非指也。非有非指者，物莫非指也。"（《指物论》）在他看来，如果天下没有指存在，则在称谓或表达世界里，物也无以成为物；如果天下无物存在，只有指存在，这样的指怎么呈现或表达出来呢（"可谓指乎"）？指无形无象（"无"），而物有形有象（"有"）。将万物误以为就是指本身，是不对的（"未可"）。假设天下真没有指存在，则人们对物不可能进行有意义的称谓或表达（"物不可谓指"）。对物不可能进行有意义的称谓或表达，可谓为"非指"。因为"非指"，所以万物莫不可以称谓或表达。为什么呢？因为"天下无指"而且"物不可谓指"这两种情况，都只是假设，事实上并不存在。事实上，万物均可以进行有意义的称谓或表达，所谓"非指"的情况当然就是假的（"非有非指"）。"非指"（对物不可能进行有意义的称谓或表达）既然是假的，那么，它的矛盾命题对万物可以进行有意义的称谓或表达（"物莫非指"）就是真的。公孙龙善于运用形式逻辑的逻辑推论进行证明，是中国古人理论思维了不起的成就。

公孙龙的"指"概念有二义：一是表达活动，公孙龙自己称为"可以谓"或"可谓"，即称谓；二是所称谓或表达的意义。在公孙龙那里，"指"有不同于万物之为"有"的"无"性，无形，抽象；"指"有独立于事物而自在存在的实在性；有为天下万物所兼有的普遍性；有能够为人类语言或概念、命题所表达的"可谓"性，同时又不能被人们的称谓完全表达出来（"有指不至"）。各指之间，互相分离、独立，而无损其各自的恰当性。由此可见，公孙龙的"指"实际上是离开主观认识与客观对象而独有的理性实在。

"白马非马"论，是公孙龙对其指论思想的发挥。公孙龙自己从两个方面对

"白马非马"命题进行了逻辑证明。第一，"白马"和"马"两个概念的规定（"所以命"）不同，故不能直接称"白马"为"马"。在他看来，"马"概念是对"形"（指形象、形体等有形之物）的规定，而"白"概念则是对"色"（颜色）的规定，"白马"概念则是对"形"和"色"的双重规定。故我们既可以说"白马非白"，当然也可以说"白马非马"。

第二，"白马"和"马"两个概念外延不同，不能直接称"白马"为"马"。"马"的外延包括了黄马、黑马、白马等，"白马"则只有白马，不含黄马、黑马等，故"白马非马"。

《名实论》把辩学的基本任务规定为"正名"，即"审其名实，慎其所谓"，公孙龙提出了正名的原则，即"以其所正，正其所不正；以其所不正，疑其所正"（《名实论》）。以恰当或正确的称谓纠正不恰当或不正确的称谓，以不恰当或不正确的称谓怀疑恰当或正确的称谓，对它提出疑难，也有助于"正"称谓。公孙龙还从称谓效果角度看"名"之正或不正，他提出"其名正，则唯乎其彼此焉"作为衡量标准。在他看来，称谓而对象有反应，则该名恰当。这就是"唯乎其彼此"，其实质是"指"和"物指"彼此相应。

第四节　后期墨家的名学思想

《墨经》，指今本《墨子》中《经上下》《经说上下》和《大取》《小取》六篇，由墨子后学撰写、编纂而成，记载了后期墨家的名学思想。《墨经》对概念（"名"）、命题（"辞"）以及推理（"辩"）进行系统讨论，形成了比较严整的辩论形式，使先秦名学达到了高峰。

墨家学派多熟悉"农与工肆之人"的生活状况，他们仔细观察社会现实，诸如市场交易、建筑、机械、战争等，从中提炼总结出许多符合力学、光学、几何学、经济学、心理学等科学的原理或观点。

他们分析了认识活动的结构、认识的阶段、认识的心理状态、认识方法、认识对象等，展示了丰富的认识思想。他们揭示了辩论的逻辑实质就是围绕矛盾概念或命题展开争论，辩论胜负的标准或胜利的原因就是逻辑上适当（"当"），即符合辩论的逻辑规则；根据"彼不两可"原理，断定一对矛盾概念或矛盾命题不能都正确，辩论双方也不能都获得胜利。他们肯定"辩"对人们明是非、审治乱、明同异、察名实、处利害、决嫌疑有积极作用。

　　"以类取，以类予。有诸己不非诸人，无诸己不求诸人"，是《墨经》作者提出的"以名举实，以辞抒意，以说出故"（《小取》）的辩论原则。"以类取，以类予"，强调"类"是表达、思维、辩论的基础或准则，"有诸己不非诸人，无诸己不求诸人"则是其运用。沈有鼎解释说，甲与乙同类，那么：承认了甲就不得不承认乙，不承认甲就不能承认乙，这是"以类取"；对方承认了甲，我就可以把乙提出给他，看他是不是也承认，对方不承认甲我就无须这样做，这是"以类予"；我承认了甲，对方主张乙，我就不能反对，这是"有诸己不非诸人"；我不赞成甲，我就不能要求对方承认乙，我的论证在某一点不彻底，我就不能要求对方的论证在某一点要彻底，这是"无诸己不求诸人"。①

　　谭戒甫结合佛教因明，将墨辩推论形式总结为辞、故、辟、推、侔、援六种。《墨经》的"辞"如因明的"宗"，"故"似"因"，"理"近"喻体"，"类"像"喻依"；和形式逻辑三段论比较，辞是结论，故乃前提，辟、推、侔皆故的展开。② 沈有鼎以西方形式逻辑学为参照，将《墨经》辩论形式归纳为八种。除譬（比喻）、侔（复构式的直接推论）、援（援引对方所说的话作为类比推论的前提）、推（归谬式的类比推论）外，还有假（有意与现实违反的假设）、止（用反面例证来推翻一个全称判断）、效（以评判是非的标准衡量"辞"是否正确，实际上是一种演绎推论）、擂（典型分析）。③ "止"和"推"都是辩论中反驳的方式，其余六种辩论方式，不只用于辩论，也可运用于"说"中。

　　《墨经》将概念划分为达、类、私三类。达名是最高范畴，如"物"。对于一具体的物，不能直接谓之"物"，须增加其他名作为修饰，如"动物"，以"动"修饰"物"，才能准确表达该特殊对象。类名是反映一类事物的概念，如"马"，如"动物"等。私名是个体事物独有的名，如一人的姓名等。

　　后期墨家认为，"辞"（判断或命题）能成立，必有其成立原因，即"故"。辩论者知此，根据原因恰当立"辞"，叫"辞以故生"。认识到普遍必然的"理"，用命题将它表达出来，扩展"辞"意义的有效范围，这是"以理长"。但这个"理"虽然普遍必然，但它不是唯一的、绝对的，依然只能在一定类的基础上才有效，故"以类行"（《大取》），是任何"辞"保障其普遍必然而正确无误的前提。

---

① 沈有鼎：《〈墨经〉关于"辩"的思想》，刘培育等编：《中国逻辑思想论文选（1949—1979）》，生活·读书·新知三联书店 1981 年版，第 265 页。

② 谭戒甫：《墨辩发微》，中华书局 1964 年版，第 203—206 页。

③ 沈有鼎：《〈墨经〉关于"辩"的思想》，刘培育等编：《中国逻辑思想论文选（1949—1979）》，生活·读书·新知三联书店 1981 年版，第 266—274 页。

任何"辞"成立、合理、有效，必备三个条件：一是其所以成立的原因（"故"），二是其所以成立的普遍必然性根据（"理"），三是其所以有效的范围（"类"）。这些思想，即使以当代逻辑哲学的眼光看，也非常深刻。

思考题：

1. 先秦名家的派别和发展阶段。
2. 名家逻辑思想的内容和特点。

第九章　战国时期"会通"各家思想的学派

战国是百家争鸣的时代，诸子思想在交锋中发展，同时也在对话中相互渗透，其结果产生了思想交融的趋势，形成了带有综合性的思想学派。他们的方法一方面是折中主义的，另一方面也是追求辩证会通的，代表着古代学术包容、开放的境界，体现了古代能达到的系统性思维的高度。这种会通方法以后铸就了中国思想学术发展的一个鲜明特点，乃至成为中国文化和中国人思维方式上的一大特色。

第一节　管子学派的思想

管子（约前726—前645），名夷吾，字敬仲，颍上（今安徽颍上）人，春秋前期政治家、军事家、思想家，相齐桓公四十年，使之成为春秋首位霸主。

管子学派是战国田齐继承和发展管子思想、推行改革强国、企图复兴姜齐雄风的学派，也称管仲学派。该学派祖述和标榜管仲，带有一定的官学色彩。管子学派的著述保存于《管子》中。《韩非子·五蠹》说："今境内之民皆言治，藏商、管之法者家有之"，说明在战国末期《管子》是十分流行的。韩非提及的《管子》与今本《管子》并非一回事。《汉书·艺文志》称"《管子》八十六篇"，这部《管子》是刘向编订的，他收集官方和民间保存的管子篇章得564篇，删去重复的484篇，定成86篇，[①] 今本《管子》只存76篇。《管子》中"一类是管仲学派的著作"，是韩非、贾谊、司马迁所见的；"其另一类是稷下先生的著作"，是刘向编订的。[②] 1972年山东临沂银雀山汉墓发现竹简5 000多枚，其中有《守法》《守令》《王兵》等，与《管子》部分文句相近，或思想相通，吸收了《管子》，可以说明该书形成期限覆盖了春秋末期到战国末，主体完成于战国中后期，少数篇章可能成于秦至汉初。

《管子》中的思想可分为两大部分：一是管仲学派的思想；二是百家的集合，含有阴阳家、道家、法家、儒家等。管仲学派的主体思想是社会政治思想，核心

---

① 应该是80篇，对此，郭沫若指出，衍出六篇为：《管子解》一组共五篇，原来不与所解篇目单列，另《心术下》与《内业》重复。

② 余敦康：《论管仲学派》，《中国哲学》（第二辑），生活·读书·新知三联书店1980年版。参见任继愈主编：《中国哲学发展史》（先秦），人民出版社1983年版，第355页。

是齐法家。齐法家在总体上不像鲁国那样捍卫宗法周礼，也不像三晋法家那样绝弃礼义仁恩，而是存礼用法、礼法兼用。礼和法在战国是代表两极的治国理论。在对礼的继承和发扬方面，《管子》说："凡牧民者，欲民之有礼也。"(《管子·权修》，以下引用《管子》只注篇名)又说："国有四维……何谓四维？一曰礼，二曰义，三曰廉，四曰耻"。(《牧民》)该书早期篇章《五辅》也说："上下有义，贵贱有分，长幼有等，贫富有度，凡此八者，礼之经也。"管仲学派崇尚法治，书中有许多论述"法"思想的名篇。《任法》云："圣君任法而不任智，任数而不任说，任公而不任私，任大道而不任小物，然后身佚而天下治；失君则不然，舍法而任智，故民舍事而好誉。"难能可贵的是，齐法家重视法，但对法的有限性也有清醒认识。《小问》篇记述齐桓公请教管仲征服人民("胜民")的办法，管仲不客气地敬告他："此非人君之言也"；《正世》认为如果人民不堪重负，则"诛罚重而乱愈起"；《七主七臣》说："故私道行则法度侵，刑法繁则奸不禁，主严诛则失民心"。当然，管仲学派也没有解决好礼法冲突问题，《枢言》说"法出于礼"，而《任法》又说"所谓仁义礼乐者皆出于法"，两种说法矛盾。《管子》中还有黄老道家的道法关系论述，同出于一书，也是不无矛盾的。

管仲学派在政治上讲究顺因人情，强调民心、民力、民利的重要性，堪称古代民本主义代表。"以人为本"这个著名的命题即出自《霸言》篇。《管子》中"民"字出现频繁，今日习见的"民情""民心""民意""民事""民利""民养""民富""民用"等，都是《管子》书中的常用语。《治国》说："凡治国之道，必先富民；民富则易治也，民贫则难治也"。《牧民》说"仓廪实则知礼节，衣食足则知荣辱"。《形势解》说"人主出言，顺于理，合于民情"。《山至数》中管子告诫桓公"民富君无与贫，民贫君无与富"，并建议齐桓公出实财，散仁义，藏富于民。

《史记·太史公自序》指责法家"严而少恩"，《汉书·艺文志》批评法家"及刻者为之，则无教化，去仁恩"，这些评价适合于三晋法家，却不适合于齐法家。这可能与齐国历史文化有关，司马迁曾比较齐鲁之不同：周公之子伯禽被封到鲁国，依照周制"变其俗，革其礼"；而太公被封到齐国，"简其君臣礼，从其俗为也。"周公叹息说："呜呼，鲁后世其北面事齐矣！夫政不简不易，民不有近；平易近民，民必归之。"(《史记·鲁周公世家》)

阴阳、五行观念在《管子》中首先合流。《玄宫》(即"幼官")、《玄宫图》《四时》《五行》《轻重己》等，是一组典型的阴阳家篇章。《四时》以阳阴配生杀、德刑，"日掌阳，月掌阴，星掌和，阳为德，阴为刑"，由此得出结论说"德始于春，长于夏，刑始于秋，流于冬，刑德不失"。该篇已经将春夏秋冬四时和东南西北四方相配，中间加一个"中央"以辅四时，五者分别对应星德、日德、土德、岁德、辰德，四季各有适合时令与阴阳的"五政"（五种政事）。《五行》要求"人与天调"，一方面将天地、阳阴对应；另一方面依据五行生成次序，配以干支，将一年分为木行、火行、土行、金行、水行。篇中"五"的集合开始粹聚，例如五行、五官、五声、五脏、五钟、五谷、五祀等。阴阳五行是古代建构宇宙论的尝试，也是古人整体与动力思维的模式，虽不够严谨，但是其蕴含的整体论、系统论、关联论、类比论的方法有启示价值。

第二节　阴阳家邹衍及其五德终始说

阴阳家，也称五行家、阴阳五行家，是阴阳、五行的合流，在战国末期很流行，属于齐学，在稷下很发达。《汉书·艺文志》说阴阳家"盖出于羲和之官"，羲和是尧舜时期掌管观象授时的天文官。古代天文不完全科学，和数术家存在种种瓜葛。《诸子略》列有阴阳21家，著述369篇。此外，兵阴阳家还有16家，249篇，图10卷。《数术略》中有许多著作显然与阴阳家有关。《汉书·艺文志》没有收全阴阳家著作，考古发现的长沙子弹库战国楚缯书、马王堆帛书《五星占》、云梦睡虎地秦简《日书》等，可能是阴阳家作品。

先秦阴阳家的集大成者是邹衍（约前305—前240）。他是齐国人，后期稷下名人，晚于孟子。他开始"以儒术干世主，不用，即以变化始终之论，卒以显名"；"邹子之作，变化之术，亦归于仁义"。（《盐铁论·论儒》）邹衍看到统治者"不能尚德"，"乃深观阴阳消息而作怪迂之变，《终始》《大圣》之篇十余万言。"（《史记·孟子荀卿列传》）其学与思孟学派有关。《中庸》说："国家将兴，必有祯祥；国家将亡，必有妖孽。"司马迁说邹衍讲"礼祥度制"；孟子讲"五百年必有王者兴"的循环史观，邹子也讲历史循环论。《汉书·艺文志》著录《邹子》四十九篇、《邹子终始》五十六篇，均失传。邹衍可能吸收了《黄帝四经》的阴阳学说与《管子》中的五行阴阳思想，将阴阳、五行和气糅合于一体，建立了自己无所不包的宏观理论，主要有天文、地理和历史哲学。他的学说在当时影响极大，所到之处，诸侯尊为上宾。燕惠王时他被诬下狱，出狱后去向不明。

邹衍精通天文，有"谈天衍"的雅号。司马迁说他"其语闳大不经，必先验小物，推而大之，至于无垠。先序今以上至黄帝，学者所共术，大并世盛衰，因载其机祥度制，推而远之，至天地未生，窈冥不可考而原也。"（《史记·孟子荀卿列传》）可见他的方法是先上溯到黄帝，寻求学者们公认的认识；然后推到"天地未生""窈冥不可考"。邹衍探讨宇宙从混沌到天地剖分，再到时空演化、物质运化的过程，其中阴阳消长、五行生胜、气化流行是关键。

邹衍的地理思想是思辨性的"大小九州"说。《史记·孟子荀卿列传》对邹衍地理学说做了较详的转述：天下是陆地和海洋组成的，有九个"大九州"，每大州又包括九个"小九州"。州与州之间是海水，大九州外围水天接壤。中国叫赤县神州，仅仅是"天下"的八十一分之一。不仅如此，他认为"四隩不静"（《文选·魏都赋》李善注），即水天和陆地的交接处也是运动的。齐国濒临大海，可能是他提出新说的背景。

当时诸侯奉邹衍为预言家，其历史哲学信者颇众。《吕氏春秋·应同》篇属阴阳家著作，反映了邹衍的历史思想。其中说："凡帝王者之将兴也，天必先见祥乎下民"，然后以五德轮值配各朝兴替。这是历史循环论，也是历史系统论。五行家族囊括各种"五"的系列，例如五星、五色、五方、五味、五臭、五体、五脏、五音、五谷、五常、五祀、五帝、五神等。邹衍认为：五行位次和四季次序相配，例如木→春→火，即木气盛于春天，木能生火，其余为：火→夏→土，土→中央→金，金→秋→水，水→冬→木；五行生克的次序决定并对应着朝代顺序；帝王兴衰有来自自然的信息，例如夏禹将兴，草木冬天不死，所以木气旺；金克木，所以商取代夏；火克金，所以周取代商。土木金火水依次代表五德，新兴朝代与五德中的一德相配，如周朝以火德王，克它的朝代将以水德王。秦朝就是照这一套建国的，它更周朝而来，所以改正朔，易服色，尚黑色，行水德。

邹衍的"推"不是严格的逻辑和科学推理，而是从现象到现象的类比。此外，邹衍的学术方法带有阴阳家的通病，即阴阳、五行系统这种模式的参数选取和关系界定不合充分理由律。

第三节　《易传》关于事物变异的思想

一、对《易经》进行哲学阐释的《易传》

《易传》包括《系辞》上下、《彖》上下、《象》上下、《文言》《说卦》《序卦》《杂卦》，共十篇，是诠释《易经》的十篇论文的总称，亦称《易大传》《十翼》，探求的是"形而上者谓之道"（《系辞上》）。《汉书·艺文志》说《易》道

"人更三圣，世历三古"，即：伏羲画八卦；周文王演绎六十四卦，并作卦、爻辞；孔子撰《易传》。这是圣人史观的叙述，其实难征。《十翼》虽有联系，但很多地方各说各话，也有重复的说法，其中鬼神天道观与孔子思想存在矛盾，不可能成于孔子之手。但司马迁说："孔子传《易》于瞿（商瞿）"（《史记·仲尼弟子列传》），马王堆汉墓帛书《周易》中有《要》篇，文中记述了孔子和弟子解《易》的对话。因此《易传》思想的形成与孔子及其弟子有一定关系。《易传》实际上非一人一时之作。结合《左传》占筮解释资料看，它的产生始于春秋中期，战国时期出现多种版本，战国末形成，间或有秦汉片段。

《易经》产生于公元前 11 世纪，[1]《易传》成于战国末，相隔久远；《易经》本来是占筮手册，《易传》是会通诸家的哲学书，性质迥异。二者的内在联系是什么？或者说为什么会产生《易传》？我们认为：首先，《易经》有可哲学化诠释空间。"易"本来是指自然界中的阴阳关系，《易经》的符号系统建立在阴阳演变的基础上。"易"的根本意思是变化。《系辞》至少有三种关于"易"的解释，其一，变易，"易之为道也……惟变所适"（《系辞下》）；其二，简易，"夫乾，确然示人易矣；夫坤，隤然示人简矣"（《系辞下》）；其三，不易，"动静有常，刚柔断矣"（《系辞上》）。《易传》沿着变化的阐释而来，符合《易经》的内在原则。其次，告别数字卦的通行本《周易》已经不完全是占筮实录，它"不再是单纯作为史料保存的占卦记录，而是为后来占筮提供参考和推论的依据。这些特点是卜辞所不具备的，这是《易经》能够发展出哲学思想的内在原因。"[2]

二、《易传》哲学与易象

《易传》哲学是如何认识和会通天地人之际的？这是解释《易传》哲学的基础。我们认为，易学哲学化从根本上是通过易象展开的。象、数、图三者在易学史代表三种不同阐释方向，要之又可分为象数和义理两大派。不管怎么分，"象"都是关键。

《系辞下》说"是故易者，象也"。"象"是《易传》哲学的基础概念，《周易》的语言和话语方式是象及其联想与推断规则。《系辞下》说："八卦成列，象在其中矣"，"爻也者，效天下之动者也"。可见，"卦"和"爻"是变、动之象的符号化。《说卦》就是专门讲象的。"象"比文字、概念的意义生动而丰富，类比

---

[1] 其中少量卦爻辞涉及周康王时代史实，因此形成下限为康王时期。
[2] 张岂之主编：《中国思想史》，西北大学出版社 2003 年版，第 83 页。

上更有发散性，认知上更有启发性。从经文到传文，如果没有"象"的中介，是不可想象的。卦爻辞中所说到的那些事物都是"象"，包括形象、现象、意象、想象等，不能简单当作事物来理解。比如，卦名用"乾"不用"天"，因为"乾"指天之象，是象征天这个实体的功能；不用"天卦"而用"乾卦"，关注的是天体运行有常、健动不息之象，人不能效法天之体而只能效法天之用。

根据《易传》，万事万物都会呈现出"象"来，象的得来需要借助"意向"，但也有事物的某种属性做基础。八卦有基本的象，但在不同情境下有不同的象的表现，往往可以一物多象或多物一象。大体上说，卦爻象有以下几类：天文类的，如乾为天，离为日、为电，坎为月等；地理类的，如坤为地，离为火，兑为泽，坎为水等；人事与社会的，如《说卦》认为，乾坤为父母，艮、坎、震为少男、中男、长男，兑、离、巽为少女、中女、长女等；身体的，如乾为首，艮为背，坎为血，震为足等；有器物、宫室和服饰类的，有礼仪的，有动植物类的，有岁时的，有田猎军事的，更有杂类的。① 还有伦理道德、政治经济、教育文化等象，例如"君子""小人""大君""大人""人文""文明"等。

三、《易传》哲学的时空观和世界观

《易传》在中国科学思想史上地位突出。在《易传》作者看来，易道也就是时空之道、自然之道和世界之道。世界最基本的要素是阴阳，阴阳源于太极，万事万物都有阴有阳，因此《系辞上》说，"一阴一阳之谓道"。阴阳的变化是神妙的，所谓"阴阳不测之谓神"（《系辞上》）。阴阳相反相成，日往月来构成时间运动，暑往寒来成就四时和年岁的绵延。没有阴阳交替，就没有时间过程。

《系辞上》又说"天地设位而易行乎其中矣"，"八卦相荡。鼓之以雷霆，润之以风雨。日月运行，一寒一暑。乾道成男，坤道成女。乾知大始，坤作成物。"这是说阴阳衍生八卦，八卦象征天地雷风水火山泽，八者构成最原始的宇宙模式。在此基础上，"天地纲缊，万物化醇；男女构精，万物化生"（《系辞下》），进化、衍生出万物。

但是，世界不是单纯的自然体系，《易传》哲学将自然和人类社会纳入一体进行思考，所以说"有天地，然后有万物，有万物，然后有男女，有男女，然后有夫妇，有夫妇，然后有父子，有父子，然后有君臣，有君臣，然后有上下，有上下，然后礼义有所错"（《序卦传》）。这里将自然和社会视为连续一体的过程。

---

① 参见江永：《河洛精蕴》卷之五《卦象考》，四川出版集团巴蜀书社 2008 年版。

《易传》哲学以自然哲学为基础，扩展为天地人一体的世界观，但它不是静态的、机械的，而是动态的、辩证的。《易传》哲学认为阴阳互动是无条件的、无限的，从逆数知来的筮法形式讲，它有神秘性；但是从筮法对应的自然现象看，这里用自然变化的神妙取消了神定论。《系辞上》引"子曰：'知变化之道者，其知神之所为乎'"，显然是以自然之道为"神"的本质。这是中国哲学的特质之一。

阴阳观对对立面的认识与西方的矛盾观是不同的。安乐哲认为中国的阴阳是两极（polarity）概念，阴阳不离，阴阳相生，这不是西方二元论。两极性思维通过互为依存性来确定存在是如何存在的。两极性关系的世界，其特点在于互相联系性、互相依赖性、开放性、相互性、非决定性、互补性、共同广延性。①

四、《易传》哲学的原理和精神

《易大传》是阴阳哲学的一种发展形态，其基本取向是承继《易经》宗旨，会通天地人而明变通之道。易道哲学原理十分丰富，最基本的是：

（一）协调互补。《周易》各卦之间都有直接或间接、显在或潜在的关系，其中一种特别的关系就是协调互补，乾、坤二卦有代表性。乾坤组合构成《周易》，是宇宙的门户。《乾·彖》说"乾"意味着创始。《乾》大象辞说："天行健，君子以自强不息"，这是一种刚健有为的精神。《乾》卦的优点是健动，而光讲健动就有缺陷，这就要《坤》卦来补充。《坤·彖》说坤"万物资生"。《坤·象》说："地势坤，君子以厚德载物"。《坤》卦特点是柔顺，柔顺的本质是服从理性，所以《坤·文言》的一个说法是："坤其道顺乎？承天而时行。"易传哲学既尚刚健，也尚柔顺。

（二）物极必反。《易经》通过卦爻变化，反复昭示物极必反的道理。《否》和《泰》卦是典型的例证。《泰·象》说，"泰"指"天地交""万物通"；"上下交，而其志同"。《泰》卦卦画是地在天上，为什么这才是亨通吉祥？因为这表示阴气上升，阳气来下，阴阳交通。《泰》卦卦象非常好，然而，《序卦》说，"泰者，通也，物不可以终通，故受之以否"，也就是说，《泰》必然向《否》转化。《否》《泰》两卦卦象是相互颠倒的。《否·彖》说，"大往小来，则是天地不交，而万物不通也；上下不交，而天下无邦也。"《否·大象》说，"天地不交，否，君子以俭德辟难，不可荣以禄"。否极泰来、泰前否后，转化不断。《泰》《否》两卦

---

① Roger T. Ames, "Taoism and the Nature of Nature," *Environmental Ethics*, vol. 8, no. 4 (1986), pp. 317—350.

恰好体现了物极必反的辩证原则。

（三）循环反复。《易传》哲学还包括一条重要的原理，即循环往复。《剥》《复》两卦除兼有物极必反原则之外，又很好地揭示出循环往复的原理。《剥》的卦画是艮上坤下，爻象变化表示阴剥阳，阴气从初六开始，不断壮大，最终是五阴挂一阳，喻五阴剥蚀一阳。剥到最后，上九就变成复卦初九，意为"一阳来复"。《复》卦卦象是坤上震下，初九之上有五阴，是阳息之兆。从季节变化看，阴盛当十月（亥），到十一月（子）冬至达到极点，于是阳气开始复生。可见，《复》表示重大转折点，而由于一阳一阴周而复始，整个自然和社会、一切事物演变过程中都存在类似的转折点。

五、《易传》哲学的价值观

易道哲学崇尚生生不息的价值观。《系辞上》说："生生之谓易"，这成为中华民族生命价值观的经典概括。

易道哲学崇尚中正。中正就是时中、至正。《周易》每卦六爻，从下到上，各占一位，称为六位，表示过程性；位子又分奇偶，一般阳爻配奇位、阴爻配偶数位，合乎"中"的原则，是吉利。每一卦的二、五两个位子分别居下卦、上卦中间，所以一般爻占二、五位置是"正"；其中上卦第五位，是最好的位置，如阳居此位，就是所谓的"九五之尊"。《易传》哲学从千变万化之中确立了时中至正的基本价值观，简称"中正"，它讲究应时而动，不偏不倚。

易道哲学崇尚通变和创新。《系辞下》说："穷则变，变则通，通则久"，无穷的发展是充满生机、日新月异的过程，生生不息。《易传》认为，事物发展变化的原因在于事物内部，相反的对立面"相推""相摩"，引发了自然现象和人类社会的种种变化。与道家主张的"柔弱胜刚强"不同，《易传》突出刚强的主导作用，这为后来儒学中的"三纲"和"阳尊阴卑"观念提供了思想源头。

第四节　先秦杂家学派

《汉书·艺文志》"九流十家"中有一个"杂家"学派，收录20家、403篇著作，并称："杂家者流，盖出于议官。兼儒、墨，合名、法，知国体之有此，见王治之无不贯，此其所长也。""出于议官"之说不可靠，被列为杂家的《吕氏春秋》《淮南子》等就非议官所出。"兼儒、墨，合名、法"也不确，比如《吕氏春秋》

对道家和阴阳家的吸收十分突出，却没被道及。《汉书·艺文志》著录的先秦杂家的最典型作品是《吕氏春秋》，该书被认为是先秦杂家中的"巨擘"，"也是此类纂书的滥觞"①。

《吕氏春秋》，又称《吕览》，是由在秦国做了 13 年相国的吕不韦（前 292？—前 235）集门客编撰、纂集而成，秦王政六年（前 239）成书。《史记·吕不韦列传》说："吕不韦乃使其客人人著所闻，集论以为八览、六论、十二纪，二十余万言。以为备天地万物古今之事，号曰《吕氏春秋》。"汉志说"26 篇"，与今本 26 卷相合，但原著应该是 161 篇，今本"有始览"缺 1 篇，实存 160 篇，《序意》篇也是残文。

该书是《管子》《淮南子》之间承上启下的百科全书式著作，也是真正贯通先秦百家的集大成之作。《吕氏春秋·序意》说该书核心原则是"法天地"，亦即"上揆之天，下验之地，中审之人"；东汉高诱说"此书所尚，以道德为标的，以无为为纲纪，以忠义为品式，以公方为检格"（《吕氏春秋序》）。在形式上，全书辖十二纪、八览、六论三大板块。"十二纪"起于孟春，以十二月为次第，每个季节分孟、仲、季月，每一纪下陈五篇文章。"八览"包括有始览、孝行览、慎大览、先识览、审分览、审应览、离俗览、恃君览，每览含八篇文章。"六论"有开春论、慎行论、贵直论、不苟论、似顺论、士容论，各附六篇文章。

吕不韦当政时，秦实力最强大，而齐、楚、秦都存在完成统一大业的可能性。这促使各国重视知识，礼贤下士。吕不韦自觉地顺应时代，融汇百家，利用众智。《用众》说："善学者，假人之长以补其短。故假人者遂有天下。"又说："天下无粹白之狐，而有粹白之裘，取之众白也。夫取于众，此三皇五帝之所以大立功名也。"这样的话语自信而开明，反映了秦国当时占有思想高地的雄心和情怀。《吕氏春秋》在自然哲学方面主要吸收了黄老道家、阴阳家思想；而在社会政治方面，主要吸收了儒、墨、名、法、兵思想；在科技方面，主要吸收了农家、医学等思想。

从体系看，该书中存在一个阴阳五行的架构。"十二纪"的特点就是本着天人合一、人类效法天地的总纲领，建立了一个阴阳五行系统。这个系统依照阴阳五行变化的时空顺序，囊括了天地人神和万物的一切共时性、共生性现象，将社会人生各种主要活动和变化纳入一个组织有序的模式和教令中去。这是古代最完备的阴阳五行体系，也是最成功的月令图示，举凡政经、教化、战争、农事、祭祀

---

① 　侯外庐等：《中国思想史》（第一卷），人民出版社 1957 年版，第 656 页。

等都有固定安排，灾异说也作为警示人类行为的功能而存在。

《吕氏春秋》对黄老道家的采用非常明显，有学者将其列入"秦汉新道家"。《吕氏春秋·大乐》说道是太一，这是黄老道家道论的标志；战国庄子执老子形上之道不放，而黄老道家有出现崇尚天地高于道的趋势，崇尚天地正是《吕氏春秋》的核心所在；黄老道家以因循为用，《吕氏春秋·贵因》篇说"因则功，专则拙，因者无敌"，"三代所宝莫如因"；黄老政治强调君无为、臣有为，《吕氏春秋》如出一辙。稷下道家的精气论也被吸收进去。

该书科学思想成就突出。其中有《上农》《任地》《辨土》《审时》四篇，保存了古代最早的农业生产技术资料。书中运用精气分析人的生理、病理现象和原因，又用气候和地理环境因素探讨疾病发生，是有益的科学尝试。此外，书中还富有物理、乐律、地理、天文、物候、气象、环境保护等许多宝贵遗产。

思考题：

1. 管子学派的主要思想有哪些？
2. 如何看待邹衍的思想？
3. 简述《易传》哲学要义。
4. 以《吕氏春秋》为例说明杂家的特点。

第十章 荀子对诸子思想的总结

荀子是先秦诸子思想的总结者之一，和孟子一样，他也标榜孔子。他的思想富有理性和现实主义的色彩，是战国儒学发展的新成果。荀子和孟子，从气质到思想有很多针锋相对的地方，开启了中国儒学思想史上新的一页。

第一节 荀子生平及其对诸子的批评

荀子（约前313—前238），名况，字卿，战国末赵人。荀与孙通假，故史书也称孙卿。他早年游学于齐，上书说齐相不遂，离齐去楚。齐襄王时返齐，三为稷下学宫祭酒。公元前266年，应秦昭王聘入秦，对其民风淳朴、政治清明印象深刻。返赵，与临武君议兵于赵孝成王前，强调"用兵攻战之本在乎壹民"，"善附民者，是乃善用兵者也。"（《荀子·议兵》，以下引用《荀子》只注篇名）公元前255年，被楚相春申君任命为兰陵（今山东兰陵西南）令。春申君死后，被免官，居兰陵，授徒著书以终。荀子的著作经汉刘向校订为《孙卿子》32篇，今本《荀子》为唐杨倞根据刘向校订本重新编排，也是32篇。其弟子很多，法家的韩非、李斯，汉初传授儒家《诗经》的浮丘伯，都出于荀子门下。

荀子尊崇孔子，重视儒家经典。他认为，《尚书》乃政事纲领，《诗》保存了美好的中和之音，《礼》是法的总纲和依据，《春秋》含有微言大义。他主张"始乎诵经，终乎读礼"（《劝学》），明确倡导读经，是先秦诸子学走向两汉经学的转折点。

荀子重视学术思想的社会政治功能，站在政治大一统的角度批判当时的许多学派，认为他们使天下人思想混乱，不知道是非治乱的道理究竟在哪里。为了政治上"一天下"，他要在学术思想上"总方略，齐言行，壹统类"（《非十二子》），统一天下学术思想。

但荀子对各派学说不是一概否定，而是加以分析。荀子说："慎子有见于后，无见于先；老子有见于诎，无见于信（伸）；墨子有见于齐，无见于畸；宋子有见于少，无见于多。"（《天论》）荀子还认为，各派的"无见"源于他们认识有"蔽"，没有认识掌握到"大理"，如"墨子蔽于用而不知文，宋子蔽于欲而不知得，慎子蔽于法而不知贤，申子蔽于势而不知知，惠子蔽于辞而不知实，庄子蔽于天而不知人。"(《解蔽》)荀子对各派学说的批评,在观点上可以讨论,但他认为诸子被自己的"有见"蒙蔽,导致对其他事物不能形成正确认识,这在方法上符合辩证法,认识上具有合理性。

第二节 "明于天人之分"

荀子在战国生产力发展的历史条件下,总结生产生活经验,彻底否定了传统天命思想,提出了"天人相分"的理论,认为人有能力"制天命而用之",在古代思想史上有划时代的意义。

荀子认为"天"是人可以经验到的列星、日月、四时、风雨、万物等自然现象,有自身运动法则。人们借助经验能力,可以认知自然界运动变化的有形结果,但看不到形成这些结果的无形过程。荀子明确提出天和人不同,天有自己的运行规律,"天行有常,不为尧存,不为桀亡"(《天论》),不因人类社会君主是否贤明而改变。人类社会也有自己的性质和运动规律,如生活贫富取决于人们是否努力发展生产而减少浪费,人体强弱要看给养充足与否和是否适时锻炼,吉凶祸福和人们言行有无节制相关,这些自然界也不能改变。天人有区别,但也有联系。人有认识、情感、欲望等心理活动,可以借此认识自然规律,为人类谋福利,以求得人的生存和发展、社会的治理。人"不与天争职",人的职能在于用礼义治理国家,参与自然变化。荀子相信,凭借认识、改造、利用自然的能力,人类可以"制天命而用之"。他豪迈地说:

> 强本而节用,则天不能贫;养备而动时,则天不能病;修道而不贰,则天不能祸。故水旱不能使之饥渴,寒暑不能使之疾,祅怪不能使之凶。本荒而用侈,则天不能使之富;养略而动罕,则天不能使之全;倍道而妄行,则天不能使之吉。(《天论》)

荀子批评了当时流行的世俗迷信。行星陨落,树木发出声响,"国人皆恐",荀子说,这是"天地之变,阴阳之化",只是比较罕见罢了,不是什么预兆,没有什么可怕。荀子著《非相》篇,批评从人形体容颜推断吉凶祸福的迷信。他认为,人的吉凶祸福取决于人的"心术"是正义还是邪恶,和骨相无关。历史上孔子、周公、皋陶、大禹、商汤等圣人相貌并不出众,夏桀、殷纣等暴君却都长得魁伟俊美。乡曲里那些轻薄之子，"莫不美丽姚冶，奇衣妇饰，血气态度拟于女子。妇人莫不愿得以为夫，处女莫不愿得以为士"，但他们行为不正，作奸犯科，"俄则束乎有司而戮乎大市"。（《非相》）

第三节 "解蔽" 说

荀子发现，"凡以知，人之性也；可以知，物之理也"（《解蔽》）。人有认识能力，事物有可以认识的"物之理"。他将人的感官（耳、目、口、鼻、形）称为"天官"，依靠感官认识事物，叫"缘天官"；他将人的思维能力叫做"天君"，"天君"可主宰感官。人的感官认识有时也会错误，为了获得正确认识，必须用"心"辨别、证明感官材料，他称为"征知"（《正名》）。

荀子强调"解蔽"在认识活动中的地位。他说："凡人之患，蔽于一曲而闇于大理。""欲为蔽，恶为蔽，始为蔽，终为蔽，远为蔽，近为蔽，博为蔽，浅为蔽，古为蔽，今为蔽。凡万物异则莫不相为蔽。此心术之公患也。"（《解蔽》）"蔽"指认识有偏蔽，只认识到事物一点，而不及其余。

荀子认为，人受到情感等干扰，可能会片面、孤立地认识对象，只认识到对象的局部一面，而见不到全面的、整体的"道"。但只有道才是"古今之正权"，认识、掌握和遵循道，是人们趋福避祸的唯一选择。如果离开道而主观"自择"一条其他什么道路，结果是"不知祸福之所托"（《正名》）。荀子将这种没有认识、掌握和遵循道的状况叫做"蔽"，并断定这是人认识中普遍存在的不足，是"心术之公患"。

荀子进一步认为，要克服这类认识上的不足，只有努力学习（《劝学》），这是其学习思想；还要克服情感、意志、欲望等对学习的干扰，此即"虚壹而静"说。

第四节 学习思想

荀子对人的学习活动进行了丰富而生动的描述。他说："吾尝终日而思矣，不如须臾之所学也。吾尝跂而望矣，不如登高之博见也。"（《劝学》）要克服认识偏蔽，首先要努力学习，增加对道的理解，提高自己修养。

荀子认为，学习有助于人们认识、利用"物"，他说："登高而招，臂非加长也，而见者远；顺风而呼，声非加疾也，而闻者彰。假舆马者，非利足也，而致千里；假舟楫者，非能水也，而绝江河。君子生非异也，善假于物也。"（《劝学》）学习还可培养人的"德操"，使人具备牢不可破的自我认识和人生准则。人一旦具备了德操，"权利不能倾也，群众不能移也，天下不能荡也，生乎由是，死乎由是"（《劝学》），这样的人面对周围事物，可以主宰物而不会被物所左右。他说，有较高素养的人，"在本朝则美政，在下位则美俗"（《儒效》），对社会风俗的改变、国家的治理都有益处。

荀子将学习活动看成一个不断积累的过程。他说："不积跬步，无以至千里；不积小流，无以成江海。"学习由浅入深、积少成多，是成为理想的人的过程。"青，取之于蓝，而青于蓝；冰，水为之，而寒于水。"（《劝学》）只要坚持学习，不断积累，学生就能超过老师，后人就能超越前人。

荀子强调学习要和实践相结合，要有自己亲身体会。他说："不闻不若闻之，闻之不若见之，见之不若知之，知之不若行之。学至于行之而止矣……故闻之而不见，虽博必谬；见之而不知，虽识必妄；知之而不行，虽敦必困。"（《儒效》）"学"指学习、仿效，实践即在其中。"闻"是听别人所说的知识，"见"是自己亲身经验的知识，"知"是经过理性思考而结合到自己思想中的知识，"行"是实践、实验，是知识的运用和检验。这些都是学习，是认识"道"的环节。荀子认为，在认识活动中，间接知识不如自己亲身经验，亲身经验不如理性认识，而理性认识需要在实践中运用、检验和丰富。

第五节　"人性恶"说

荀子认为，"人之性恶，其善者伪也"（《性恶》）。他从"明于天人之分"的角度提出"性伪之分"和"善恶之分"两个命题。人被他区分为"天"（天性）和"人"（人为，即"伪"）两部分。他说："生之所以然者谓之性。性之和所生，精合感应，不事而自然，谓之性。"（《正名》）自然生命的所以然就是"性"；"生"之精气和合，与外物相接触的反应，是不经过后天努力而自然如此的，这也是"性"。荀子断定，人性集中表现为人情或功利欲望，如果任其自然发展，人与人会互相冲突、争夺，"犯分乱理而归于暴"（《性恶》），从而走向恶。他认为，人为部分内容的性质可能是善的；但它即使善，也只是人们后天努力的结果，非源于人的自然本性，甚至与人性正好相反。在此意义上，荀子说："人之性恶，其善者伪也。"这里的"伪",就是人为。

荀子又认为"性"与"伪"、"善"与"恶"之间有一定联系。他说:"无性,则伪之无所加;无伪,则性不能自美。"(《礼论》)人性是人为能够出现的基础,人为则是人性向善的必经途径。人性恶,并不意味着人不需为善,也不意味着人不能为善。相反,"凡人之欲为善者,为性恶也"(《性恶》),正因为人性恶,人才努力为善,就像只有贫困的人才追求富裕、卑贱的人才追求尊贵一样,人都追求自己本来缺乏的东西。

荀子断定人性恶,但认为人必须学习、克己,提高自己的综合素养,达到善的境界。他强调,"涂之人可以为禹"(《性恶》),一般人只要后天努力学习,不断提高修养,又有适当礼法制度帮助,就可以"化性起伪",变恶为善,成为大禹那样的圣人。

第六节 "明分使群"和"隆礼重法"

荀子重视礼法制度建设,将礼法制度的理论基础建立在他的人性论上。其人性论强调人的社会性,他说:

> 水火有气而无生,草木有生而无知,禽兽有知而无义,人有气有生有知亦且有义,故最为天下贵也。力不若牛,走不若马,而牛马为用,何也?曰:人能群,彼不能群也。人何以能群?曰:分。分何以能行?曰:义。故义以分则和,和则一,一则多力,多力则强,强则胜物,故宫室可得而居也。故序四时,裁万物,兼利天下,无它故焉,得之分义也。故人生不能无群,群而无分则争,争则乱,乱则离,离则弱,弱则不能胜物……(《王制》)

"群"就是社会群居、群体,这不是简单的集合,包含着人与人之间建立的社会关系。人为什么"最为天下贵"?因为人能发挥自己"有生有知亦且有义"的优势,从而和他人联合起来,形成社会分工和协作,这样就能够做到"牛马为用"。

他认为,人必须依靠群体合作才能解决生存发展问题,但依照人的本性,人与人又会互相争夺,解决这种困境的方法是"明分使群"(《富国》),而"分"的原则就是"礼法"。荀子说:

人生而有欲。欲而不得，则不能无求；求而无度量分界，则不能不争。争则乱，乱则穷。先王恶其乱也，故制礼义以分之，以养人之欲，给人之求；使欲必不穷乎物，物必不屈于欲，两者相持而长，是礼之所起也。（《礼论》）

荀子认为，人生下来就有生存发展的需要，有满足需要的追求，如果没有节制和规范，必然导致社会混乱。"礼义"用来节制人们的欲望，规范人的言行活动，保障社会的稳定。"礼"之所以能够产生，还因为人的需要（"欲"）和满足人的需要的物质财富（"物"）之间有矛盾。财富不可能满足所有人的所有欲望，如果欲望无节制，即使穷尽天下财富，也不能满足其贪欲。因此，应该通过"礼"节制欲望，让物质财富和人的欲望两者"相持而长"，互相限制，又互相支持。这里的礼，已经与法同义。如果说，孟子推动儒学向"内圣"方向发展，荀子则推动儒学向"外王"方向发展。

荀子已经直观认识到人的生活需要和生产力水平之间的矛盾在人类社会生活中有重要意义，他还从制度文明即"礼"的建设方面探索解决这一矛盾的办法，其思想深刻性远远超越了其他先秦诸子。

思考题：

1. 荀子的思想史地位。
2. 荀子的"解蔽"观。

第十一章　韩非对法家思想的总结

韩非（约前280—前233）是韩国公子，师事荀卿。他持历史进化立场，用老子之道论证法理基础，综合法、术、势，而成为先秦法家集大成者。其思想对古代封建制度和治理方式产生了重大的实际作用。

第一节　法家源流及法、术、势三派

《说文解字》说："瀍：刑也。平之如水，从水；廌，所以触不直者，去之，从去。法，今文省。"段玉裁《说文解字注》云："法"有惩罚、刑罚、模范、公平、正直、正人等多种含义。"法家"以"法"立家，"法"包括刑、法、律，囊括了刑法、法理、法典，还包括法的政治哲学。法家之所以被称为"法家"，主要是针对他们作为特定的法理学派而说的。其法理学在君主专制条件下力求达到平、直、正，对维护古代秩序和统治发挥了积极的历史作用。

古代法制是在西周礼治瓦解、血缘宗法分封制度被地缘政治取代的过程中兴起的。春秋时期，王政和礼制沦为象征，法律作为高效手段受到重视，因此出现礼法之争。《商君书·修权篇》说："三王以义亲，五霸以法正诸侯"，五霸成了法家前驱，春秋时期的管仲、子产就是代表。管仲是春秋齐国的开明能臣。为图霸业，他在行政、户口管理、人才选拔、军事、工商、鱼盐和养殖等诸多方面实行了一系列法定治理，同时对旧法进行改革，改革的原则是"与俗同好恶"，即尊重新兴的社会趋向，不再听从旧的从上到下的禁令。子产是郑国贤臣，他大胆铸造刑书。晋国叔向致信反对，认为先王都是临时议事定罪，现在铸造刑书，公布法律，使"民知有辟（法），则不忌于上。并有争心，以征于书"（《左传》昭公六年），即：人民依法从事，据律相争，统治者就会失去权威，社会秩序必定失控。

作为学派的法家是战国初期出现的。法家学派代表人物有李悝、吴起、慎到、申不害、商鞅、韩非等，他们都亲身主持过变法运动。战国早期，李悝（前455—前395）为魏文侯相，吸收各国法律，编成《法经》（含《盗法》《贼法》《囚法》《捕法》《杂法》《具法》）。吴起（？—前381）仕楚期间改革法令，沙汰冗官，废除远亲俸禄，收回封地，成效明显。战国末年，法家在韩非子那里成熟。法家是先秦百家中最晚定型的学派，但对后世的实际影响极大。

　　关于法家源流，司马迁把法家的思想渊源追溯到黄老道家：慎到"学黄老道德之术"（《史记·孟子荀卿列传》），"申子（申不害）之学本于黄老而主刑名"，韩非"喜刑名法术之学，而其归本于黄老"（《史记·老子韩非列传》）。他的说法有传世和出土文献的双重验证。现存慎到、申、韩的文本中均含有黄老思想，没有被司马迁列入法家的齐国管仲学派也是道法兼重。可见道家确实为法家提供了法理学根据。班固说："法家者流，盖出于理官。信赏必罚，以辅礼制。"（《汉书·艺文志》）这个说法道出了法滥觞于刑罚。刑政与礼乐是同样古老的，《尚书·尧典》记载舜命皋陶"作士"，这里的"士"就是治狱官。《淮南子·要略》提到管子学派的著述与齐桓公所处的地缘和时代有关，"桓公忧中国之患，苦夷狄之乱，欲以存亡继绝，崇天子之位，广文、武之业，故《管子》之书生焉"。法家思想也与儒家学术有关系。李悝、吴起曾经是子夏弟子。李斯、韩非同为荀子门徒，韩非的天人观、名实观、历史观、人性论、伦理观等都受到荀子的影响。法家代表人物还都受到形名之学的影响。法家发展史上最重要的人物是慎到、申不害、商鞅，他们分别是法家重势、重术、重法三派的代表。

　　慎到（约前395—约前315），赵国人，在法家中以重"势"闻名，《汉书·艺文志》记载有《慎子》四十二篇，今本《慎子》为伪托之作，《群书治要》保留了少数慎子文字。《庄子·天下》说：彭蒙、田骈、慎到追求公正独立、光明正大、绝弃主观，评价事物不搞双重标准，跳出个人想法，不设智谋，平等对待事物，因任事物。这表明法家崇尚客观、公正，反对任智行私。《吕氏春秋·慎势》载："慎子曰：'今一兔走，百人逐之，非一兔足为百人分也，由未定。由未定，尧且屈力，而况众人乎？积兔满市，行者不顾，非不欲兔也，分已定矣。分已定，人虽鄙，不争。'"这表明慎到认识到法定名分是治国关键，也说明他的思想符合当时生产力和私有制的演进趋势。慎到很重视形名之学，既讲循名责实，也讲信赏必罚。慎到的最大特点是重视"势"，势即权力、地位、威势、权威。他认为："贤而屈于不肖者，权轻也。不肖而服于贤者，位尊也。尧为匹夫，不能使其邻家；至南面而王，则令行禁止。由此观之，贤不足以服不肖，而势位足以屈贤矣。"（《慎子·威德》）慎到主张彻底抛弃知虑，"齐万物以为首（道）"，"而缘不得已"，"而笑天下之尚贤也"，当时豪杰取笑他讲的是"死人之理"。（《庄子·天下》）荀子说"慎子蔽于法而不知贤"。（《荀子·解蔽》）这些都透露出慎到转道入法，对法家有开拓之功，所以被称为道法家。

申不害（约前385—前337），出于黄老而显在刑名学，为韩昭侯相15年（前351—前337），以寿善终。申子思想与老子关系密切，与《庄子》中的某些篇章也有关。《申子·大体》说："故善为主者，倚于愚，立于不盈，设于不敢，藏于无事，窜端匿疏（迹），示天下无为。"（《群书治要》卷三六）这里的"愚""不盈""不敢""无事""无为""匿迹"，都来自于《老子》。申子说"明君如身，臣如手；君若号，臣如响；君设其本，臣操其末；君治其要，臣行其详；君操其柄，臣事其常。"（《申子·大体》）《庄子·天道》则说："本在于上，末在于下；要在于主，详在于臣。"《在宥》云："无为而尊者，天道也；有为而累者，人道也。"可见申子与庄子后学中的黄老派有关。《申子·大体》认为，"正名"是治理的基础，所以说"是以圣人贵名之正也。"荀子指申子"蔽于势而不知知"（《荀子·解蔽》），申子确实认为"耳目心智之不足恃也"（《吕氏春秋·任数》），即个人由于偏见偏视偏智的有限性，不足以成为治理的依据。法家人物中，申子以重视"术"而突出。韩非称申不害的"术"是指"因任而授官，循名而责实，操杀生之柄，课群臣之能者也，此人主之所执也"（《韩非子·定法》），即最高统治者课考官员实际作为的手段。申子的术，也就是"数"，亦即静因之道。《吕氏春秋·任数》引用申子言论"古之王者，其所为少，其所因多。因者，君术也"。"因"是黄老道家重要范畴，对法家走出传统思维和无限人治起了重要作用。

商鞅（约前390—前338），卫庶公子，公孙氏，名鞅，少好刑名之学，旅魏国得不到魏惠王重用，携带李悝《法经》投奔秦国，先后以帝道、王道、霸道游说秦孝公，以霸道得到孝公信任，为相数年，两度推行变法，加速秦国富强，但是因厉行改革，撼动了保守的宗族贵戚的利益，在孝公死后遭到报复，遭车裂之刑。《汉志》法家录《商君书》29篇，今实存24篇，《群书治要》保存有1个佚篇的残文。商鞅号称善于用兵（《荀子·议兵》），《艺文志》兵家另载《公孙鞅》27篇，已佚。《汉书·艺文志·诸子略》中《尸子》条，班固注云：商鞅师事尸子。后世有人推测他从学李悝。

商鞅最大特点是重法。《史记·商君列传》记述了商鞅大刀阔斧的改革：

> 令民为什伍，而相牧司连坐。不告奸者腰斩，告奸者与斩敌首同赏，匿奸者与降敌同罚。民有二男以上不分异者，倍其赋。有军功者，各以率受上爵；为私斗者，各以轻重被刑大小。僇力本业，耕织致粟帛多者复其身。事末利及怠而贫者，举以为收孥。宗室非有军功论，不得为属籍。明尊卑爵秩等级，各以差次名田宅，臣妾衣服以家次。有功者显荣，无功者虽富无所

芬华。

商鞅配合耕战富国强兵的目的，制定许多律令，如连坐、告奸、父子兄弟分家等，强化耕织、重判私斗、抑制富豪、压贵族、严等级、反奢侈、奖励军功，还有废井田、开阡陌、设县制、统一度量衡，对旧的世袭制度给予有力打击，效果显著。

商鞅的法律思想尖锐深刻。他的政治思想超出旧伦理的羁绊，认为治理国家有三大途径，即法、信、权，根本的还是法。（《商君书·修权》）在他眼中，法是建立在必然之理上的必治之政："圣人知必然之理，必为之时势，故为必治之政。"（《商君书·画策》）在历史观和治理观上，他认为"治世不一道，便国不必法古"（《商君书·更法》），要求君主应时变法。商鞅的伦理批判是惊世骇俗的，他认为："治主无忠臣，慈父无孝子。"（《商君书·画策》）他将专制法治推至极端，否认仁义道德的价值，说：仁者、义者能仁爱别人，不能使他人也做到仁、义，"是以知仁义之不足以治天下也"（《商君书·画策》），并说"故以战去战，虽战可也；以杀去杀，虽杀可也；以刑去刑，虽重刑可也"（《商君书·画策》），以严刑重罚为治国灵丹妙药。

第二节 韩非法制思想的要点

韩非著书十余万言，其《孤愤》《五蠹》传到秦王嬴政手中，秦王为之叹服，说："寡人得见此人与之游，死不恨矣。"（《史记·老子韩非列传》）公元前 233 年，韩非为韩王安出使秦国，李斯嫉贤妒能，设计诬陷韩非，将其下狱而冤死。《汉书·艺文志》"法家"中列有《韩非子》55 篇，与今本同数，但今本明显有后人增益。韩非受到道家、儒家、名家、法家等多种熏陶，司马迁说他归本黄老，好刑名法术之学，与李斯俱事荀卿，大致勾勒了韩非思想的来源。

韩非的原创思想并不突出，但是他成功综合了之前的法家成果。他看到慎子独任势的弊端，认为夏桀、商纣势不可谓不大，照样失败，所以说"而语专言势之足以治天下者，则其智之所至者浅矣。"（《韩非子·难势》，以下引用《韩非子》只注篇名）他对申子的评论也很有见地，说申子相韩时期，韩是晋的别国，晋国旧法未彻底改变，而韩国新法造作，新旧冲突难免，申子偏重术，法令没有广泛深入人心，所以杜绝不了奸诈。（《定法》）他辨析了"法""术""势"的关系，说："法者，编著之图籍，设之于官府，而布之于百姓者也。术者，藏之于胸中，以偶众端而潜御群臣者也。故法莫如显，而术不欲见。"（《难三》）又说："势者，胜众之资也。"（《八经》）《内储说上》提及"七术"："一曰众端参观，二曰必罚明威，三曰信赏尽能，四曰一听责下，五曰疑诏诡使，六曰挟知而问，七曰倒言反事"，都是为君主设计的手段。

韩非的天人观、名实观、认识论等都受到荀子影响，尤其是他的人性论，更是深深打下了荀子思想的烙印。法家一般指责儒家流于空谈浮夸，可是荀子不同，他是儒家中的现实主义者，推崇化性起伪、隆礼重法。韩非比荀子更激进，认为恶正是君主可以操纵和调动人力的机制。《备内》说：

> 医善吮人之伤，含人之血，非骨肉之亲也，利所加也。故舆人成舆则欲人之富贵，匠人成棺则欲人之夭死也，非舆人仁而匠人贼也，人不贵则舆不售，人不死则棺不买，情非憎人也，利在人之死也。

人和人之间的关系本质上是利益关系，医生吸吮别人脓血，实际上都是受利益驱使；造车的希望人富贵，做棺材的希望人早死，也无非是想卖掉车子和棺材，与心肠好坏无关。他将利害观推到极端，以个案代替论证，说：

> 父母之于子也，产男则相贺，产女则杀之。此俱出父母之怀衽，然男子受贺，女子杀之者，虑其后便，计之长利也。故父母之于子也，犹用计算之心以相待也，而况无父子之泽乎！（《六反》）

韩非主张变法，一是树立法的绝对威望，君主面前人人平等；二是要通过变法谋求富国强兵。他宣称："明主之国，无书简之文，以法为教；无先王之语，以吏为师；无私剑之捍，以斩首为勇。是境内之民，其言谈者必轨于法，动作者归之于功，为勇者尽之于军。"（《五蠹》）他主张凡是不事耕战、有妨法律实施的人和事，都要消灭，他称"学者""言古者""带剑者""患御者"（不服兵役的人）、"工商之民"为"五蠹"，是必须加以控制或消灭的社会之害。（《五蠹》）政治就是运用赏罚二柄，为自己的目的服务："二柄者，刑、德也。何谓刑德？曰：杀戮之谓刑，庆赏之谓德。为人臣者畏诛罚而利庆赏，故人主自用其刑德，则群臣畏其威而归其利矣。"（《二柄》）

　　韩非利用黄老道家学说为法家法理学说奠定了基础。韩非熟悉老子思想，著有《解老》《喻老》，前者解释文意，后者以史实验证老子言论，从而在哲学上进一步将道带进了法哲学。韩非以道作为最高范畴，但是抛弃了老子道论的玄虚恍惚成分，他在解释道时说，"道者，万物之所然也，万理之所稽也。理者，成物之文也；道者，万物之所以成也。故曰：'道，理之者也。'物有理，不可以相薄。物有理不可以相薄，故理之为物之制。万物各异理，万物各异理而道尽。"（《解老》）韩非将道和理区分开来，这是有必要的，例如生死之理互逆，但是都属于自然之道，所以他说"万物各异理而道尽"；他认识到道具有形而上的意义，而理是具体事物的"成物之文"，是规律。理是道和法之间的中介，依据理可以导出客观的法。针对治乱问题，他说："故治乱之理，宜务分刑赏为急。"（《制分》）韩非在区分道和理的基础上，提出"因道全法"的纲领性主张，并说："古之全大体者……不以智累心，不以私累己；寄治乱于法术，托是非于赏罚，属轻重于权衡；不逆天理，不伤情性；不吹毛而求小疵，不洗垢而察难知；不引绳之外，不推绳之内；不急法之外，不缓法之内。守成理，因自然；祸福生乎道法而不出乎爱恶，荣辱之责在乎己，而不在乎人。"（《大体》）这和《黄帝四经·经法》说的"道生法"，正好相印契。道家、法家堪称中国思想文化中两个极端，道家讲人性纯真、无为而治，而法家讲人性本恶、绝对控制、严刑峻法。令人深思的是，道家为法家提供了法理资源。

　　韩非在哲学上有自己的贡献，其一是注重参验，其二是有辩证法思想。他认为认识要"虚以静后，未尝用己"，即排除主观偏见；同时要"因天之道，反形之理"，即主观要符合客观。（《扬权》）如何检验认识可靠与否？他提出参验的方法，就是从多事物、多方面相互验证。他说："远听而近视以审内外之失，省同异之言以知朋党之分，偶参伍之验以责陈言之实，执后以应前，按法以治众，众端以参观"（《备内》）；要求人主"循名实而定是非，因参验而审言辞。"（《奸劫弑臣》）对待历史传说，"无参验而必之者、愚也；弗能必而据之者，诬也。"（《显学》）他对老子辩证思想有所阐扬，认为世界万物都是变化的，"理定而后可得道也。故定理有存亡，有死生，有盛衰。夫物之一存一亡，乍死乍生，初盛而后衰者，不可谓常。"（《解老》）他以寓言陈述道理，写有楚人卖矛和盾的故事，著名的"矛盾"一词就是从这里引申出来的。韩非子认识到万事万物存在满虚、利害、生死、黑白、长短等矛盾，认为矛盾是相互转化的。他也注意到某些矛盾是难以调和的，例如《难势》说"夫贤势之不相容亦明矣"；《五蠹》说"故不相容之事，不两立也。"《显学》说"杂反之学不两立而治"，这完善了矛盾的统一和斗争的认识。

第三节　韩非进化的历史观

《韩非子·五蠹》说：

> 上古之世，人民少而禽兽众……中古之世，天下大水，而鲧、禹决渎。近古之世，桀、纣暴乱，而汤、武征伐。今有构木钻燧于夏后氏之世者，必为鲧、禹笑矣。有决渎于殷、周之世者，必为汤、武笑矣。然则今有美尧、舜、汤、武、禹之道于当今之世者，必为新圣笑矣。是以圣人不期修古，不法常可，论世之事，因为之备。……
>
> 上古竞于道德，中世逐于智谋，当今争于气力。

中国历史上很早就形成了有关"先王之道"的崇拜，先王之道成了给现实划定是非的标准。战国百家争鸣中出现了历史怀疑论，被裁剪、美化和塑造的古圣先王受到庄子、荀子等学者和学派的质疑。韩非继承和发扬了动态发展的历史观，首次突破了历史循环论。

韩非认为，国家是为保护人民安全、改善人民生活应运而生的，"圣人"满足人民需要，所以才能"王天下"。韩非在一定程度上看到人类认识能力的进化与历史演变的关系。荀子说"道不过三代，法不贰后王"（《荀子·王制》）；"以道观尽，古今一度也"（《荀子·非相》），这是贯通古今的历史观。韩非子则持"分"的历史观，看到了人类在进化中的异化。

百家争鸣中出现了法先王和法后王的争论。韩非说："孔子、墨子俱道尧、舜，而取舍不同，皆自谓真尧、舜；尧、舜不复生，将谁使定儒、墨之诚乎？"（《显学》）在韩非看来，没有万古不变的教条，"法与时转则治，治与世宜则有功。故民朴而禁之以名则治，世知维之以刑则从，时移而治不易者乱，能治众而禁不变者削。故圣人之治民也，法与时移而禁与能变。"（《心度》）他还以寓言嘲笑复古保守的人是守株待兔。（《五蠹》）

韩非对历史演变原因提出了独到的分析。他说："古者丈夫不耕，草木之实足食也；妇人不织，禽兽之皮足衣也。不事力而养足，人民少而财有余，故民不争。是以厚赏不行、重罚不用而民自治。今人有五子不为多，子又有五子，大父未死而有二十五孙，是以人民众而货财寡，事力劳而供养薄，故民争，虽倍赏累罚而不免于乱。"又说："古之易财，非仁也，财多也；今之争夺，非鄙也，财寡也。"（《五蠹》）他用人口繁殖分析后世不同于前世的特点，人口的增加比物质财富增加的速度快，人民必定争夺。这里不存在人心不古，也不能因此说"不争"是美德。关于禅让制度，韩非认为古时王者奉养薄瘠，尧舜禅让，等于卸掉包袱，而当今一个县令也有许多特权，还可以荫泽后代，当然不愿让贤。

　　韩非的历史观具有进步意义，但他将人性简单化理解为物欲之恶，忽视历史进化中人的精神和道德的作用，是不科学的；其论证方法也有为求观点犀利而极端化的偏向。

思考题：

　　1. 法、术、势三派的要义是什么？

　　2. 韩非如何论证其法制思想？

第二篇 | 秦 汉 篇

导　论

公元前 221 年，秦尽灭六国，建立了统一的以皇权为核心的中央集权制，称为封建社会。

中国封建制社会的历史很长，从秦汉至隋唐时期为封建社会的前期。

秦汉两代的社会，仍然存在着宗法制社会的残余。在秦代，由于劳役地租和人身奴役的苛重，农民的地位没有多大改善，因而出现了人民推翻秦王朝的历史事件。

汉初统治者采取休养生息的政策，使社会经济得到恢复和发展。

汉初诸子之学有短暂的复兴，除名家、墨家没有著名代表人物外，各家都还有程度不等的势力。各家之中，尤以儒家和道家为盛。但从整个社会思潮来看，神秘化的阴阳五行说的影响较大。

汉初儒者仍以鲁地及其附近的邹、齐地区为活动中心。秦亡后，不少儒者搜集和传授古代的经籍，他们所传习的经典用当时通行的文字隶书写定，而且解经的观点也别具一格，因而后人把他们的经学叫做今文经学。

与国家休养生息政策相照应，汉初有些大臣和学者重视黄老之学。这种思想倾向也反映出中央集权的局势尚未巩固，外戚、诸侯王还有着相当强大的势力，他们崇道黜儒，希望皇帝垂拱无为，不去干预郡国事务。到了武帝时，中央集权的局势逐渐稳固，儒、道力量的对比才发生了变化。汉武帝削夺诸侯外藩，奠定了中央集权制的局面，儒学才定于一尊。从汉初儒、道之争到儒学定于一尊，董仲舒的思想为汉代的封建制度提供了理论基础。

汉代统治者在提倡儒术的同时，还推行法家吏治。这说明儒法并用或阳儒阴法，乃是汉代统治者关于思想文化的指导方针。

两汉之际，社会动荡不安，谶纬思想在哀、平之际（公元前 1 世纪的最后几年）盛行起来。"谶"是一种迷信的预言，企图用各种隐语来附会朝代的兴亡和所谓真命天子的出世。"纬"与"经"对称。纬书名目繁多，大抵和经名相连，内容离奇荒诞，涉及神灵、历史、地理、天文、博物、典章制度各个方面。

与此同时，经学内部也形成了一个新的派别，这个派别就是古文经学。汉景帝时，鲁恭王因新建宫室拆毁孔子住宅，在墙壁中间发现了用六国古文字体写成的《尚书》《礼》《论语》《孝经》等数十篇。到成帝、哀帝时，刘向、刘歆父子在国家藏书的地方整理文献，发现了这些古文经典有独到的价值，倡导古文经学。

从此，古文经学和今文经学展开了论争。

从刘向、刘歆父子到扬雄、桓谭，可以看出一种受过古文经学教育而反对谶纬思想的新思潮演进和发展的轨迹。东汉时期，王充对经学、谶纬等虚妄之言作了细致的考订和深刻的批评，表现出敢于坚持真理的高尚风格。他的《论衡》一书在理论思维方面也做出了重要的贡献。

东汉末年出现了多种思想倾向，有评议朝政的"清议"，有在民间开始传布的道教，同时佛教也在扩大它的影响。有些思想家对汉末的政治、法律、道德等作了深刻的反思。他们在抨击现实的同时，向往一个安定和谐的世界，但他们在理论上和实践上都找不到通向这个世界的途径。这预示着思想史的演进将会出现一个新局面。

第一章　秦汉思想的转变

秦王朝在统一中国的过程中，一直在探索如何有效地统治和管理国家，最终采用了韩非一派的法家思想，希望通过法律规范社会秩序。法家思想为确立中央集权的国家制度发挥了巨大的作用，但秦严刑峻法，也成为秦朝迅速灭亡的主要原因。

汉初，从皇帝、太后到官僚、学者乃至民间士人、卜者等各阶层人物，很多人信奉黄老之学。黄老之学认为人类社会与自然现象一样都存在着客观运行的法则，人类的活动只有对其顺应才能够发展。黄老之学被用作治理国家的指导思想，并导致文景之治。黄老道家思想发展的高峰是《淮南子》。

第一节　秦的政治思想

战国后期，秦对列国各个击破，在最后十年里逐次灭韩、魏、楚、燕、赵、齐六国，公元前 221 年实现了中国统一。

商鞅变法，倡导功利思想，秦成为以功利为主导的一元社会。面对全国统一的趋势，秦加紧了对政治思想的思考。在各种思想学派中，韩非将"法""术""势"结合的法家思想深得秦王嬴政的认同。

在秦即将实现统一大业前夕，秦相吕不韦召集宾客撰写了《吕氏春秋》，试图为秦王朝提出系统的治国思想。该书博采百家之学，兼收老、庄的自然无为、儒家的民本教化、墨家的功利尚贤、阴阳家的阴阳五行、法家的法治思想，形成一个综合体系。秦王政十年（前237）十月，吕不韦在宫廷斗争中被免去相国职务，一年多后，被迫饮鸩自杀。《吕氏春秋》的治国思想在秦国没有得到贯彻执行。但该书保存了诸子百家丰富的思想资料，在编书的方法和体例方面有所创新，对后世《太平御览》等类书的编撰有很大的影响。

秦王嬴政统一全国以后，建立了以中央集权为核心的国家制度，将法家思想作为治国思想。他将全国分为三十六郡，每郡有守、尉、监各一，郡下辖县，郡守与县令由中央直接任命。他把法律、法令推到治国的最高位置，自称始皇帝，并改"命"为"制"，改"令"为"诏"，使自己的意志具有最高效力。他"昼断狱"，"夜理书"，把行政、司法牢牢控制在自己手中。为使法律、法令得到全面贯彻和施行，秦要求臣民学法、知法，规定为官者必须通晓法律，同时对全国实行空前严酷的刑罚统治。1975 年年底发现的湖北云梦睡虎地秦墓竹简，其中的《秦律十八种》《秦律杂抄》《法律答问》《封诊式》等，反映出秦之法律已经涉及百姓生活的方方面面，对违法的处罚十分严酷。

为达到思想上的高度统一，秦始皇时期还"焚书""坑儒"。秦始皇三十四年（前 213），博士淳于越反对实行郡县制，要求根据古制，分封子弟，遭到丞相李斯驳斥。李斯建议秦始皇禁止以古非今、以私学诽谤朝政，被秦始皇采纳。秦始皇下令焚烧《秦记》以外的列国史记，对于私藏的《诗》《书》等也限期交出烧毁，有敢谈论《诗》《书》的处死，以古非今的灭族，禁止私学，想学法令的人要以官吏为师。第二年，侯生和卢生两个术士诽谤秦始皇，并亡命而去。秦始皇大怒，使御史追究审问诸生，诸生们彼此告发，四百六十余人被坑杀于咸阳。

法家治国主张在秦国得到了充分的实施，为国家统一发挥了巨大的作用；但秦法严酷残暴，也成为秦朝迅速灭亡的重要原因。

第二节 陆贾和贾谊的思想

陆贾，祖籍楚国，生卒年月不详。在秦末农民起义中，陆贾以幕僚身份追随刘邦，据《史记·郦生陆贾列传》记载，陆贾经常引用儒家经典《诗》《书》，向刘邦建议治国之术，刘邦听了很不耐烦，说他的江山是"居马上而得之，安事《诗》《书》！"陆贾反问"居马上得之，宁可以马上治之乎？"他指出，商汤和周武王等人文武并用，"逆取顺守"，才求得长治久安；秦始皇严刑峻法，结果招致灭亡。刘邦认为很有道理，请他对历史经验加以总结。根据刘邦的指示，陆贾写了《新语》，共十二篇，对历代治理国家的经验和教训提纲挈领地进行了总结。他主张按照黄老"无为而治"的思想及礼法结合的思想治理国家，核心观点是"行仁义，法先圣"，开启了西汉前期的一代政治。

刘邦死后，吕后执政，陆贾"病免家居"。他向陈平献计，团结周勃以诛诸吕，立汉文帝。汉文帝即位之后，再拜陆贾为太中大夫，出使南越，再次使赵佗同意去帝号，向汉天子称臣。陆贾还创作有《楚汉春秋》，记录秦末农民起义和楚汉相争的历史，成为司马迁《史记》写秦汉之际史事的重要依据。

贾谊（前 200—前 168），洛阳人。20 岁被汉文帝召为博士，并被破格提为太中大夫。贾谊认为到他所处的时代，汉朝已经建立二十多年，政局大体稳定，应该制定新的典章制度。针对当时社会"背本趋末"以及"淫侈之风，日日以长"的现象，他提出《论积贮疏》，主张实行重农抑商的政策，发展农业生产，加强粮食储备。贾谊还帮助汉文帝修改和订立了许多政策和法令，以及遣送列侯离开京城到自己封地的措施。汉文帝很欣赏贾谊的才干，想委以重任，但遇到开国功臣周勃、灌婴的阻挠。加上佞悻邓通的挑拨，在23岁时，贾谊被贬为长沙王的太傅。贾谊南行途经湘江，写下《吊屈原赋》，表达对屈原的崇敬之心，抒发自己的怨愤之情。在长沙第三年的一个黄昏，有一只猫头鹰飞进了他的住房，使他伤感不已，于是写了一篇《鵩鸟赋》，感叹人世沧桑。（《史记·屈原贾生列传》）

汉文帝七年（前173），文帝把贾谊从长沙召回长安。他多次向文帝上疏，其中最著名的是《治安策》（又名《陈政事疏》），指出危害政治安定的首要因素是诸侯王。诸侯王势力强大，好比是大骨头，汉王朝如果想用仁义这把薄刃去切割，无济于事。他提出"众建诸侯而少其力"的方针，在诸侯王的封地上分封更多的诸侯，分散削弱他们的力量。《治安策》还对商人经济力量的膨胀和北方的匈奴问题等提出了自己的看法，指出商人富民奢侈后果严重，和亲不能制止匈奴侵扰的祸患。贾谊《治安策》的可贵之处在于居安思危。景帝时，晁错提出"削藩"政策，是贾谊主张的继续；汉武帝时，颁行主父偃提出的"推恩令"，允许诸侯王将其封地分为若干块分给自己的子弟，也是贾谊"众建诸侯而少其力"方针的全面实行。毛泽东曾说："《治安策》一文是西汉一代最好的政论，贾谊于南放归来著此，除论太子一节近于迂腐以外，全文切中当时事理，有一种颇好的气氛，值得一看。"①

贾谊回到长安，文帝还是没有对贾谊委以重任，只是把他分派到他最喜爱的小儿子梁怀王刘揖那里去当太傅。汉文帝十一年（前169），刘揖入朝，骑马摔死，贾谊感到自己身为太傅，没有尽到责任，心情十分忧郁。文帝十二年（前168），贾谊在忧郁中死去，时年33岁。

第三节　汉初黄老之学

黄老之学是战国中期稍早逐渐形成的一种思想流派。战国时期，诸子蜂起，学派并出，百家各持异说。为寻求长治久安之策，对各种思想文化资源加以选择、

---

① 《建国以来毛泽东文稿》第七册，中央文献出版社1992年版，第190页。

综合和改造成为潮流。其中一些思想家以老子思想为基础，以黄帝为旗帜，综合概括儒、法、名、墨之长，融贯老子的道论，创造了既不同于儒、法、名、墨，又区别于老、庄思想的学说体系，统称"黄老之学"。

长沙马王堆三号汉墓中出土的四篇佚书，思想上属于南方黄老之学，是汉初黄老之学的重要著作。黄老之学的理论主张，既不像法家那么极端专制，"严而少恩"，又包含了维护君主专制的内容；既不像儒家的"礼义"制度，"博而寡要"，又吸取了儒家的"爱民""德治"思想和"仁义礼智信"之类的伦理观念；既不像老、庄道家那样偏重无为而治，又吸取和发挥了他们"无为而无不为"的理论，正适合汉初与民休息的政治需求。

秦统一过程中，吕不韦曾经看到黄老之学的价值。汉初陆贾也推崇过黄老之学。连年战祸，造成汉初人口减少，土地荒芜，经济非常困难，"天子不能具醇驷，而将相或乘牛车"（《汉书·食货志》），加之北方少数民族的强悍，汉初不得不采用黄老之学作为治理国家的指导思想。学习黄老之学成为当时的社会风尚。从《史记》《汉书》等的记载看，从皇帝、太后到官僚、学者乃至民间士人、卜者等各阶层人物，当时很多人信奉黄老之学。

刘邦建立汉政权后，采取了与民休息的治国之术，把恢复农业生产、稳定政治秩序放在首位，如分给农民土地、减轻租税、安置流民等。这些措施使在战争中残破的社会经济得到了复苏，政治秩序也得以相对稳定。刘邦之后的文帝、景帝也基本上遵循了刘邦的政治思路。到文、景之间，西汉的国力得到了很大发展。西汉初年，"大侯不过万家，上者五六百户"（《史记·高祖功臣侯者年表》），到文、景之世，"流民既归，户口亦息，列侯大者至三四万户，小国自倍，富厚如之"（《汉书·高惠高后文功臣表》）。不但户口繁息，农业、商业也都呈现一片繁荣景象。文帝初年，每石粟仅十余钱。

武帝继位后，形势发生变化，他重视启用儒学之士，黄老和儒学处于紧张之中，但是窦太后坚持黄老治国。窦太后去世后，黄老失去恩宠，不再占据汉代思想的统治地位。

第四节 《淮南子》的思想

经过六七十年的政治实践，到汉武帝时期，出现了一部总结性的理论巨著《淮南子》，它标志着黄老道家思想发展到了高峰。

《淮南子》本名《鸿烈》，共二十一篇。它是淮南王刘安（前179—前122）招致宾客数千人集体写作的一部书。建元二年（前139），刘安将它献给汉武帝。后来，刘向、刘歆父子校订宫中图书时，将它定名为《淮南子》。

《淮南子》以阴阳、四时、五行为架构，构筑了一个宇宙图式。它认为宇宙万物生成过程是自然而然地由"无"到"有"、由简单到复杂的不断变化过程，也就是由"一"到"多"的变化过程。从"无"到"有"、由"一"到"多"的运动，体现了万物本原与万物形成过程相统一的属性。"道"就是万物生成过程中的不得不然，也是万物自身的客观原则与万物和谐共存的秩序。事物的多样性往往会表现出极端对立的特点，但就是在这种对立中，才显示出事物统一的深刻性。事物的多样性才使宇宙充满生机。

《淮南子》主张用多样性统一的整体眼光来对待自然存在和社会存在中的事物，它提出"张天下以为之笼，因江河以为之罟"的人生政治主张。它说，临江钓鱼，即使有上等的钓鱼工具和香美的饵料，再加上詹何、娟嬛那样高超的钓鱼技艺，也不可能像江河那样能得到那么多的鱼。弓箭最精良，射箭技术超过善射的羿和逄蒙，也不能像天空那样得到那么多的鸟。《淮南子》反对人类的自我中心论，认为人的理性能力就是洞察到万物之中的"固然"，并依据事物的"固然"去行动，只有这样才能达到目的。

在社会政治层面上，《淮南子》总结了历史上兴亡、成败、祸福的经验，尤其是秦王朝的速亡和汉初依靠无为而治迅速复兴的现实，认为君主治国的根本大法就是无为，"君道者，非所以为也，所以无为也"（《诠言训》），只有无为才能保证国泰民安，实现社会的有序发展。在《主术训》中，《淮南子》对无为而治作了一个概括说明：君主的无为不是那种无思无虑、静默拱手的无为，也不是那种凭一己私意的轻举妄动，而是赏罚公正，秉众人之智，依靠群臣的有为来实现"无为"而治的目的。[1]《淮南子》认为人类社会如同自然现象一样，存在着客观运行的法则，只不过这种法则比起自然规则来似乎更加难以被人们认识。但正如人们面对自然规则不能随意妄为一样，人类在社会生活中也应该"托于无适"，随顺人类本性的各种可能发展。

汉武帝时期，诸侯王中数淮南王刘安的辈分地位最高。由于他好方技、嗜方士，方技之士大都投奔到他的门下。方士们以"圣人当起东南间"劝说淮南王等

---

[1]　刘文典：《淮南鸿烈集解》卷九《主术训》，冯逸、乔华点校，中华书局1989年版，第269页。

待时机争夺中央权力，引起汉武帝的注意，淮南王以"谋反"的罪名被杀害。《淮南子》的思想也没有得到汉武帝的采纳。

思考题：

1. 秦至汉初的政治思想是如何转变的？
2. 《淮南子》的主要思想是什么？

第二章　董仲舒的思想

汉武帝主政后，开始寻求更加有效的政治策略。董仲舒前后给武帝上了三策，史称"天人三策"。他在对策中提出儒学和儒术可以有效地解决汉代社会问题，是长治久安的根本大计。

董仲舒吸收阴阳五行学说，以"天人感应"思想为核心，对《春秋公羊传》进行了新的阐释，开辟了公羊学研究的新局面。他的理论和方法不但对公羊学，对儒家其他经学流派也产生了巨大影响。特别是他对"三纲"的论证，为儒学上升为意识形态确立了思想上的可能。

汉武帝之后，儒学逐渐成为社会的主要思潮。汉元帝时期，儒学真正成为汉代具有国家意识形态性质的观念体系，对汉代的政治实践产生了重要影响。

第一节　董仲舒与公羊学

董仲舒（前179—前104），广川（今河北景县）人。汉景帝时，董仲舒与胡毋生（胡母生）同被举为博士。

董仲舒对《公羊春秋》有深入研究。孔子修《春秋》后，有五家对其加以注释，《公羊春秋》是其中之一。据说齐国人公羊高从子夏那里了解到孔子著《春秋》的思想和方法，后来他又将这些思想方法传授给他的儿子公羊平，再由公羊平传授给公羊地、公羊敢、公羊寿。到汉景帝时，公羊寿同弟子胡毋子（胡母生）都将公羊一系的师说书于竹帛，遂有《春秋公羊传》。董仲舒对《公羊春秋》深入钻研，心得体会集中体现在现存的《春秋繁露》一书中。

《春秋繁露》17卷，82篇，佚3篇，存79篇。始著录于《隋书·经籍志》。"繁露"指冕旒上的悬玉，因为该书依据《春秋》立论，贯通古今，如冕旒连延下垂，故名《春秋繁露》。现存《春秋繁露》为宋楼钥校本，清修《四库全书》时从《永乐大典》中抄出，编入武英殿聚珍版本，各家注解均以此本为依据。注本有清卢文弨《春秋繁露集注》，清苏舆《春秋繁露义证》等。

通过对《春秋公羊传》的反复揣摩，董仲舒对《春秋》做出了新的系统的解释。首先，他认为《春秋》的关键在"新王"。在《春秋繁露·俞序》中，他对孔子作《春秋》的意图如此表述："仲尼之作《春秋》也，上探正天，端王公之位，万民之所欲；下明得失，起贤才，以待后圣。故引史记，理往事，正是非，序王公。史记十二公之间，皆衰世之事，故门人惑。孔子曰：吾因其行事而加乎王心焉。以为见之空言，不如行事博深切明。"他认为孔子之所以缘鲁史而作《春秋》，就是痛感周道衰微，试图在总结以往历史经验的基础上，为"新王"提供一套政治模式。《春秋》在上有周天子的情况下，以鲁国作为历史记叙的核心，有很多事例都是以对鲁国的向背来决定是非标准。可见《春秋》将鲁国当作"新王"的化身，希望将来有圣明的君主来贯彻他的主张。

其次，《春秋》包含"新王"政治丰富而具体的内涵。"新王"政治的特点之一是要因时改制。《春秋》叙述"新王"政治理想，是通过对夏的后裔杞、商的后裔宋和周代政教制度的描述，来说明新的政治对以往历史传统的取舍。《公羊春秋》的历史观是黑统、白统、赤统三统循环论。"《春秋》应天作新王之事，时正黑统，王鲁，尚黑。"（《春秋繁露·三代改制质文》）应天而王的帝王应该敢于改制。这种变革不是改变社会的基本制度，"若夫大纲人伦、道理、政治、教化、习俗、文义，尽如故，亦何改哉？故王者有改制之名，无易道之实"（《春秋繁露·楚庄王》），而是对政治方针和策略有所变更。凡新王即位，必须"徙居处，更称号，改正朔，易服色"（《春秋繁露·三代改制质文》），在居处、名号、历法、旗帜等方面有所变革。"新王"政治的特点之二是提倡大一统。《春秋》开篇云："隐公元年，春，王正月。"《公羊传》对此解释说："何言乎王正月？大一统也。"董仲舒认为："《春秋》大一统者，天地之常经，古今之通谊也"（《汉书·董仲舒传》），认为《春秋》的基本精神是："是非二百四十二年之中，以为天下仪表，贬天子，退诸侯，讨大夫，以达王事而已矣。"（《史记·太史公自序》）所谓"贬天子"即批评春秋时期周天子不能尽天子的责任，天子应当是能使万民归附、能做臣民表率的最高君主，《春秋》就是通过对周天子的批评来说明应该出现这样一种理想的君王。所谓"退诸侯""讨大夫"，就是对春秋时期诸侯大臣割据专权的现象进行抨击。理想的政治是中央拥有高度权力、诸侯和大臣谨于职守，干强枝弱，上下有序。"新王"政治的特点之三是以民为本，仁义教化。在他看来，一统的目的是推行王道，这就要求一统之王以民为本，"同民所欲"，保证百姓的基本生产资料，提供百姓发展生产的基本条件，并要修饬"仁义礼智信五常之道"，使百姓的道德水平有所上升。

再次，论证《春秋》中具有天人感应思想。《春秋》中记载有日食、地震、陨石、冰雹、虫灾等自然界异常现象，《公羊传》对此并没有作过多的发挥。但董仲舒认为《春秋》之所以记载自然现象，是说明天与人之间存在联系。他试图将天人关系的深意发挥出来。他以《春秋》灾异为主要来源，吸收和改造阴阳五行学说，使得《春秋》中的天人关系理论上升到了一个新的水平。董仲舒认为天道预示着人类社会的基本准则，上自天子，下至臣民，都应该认真体察天意，奉行天道给予人的正确启示。《春秋》就是通过灾异来说明，人若背天而行，将会引起各种灾难："孔子作《春秋》，上揆之天道，下质诸人情，参之于古，考之于今。故《春秋》之所讥，灾害之所加也。《春秋》之所恶，怪异之所施也。书邦家之过，兼灾异之变，以此见人之所为，其美恶之极，乃与天地流通而往来相应。"（《汉书·董仲舒传》）董仲舒还认为，出现灾异现象并不可怕，可怕的是不知警惧，不能及时有所改易："见天意者之于灾异也，畏之而不恶也。以为天欲振吾过，救吾失，故以此报我也。《春秋》之法，上变古易常，应是而有天灾者，谓幸国。"（《春秋繁露·必仁且智》）他总结说："因恶夫推灾异之象于前，然后图安危祸乱于后者，非《春秋》之所甚贵也。"（《春秋繁露·二端》）他还详细论述了运用天人感应原理来纠正行为过失、复归于天道之常的具体办法。如春天属五行中木德，木之德曰生，春天要做促进生产发育的事，不违农时，省刑罚，薄税敛，尚德进贤，改良政治，发展生产。这样就会使草木茂盛，虫鱼增殖。如果统治者荒淫无度，大兴土木，掠夺民财，就会造成林木枯槁，怪异臻至。这时就要认真反省，救之以德："木有变，春凋秋荣，秋木冰，春多雨。此徭役众，赋敛重，百姓贫穷叛去，道多饥人。救之者，省徭役，薄赋敛，出仓谷，赈困穷矣。"（《春秋繁露·五行变救》）其他如夏天属火气，秋天属金气，冬天属水气，土兼四时之气，其变救方法均可类推。

天人感应是董仲舒诠释《春秋》的一大理论创造，也是董仲舒思想体系的核心。他用天人感应来诠释《春秋》，不但使《春秋》对灾异的记述有了全新的内涵，同时也扩充了公羊春秋学的内涵，开辟了公羊学研究的新局面。《汉书·五行志》说他"始推阴阳"以研究《公羊春秋》，"为儒者宗"，成为汉代儒学的宗师，他的理论和方法不但对公羊学，对儒家其他经学流派也产生了巨大影响。

但天人感应思想毕竟不是一种科学的天人关系观念，它给汉代公羊学说乃至整个儒家经学带来了负面影响。在《春秋繁露》中，董仲舒把自然界的各种灾变，与人世间的事件相联系。如《春秋》鲁桓公十四年，"八月壬申，御廪灾"，董仲舒认为这是过去四国共伐鲁国，大败鲁于龙门，百姓伤害未愈，怒气未消的结果。而鲁哀公四年，"六月辛丑，亳社灾"，则预告了后来鲁国的灭亡，"天戒若曰，国将危亡，不用戒矣。《春秋》火灾，屡于定、哀之间，不用圣人而纵骄臣，将以亡国，不明甚也。"又如《春秋》鲁庄七年，"秋，大水，亡麦苗"，董仲舒认为这是鲁庄公母文姜与兄齐襄公淫乱，杀害鲁桓公，而鲁庄公父仇不报却复娶齐女的反应。(《汉书·五行志》) 总之，在董仲舒看来，阴阳失调，五行失序，都会在人事上有所表征。将人事与灾异联系的这种认识，为后来人们注释《春秋》提供了十分广阔的联想空间，并为儒生进一步制造各种谶纬准备了理论依据。

第二节　"三纲"说的完整表述

"三纲"即"君为臣纲""父为子纲""夫为妻纲"，其完整的表述出自《礼纬·含文嘉》，但对此较早给予系统的理论论述的却是董仲舒。

《说文》称："纲：维纮绳也，从系冈声。"纲就是系渔网的总绳，要想将渔网提起来，只有抓住总绳才行。孔子曾经指出，社会虽然很复杂，但最基本的社会关系不外乎君臣、父子。如果君臣、父子能做到"君君、臣臣、父父、子子"，各自都遵守一定的礼节和道德标准，那么社会就会安宁而有秩序。如《大学》说："为人君，止于仁；为人臣，止于敬；为人子，止于孝；为人父，止于慈；与国人交，止于信。"儒家后学将社会基本关系归纳为君臣、父子、夫妇。认为君子之道，造端于夫妇。如《易传·序卦》说："有天地然后有万物，有万物然后有男女，有男女然后有夫妇，有夫妇然后有父子，有父子然后有君臣，有君臣然后有上下，有上下然后礼义有所错。"但如何处理相互之间的关系，还没有严格的尊卑主从原则。

君臣、父子、夫妇间应是尊卑主从的关系，这种观念在战国中晚期得到加强。在荀子看来，君臣、父子、夫妇之道，是人伦的纲纪："若夫君臣之义，父子之亲，夫妇之别，则日切磋而不舍也。"(《荀子·天论》) 它们与天地同始终："君臣、父子、兄弟、夫妇，始则终，终则始，与天地同理，与万世同久，夫是之谓大本。"(《荀子·王制》) 荀子认为君臣、父子、夫妇间应有尊卑主从。他在《富国》中说："无君以制臣，无上以制下，天下害生纵欲。"在《致士》中说："君者，国之隆也；父者，家之隆也。隆一而治，二而乱。"在《君道》中说："请问为人妻？曰：夫有礼，则柔从听侍；夫无礼，则恐惧而自竦也。"法家韩非子在《忠孝》篇中更加明确地提出："臣事君、子事父、妻事夫，三者顺则天下治，三者逆则天下乱，此天下之常道也，明王贤臣而弗易也。"他主张："忠臣不危其君，孝子不非其亲。"就是如桀、纣一类的暴君，也是不能反对的。他说："汤、武为人臣，而弑其主，刑其尸，而天下誉之，此天下所以至今不治者也。"《吕氏春秋·

恃君览》也说："父虽无道，子敢不事父乎？君虽不惠，臣敢不事君乎？"即是说，君主再坏，父兄再恶，为臣为子弟的也只能是服从、侍奉，不能有丝毫的不满和怀疑。秦王朝建立后，君臣、父子、夫妇间尊卑主从的关系准则变成了法律条文。

董仲舒认为，"三纲"是《春秋》王道政治的基本内容，"三纲"的基本原则可以从天道中求得证明。"是故仁义制度之数，尽取之天。天为君而覆露之，地为臣而持载之；阳为夫而生之，阴为妇而助之；春为父而生之，夏为子而养之""王道之三纲，可求于天"。他从阴阳理论推衍出"三纲"，说："君臣父子夫妇之义，皆与诸阴阳之道。君为阳，臣为阴；父为阳，子为阴；夫为阳，妻为阴。阴道无所独行，其始也不得专起，其终也不得分功，有所兼之义。"（《春秋繁露·基义》）他认为在君臣、父子、夫妇等人伦关系中，君、父、夫常为阳，而臣、子、妇则常为阴。阴只能附属于阳，不能"独行"，不能"专起"，不得"分功"。在他看来，矛盾两方面在任何情况下都不能向自己的对立面转化。他把这种绝对化的伦理思想观点称为"三纲"。为了证明君臣、父子、夫妇的尊卑和服从关系，是天道之常，他直接诉诸天命："天子受命于天，诸侯受命于天子，子受命于父，臣妾受命于君，妻受命于夫。诸所受命者，其尊皆天也，虽谓受命于天亦可。"（《春秋繁露·顺命》）这样，"三纲"之上又加上了"天"即神的权威，以证明等级尊卑制度的合理性，同时也突出了天子的地位。在这个"人副天数"的互动结构之中，社会的运行规则和制度安排不是人有意为之的，而是天意本该如此，所以不可违逆。

第三节 "天人三策" 与 "独尊儒术"

元光元年（前133）五月，汉武帝下诏举贤良对策，表示要思考一种有效的政治策略。董仲舒前后给汉武帝上了三策，史称"天人三策"。（《汉书·董仲舒传》）他在对策中提出儒学和儒术可以有效地解决汉代社会问题，是长治久安的根本大计。

第一策提出，新的治国策略的基本精神是恢复儒家王道。汉武帝在策问中希望有人能结合汉代政治形势，提出一套从根本上解决汉代社会问题的思路，使汉代社会出现三代之治那样理想的政治景象。董仲舒在对策中指出，政治好坏的关键是有无正确的治国方略，他认为儒家的王道政治才是正确的治国策略。所谓王道，即尧、舜、禹、汤、文、武、周、孔相传之道，其核心是礼制和与之相适应的仁义教化。他举例证明王道是维持统治的根本，认为汉代之所以"人民嚣顽，抵冒殊扞""如朽木粪墙矣"，开国七十余年而没有达到"善治"，主要原因就是没有实行王道，没有实施用仁义教化的政治原则，没有形成"三纲"稳定的等级秩序。因此，他提出要用教化来恢复王道。

第二策提出，恢复王道的关键在于任用儒生。董仲舒第一次对策所提出的新政治思想深深打动了汉武帝，于是武帝二次发问：他继位以来虽然也考虑实施仁义教化，但政治效果不明显的原因是什么？董仲舒回答说，原因在于没有勤于治道的士大夫相辅佐，政府的官僚队伍还没有对王道政治的自觉。汉代之所以出现一些严重的社会问题，不能有效处理，就在于没有像稷、皋陶、太公、散宜生等这样的人才。他主张中央要下决心兴太学，置明师，以培养人才，而地方也要举贤才，通过考察，挑选那些真正有道德、有才干的人充实政治机构，只有"遍得天下之贤人，则三王之盛易为，而尧舜之名可及也"。

第三策提出，恢复王道在思想上要独尊儒术。汉武帝对董仲舒第二策的分析深以为然，又第三次发问：如何才能使王道政治的理想落实到政府实践和民众心中？针对汉代统纪不明、法度难一的现实问题，董仲舒指出，只有在思想上加以正确引导，才能使是非分明，他说："今师异道，人异论，百家殊方，指意不同，是以上亡以持一统；法制数变，下不知所守。臣愚以为诸不在六艺之科、孔子之术者，皆绝其道，勿使并进。"他从儒家王道政治出发，认为申韩法术和苏张纵横之术不但搞乱了人们的思想，而且扰乱了国家的政令，提出只有罢黜这些思想，独用儒家六艺来教育化导百姓，才能实现大一统。

"天人三策"是董仲舒对儒学在汉代政治经济文化领域的重要作用的论证。在"天人三策"中，他不但宣传了儒学的基本精神，而且设计了儒学复兴的具体途径，架起了儒学与汉代政治相互沟通的桥梁。

汉武帝之后，儒学逐渐成为社会的主要思潮。汉元帝时期，儒学真正成为汉代具有国家意识形态性质的观念体系，对汉代的政治实践产生了重要影响。武帝以后的汉代历朝君主皆自幼读经，诸侯王、外戚等贵族集团也以习儒读经为时务。由此衍生出尊崇经师的风气，并形成"人主师当为宰相"的惯例。汉昭帝的经师蔡义为丞相，此后有韦贤、韦玄成父子，匡衡、张禹、贡禹、孔光等，皆备受尊崇，位极人臣。东汉明帝对经师桓荣"尊以师礼，甚见亲重"，及卒，"帝亲自变服，临丧送葬"（《后汉书·桓荣传》），可谓君主尊师的典范。[1] 在汉代君主身体

---

① 这里说的君主尊师，主要指尊重"国师"。

力行的示范带动下，以儒学取仕"劝以官禄"为诱导，社会上攻读儒经蔚然成风。儒家文化家喻户晓，获得了空前的普及，纲常伦理深入人心，儒家思想及其价值成为汉代社会的时代精神。

汉代一般君主大都能通晓经义。由于通晓儒学，汉代君主在儒学学术和事务上除了自身固有的政治权威外，还拥有了理论上的发言权和参与资格。汉代君主还热衷于充当理论分歧的裁决者角色。前有宣帝甘露二年（前52）石渠阁讲五经异同，后有章帝建初四年（79）白虎观"议五经同异，作《白虎议奏》"。君主凭借自身儒学修养，"称制临决"，就各派间分歧经义进行仲裁，俨然变成最高的经学权威。东汉君主也比较重视塑造自己亦君亦师的文化形象。史称光武躬自讲经，明帝还致力儒学研讨，撰《五家要说章句》，并亲于辟雍自讲所制《五行章句》。这种"君师兼资"现象表明儒学文化与君主理论、行为达到密切结合的程度，反映了儒学在汉代意识形态和上层建筑建设中的地位。

思考题：

1. 何为公羊春秋学的微言大义？
2. 如何看待"三纲"？
3. 汉代"独尊儒术"产生了哪些社会影响？

第三章　两汉的经学

汉初，学者传习的儒家经书大都是用"隶书"书写的，被称为今文经，也称经今文。在董仲舒等的影响下，今文经的传习者以神学宇宙观服务于政治，成为汉代官方意识形态。

汉初对散失的古书有所收集，其中一批用战国时代六国文字书写的儒家经典，后来被称为古文经或经古文。西汉前期，古文经不被中央政府重视。汉成帝时，刘向、刘歆整理群书，发现古文经确有独特的价值，刘歆提出国家应该确立古文经的地位，遭到今文经学家的抵制。

今、古文经学展开多次论争，争论的重点由经典扩大到传注，甚至形成学风的差异。但两者在服务汉代社会的需要方面并无根本不同。东汉时期，今、古文经学开始出现融合倾向。郑玄以古文经学为主，兼采今文经学对五经系统注释，对汉代主流意识形态做了集大成的总结。

第一节　今文经学及其制度化

汉初，天下初定，儒学未引起重视，当时对经书的研习主要在民间，有辕固生所传《齐诗》，申培公所传《鲁诗》，韩婴所传《韩诗》，伏生所传《尚书》，高堂生所传《礼》，田何所传《易》，公羊寿、胡毋生所传《春秋公羊传》和江公所传《春秋穀梁传》。因为秦始皇焚书时，六经诸子都被焚毁，这些学者所传习的经书，大都是用"隶书"书写的，与焚书前的经书有不同程度的差异，后来称为今文经。汉文帝时，传《鲁诗》的申公、传《韩诗》的韩婴已立为博士，景帝时又立传《齐诗》的辕固生为博士，但经书的研究尚未形成气候。

汉武帝建元五年（前136），立五经博士。据《史记·儒林列传》说："及今上（指汉武帝）即位，赵绾、王臧之属明儒学，而上亦向之，于是招方正贤良文学之士。自是之后，言《诗》于鲁则申培公，于齐则辕固生，于燕则韩太傅；言《尚书》自济南伏生；言《礼》自鲁高堂生；言《易》自菑川田生。言《春秋》于齐、鲁自胡毋生，于赵自董仲舒。"即除上述三家《诗》以外，还有伏生弟子欧阳氏《尚书》，胡毋生、董仲舒所传《公羊春秋》，高堂生所传《礼》，田何所传《易》。元朔五年（前124），汉武帝批准公孙弘所议，为博士置弟子五十人，即太学生。西汉博士的待遇相当于中级官员，容易升迁，在社会上的地位较高，除了教学之外，还要参政议政、奉命出使、制礼、掌管藏书和试策，很受人们尊敬。太学生享有免除徭役赋税的权利，学有所成之后，可以担任一般官员，也可能担任博士或者教授私学。在上述政策的引导下，研究经书成为风气。

汉昭帝时，又增博士弟子员满百人。立于博士官的五部经典又分出一些门派。如伏生所传《尚书》，在欧阳氏之外，又有夏侯胜、夏侯建所谓大、小夏侯《尚书》学；高堂生所传《礼》又在后苍之外，分别出戴德、戴圣所谓大、小戴的《礼》学；田王孙所传《易》又分出施雠、孟喜、梁丘贺的《易》学；胡毋生、董仲舒《春秋》又分出严彭祖、颜安乐二家。在上述五部经典之外，另一部研究《春秋》的"今文"书《榖梁传》也开始受到重视。汉宣帝时，博士弟子增加到二百人，榖梁学也取得了和公羊学并列的地位，甘露三年（前51）又召开了石渠阁会议，讨论五经异同，由宣帝亲自裁决。会议结果设立了梁丘《易》学，大、小夏侯《尚书》学、《榖梁春秋》博士，又分立大戴、小戴两家《礼》博士。至此，经学十四博士基本建立，即：

《尚书》：欧阳氏、大小夏侯三家

《诗》：鲁、齐、韩三家

《礼》：大戴、小戴二家

《易》：施雠、孟喜、梁丘贺、京房四家

《春秋》：公羊、榖梁二家

元帝时，博士弟子激增至千人。由于读经做官已成为当时士人入仕的主要途径，到元帝时期，中央和地方政府的官吏队伍的结构发生了重大变化。《汉书·百官公卿表》列出元帝时期中央政府的官员凡50人，出身和事迹可考的31人中，有17人出身经学之士，或与经学密切相关，经术之士超过了半数。社会上攻读儒经蔚然成风，人们的言谈、议论，莫不引经据典。

第二节　古文经学的形成

用战国时代六国文字书写的儒家经典称为古文经。这些古文经主要有三个来源：一是汉景帝时鲁恭王在孔子旧宅壁中发现的《尚书》《逸礼》《论语》《孝经》共数十篇。二是流传于民间，为河间献王所得的一批古书，如《周官》《尚书》《礼》《礼记》《孟子》等。河间献王还曾在王国内为《毛诗》《左氏春秋》立博士。三是汉宣帝时，河内女子发老屋，得《逸礼》《尚书》各一篇，也是古文。这些古文传本，有的可能是同一版本的抄本，有的则可能是异本，大都被收归中央秘府，为秘府所藏。

西汉前期，古文经不被中央政府所重视。如《周礼》被发现，河间献王献于中央，而中央政府不加流播，复藏于秘府。但尽管如此，仍有一些古文经或其中的某些内容被学者们研究。例如《春秋左氏传》自汉初张苍之后，就有贾谊、贯公、贯长卿、张禹、尹更始、尹咸、翟方进等人研究。儒家学者以外，刘安《淮南子》也对《左氏传》有所征引。

汉武帝时，宫廷内已经收集了大量图书。成帝时，又于河平三年（前26）命谒者陈农搜访遗书。大量图书集中于中央，需要对这些图书加以整理。成帝遂命光禄大夫刘向校六经、传记、诸子、诗赋，步兵校尉任宏校兵书，太史令尹咸校数术书，侍医李柱国校方技书。因刘向学问渊博，每书校完，由他列举篇目，并撮其要点，写成评论，上奏皇帝。刘向死后其子刘歆继承父业，总合群书，编成《七略》。

刘向在整理《仪礼》与《礼记》时发现，《逸礼》对今文本《仪礼》和《礼记》有重要补充价值。刘歆在协助其父整理群书时又发现了古文《春秋左氏传》注《春秋》确有独到的地方，他认为此书作者左丘明曾亲见孔子，与孔子同好恶，他对《春秋》的解释是最可信的，不像《公羊》《穀梁》，作者生在孔子七十二弟子之后，所传《春秋》宗旨由传闻得来。他又向汉初张苍《左传》的传承者尹咸了解民间《左传》学的研究状况，发现它有明确的传承线索。刘歆还发现《毛诗》在汉初以来就有传授，只是未能立为官学博士，其传习始终不盛。古文《尚书》在汉景帝时即已发现于孔壁，后来由孔安国献于中央政府，因为偶然事件没有引起重视。只有《周礼》一书，似乎没有明确地传承。这些发现促使刘向把包括《周礼》在内的《逸礼》也视为经学的要素，提出应该重视古文经的问题。

第三节 今古文经学之争

西汉哀帝建平元年（前6），刘歆提出中央政府应该确立古文经《毛诗》《古文尚书》《逸礼》《左氏春秋》的官学博士地位。哀帝令刘歆与五经博士讨论这件事，结果"诸博士或不肯置对"，以沉默表示反对。刘歆写下了著名的《移让太常博士书》。他认为古文经可以弥补今文残缺，而且今文经对经典的解说，错误百出，昧于大体。他指责博士们"犹欲保残守缺，挟恐见破之私意，而无从善服义之公心，或怀妒嫉，不考情实，雷同相从，随声是非，抑此三学，以《尚书》为备（案指二十九篇之《今文尚书》），谓左氏为不传《春秋》"；"党同门，妒道真，违明诏，失圣意，以陷于文吏之议"等（《汉书·刘歆传》），因其言辞过切，不仅招致诸博士的怨恨，也引起了一些执政大臣的愤怒。这场争论，以刘歆所代表的古文经学派的失败而告终，刘歆被迫要求离开中央，去地方做官。平帝元年（公元1），王莽主政，刘歆回到朝廷，一度抬高《逸礼》《古文尚书》《毛诗》《周礼》等学术研究的政治地位，但王莽失败后，古文博士亦废。

东汉时期，今文和古文经学的争论还发生过多次。其中第一次是韩歆、陈元与范升的争论。东汉建武初年，光武帝刘秀恢复了西汉的十四博士之学。建武四年（28），尚书令韩歆上疏欲立古文经《费氏易》和《左传》。范升以《左传》"不祖孔子""无有本师而多反异""先帝之所疑"等理由加以反对。接着又上奏《左传》之失凡十四事，并说各家纷纷争立，"从之则失道，不从则失人"。（《后汉书·范升传》）古文派陈元又上疏以《史记》多引《左传》作为古文经切实可靠的证据，遂引起对《史记》评价的争论。在这次争论中，古文学家力图扩大古文经学阵营，将《费氏易》作为《易》学代表，颇遭非议。结果是光武帝决定立《左氏》于学官，以李封为博士。但李封病卒，《左传》复废。

第二次是贾逵与李育的争论。东汉章帝建初元年（76），诏命贾逵讲《左传》于白虎观和云台，得到章帝信任。章帝遂命贾逵分别今文《尚书》欧阳、大小夏侯学说与《古文尚书》的异同，今文《诗》齐、鲁、韩三家与古文《毛诗》的异同。贾逵还作有《周官解诂》。章帝还令他自公羊严、颜学弟子中自由挑选优秀人才20人，教以《左传》。今文学者李育对贾逵褒扬《左传》的做法不满，作《难左氏义》，提出41个问题反诘。（《后汉书·儒林传》）至建初四年（79），在白虎观举行会议，讨论五经异同，双方仍有反复辩论。会议虽然也没有做出立古文经于学官的决定，但古文经的许多观点都得到肯定。

第三次是郑玄与何休、羊弼的争论。东汉桓帝至灵帝时期（147—182），今文学家何休作《公羊春秋解诂》，并"与其师博士羊弼追述李育意，以难二传，作《公羊墨守》《左氏膏肓》《穀梁废疾》"（《后汉书·儒林传》）。郑玄看到后作《发墨守》《针膏肓》《起废疾》。何休读后感叹说："康成入吾室，操吾矛，以伐我乎。"（《后汉书·郑玄传》）

今、古文经学确实存在一些差异。其中首先是文字的差异，由文字的差异延伸到学说的差异。皮锡瑞《经学历史·经学昌明时代》就曾指出："今古文所以分，其先由于文字之异……非惟文字不同，而说解亦异矣。"在刘歆提出古文经学这个概念时，首先注意的是，这些用古文书写的经典对今文经典具有补阙作用。如《古文尚书》较伏生所传《今文尚书》二十八篇多十六篇，《逸礼》较高堂生所传的《礼经》（即《仪礼》）十七篇多三十九篇。它们还可以校补现有经传的脱简。另外，古文经有的比今文经更可信，如《左氏春秋》比《公羊》《穀梁》更为"信而有征"。古文经学与今文经学相比较，它更加忠实于儒家经典的历史文化价值，认为经典主要记述了三代到孔子时代的文化创造。孔子是"述而不作，信而好古"的圣人，不像今文学家所认为的那样孔子是素王。古文经学的这种学术态度表示着东汉经学研究更加实事求是。同时，古文经学在经学研究中虽然也谈阴阳五行学说，但更加重视对于经书中具体礼制的研究。

今、古文经学虽然存在上述差异，但不能夸大它们之间的差异。两汉时期治古文经与治今文经在理论体系、学术方法上并无太大差别。在今文经学内部斗争和今古文经学的斗争过程中，为应付论难，有的经师开始突破学术门派的局限，东汉末年逐渐形成学术融汇的学风。如东汉著名的古文经学大师许慎，著有《说文解字》《五经异义》等。在《说文解字》中，许慎对字义的解释，虽多采古文经说，然亦兼采今文。《五经异义》其书宋时已佚，但根据清人陈寿祺《五经异义疏证》本来看，许慎对于有争议的事情，皆先列举今、古文说，然后以"谨案"的形式表明自己的看法。其中大部分肯定古文学家之说，反映了许慎作为古文学家的基本立场，但也有部分肯定今文学家之说。

第四节　郑玄对经学的总结

郑玄（127—200），字康成，高密（今属山东）人。18 岁为乡小吏，后在太学受业，遍习今古文经学。先师从京兆第五元先学习《京氏易》《公羊春秋》《三统历》《九章算术》，又从东郡张恭祖学习《周官》《礼记》《左氏春秋》《韩诗》《古文尚书》。由于郑玄夙慧而又勤于学，二十余岁就已经"博极群书，精历数、图纬之言，兼精算术"（《世说新语·文学》）。约 33 岁时，通过卢植的介绍，西入关，拜在扶风马融门下。他在马融门下三年，未得马融亲授。马融和学生们考论图纬，因数学知识不够，无法解决。有人推荐说郑玄"善算"，马融这才召见他到楼上，终于由郑玄帮他把问题解决了，此后郑玄在马融门下，"从质诸疑义"，继续学习。七年后辞归故里。马融"喟然谓门人曰：'郑生今去，吾道东矣。'"。

因为党锢之祸，郑玄被牵连遭禁闭，"隐修经业，杜门不出"，达 14 年之久。期间完成《三礼》（《周礼》《仪礼》《礼记》）之注，为批驳何休而作的《发墨守》《针膏肓》《起废疾》三篇，亦在这一时期完成。58 岁党禁解，郑玄的德行学问已声名远播，被"举贤良方正有道"，后又被朝廷多次征辟，皆不应，仍潜心经术，为《古文尚书》《毛诗》《论语》《周易》等作注。70 岁写下著名的《戒子书》，述其平生之志曰："但念述先圣之元意，思整百家之不齐"。所谓百家，即指今古文及其间所包含的林立的派系。将此林立之派系，纷纭之经说，加以改造而整齐之，一统于他所理解的"先圣之元意"，此即郑玄平生之志。汉献帝建安五年（200）74 岁的郑玄病卒于元城（今河北大名东）。（参《后汉书·郑玄传》）

郑玄对两汉传统的今古文经学进行了全面的加工改造，创立郑学，对当时及后世产生了深远而巨大的影响。他的经学有通学的特点，本着汇通的精神整理群经。王鸣盛《蛾术编》中曾列郑氏群书表，总计其著书 64 种 282 卷。这些著作大部分都已亡佚，完整保存下来的只有《周礼注》《仪礼注》《礼记注》《毛诗笺》四种。清代专门辑录郑玄著作的书有孔广森的《通德堂遗书所见录》、袁钧的《郑玄佚书》等。

除《春秋》外，郑玄遍注《周易》《尚书》《毛诗》《三礼》《左传》《论语》《孝经》诸经。他注《尚书》用古文，但也采今文说，故郑注行而欧阳、大小夏侯《尚书》废。他笺《诗》，用《毛诗》古本，但又兼采齐、鲁、韩三家，以至郑《诗笺》行而齐、鲁、韩三家《诗》废。他注《仪礼》也兼用今古文，从今文而注内迭出古文，从古文而注内迭出今文，于是郑《礼注》出而今文大、小戴《礼》废。经过他的这一番改造，今古文的界限不见了，家法、师法的藩篱不见了，经学以一种崭新的面貌出现在世人面前，学者称之为"郑学"。

虽然郑玄注经多依古本，但他并不排斥今文经学的天人感应、阴阳五行学说。如他注释《中庸》"天命之谓性"时说："天命，谓天所命生人者也，是谓性命。木神则仁，金神则义，火神则礼，水神则信，土神则知。"（《礼记正义》）把仁、义、礼、信、知（智）与木、金、火、水、土相比附，这是典型的今文经学家的观念。他也宣扬君权神授。在《六艺论·总论》中，他说："《河图》《洛书》皆天神言语，所以教告王者也。""太平嘉瑞，图书之出，必龟龙衔负焉，黄帝、尧舜、周公，是其正也。"[①] 如果君主的行为符合天的意志，天就会降下种种"嘉瑞""符瑞"以示隆兴。君主的政治如果不合乎天的意志，天就会发怒，并降下灾

① 袁钧辑：《郑氏佚书》第二十种《六艺论》，光绪十四年浙江书局刻本。

异以示惩戒，提醒君主改变逆政。《后汉书·五行志》李贤等注引郑玄《尚书五行传》注说："《春秋传》曰：'天生五材，民并用之。其政逆则神怒，神怒则材失性，不为民用。其他变异皆属沴，沴亦神怒。凡神怒者，日月五星既见适于天矣。'""凡貌、言、视、听、思、心，一事失，则逆人之心，人心逆则怨，木、金、水、火、土气为之伤。伤则冲胜来乘沴之，于是神怒人怨，将为祸乱。故五行先见变异，以谴告人也。及妖、孽、祸、痾、眚、祥，皆其气类，暴作非常，为时怪者也。"显然，郑玄接受了今文家基于天人感应的谴告说。与今文家一样，郑玄把阴阳五行学说与人事、政治普遍地联系起来，如他注释《周易·剥卦》时说："阴气浸阳，上至于五，万物零落，故谓之剥也。五阴一阳，小人极盛，君子不可有所之，故不利有攸往也。"① 这里是说，自然界万物的零落，是阳气被阴气所侵造成的，社会之所以乱，是属阴气的小人极盛造成的。君子处于小人当道、阴气极盛的乱世，要避免遭祸害，就要远离小人。显然，这与京房易学在精神实质上是一致的。

郑玄以古文经学为主，兼采今文经学，使经学学理更为明晰条畅，使今、古文经学在一定程度上达到了统一。范晔总结郑玄的经学成就说："郑玄囊括大典，网罗众家，删裁繁诬，刊改漏失，自是学者略知所归。"（《后汉书·郑玄传》）

思考题：

1. 什么是今文经学？什么是古文经学？应如何加以评价？
2. 郑玄有何学术贡献？

---

① 袁钧辑：《郑氏佚书》第一种《易注》，光绪十四年浙江书局刻本。

第四章　谶纬迷信与反迷信思想

在汉代经学发展为国家意识形态的过程中，谶纬思潮应运而生，它的主要特征是通过神学化的方式为经学本身及其在现实生活中的伦理实践寻找依据，同时又将经学从知识与理论领域扩展到自然与社会现象之中。

当经学在宇宙秩序与人间秩序的构建中获得权威性地位后，出现了《白虎通》这样相当于法典的经学权威辞典，对经学的主要问题作了理论性的论述。

在儒学神学化的过程中，也有思想家提出了自己的反思。扬雄要求以人对自然现象的准确认识规范社会生活，桓谭则从具体的形神关系入手否定神学天命的存在，王充在宇宙论方面提出"天地自然论"，反对给自然现象附加道德属性，在社会政治方面表现为"效验"思想，恢复孔子与五经的知识特征。他们的实证思想为汉末社会批判思潮之先声。

第一节　谶纬迷信思潮

谶，即预示人间吉凶祸福的启示和隐言。它的起源甚早。《史记·赵世家》言秦穆公尝病，七日而寤，醒来后说上帝告诉他"晋国将大乱，五世不安，其后将霸，未老而死；霸者之子且令而国男女无别"，这就是谶语。又如秦始皇令燕人卢生入海求仙，卢生还，奏录图书，书曰"亡秦者胡也"，也是谶语。纬，即对经书的解释。纬书因经而成，是以经书为核心的注释读本。《诗》《书》《礼》《乐》《易》《春秋》加上《孝经》共七经，故有七纬。

《四库全书总目提要》之《易纬》按语，对谶纬有比较精确的区分："儒者多称谶纬，其实谶自谶，纬自纬，非一类也。谶者诡为隐语，预决吉凶。《史记·秦本纪》称卢生奏录图书之语，是其始也。纬者经之支流，衍及旁义……盖秦汉以来，去圣日远，儒者推阐论说，各自成书，与经原不相比附。如伏生《尚书大传》，董仲舒《春秋阴阳》，核其文体，即是纬书。特以显有主名，故不能托诸孔子。其他私相撰述，渐杂以术数之言，既不知作者为谁，因附会以神其说，迨弥传弥失，又益以妖妄之词，遂与谶合而为一……谶与纬别，前人固已分析之。后人连类而讥，非其实也。"谶本来与经学关系不大，但随着纬书的兴盛而成为经学研究的思想基础之一。

在汉代，《易》《书》《诗》《礼》《乐》《春秋》《孝经》各有大量纬书，其中也夹杂谶言内容。谶纬的首要内容是将孔子神化。据纬书的说法，孔子除了正定六经外，还写下不为人知的秘文，它们就是为汉立法的纬书。《隋书·经籍志》曾经概括这一认识说："孔子既叙六经，以明天人之道，知后世不能稽同其意，故别立纬及谶，以遗来世，其书出于前汉。"其次是发挥天人感应原理，论述经典中的纲常伦理和儒学信仰。如《孝经》纬之《孝经援神契》，就是阐述孝道与神灵的契合，"孝道与天地神明合契，故神则报之以祯祥也"。内容主要有天文（星象、节气等）、地理、人事（上古帝王的受命、建德、祭祀等），而且人事往往与天文地理发生关联，如"王者德至天，则景星见"，"王者德至于地，则华萍感，嘉禾生"①。谶纬将礼制视为人人必须遵守的不易法度。君臣、父子、夫妇为三纲，诸父、兄弟、族人、诸舅、师长、朋友为六纪，它们是社会秩序的总纲。但三纲六纪最精练的表述出自谶纬，《礼纬·含文嘉》曰："君为臣纲，父为子纲，夫为妻纲。"又曰："敬诸父兄，诸父有善，诸舅有义，族人有叙，昆弟有亲，师长有尊，朋友有旧。"②纬书反复证明这些伦理道德都有天道依据，履行得好，必然得到祥瑞，履行不好，必然得到灾殃。如《易纬·通卦验》曰："不顺天地，君臣职废，则乾坤应变。天为不放，地为不化，终而不改，则地动而五谷伤死。上及君位，不敬宗庙社稷，则震巽应变，飘风发屋折木，水浮梁，雷电杀人，此或出人暴应之也。不改，入山泽，不顺时卦，失山泽之礼，则艮不应变期，云不出，则山崩。恩泽不下，灾则泽涸，物枯槁不生。夫妇无别，大臣不良，则四时易。政令不行，白黑不别，愚智同位，则日月无光，精见五色。"③五谷死伤、狂风暴雨、四时紊乱等自然灾异，都是由人的政治伦理之混乱所引起的。这就是典型的天人感应思想。

谶纬曾经成为汉代帝王的重要政治工具。汉章帝元和二年（85），下诏制礼作乐，纬书所传达的明确的天意成了国家制礼作乐以效法圣人的立论根据。曹褒受命制定礼乐，"褒既受命，及次序礼事，依准旧典，杂以《五经》谶记之文，撰次天子至于庶人冠婚吉凶终始制度，以为百五十篇，写以二尺四寸简。"（《后汉书·曹褒传》）"冠婚""吉凶""终始"等礼制之制定，无不参

---

① ［日］安居香山、中村璋八辑：《纬书集成》，河北人民出版社 1994 年版，第 974 页。
② ［日］安居香山、中村璋八辑：《纬书集成》，河北人民出版社 1994 年版，第 499 页。
③ ［日］安居香山、中村璋八辑：《纬书集成》，河北人民出版社 1994 年版，第 217—218 页。

考五经与谶纬。

第二节 《白虎通义》的思想

自汉武帝置五经博士，说经为利禄之途，于是说经者日众。说经者日众，经说益详密，而经之异说亦益歧。为调和经学研究中的分歧，汉代统治者多次举行由帝王直接参与的学术会议，以求得分歧的解决。在今文经学的上升时期，宣帝曾于甘露三年（前51）举行过石渠会议，在辨别《公羊》和《穀梁》异同外，还讨论了今文诸家的异同长短。

东汉建初四年（79），杨终向章帝建议按照石渠会议的故事，对经学进行重新审定。章帝接受了杨终的建议，遂在白虎观召开会议。参加会议的学者有李育、魏应、杨终、淳于恭、丁鸿、楼望、张西甫、成封、鲁恭、桓郁、召训、班固、贾逵等。会议的结果，由班固整理成《白虎通德论》。

《白虎通德论》又名《白虎通义》，简称《白虎通》。所谓"通义"，是说它对儒家经典所做的解释具有贯通性，为各家的通识。《白虎通》的内容非常丰富，举凡人事（社会、政治、日常人伦）及自然（天文、地理）等无所不包，可以说是当时社会生活状态和生活方式的思想总汇。它分爵、号、谥、五祀、社稷、礼乐、封公侯、京师、五行、三军、诛伐、谏净、乡射、致仕、辟雍、灾变、耕桑、封禅、巡狩、考黜、王者不臣、蓍龟、圣人、八风、商贾、瑞贽、三正、三教、三纲六纪、情性、寿命、宗族、姓名、天地、日月、四时、衣裳、五刑、五经、嫁娶、绂冕、丧服、崩薨，共43个条目，每一条目下又细分许多小条目，囊括当时社会生活的方方面面。以阴阳五行学说为根据，对上述内容一一做出说明，是《白虎通义》的突出特点。

《白虎通义》把社会关系概括为"三纲六纪"，《三纲六纪》篇说："何谓纲纪？纲者张也，纪者理也。大者为纲，小者为纪，所以张理上下，整齐人道也。"每个人都不出三纲六纪。如果君臣、父子、夫妇关系妥善处理好了，其他六种关系也处理好了，社会秩序就稳定了，"人道"也就"整齐"了。"三纲者何谓也？谓君臣、父子、夫妇也。""六纪者，谓诸父、兄弟、族人、诸舅、师长、朋友也。"为什么君臣、父子、夫妇为"三纲"呢？这是因为一阴一阳才能构成"道"，君臣、父子、夫妇之道如天、地、人，是社会的纲领。为什么诸父、兄弟、族人、诸舅、师长、朋友为"六纪"呢？这是因为他们效法天地与东西南北四方，是社会之维。

《白虎通义》认为，处理社会关系的方式都包含在阴阳五行的道理之中。该书《五行》篇说："五行者何谓也？谓金木水火土也。言行者，欲言为天行气之义也。地之承天，犹妻之事夫、臣之事君也。其位卑，卑者亲视事，故自同于一行尊于天也。"意思是说，金木水火土的运行都有目的，是为了"天"。而臣下侍奉君王、妻子侍奉丈夫，都可比作"地之承天"。臣下、妻子地位卑下，只能事必躬亲，只能一心一意地遵从上天的意志行事。父慈子孝的道理也在五行中得到明确的显示："木生火，所以还烧其母何？曰：金胜木，火欲为木害金。金者坚强难消，故母以逊体助火烧金，此自欲成子之义。"木产生火，如同父母生子，子应如火热爱木一样孝养父母，并要像火克金那样避免父母受到伤害，而父母也会像木燃烧自己助火克金那样扶持子女。所以孝完全是五行规律的昭示，是毋庸置疑的最高真理。《白虎通义》认为父母长辈有可能发生过错，故"父有诤子，则身不陷于不义"。并就如何对父母长辈的过错进行"谏诤"做了解释："子之谏父，法火以揉木也。……子谏父以恩，故但揉之也，木无毁伤也。"（《白虎通义·谏诤》，以下引用《白虎通义》只注篇名）"子谏父何法？法火揉直木也。"（《五行》）《白虎通义》虽然表现出对孝道的高度认可，但如果孝道与君道发生矛盾，则毫不犹豫地维护君道："不以父命废王命，何法？法金不畏土而畏火。"（《五行》）如果父命与君主的命令发生矛盾，应像土生金而金却惧火那样，遵守君主的命令，甚至倾向君道："诛不避亲戚何？所以尊君卑臣，强干弱枝，明善善恶恶之义也。"（《诛伐》）它举《春秋》肯定鲁季子杀其母兄、《尚书》肯定周公诛管蔡为例，说明君道要高于孝道。

将经书文句与谶纬混合在一起，对经典进行牵强附会的解说，是《白虎通义》的又一特点。《白虎通义》直接引用谶纬的地方至少有 26 处。其中，引《孝经援神契》和《礼含文嘉》最多，各 5 次；其次为《孝经钩命决》《春秋元命包》《乐稽耀嘉》《尚书刑德放》，各 2 次；《尚书中候》《春秋谶》《论语比考谶》《春秋潜潭巴》《乐动声仪》《易纬乾凿度》《春秋感精符》《礼稽命征》各 1 次。可见《白虎通义》对七纬俱有征引。除了直接征引谶纬以外，《白虎通义》还有大量的内容来源于谶纬，或与谶纬相关。

第三节　扬雄和桓谭对谶纬迷信的评说

谶纬思想在两汉思想界的泛滥，引起一些思想家的反思，他们批判谶纬，表现出独特的思想风格，其中扬雄和桓谭堪为代表。扬雄和桓谭都钻研古文经学，并深受汉代黄老之学的影响，这使他们具有兼容儒道思想的学术风格。

扬雄（前53—公元18），字子云，蜀郡成都（今属四川）人。西汉成帝时做过小官，王莽时为大夫，曾在天禄阁校书，后因受当权派排挤而闭门著书教学，直至逝世。扬雄主张清静无为，少私寡欲，著作主要有《太玄》《法言》，前者在形式上模仿《周易》，后者在形式上模仿《论语》。此外，还有《长杨赋》《甘泉赋》《河东赋》等讽谏朝政的作品。

扬雄吸收《周易》和《老子》的理论，提出"体自然"的基本命题。扬雄说："夫作者贵其有循而体自然也，其所循也大，则其体也壮；其所循也小，则其体也瘠；其所循也直，则其体也浑；其所循也曲，则其体也散。故不惧所有，不强所无。譬诸身，增则赘，而割则亏。故质干在乎自然，华藻在乎人事也。"（《太玄·玄莹》）从中可知，他承认"自然"是独立存在的，一切学说只有忠实地反映"自然"，才能成为真理；如果"惧"自然所本有，或者"强"自然所本无，而妄事增减，则非"赘"即"亏"，都是错误的。同时，他以"自然"为研究对象，强调要在"循自然""体自然"上下功夫。他对自然的强调，无疑是对鬼神天命的否定，也间接地批判了汉代谶纬经学的牵强附会之说。

扬雄直接对神仙方术的迷信作了批评。他认为，神仙是不存在的，长生不死是不可能的，他说："有生者必有死，有始者必有终，自然之道也。"（《法言·君子》）他举例说，上自伏羲、神农，下至文王、孔子，没有一个人能够避免死亡的归宿，死是人不可抗拒的"自然"规律。他指出，人活着应当努力追求知识，应以"耻一物之不知"作为自己的志向。他要人们"以人占天"，不要"以天占人"，即根据人事以考察天的变化，不要用自然现象的变化来占卜人事吉凶。

桓谭（约前20—公元56），字君山，沛国相（今安徽濉溪西北）人。爱好音律，善鼓琴，博学多通，精通天文学，主张"浑天说"。西汉哀、平帝间做过小官。王莽时任掌乐大夫。光武帝时因坚决反对谶纬神学，"极言谶之非经"，被光武帝目为"非圣无法"，险遭处斩。后被贬，出任六安郡丞，道中病卒。著作有《新论》二十九篇，早佚，现存残篇。

桓谭对当时的谶纬迷信提出了尖锐的批评，提出以形体为基础的形神一元论。他把烛干比作人的形体，把烛火比作人的精神，提出"以烛火喻形神"的有名论点，他说："精神居形体，犹火之燃烛矣。"（《新论·祛蔽》）形体是精神的基础，精神不能离开人的形体而独立存在，正如烛光之不能脱离烛体而存在一样。这样就否定了鬼神和灵魂的存在。他认为"非天故为作也"，就是说天是没有意志和目的的自然界，这就否定了当时的天命说。他列举了许多事例来批评各种虚妄和迷信言论。例如当时的谶纬学家说鹳鸟是"天"的宝鸟，如果杀此鸟就会引起天的愤怒而发出雷声。桓谭则辩驳说：人杀死鹳鸟和天打雷在时间上先后发生，只是偶然巧合，并不是天有意保护鹳鸟。他还认为"阴阳之气"是产生天地万物的根源。认为万物都是阴阳之气相合而生，万物的生灭犹如春秋四时的运行一样，只是一种纯粹的自然过程。如果求助于天神之类，就是犯了迷途不知返的错误。

扬雄、桓谭有力地批判了两汉时期的谶纬迷信思想，并在理论上启发了王充。

第四节　王充《论衡》的理论贡献

王充（27—约97），字仲任，会稽上虞（今属浙江）人，他的祖先从魏郡元城（今河北大名）迁徙到会稽。王充6岁读书，8岁进学馆，15岁左右到京城洛阳，进入太学学习，并拜著名学者班彪为师，中年在会稽做过地方官吏，一生大部分时间以教书著述为业。王充是一位博通百家、独立思考、自有取舍标准的学者，他生活的时代谶纬迷信流行，但他却能够大胆地揭露经学谶纬和鬼神迷信的虚妄，是汉代著名的无神论者。

《论衡》84篇是王充的代表作品，也是中国历史上一部不朽的无神论著作。全书多数篇章都是批评神学迷信的，包含范围十分广泛，从学术流派来看，涉及儒、道、名、法、墨、阴阳多家；从社会意识的层次看，既涉及儒、道等学派中有理论体系的神学思想，也涉及神仙方术和世俗迷信。王充《论衡》的无神论观点主要体现在"元气自然论"上，这是他反对神学迷信的理论基石。王充将气作为宇宙的本质，也称"元气"，元气又可以分为阴阳之气、天地之气、精气、和气等，他用此来说明自然界和人类社会的复杂现象。

针对当时以天地为神灵的观念，王充提出了"天地自然论"。他认为天是没有意志的自然物体，不能有意识地创造万物和人类。他说："天地，含气之自然也。"（《论衡·谈天》，以下引《论衡》只注篇名）提出天地是由气构成的实体，是无意志的自然；而且，"天之行也，施气自然也；施气则物自生，非故施气以生物也"（《说日》），万物和人类产生于天地之间，也是天地施气的结果。这就否定了天有意志、决定人间祸福的天命神学。

王充认为自然界和人类社会各有自身的规律。他说："夫人不能以行感天，天亦不随行而应人。"（《明雩》）被说成符命、灾异、谴告的那些现象，不过是与社会事件偶然巧合的自然现象而已。有时自然界个别特异现象与人类社会某个事件同时出现，是"自然之道，适偶之数"（《偶会》），与人的善恶、功过无关，并不含有灾异、谴告的意义。他还根据自然科学知识和实际观察解释了一些自然现象，指出自然现象之间的联系与天人感应具有不同的性质，从不同角度反驳了天人感应的神学观点。

王充还用元气论驳斥了鬼神观念。他认为人类生命现象的实质是阴阳二气的运动聚散，阴气形成人的骨肉，阳气形成人的精神，精神依附于肉体；阴阳二气结合成人时才产生了知觉，生命死亡后则"精神升天，骸骨归土"，重新变成没有知觉的气，也就不存在什么鬼神了。他说："人死血脉竭，竭而精气灭，灭而形体朽，朽而成灰土，何用为鬼？"（《论死》）他对人们所讲的鬼神现象做出了两种解释：一种解释是"畏惧则存想，存想则目虚见"（《订鬼》），也就是说，鬼神根本不存在，人们看到的鬼神只是因为恐惧、存想看到的幻觉；另一种解释是"鬼神，阴阳之名也"，"非死人之精也"（《论死》）。依照这种解释，鬼神是存在的，但它并不是人死后的灵魂，而是气的一种变化莫测的形态。王充还揭露了鬼神观念产生的种种危害，例如厚葬和事神浪费财富，以致倾家荡产；信鬼神而使人们遇事靠占卜而非理智等。

在《论衡》中，王充以"疾虚妄""立实诚"为宗旨，批评经传中对孔子的各种不可信的传说，从孔子言说的矛盾说明孔子并不是"所言皆无非"，也不认为孔子有"前知千岁，后知万世"的"独见之明"和"独听之聪"。他指出："诘难孔子，何伤于义？""伐孔子之说，何逆于理？"（《问孔》）孔子也有错误，要敢于"距师"，敢于"问难"，敢于言圣人没言之语，不必今不如古，不必"圣人教告乃敢言"。他力图恢复孔子平实的圣人形象。

王充还提倡"效验"的认识方法以反对迷信神学。其主要途径就是将感觉经验置于首要地位，从事实出发，运用逻辑思维，通过类比推理，从已知到未知，由现象到本质。

可见，王充在《论衡》中提出了许多富有真知灼见的无神论思想，揭露了当时神学迷信的荒诞和危害，并对以后的魏晋南北朝等时期的无神论思想产生了重要影响。

思考题：

1. 什么是"谶纬"？扬雄和桓谭是如何批判"谶纬"之说的？
2. 王充思想的理论意义是什么？

第五章　汉末社会批判思潮

随着汉末社会危机的加剧，越来越多的有识之士对官方意识形态感到失望，他们开始打破形而上的思想体系，寻求解决社会生活中的具体问题。但理论的薄弱使其"有术乏道"，停留在就事论事的反思层面。

汉末清议思潮希望运用学术力量干涉政治斗争。王符在《潜夫论》中希望以"崇本抑末"和"以民为本"解决经济问题。仲长统则致力于通过现实努力解决政治与社会危机，其中涵盖了儒家、法家、道家对于维护社会秩序的一些具体策略。他们对于人事的重视，为魏晋时期玄学与宗教个体意识的勃发奠定了基础。

第一节　"清议"和"党锢之祸"

清议是东汉时期以知识分子为主体的评论政治和人物的时论。由于政府提倡经学，社会上出现大批富有修养的儒生。东汉安帝、顺帝时相继扩充太学，笼络儒生，顺帝时仅太学生就多达三万人，地方郡国学和精舍（私人学校）的学生数量更多。东汉还出现了一些累世治经学的世家大族，太学生又多出自这些世家大族。这些儒生和世家大族逐渐成为有相近政治立场和态度的利益集团。

东汉和帝以后，帝王多短命夭折，下一代皇帝都是幼年即位，实际权力掌握在外戚集团手中，而皇帝成年后又多依靠宦官势力摆脱外戚的控制，从而使权力落入宦官手中。外戚与宦官集团交替掌权，皇帝成为两者的争夺对象和弄权工具。统治阶级内部的这种纷争造成东汉政权日益腐败，社会出现了动荡和不安。

面对宦官、外戚集团交替专权、政治腐败、社会黑暗的现实，官僚士大夫和群聚京师的太学生中出现了"清议之风"，从品评人物发展到议论国事，对东汉后期的政治产生了巨大影响。《后汉书·党锢列传序》说："逮桓灵之间，主荒政缪，国命委于阉寺，士子羞与为伍，故匹夫抗愤，处士横议，遂乃激扬名声，互相题拂，品核公卿，裁量执政，婞直之风，于斯行矣。"由于洛阳太学是当时清议的中心，因此又称"太学清议"。当时善于清议的士人被视为天下名士，如窦武、刘淑、陈蕃被标榜为一代宗师，号称"三君"；李膺等八人被标榜为人中英杰，号称"八俊"；郭泰等八人被标榜为道德楷模，号称"八顾"，还有引导他人追随的"八及"，能够以财救人的"八厨"等。这种清议可以说是官僚集团的政治"公论"。

他们试图通过舆论的力量反对外戚特别是宦官的势力，澄清政治，以挽救东汉王朝的统治。

"清议"引起了宦官集团的反扑，掌握权力的宦官势力诬告清议士人"共为部党，诽讪朝廷""图危社稷"，引起统治者的震怒，桓帝延熹九年（166）和灵帝建宁二年（169）两次大规模镇压和迫害"党人"，将李膺等百余人处死，并下令凡"党人"的门生故吏、父子兄弟都免官禁锢，史称"党锢之祸"。"党锢之祸"前后延续 18 年之久，大批官僚、士人遭到迫害，加速了东汉王朝的灭亡。

第二节　王符的《潜夫论》

王符（85—162），字节信，安定临泾（今甘肃镇原东南）人，东汉政论家、文学家、思想家，无神论者。他少年时刻苦好学，与当时的名士大儒马融、张衡等人友好，由于出身低微，又富有正义心，不愿与世俗同流合污，于是终身隐居著书，并讥评时政得失，对当时的社会矛盾进行了大胆的披露。其现存的著作主要是《潜夫论》（因为"不欲章显其名"，故以"潜夫"自称）。《潜夫论》一书集中研究了当时的社会问题，对汉末社会的深刻矛盾和现实危机进行了大胆的揭露与批评，并提出了具体的治理办法。

对于当时社会动乱的原因，王符主要从经济角度作出了解释，他描述当时的社会现实说："今举世舍农桑，趋商贾，牛马车舆，填塞道路，游手为巧，充盈都邑，治本者少，浮食者众。"也就是说，社会的主要问题是"治本者"（农耕者）少，不从事农业生产的"浮食者"太多，他说洛阳的"浮食者"是农夫的十倍，天下郡县的情况也类似，如此则"一夫耕，百人食之；一妇桑，百人衣之。以一奉百，孰能供之！"（《潜夫论·浮侈》，以下引《潜夫论》只注篇名）王符进一步推论说，废弃农桑会导致饥馑，饥馑则导致人民为非作歹，而统治者用严酷刑法镇压饥寒的人民，又会引起普遍的愁苦怨恨，于是引起汉朝的社会危机。

针对汉末社会的危机，王符提出的主要治理对策是"崇本抑末"和"以民为本"。"崇本抑末"就是主张"明督工商，勿使淫伪；困辱游业，勿使擅利；宽假本农，而宠遂学士"。需要指出的是，王符不是笼统地反对工商业，而是认为农与工商各有本末："夫富民者，以农桑为本，以游业为末；百工者，以致用为本，以巧饰为末；商贾者，以通货为本，以鬻奇为末。三者守本离末则民富，离本守末则民贫。"（《务本》）也就是说，他只是主张抑制奢侈性的工商业，并改变农业生产的萎缩状况，从而挽救社会危机。

"以民为本"就是要求统治者要以百姓的利益为重，爱民富民。其具体内涵是：

一是以"民心"为"天心"，这是王符从哲学角度对"民本"的论证。汉代普遍流行着天人感应的思想，认为人间的行为会对自然界产生影响。政治清明、百姓安乐，自然界就会阴阳协调而风调雨顺；执政无道，百姓愁苦，自然界就会阴阳失和而灾异频繁。王符主张"天人通情，气感相和"，他说："天以民为心，民安乐则天心顺，民愁苦则天心逆。民以君为统，君政善则民和治，君政恶则民冤乱。"（《本政》）这里所说的"天心"实际上指的是"民心"，人民的疾苦与上天相联系。他实际上是利用天人感应的学说来告诫统治者要爱护百姓，如果虐民、害民就会出现灾难，其中体现出王符的忧民爱民情怀和民本思想。

二是提出"为民立君"。王符提出："故天之立君，非私此人也，以役民，盖以诛暴除害利黎元也。"（《班禄》）也就是说，君主的职能是保证天下百姓安乐富足；君权的获得是有条件的，要履行安定百姓的天职。

三是"富民"。王符所生活的东汉末年，政治腐败，宦官弄权，国家政权也摇摇欲坠，最终受害的是最底层的广大百姓。所以王符在《潜夫论》里呼吁统治者应当与民同甘共苦，重视和保护百姓，设身处地为他们排忧解难，以此解决当时的社会危机。他提出："且夫国以民为基，贵以贱为本。是以圣王养民，爱之如子，忧之如家，危者安之，亡者存之，救其灾患，除其祸乱。"（《救边》）他提醒统治者不要忘记历史教训，希望统治集团内部君臣一致，君主以"公义"为重，"法天而建官"，抛弃"私利"，与忠臣共同治理国家。此外，作为君主，应该主动接近和关心百姓，对他们进行教育和开导，及时发现、解决百姓的思想问题，保护百姓并防止祸乱的发生，他说："明王之养民也，忧之劳之，教之诲之，慎微防萌，以断其邪。"（《浮侈》）

但是汉末的现实使王符对东汉王朝的中兴失去了信心，因为当时的统治集团内部纷争，腐朽不堪，没有人愿意采纳他的意见，他看到社会动乱和危机之势已经形成，积重难返。

第三节　仲长统的《昌言》

仲长统（180—220），字公理，山阳高平（今山东微山西北）人。东汉末年哲学家、政论家。仲长统少年聪颖好学，博览群书，长于文辞；20 岁以后便游学青、徐、并、冀州之间。到汉献帝时，尚书令荀彧闻其名声，举荐他为尚书郎；后曾参与丞相曹操的军事，但没有得到曹操的重用。仲长统生活的时期，东汉已经名存实亡，他总结两汉四百年以来的历史经验教训，著《昌言》三十四篇，十余万言，比王符的理论性和概括性更高。但原书已佚，仅存残篇。

仲长统与王符一样关心汉末社会的治乱，在批评社会黑暗现实的同时，也提出了自己的治理对策。他从封建国家整体利益和君主、官吏私利的关系着眼考察社会治乱问题，认为君主有无"公心"在社会治乱中起着关键的作用。他说："我有公心焉，则士民不敢念其私矣；我有平心焉，则士民不敢行其险矣。"（《昌言》）他认为，君主的"公心"在政治上的重要表现是实行中央集权制，他反对分封制，"汉之初兴，分王子弟，委之以士民之命，假之以生杀之权"，认为汉初恢复分封制就是汉朝衰落的根源，因此主张废除分封制，强化中央集权，他说："收其奕世之权，校其从横之势，善者早登，否者早去。"（《后汉书·仲长统传》）君主"公心"的另一个重要表现是"官人无私，唯贤是亲"，但他同时指出汉末的现实是："信任亲爱者，尽佞谄容说之人也；宠贵隆丰者，尽后妃姬妾之家也。使饿狼守庖厨，饥虎牧牢豚，遂至熬天下之脂膏，斫生人之骨髓。"（《后汉书·仲长统传》）外戚专政，宦官弄权，百姓遭殃。

针对当时的社会危机和政治危机，仲长统提出了"治乱扶危"的十六条措施："明版籍以相数阅，审什伍以相连持，限夫田以断并兼，定五刑以救死亡，益君长以兴政理，急农桑以丰委积，去末作以一本业，敦教学以移情性，表德行以厉风俗，核才艺以叙官宜，简精悍以习师田，修武器以存守战，严禁令以防僭差，信赏罚以验惩劝，纠游戏以杜奸邪，察苛刻以绝烦暴。"（《后汉书·仲长统传》）这些措施包括从户口、土地到生产、赋税，从法律制度到军事、政令，从举官任人到道德教化、社会风气等内容，其要点包括两方面：一是主张刑德并用，但更强调刑的作用，其大部分措施都与法制思想有关；二是主张抑制土地兼并，这一主张对曹魏的屯田、西晋的占田都产生了影响。

此外，在天人关系方面，仲长统提出了"人事为本，天道为末"的无神论思想，并批判了当时的天命鬼神迷信思想。他指出当时所说的"天道"混杂着迷信和科学两部分内容：讲究"吉凶之祥"的卜筮、感应是迷信；"指星辰以授民事，顺四时而兴功业"，即指导农业生产的历象是科学。他坚决反对"天道"迷信，认为治理国家只能依靠现实努力而非鬼神的力量，所以他说：

"唯人事之尽耳。"

思考题：

1. 什么是"清议"？如何看汉代"党锢之祸"？
2. 试述王符和仲长统的政治思想。

第六章　两汉的宗教思想

宗教在两汉时期表现出政教合一的特征，神灵与迷信在于为现实政治提供合理化依据。汉末乱世，神道设教的神圣性破灭，人们更关心如何在现实中确认个体的存在，并以此出发认识外部世界。

道教作为"入世的宗教"，以神仙方术的形式确认个体的物质存在，进而主张"治身如治国"，以社会批判乃至成立教团的方式协调个体与社会精神上的关系。佛教在初传的过程中放弃印度的苦行主义，重视个人在社会中的现实存在过程，把伦理规范的实践当作积善修福的必经途径，视为摆脱轮回的必由之路。两汉末期宗教思想上的一系列变化预示着中国思想家即将转换视角，重新寻找其立论的根据。

第一节　两汉的神灵崇拜

秦汉时代政治、军事、文化领域里发生的重大事件，几乎无一不与神灵崇拜和迷信思想有关，如秦始皇伐匈奴、四出巡行、焚书坑儒，陈胜"鱼腹丹书"大泽乡起义，刘邦"斩白蛇举事"，汉武帝征大宛取汗血马，巫蛊之祸，赤眉起义，刘秀举兵，黄巾起义等，不是因天象、灾异、图谶或某种信仰、风谣等迷信引起，就是借助某种迷信手段发动的。秦汉社会充斥着多种神灵崇拜与迷信思想。

汉代的国家祭典试图对神灵崇拜加以礼制化，如上帝五畤崇拜。秦在雍（今陕西凤翔南）立有祀上帝的"四畤"，祠白、青、黄、赤四帝，规定"三年一郊"，在十月（岁首），天子亲临郊外举行郊祀；刘邦建立西汉后，又增立北畤，祠黑帝，祭法一如秦制。汉文帝十五年（前165），开始实行亲郊之礼，皇帝亲自到雍地郊祀五帝。景帝六年（前144），又至雍行了一次亲郊之礼。武帝于元光二年（前133），亲郊雍之五畤，"后三岁一郊"，基本成为定制。亳人谬忌又建议武帝祠太一："天神贵者太一，太一佐曰五帝。"元狩三年（前120），"又作甘泉宫，中为台室，画天、地、太一诸鬼神，而置祭具以致天神。"又有人建议"五帝，太一之佐也，宜立太一而上亲郊之"。武帝疑而未定。元鼎三年（前114），武帝生了一场大病，祭祀太一而病情好转。元鼎五年（前112），"令祠官宽舒等具太一祠坛，祠坛放薄忌太一坛，坛三垓。五帝坛环居其下，各如其方；黄帝西南，除八通鬼道。"这一年十一月"辛巳朔旦冬至，昧爽，天子始郊拜太一。朝朝日，夕夕月，则揖；而见太一如雍郊礼"(《史记·封禅书》)。

古人对大地的祭祀典礼称为"社"，社神的祭祀对象很复杂，到了战国末期，比较普遍的说法相对集中到了后土。汉得天下之后，在国家祭祀的礼仪中没有祭祀后土。元鼎四年（前113）冬天，"天子郊雍，曰：'今上帝朕亲郊，而后土无祀，则礼不答也。'有司与太史公、祠官宽舒议：'天地牲角茧栗。今陛下亲祠后土，后土宜于泽中圜丘为五坛，坛一黄犊太牢具，已祠尽瘗，而从祠衣上黄。'于是天子遂东，始立后土祠汾阴脽丘，如宽舒等议。"(《史记·封禅书》) 对大地的祭祀也建立起来。太一祠在长安西北的云阳，后土祠在长安东北的汾阴。这样大规模的"郊"和"郊祀"，前所未有。

古代还有一种非常重要的祭祀形式——封禅。按《史记·封禅书》中正义的解释："封"是指"泰山上筑土为坛以祭天，报天之功"；"禅"指"泰山下小山上除地，报地之功"。封禅仪式源于上古先民对山岳天地的祭祀，《史记》等秦汉典籍曾记载传说中的上古三代七十二王封禅泰山之事。至秦汉时代，封禅礼仪已被赋予新的意义，成为皇帝"应天受命"神圣崇高的旷世盛典。汉武帝听闻方士公孙卿所述黄帝封禅成仙的故事，产生浓厚的兴趣，于公元前110年首次举行封禅大典，并为此特把年号改为"元封"。其后武帝遵循五年一修封的定制，分别于元封五年、太初三年、天汉三年、太始四年、征和四年共进行了五次修封，如此大规模地、密集地举行封禅大典，也成为中国历史上一项创举。

除国典化的神灵崇拜外，汉代社会祭祀、占卜、巫术、望气和方士思想盛行。当时生老病死、衣食住行，处处都体现着这种文化形式的作用。天文占和气象占等方技很流行。司马迁《史记》中专门列有《日者列传》，其中内容体现了当时士人对"日者"这一行业的尊敬心理。长沙马王堆汉墓出土的帛书《五星占》《天文气象杂占》，就是所谓"星气之书"。尚巫之风更是流行于两汉朝野。在秦汉人的意识中，万物有灵，鬼神无处不在。"巫"具有能够审知鬼神世界诸事且示之以人界的特殊能力，为了达到祈福禳灾的目标，必须借助于巫与巫术，与鬼神沟通。朝廷设有巫官体系，《汉书·郊祀志》中即列有任职于祠祀系统的梁巫、晋巫、秦巫、荆巫、九天巫、河巫、南山巫各自的职能。民间普遍信仰巫师的法力。汉初天下始定，统治者为稳定政治秩序，措施中就有在"长安置祠祝官、女巫"。晁错向文帝建议募民徙边时，也提出要在边疆地区为巫师和巫术预先提供条件，巫师是人们生活中不可或缺的社会角色，是人民安居乐业的重要保证。长生不老的神仙思想在当时社会也是影响甚广，追求长寿和长生成仙成为一种世风，渗透到人们生活的方方面面。作为日常生活用品的铜镜，其铭文中有大量表现对神仙、长寿向往和追求的内容。两汉墓葬中，经常可以看到反映墓主人成仙愿望的壁画。如洛阳发现的西汉晚期卜千秋墓，其时代约在西汉中期稍后的昭帝、宣帝时期，墓中壁画绘有墓主人在持节仙人引导下，跟随在双龙、白虎、朱雀等仙禽神兽之后，乘龙凤升天的图像。在《中国画像石全集》所辑陕西汉画像石所录"羽人"形象中，有一类"捧珠献药"造型的羽人形象。这一类羽人形象在造型上均双手前伸，上身前挺，双腿呈"弓"字步向前（上）迈出，后背刻有后扬的羽翼。从羽人形象的整体造型上看，显出恭敬、谦卑、渴望的神态，表现出对"主神"的无限尊崇和对不死神药的无限向往。

神仙迷信对汉代政治和统治者产生了重要的影响。如汉武帝就非常信仰长生不老的神仙学说，以图祛病消灾，益寿延年。武帝为求仙，竟然把女儿嫁给了方士。他也迷信卜筮、祝诅、厌胜等巫术，屡兴巫蛊狱。即位后对卜筮巫术尤其崇拜，他"博开艺能之路，悉延百端之学，通一伎之士咸得自效，绝伦超奇者为右，无所阿私，数年之间，太卜大集"（《史记·龟策列传》）。其时诸凡政治、军事、经济甚至婚姻各项措施，武帝都以祭神占卜来决定是否推行，如褚少孙补《史记·日者列传》在篇末有一段汉武帝时召集各派占卜家卜问"某日可取妇乎"的记述。武帝北征匈奴、西征大宛、南收百越，都使用过巫术，丁夫人、洛阳虞初等都因以方祠诅匈奴、大宛而著名。

第二节　道教的创建

东汉时期，新的宗教意识泛滥开来。最先在汉末社会中获得较多信徒的是道教。道教思想主要包括三个组成部分：一是它对整个宇宙生化的哲学化的解释，即传统所谓"道"的部分；二是它所设定的政治形态和人生准则，即传统所谓"德"的部分；三是它探索天人奥秘、沟通天人关系的方式，即传统所谓"术"的部分。从上述三个部分上溯，我们可以看到，早期道家和阴阳五行家对于宇宙存在的理论解释、绵延不断的社会批判思想、远古宗教和神仙传说、方术巫卜都是道教的重要理论来源。在汉代天人感应的谶纬神学气氛中，神仙方术得到了迅速发展，但当时尚未形成独立的道教。道教的产生是在汉末政治局面日益混乱动荡之时。现存最早的道教经典《太平经》产生于东汉后期，而汉末三国两晋期间，道书先后出世者颇众，仅载于《抱朴子·遐览》篇的就有书670卷，符510

多卷，合计近 1200 卷。大量道书的产生标志着人们开始对宗教信仰产生兴趣。张角的太平道在十余年间，吸收徒众竟达数十万，遍布青、徐、幽、冀、荆、扬、兖、豫八州。张秀五斗米道在汉中也拥有大量信徒，到张鲁时形成一个独立的地方势力。

在道教兴起之初，它具有两个鲜明特色。其一，它信仰社会政治将按照自然法则发展，具有强烈的社会批判功能。虽然道教在早期并没有对宇宙存在方式及其发展变化提出新的诠释，但它赋予了阴阳五行和五德终始观念的批判性意义，不像正统儒学那样将图谶完全服务于现实政治。如张角领导太平道起义，提出"苍天已死，黄天当立，岁在甲子，天下大吉"的口号，这一口号就包含着人们对于天道变易和五德终始的信念。其二，它信仰宇宙中非人类理智所能把握的奥秘可以通过神秘的方术而获取，人们依靠获得的奥秘可以延年益寿、克服疾病和抵御种种外来危害，甚至成仙。道教的上述内容反映了人们对太平政治和神秘能力的美好愿望，既有对东汉社会现实的针砭，又有对正统神学的批判，具有多方面的社会功能。

道教在三国时期遭到压制，曹操将甘始、左慈等方术道士"聚而禁之"，孙策在江东诛杀道士于吉。曹操还在击溃黄巾军后将其中精锐改编为军队，其余男女老弱被当作劳动力送往许昌、邺城等地屯田，太平道统一的宗教组织不复存在。建安二十年（215），曹操又亲率大军攻入汉中，并将汉中信教民众十余万户迁往关陇、洛阳、邺城等地。曹魏和西晋初，国家一再发布禁止民间宗教活动的禁令。但所有这些措施，都没有能够抑制道教的传播。在西南巴蜀地区有巴蜀天师道团，在江东有帛家道、李家道。葛洪于东晋元帝建武年间（317—318）撰成的《抱朴子》，不但反映了西晋时期道教的兴盛情况，而且还发展了道教的理论，对早期道教作了总结。

第三节　佛教初传

在东汉时期，还有另外一种宗教也逐渐传播开来，这就是佛教。佛教创立于公元前 6—前 5 世纪的古印度，创始人为悉达多，族姓乔答摩。他生于迦毗罗卫国（今尼泊尔境内），为净饭王太子。他一生传教于印度北部、中部恒河流域一带。佛教开始在印度传播时，信徒很少。到公元前 3 世纪阿育王在位时，才南传到斯里兰卡和东南亚国家，向北传入大夏、安息和大月氏，并越过葱岭传入中国西北地区，同时也传入中国西南地区。东汉初年，上层统治者已有信奉佛教者。《后汉书·楚王英传》记载，楚王刘英"晚年更喜黄老学，为浮屠、斋戒祭祀"。汉明帝永平八年（65）给刘英的诏书也说："楚王诵黄老之微言，尚浮屠之仁祠，絜斋三月，与神为誓。何嫌何疑，当有悔吝？其还赎以助伊蒲塞、桑门之盛馔。""浮屠"即佛。"伊蒲塞"即优婆塞，指男居士。"桑门"即沙门，指出家人。这说明在东汉初年已有信仰佛教者。在东汉末年以前，传入中国内地的传教文字资料，仅有口授的《浮屠经》和译者不明的《四十二章经》。而到东汉桓、灵二帝的时候，不少在印度的西域僧人来到汉地，以洛阳为中心，译出大量佛教典籍，佛教的基本面貌从而显示出来。如安息国太子安世高，于桓帝建和二年（148）到达洛阳，到灵帝建宁年间（168—172）二十余年，共译佛典三十四部四十卷。安世高所译经典有相当一部分是小乘佛教的基本经典《阿含经》的单品，也有一部分是对《阿含经》教义的解释《阿毗昙》的节本，他还传授过小乘禅数。[①] 又如大月氏国支娄迦谶，于汉桓帝建和元年（147）来到洛阳，至灵帝中平年间（184—189），共译出佛经十四部二十七卷（或作十五部三十卷）。他所传译的大乘佛典，重点是般若学说。[②] 佛经传译的增多增进了人们对佛教的了解，信仰佛教的人也多了起来。据文献和考古发现，今天的河南洛阳，江苏徐州、南京，广东广州，广西梧州，山东沂南，四川乐山、彭山等地，在汉末就有比较强烈的佛教信仰，成书于三国孙吴初期的《牟子理惑论》集中反映了当时人们对佛教的理解。[③] 在回答"何以正言佛、佛为何谓乎"的问题时，牟子说：

> 佛者，谥号也。犹名三皇神、五帝圣也。佛乃道德之元祖，神明之宗绪。佛之言觉也。恍惚变化，分身散体，或存或亡，能小能大，能圆能方，能老能少，能隐能彰，蹈火不烧，履刃不伤，在污不染，在祸无殃，欲行则飞，坐则扬光。故号为佛也。

他把佛描述得和中国传统文化所谓神仙、真人、神人相似，但其中也有中国以往没有的东西，如佛能"分身散体"。在回答"何谓之为道、道何类也"的问题时，牟子说：

---

① 释慧皎：《高僧传》卷一《汉洛阳安清传》，汤用彤校注，中华书局 1992 年版，第 4—5 页。
② 释慧皎：《高僧传》卷一《汉洛阳支娄迦谶传》，汤用彤校注，中华书局 1992 年版，第 10 页。
③ 石峻等编：《中国佛教思想资料选编》第一卷，中华书局 1981 年版，第 2—15 页。

　　道之言，导也，导人致于无为。牵之无前，引之无后，举之无上，抑之无下，视之无形，听之无声。四表为大，蜿蜒其外，毫厘为细，间关其内，故谓之道。

　　佛教基本教义可以概括为"三法印"：诸行无常（万物变化无常）、诸法无我（万物没有质的规定性和主宰者）、涅槃寂静（消灭生死轮回的业因后获得的神秘精神境界）。牟子对佛教教义的解释，主要集中在佛教涅槃理论上面，但他又是用道家描述道所用概念来描述涅槃。牟子还集中地论述了佛教灵魂不灭和善恶报应问题。在回答"为道亦死，不为道亦死，有所异乎"的问题时，他说：

　　有道虽死，神归福堂，为恶既死，神当其殃。愚夫暗于成事，贤智预于未萌。道与不道，如金比草；善之与福，如白方黑，焉得不异，而何异乎？

　　佛教宣称一个人生前的言行和思想决定他死后的轮回，或转生天上，或转生人间，或生为畜生、饿鬼，或下地狱。这一点引起了牟子的高度注意。他引用传统鬼神信仰来论证灵魂不死，指出只有得道者，才能最终摆脱轮回，不再转生。除此之外，牟子还介绍宣传了佛教独特的信仰形式，阐述了三皈五戒和出家禁欲等种种佛教修行的方式。

　　《牟子理惑论》表明佛教在中国已经具有它独特的信仰特征。它既不同于儒家，也不同于道教。与传统儒家相比较，它虽然强调对五常伦理规范的践履，认为仁政救世是判别社会善恶的根本标准，但又不像儒家那样，把伦理秩序和道德规范视为人类生活的全部内容，不从中去感受宇宙阴阳五行结构的所谓天道本质，而是把伦理规范的实践当作积善修福的必经途径，视为摆脱轮回的必由之路。支撑宗教伦理观念的已经不是感应式的天人哲学，而是无所不能的佛陀及其涅槃理论。与传统道教相比较，它虽然同样强调有一种高超玄妙的精神境界，但认为这种境界不是长生不死，肉体飞升。牟子对于原始道教和神仙家持批评态度，他根据自己亲身学神仙不死之术的经历来反驳人可以长生不死。佛教的精神境界更加强调人消灭业缘，摆脱轮回，进入涅槃状态。

　　汉末的佛教与印度佛教有一些差别。它不像印度佛教那样彻底否定人生的价值，主张在伦理规范的实践基础上获得解脱，同时也容纳了道教的许多方术，认为方术也是获得解脱的途径之一。因此佛教在汉末三国时期就已经具备依靠修善积福消除人生苦难，获得最终解脱的特征。

思考题：

1. 汉代神灵崇拜有哪些表现？
2. 早期道教是如何诞生的？
3. 佛教初入中国时的概况。

第七章　两汉时期的史学和科技思想

　　两汉时期，中国历史上出现第一次全面的思想建构，儒学渗透到社会文化生活的方方面面，塑造了人们的精神认同、历史认同和文化认同。司马迁的《史记》综合已有的历史理论，架构了一个天道与人道相辅相成的历史认识系统，构建起国家统一的历史认识，他"究天人之际，通古今之变，成一家之言"的史学思想影响深远。班固《汉书》补充和丰富了纪传体史书体例的成就。汉代天文学、数学和医学都取得了显著的进展，汉代科学思想体现出与主流哲学思想高度统一的特征，如《黄帝内经》即以阴阳五行思想为基本依据。

第一节　两汉的史学思想

　　秦汉之际，邹衍提出的五德终始说是最有影响的历史观念。五德终始说在秦代政治生活中产生了重要作用。秦始皇代周，就认为是水德代替了火德，并为此改正朔，易服色，将夏历十月定为正月，衣服旌旗都尚黑色，同时又在旧都雍郊祀白帝、青帝、黄帝、赤帝，表示自己要继承历代帝王的传统。

　　在邹衍五德终始说之外，还有另外一种历史观念，这就是儒家《春秋公羊传》所提出的三统观念。《公羊传》认为《春秋》在总结鲁隐公到鲁哀公十四年共二百四十二年的历史时，就包含了对历史发展的一些基本认识，其中有黑统、白统、赤统三统相循环的思想。《春秋》通过对夏的后裔杞、商的后裔宋和周代政教制度的描述，来说明新的政治对以往历史传统的取舍。

　　以邹衍为代表的"五德终始说"和以《公羊春秋》为代表的"三统说"流行开来以后，如何调和二者的关系，就成为历史理论的重要问题。五德终始说按五行相克的关系，所排列的历史系统将秦包括在内，认为周为火德，水克火，故秦为水德，土克水，故汉应为土德。贾谊就认为汉承秦后，应当为土德，并制订了一个方案，色尚黄，数用五，改正朔，定官名。汉文帝时，鲁人公孙臣又预言有黄龙出现，不久黄龙果然出现在成纪县，一时人们纷纷认为汉当为土德。公元前104年，汉武帝正式宣布改制，定历法，以正月为岁首，服色尚黄，数用五，官名的印章改为五字，并改元太初，从而宣告了五德终始说成为西汉官方所认定的历史理论。

对三统说加以发展的最突出的人物就是董仲舒。他在宣传《春秋》公羊学时，进一步明确《春秋》有三统变易的思想。根据董仲舒的认识，周为赤统，秦在三统之中附属于周的赤统，秦继周而不复始，不用忠教而尚文，因而败亡，不在三统之内，汉应为黑统。董仲舒认为，每一朝代新建以后，必须封前一代后裔为王，在其受封范围之内，继承上代的正朔、服色。凡新王即位，必须"徙居处，更称号，改正朔，易服色"（《春秋繁露·三代改制质文》）。在旗帜、居处等方面应该有所变革。三统说与五行说侧重于政权转移的规则研究有所不同，它比较注重文化制度的历史循环，关心文化在时序上的连贯和变异。

刘向、刘歆父子在重新认定汉为火德的基础上，变邹衍五行相胜的循环系统为五行相生的循环系统，同时又以《易传》"帝出乎震"作为历史发生的起点，对历史统系作了新的排列。《汉书·郊祀志》说：

> 刘向父子以为帝出于震，故包羲氏始受木德，其后以母传子，终而复始，自神农、黄帝下历唐虞三代而汉得火焉。故高祖始起，神母夜号，著赤帝之符，旗章遂赤，自得天统矣。昔共工氏以水德间于木火，与秦同运，非其次序，故皆不永。

按照刘向父子的排列，周为木德，木生火，故汉为火德，秦以水德介于周、汉的木火之间，错失五行次序，所以享国不永，只得列为闰统。这一调整，从五行方面来说，吸取了三统说的某些观点，与三统说摒秦的论调相一致；从三统的角度来看，它又使三统得到了比较合理的解释，即周为黑统，汉为赤统。

汉代历史学的发展不仅表现为出现了上述历史理论，更重要的是出现了司马迁和班固，他们充分吸取了这一时期的历史理论成果，并分别从通史研究和断代史研究的角度，对史学自身的理论作了丰富和发展。

司马迁（前135—前86），西汉夏阳县（今陕西韩城南）人，其父司马谈，于武帝建元、元封之间为太史令，好天文历算和黄老之学。司马迁幼年耕牧于故乡，十岁起学习古文，二十岁开始游历天下，后来仕为郎中，又曾奉使西征。元封三年（前108），他继其父为太史令，缀集国家秘府的藏书，为作史做准备。太初元年（前104），他参加了制订太初历的工作，并开始撰写《史记》。六年以后，因为替李陵辩护而下狱，受宫刑。他忍辱创作了千古名著《史记》，共130卷。

《史记》吸收了董仲舒所阐发的三统说，认为"三王之道若循环，终而复始"，但也不排斥五德终始说。他对秦统一六国、使天下由分裂走向统一、由分封制转向郡县制的历史持肯定态度。这种比较开阔的历史视野，弥补了董仲舒三统说将秦摒弃于三统之外的不足，丰富了汉代古今问题的讨论成果。

司马迁比较重视通过对具体历史内容的研究来丰富他的历史认识。《史记》探讨了政治道德。司马迁认为，政治必须遵循政治的内在原则，必须以教化为主，刑罚为辅，政治好坏的关键是君主能否以身作则，以德化民。他通过秦皇、汉武的比较，揭示了人君之道；又通过循吏与酷吏的比较，揭示了人臣之道。司马迁非常重视历史人物的道德修养。他赞扬那些有自知之明，能为民造福，并勇于自我牺牲的政治家。他认为，周公和萧何是既具有良好道德品格，又有政治才干的大政治家。对于下层社会的游侠，司马迁也加以颂扬，认为这些人物，"其言必信，其行必果，已诺必诚，不爱其驱，赴士之阨困。既已存亡死生矣，而不矜其能，羞伐其德，盖亦有足多者焉。"（《史记·游侠列传》）他们重友谊，讲信义，助人为乐，舍己为人，说到做到，济人困危，刚强正直，伸张正义，不自夸，不图报，虽然身份低贱，多是乡曲布衣，但他们的行动却有益于社会，值得肯定。如汉初的朱家、郭解是当时很有影响的侠客。在《赵世家》中司马迁撰写了程婴、杵臼保护赵氏孤儿的故事，宣传主仆之间、朋友之间的忠义之道。

《史记》还试图分析人类社会经济生活的规则。《史记》写了《平准书》与《货殖列传》。在《货殖列传》中分析社会经济发展状况，指出农业、矿业、手工业、商业都是人类生活不可缺少的生产和经济活动，它们有其自身演变的规则。在《平准书》中他记述了因经济发展而引起政治变动的大量史实，肯定"仓廪实而知礼节，衣食足而知荣辱"，认为人的精神面貌与经济状况有着至为密切的关系。《史记》还分析了人类社会的礼乐文化。《史记》中《礼》《乐》《律》《历》《天官》《封禅》《河渠》《平准》八书，就记载了汉武帝以前的历代典章制度，并认为只有对人类社会生活主要内容进行系统思考，才能深入考察历史演化的轨迹，寻求其中的规则。

值得特别注意的是，司马迁继承和发展了春秋战国以来人们关于自然界的认识成果，对自然历史和人类历史的关系作了研究，用他的话说，就是"究天人之际"。《史记》专门辟有《天官书》《律书》《历书》《河渠书》《日者列传》《龟策列传》《货殖列传》等，记载重要的天象变化和地理状况，特别记述了大量的地区性经济、物产、水利、风俗等内容。司马迁还探索了天、地、人三者的相互关系。《天官书》中说：

日变修德，月变省刑，星变结和……太上修德，其次修政，其次修救，其次修禳，正下无之。夫常星之变希见，而三光之占亟用。日月晕适，云风，此天之客气，其发见亦有大运。然其与政事俯仰，最近天人之符，此五者，天之感动。为天数者，必通三五。终始古今，深观时变，察其精粗，则天官备矣。

司马迁认为自初生民以来，各朝君主都十分关注日月星辰和历数的变化。其中的主要原因就是因为天象与政治的良恶、朝代的更替、社会的兴衰有密切关系。特别是日月恒星和五大行星的运行，与人事有紧密的联系，因此他研究自古以来天人相互感应的规则，深观时变，更加有效地指导人们的现实生活。

《史记》在方法论方面架构了一个天道与人道相辅相成的历史认识系统。《史记》既有记述人类文明和制度的内容，也有记述自然历史的内容，把二者视为有相互联系的整体。

司马迁倡导历史研究的求实精神。他指出，战国秦汉以来，学者往往凭自己对《春秋》一书的臆断而著书立说，他对此表示异议。他在史事的选取、人物的论断方面都采取谨慎的态度，贯穿着"择其言尤雅者"的原则。为了"网罗天下放失旧闻"，他实地考察的足迹遍及今天大半个中国。他曾到过齐国，"自泰山属之琅邪，北被于海，膏壤二千里，其民阔达多匿知，其天性也。以太公之圣建国本，桓公之盛修善政，以为诸侯会盟，称伯不亦宜乎？洋洋哉，固大国之风也！"（《史记·齐太公世家》）对齐国的实地考察，使他更加真切地感受到了齐国的民风民俗，从而加强了他对于齐国历史的了解。他还到过鲁国，"观仲尼庙堂、车服、礼器"（《史记·孔子世家》）。又曾"适故大梁之墟"（《史记·魏世家》），"适长沙，观屈原所自沈渊"（《史记·屈原贾生列传》）等，这些都使他加深了对于历史的了解。

更为重要的是，司马迁还将对于历史的研究成果、将已辨明的历史事实，以叙述的方式作了自成系统的综述，形成了"本纪""表""书""世家""列传"的史学体例。本纪统理众事，按年系录帝王行事和诏诰号令、三公拜罢、宰臣知黜、髡卒刑杀、外交朝贡、灾祥变异，务主简严，对历史起提纲挈领的作用。表则或年经而国纬、或主事、或主时；书则记国家大政大法，凡郡县之设置更异、官制兴废、刑法之轻重、户口之登耗、经济之盛衰、礼乐风俗之丕变、兵卫之兴革、河渠之通塞、日食星变等事，类序罗列，始末俱呈。世家和列传则分别记载诸侯国以及在历史上产生了一定影响的人物。清代赵翼在《廿二史札记》中曾说："古者左史记言，右史记事，言为《尚书》，事为《春秋》，其后沿为编年记事二种。

记事者，以一篇记一事，而不能统贯一代之全。编年者，又不能即一人而各见其本末。司马迁参酌古今，发凡起例，创为全史。本纪以序帝王，世家以记侯国，十表以系时事，八书以详制度，列传以志人物，然后一代君臣政事，贤否得失，总汇于一编之中。自此例一定，历代作史者不能出其范围，信史家之极则也。"①司马迁糅合原有的撰述方法而形成的具有创造性的史学方法，成为后代正史之楷模。

班固，字孟坚，扶风安陵人（今陕西咸阳东北）人。其父班彪（3—54），字叔皮，是光武时著名的儒学大师，专心于史籍，作《太史公书后传》数十篇。班彪去世后，班固以为其父所续前史未详，遂着手完成父亲的事业。永平五年（62），有人上书明帝，说他私改国史，被捕下狱。明帝看了他家的书稿，任命他为兰台令史，参与写作《世祖本纪》，典校秘书。后奉诏继续完成他的《汉书》。他从此潜心著述，历经二十多年，至建初（76—84）中，才告完成。建初四年（79），章帝召集诸儒于白虎观，讨论五经同异，命班固将讨论结果编成《白虎通义》一书。和帝永元元年（89），班固以中护军随车骑将军窦宪出征北匈奴。永元四年（92），窦宪因以外戚专权被和帝迫令自杀，班固也被捕，死于狱中。《汉书》史稿散乱，尚有八表及《天文志》尚未完成，后由班昭、马续补作。

在历史观念方面，班固认同刘向、刘歆父子五德相生的历史循环论。在《律历志》中，他把从太昊到刘秀的世代帝王，按五德（木、火、土、金、水）之运排列起来，认为周是木德，继之者应是火德，而秦以水德间之，与过去共工氏一样，"非其次序，故皆不永"（《汉书·郊祀志》）。而汉高祖代秦继周，应该是火德，故汉应运而生，是"自然之应，顺时宜矣"（《汉书·郊祀志》）。班固认为历史的命运是不可改变的。

《汉书》开辟了一些新的领域，扩大了史学范围。特别是《汉书》十志，在《史记》八书的基础上扩展而成。班固合并《史记》的《律书》与《历书》为《律历志》，合《礼书》与《乐书》为《礼乐志》，又改《平准书》为《食货志》，改《封禅书》为《郊祀志》，改《天官书》为《天文志》，改《河渠书》为《沟洫志》。另外又新创了《刑法志》《五行志》《地理志》《艺文志》。比如《地理志》，它是中国第一部以疆域政区为主体的地理专著，叙述了汉以前的地理沿革，着重写了《禹贡》九州、《周官》九州，又写了西汉地理，以郡国为纲，用本文加

---

① 赵翼著、王树民校证：《廿二史札记校证》卷一《各史例目异同》，中华书局1984年版，第2—3页。

注的形式叙述了西汉行政区统辖的范围、山川名胜、户口物产、风俗习惯。《艺文志》据刘歆《七略》，将汉以前的图书加以编纂，是一部有极高学术价值的初具规模的学术史。

在史书体例方面，《汉书》也有重要的贡献。《汉书》"断代为史"，取消"世家"，并入"列传"，又改"书"为"志"。全书分十二纪、八表、十志、七十列传，共 100 篇，80 余万言。记载了从高祖元年（前 206）至王莽地皇四年（23）共 229 年的历史，其中有 5 篇本纪、6 篇表、3 篇志、40 篇列传共 54 篇是在《史记》的基础上写成的，但有补充、有调整，如《汉书·食货志》虽多取法于《史记·平准书》，但《平准书》只叙述了汉初到汉武帝时的经济制度，而《食货志》则叙述了从神农直到王莽末年的历代经济制度，其中有关土地制度的记载，尤为《史记》所缺。《汉书》对边境少数民族和邻国历史的记载，也比《史记》要具体。班固把《史记·大宛列传》改写成《西域传》，叙述了西域几十个国家的历史和汉朝与西域政治往来、经济文化交流的历史，对安息、大月氏、大夏、条支等中亚、西亚国家的历史也作了记述。班固对汉代重要政治、学术文献择要收载，保留了大量原始材料。还对《史记》的一些篇目和内容作了调整。他将《史记》中的附传人物如惠帝、王陵、张骞、董仲舒等独立出来，但又减少了滑稽、日者、龟策三个类传，这些都显示出班固补充和丰富纪传体史书体例的成就。

在两汉，除《史记》《汉书》之外，还有东汉政府修撰的纪传体国史《东观汉记》。据刘知幾《史通·古今正史》，《东观汉记》的编写过程是：明帝始诏班固作《世祖本纪》，并撰功臣及新市、平林、公孙述事，作列传、载纪二十八篇。在班固等人撰完《世祖本纪》和二十八篇列传载纪后，又有刘珍、伏无忌、蔡邕等人相继努力，终于在董卓之乱前，修撰了上起光武、下讫灵帝的《东观汉记》。《东观汉记》规模庞大，材料丰富，在三国、两晋时期是有关东汉历史的主要著作，与《史记》《汉书》并称"三史"。

在汉献帝时代，又出现了一部编年体史书《汉纪》。汉献帝喜好历史典籍，但苦于《汉书》文繁难省，于建安三年（198）下诏，令荀悦依《左传》体例，改写《汉书》。荀悦（148—209），字仲豫，颖川颍阴（今河南许昌）人，曾在镇东将军曹操手下任职，后迁黄门侍郎，曾侍讲禁中，与献帝旦夕谈论。奉诏改写《汉书》，历三年时间，即撰成《汉纪》30 卷，约 15 万字，仅有《汉书》的五分之一。荀悦说他的写作原则是："一曰达道义，二曰章法式，三曰通古今，四曰著功勋，五曰表贤能，于是天人之际，事物之宜，粲然显著，罔不备矣。"（《后汉书·荀悦传》）可见他的史学目的就是要树立社会历史的道义，彰明合乎理性的行为规范，通古今，究天人，与司马迁所代表的汉代史学整体精神相一致，其主要贡献在于丰富了史书的编年体例。编年一体，在《春秋》和《左传》之后，由于荀悦的尝试而有新的发展。此外《汉纪》也参阅了一些其他资料，弥补了《汉书》的遗漏。

总之，汉代历史学形成了丰富的历史理论，另一方面，它又按照史学自身的要求，在历史具体研究和史学成果的表述方式方面，都有长足的进步。

第二节   两汉的科技思想

汉代是中国古代科技迅速发展的重要时期，随着科学技术的发展，科学实践的深入，孕育了丰富的科学思想，产生了一大批具有重要意义的科学成果。

在天文历法方面，从西汉起已经有了日食时太阳的方位、初亏和复圆时刻的日食观测记录。司马迁在《史记·天官书》里，详细记录了周天的星座和金、木、水、火、土五大行星运行的情况。《汉书·五行志》保存了西汉时所记载的、举世公认的历史上最早的太阳黑子记录（前28）。司马迁与天文学家唐都、落下闳等制作的"太初历"，关于五大行星的会合周期与现代测定的数值相比，误差最大的火星也不过差0.59日，误差最小的水星，只差0.01日，即14.4分钟。天文历法的发展，更为详实的天文现象的观察、记录和推算，促进了汉代天文学理论的进一步发展，产生了盖天说、浑天说、宣夜说等天文学理论，人们对宇宙结构的认识越来越深入。

盖天说最早出现于周代，是一种古老的传统学说，主张天圆地方说，后又发展为天圆地拱说，认为天体如一个斗笠，大地像一个倒扣着的盘子。拱形大地的认识离球形大地的科学认识又进了一步。但盖天说不能很好地解释日月星辰的运行规律。

浑天说的最早代表人物是汉武帝时期的天文学家落下闳，其说完成于东汉的张衡。其思想渊源可以追溯到战国时的法家人物慎到。慎到认为天是像弹丸那样的球状，否认了盖天说的天是半球形的说法。与他大致同时的惠施对大地是球形有了初步猜测，提出"南方无穷而有穷"的命题。但是这都只是浑天说的思想萌芽。汉武帝时，落下闳按照浑天说的构思制作出浑仪以观测星象。

张衡总结前人的天文学说，并不断观测天象，探索天体运行的规律。他指出天像一个鸡蛋，圆得像弹丸，地像蛋的黄，天大地小，天包着地，天和地都是浮在水上的气，大地是悬于宇宙空间的圆球。浑天说虽充满了臆想，但张衡发明了类似现代天球仪的"浑天仪"和世界上第一台地震仪"候风地动仪"，运用仪器对天象的观察明显比盖天说精确得多。后来浑天说逐步取代了盖天说，成为宇宙结构学说的主导学说。张衡还对宇宙概念进行了发展，指出"宇之表无极，宙之端无穷"，宇宙在时空上是无限的，这在当时的世界上是很先进的。但张衡一面提出宇宙无限的思想，另一面又肯定了有形的天球的存在，陷入了矛盾。张衡还知道月亮自身不会发光，月光是日光的反照，并懂得月相盈亏的道理。他基本掌握了日月食的原理，认识到月食是由于地球的影子遮住了月亮的缘故，日食是由于月亮遮住了太阳的缘故。

除了盖天说和浑天说之外，还有宣夜说，它是比张衡稍早的郗萌（公元 1 世纪前后）记述下来的。宣夜说得名于观测天象常常弄到深夜，反映了观测者一定的科学实践精神。宣夜说否认了有形质的天的存在，"天了无质"，"日月众星，自然浮生虚空之中"（《晋书·天文志》上），并不附在什么天体之上。这就否定了固体的天球概念，否定了人为规定的天，认为天只是渺茫无际的宇宙空间。对有形质的天的否定，实际上为宇宙的无限性提供了有力论证。

在汉代还出现了许多关于地球自转和公转的记载。成书于汉代的《尸子》一书明确地记述了地球的自转运动，以恒星为坐标，天以牵牛星为起点，由左向右转动，地以毕宿和昴宿为起点，由右向左转动。汉代的纬书中也保存了一些中国古代地球自转的地动学说资料。这些记载反映了汉代已经可以通过观测天象而得知地球的自转运动，还记述了天和地作反方向的相对运动，体现了汉代观测天象的科学方法具有一定水平。在西汉末年的《尚书纬》中描述了地球围绕太阳运动的公转思想，记载了春夏秋冬地球不停地运动，还描述了四个节气地球在绕太阳运动轨道上的不同位置，借以说明春夏秋冬四个季节温度不同的原因。

由于天文科学知识的不断进步，汉代的人们对宇宙的生成、结构和运动的认识越来越深入。汉初《淮南子》提出在天地未形成之前，以混沌状态存在的"无形"的元气是宇宙生成的基础，是万物的始祖，天地的形成、日月星辰的诞生是元气在不同的阶段发展运动的产物。东汉时著名思想家王充又发展了"元气论"，指出元气是构成天地实体和自然界万物的最原始的物质基础。天文学家张衡试图运用元气论的宇宙观念来说明天体构成和演变的规律。他认为宇宙的形成包括三个阶段：第一个阶段叫"溟涬"，指无形的元气，这个阶段是道之根，无形无象，但已有时间和空间的存在；第二个阶段叫"庞鸿"，指气有形而未分化的状态，这个阶段是道之干，特点是混沌不分；第三个阶段叫"太元"，即元气演化为天地万物的阶段，万物虽殊，但都是自然相生，这个阶段是道之实。张衡运用树根、树干、果实比喻元气发展的三个阶段，也是宇宙生成的三个阶段，由最初无形未分的元气到有形未分的元气，逐步演化为具体的天地万物。

由先秦的气或者精气的理论发展到汉代的元气宇宙生成论，标志着中国古代对宇宙本原的认识相对深化，思想家们力图用一种物质性的元气来统一自然界和宇宙的生成变化、发展运动，说明宇宙的形成过程。相比于先秦时期有关宇宙形成的神秘理论有所进步。

元气理论的发展又推动了人们的科学认识。天文学家张衡还把人的生长，看作元气的聚合，犹如水结成冰，而人的死亡就是元气的消散，如同冰之解冻为水。人死后，必然复归元气，与宇宙万物融为一体。王充在形神关系上的认识有了新的突破。他认为人之所以有智慧和精神，是因为人禀受了宇宙中最精髓最细微的"精气"。精气与形体肉体之间有着不可分割的有机联系，精气灭形体朽，形体坏烂，精神败亡，精气必须依赖于肉体，才能具有思索的作用。他对形神关系的认识虽然还有很多局限，但他通过对当时医学、生物学等成果的吸收，有力地打击了神不灭论等谶纬迷信思想。

汉代医学也是非常发达的。汉初齐有太仓令淳于意诊脉可以知人生死；东汉初有善针灸的涪翁，著有《诊脉法》。东汉末年，有著名医学家华佗，精通内、妇、儿、针灸各科；还有著名医学理论家张仲景，著有《伤寒杂病论》，上论病理，下列药方，总结了汉代以前多种外感热性病，如霍乱、肝炎，还有杂病。他把先秦以来的医学学说与望、闻、问、切等诊断方法结合，发明了多种疾病的治疗方法，逐步形成了完整的医学理论体系。古代医者假托黄帝之名所作《黄帝内经》，其成书在战国至两汉时期。该书具有丰富的医学科学知识。它根据阴阳五行学说来说明人的生理、心理疾病问题的成因，认为人的身体必须维持阴阳二气的正常平衡，才能保持血脉畅通；根据自然界的变化规律来寻找人体病变的规律，认为只要顺应阴阳四时的变化，适应春夏秋冬的气候，就不会生病；它还提出了对症下药等科学原则，根据发病者的具体情况给予治疗。《内经》还把人的各种生理器官看成相互联系、影响的整体，某个器官的病变，必然影响到其他器官的功能。这些医学知识都包含丰富的科学思想。

数学在汉代也获得了极大的发展。公元前1世纪，出现了中国第一部算学著作《周髀算经》，介绍了勾股定理及其在测量上的应用。东汉在西汉数学成就的基础上，编著了《九章算术》，其中包括246个应用题和计算方法，含有许多在当时领先的代数学和几何学的研究成果。

生物学方面，汉代的《尔雅》一书对 1000 多种动植物进行了分类。《神农本草经》共收载药物 365 种，其中以植物药为最多，计有 252 种，动物药 67 种，矿物药 46 种，根据效能和使用目的不同进行了分类。农业方面，氾胜之所著的《氾胜之书》是一部优秀的农业技术理论书籍，介绍了丰富的农业技术知识。类似著作如《四民月令》《相马经》《相六畜》等，说明汉代对动植物的了解越来越多。

165 年，东汉的蔡伦采用树皮、破麻布、破渔网为原料，通过改进西汉的造纸技术，造出了质量较好的"蔡侯纸"。2 世纪，造纸术已传入西域各国，渐次传到中亚，后经唐代，纸传入了西方，逐渐代替了西方的羊皮纸。造纸术的发明，推动了中国和世界文明的发展。此外，在铸铁、水利工程、耕作技术和丝织业等方面，汉代都比战国时代有了较大发展。

汉代丰富的科学思想及其多样化的科学技术成果，虽然具有不少局限性，但在当时的世界处于领先的水平，在中华民族文明发展史上具有重要的推动作用。

思考题：

1. 《史记》与《汉书》在史学上的重大贡献。

2. 两汉科学思想的特点有哪些？

第三篇 | 魏晋南北朝篇

导　论

汉代经学发展到汉、魏之际，已经衰落，它既烦琐又迷信。因此，把儒学从汉代经学形式中解救出来，是魏晋名士所必须解决的理论课题。

在魏晋名士的心目中，当时的局势是"处天地之将闭，平路之将陂（不平），时将大变，世将大革"①，他们想要寻求一个顺时应变的处世之道，《老子》《庄子》《周易》是他们据以发挥议论的思想资料，被称为"三玄"。他们不满于汉代经学，便从儒、道两家学说的综合中走向抽象的思辨；他们跳出皓首穷经的圈子，而做玄远的哲学思考；他们鄙视世俗，表现出超然物外的态度，但实质上仍然在维护封建名教的传统和保持对自身利益的重视，他们试图以种种努力去论证名教与自然的一致。

玄学的第一个流派出现于魏正始年间，以夏侯玄、何晏、王弼为代表。其思想以论证"无中生有"为主要内容。"正始之音"完成了从汉代经学到魏晋玄学的转变。

与夏侯玄、何晏、王弼同时的另一派人物，以嵇康、阮籍为代表。他们处于司马氏势力已盛，正要夺取曹魏政权的时期。他们两人和山涛、刘伶、阮咸、向秀、王戎，号称"竹林七贤"，实际上是司马氏的反对派。司马氏所标榜的是"名教"，阮籍则痛骂名教，嵇康提出"越名教而任自然"的主张。

玄学的第三个流派发生于魏晋之际，以向秀、郭象为代表。向秀的《庄子注》没有流传下来，只有片断文句保存在张湛的《列子注》中。不妨将郭象《庄子注》中的内容看作他们两人的思想。他们和何晏、王弼不同，认为"无"不能生"有"。

玄学对理论思维的发展有所贡献。东晋时，玄学与佛学合流，至宋、齐、梁、陈，佛学更继玄学而向前发展；但玄学的余波未灭，直到初唐还有影响，不过在思潮上已不占有重要地位。

魏晋时期，玄学虽风行一时，但反对玄学的各种思潮也不断出现。有些人从自然科学出发，如杨泉的《物理论》，发挥了张衡的浑天说和汉代的元气论。有些人从哲学理论方面批评玄学，裴𬱟的《崇有论》和欧阳建的《言尽意论》就是例证。

---

① 楼宇烈：《王弼集校释》，中华书局 1980 年版，第 276 页。

　　316 年，汉中山王刘曜攻破长安，西晋愍帝出降。中原豪族流奔江东，又在南方建立了政权，南北朝分裂的局面正式形成。南朝政权极不稳定，外有北朝的威胁，内有豪族地主的争夺，在短短的 200 多年（317—589）内更换了东晋、宋、齐、梁、陈五个王朝。

　　与此同时，在黄河流域的封建制社会的基础上，匈奴、鲜卑、羯等北方各族，先后由氏族制跃进到封建制的历史阶段。这一封建化的过程到北魏孝文帝（471—499 年在位）时就已经大致完成。

　　南北朝时期仍然流行玄学。这时佛教由于和玄学合流，有了较大的发展。佛教既有宗教思辨哲学，以适应士大夫们的研究兴趣，同时它的粗俗教义又受到帝王、贵族、官僚的欢迎。道教是由古老的神仙方术传统发展而来，这时在佛教的影响下形成了有一定理论和仪式的宗教。不过，南北朝时期，儒家的礼法观念始终在社会上层保持着一定的地位。当时，儒、佛、道并立的局面正在逐步形成。

　　南朝时期出现了激烈的反佛理论。何承天曾经依据天文历算的科学知识，并结合儒家的人文观点进行了三次反佛的理论斗争。从这三次争论中可以看出，由于神不灭论是佛教轮回报应思想的理论基础，形神关系和神灭与否的问题便成了当时反佛理论斗争的中心论题。南朝著名的无神论思想家范缜写下了反对神不灭论的重要理论篇章《神灭论》。

第一章 魏晋玄学

汉代思想史上占主导地位的是经学思潮，由此推动儒学成为当时社会的主流意识形态。在统治者提倡儒学的同时，道家思想在社会上仍有广泛的影响，法家也被吸收到儒家的思想体系中。社会思想上的儒道互补和统治者的儒法并用，是汉代思想的重要特征。儒道互补的思想态势在魏晋时期则演变为具有儒道合一特征的玄学，玄学是该时期主要的学术思潮。与汉代思想侧重于在宇宙论层面建构社会政治伦理体系的思路不同，玄学是把儒家的政治伦理建立在道家自然之本的基础上，并致力于名教与自然的统一。其方法有鲜明的本体论特征，从而使中国古代的理论思维发生了一次较大的转折和升华。

第一节 玄学思潮的形成

汉末的"清议"之风，在魏晋时期发展为名理之学，以讨论名实、才性问题和鉴识人物的抽象标准与原则为主要内容。名理之学对于促进儒、名、道、法思想的融合起了重要作用，可视为汉代哲学向玄学的过渡环节。"清谈"则是一种兼学术探索与精神娱乐为一体的社会活动。参与清谈的"名士"一部分出身于皇亲贵族、豪强地主和经学世家，另一部分则是依靠曹魏政权而获得官位的新贵。

"清谈"的内容涉及道家和儒家的经典，主要是《老子》《庄子》和《周易》，史称"三玄"。"玄"取义于《老子》的"玄之又玄，众妙之门"（第一章），意思是说"清谈"所讨论的都是一些幽深玄远的问题。玄学虽然把易与老、庄并提，但实际上是以老、庄解易，弘扬道家的虚无无为和自然主义，基本的思想倾向是以自然为本，统一名教与自然，使"圣人"的理想与自然之道相沟通。总之，玄学是儒、道合流的产物。

从思想渊源上说，玄学的产生与汉末以来学术思想发展的具体情况有关。一方面，儒家经学变得支离烦琐、僵化教条，动辄"一经说至百余万言"（《汉书·儒林传赞》），"蔓衍支离，渐成无用之学"[1]，经学已至穷途末路。另一方面，道家伏流在汉魏之际的特定条件下出现复兴的趋势。

---

[1] 皮锡瑞：《经学历史》，中华书局 1959 年版，第 134 页。

玄学的出现也有其深刻的社会历史原因。门阀士族掌握着政治、经济和文化特权，他们为了维持其统治而极力标榜名教；但他们自己往往又任性、放纵，践踏名教，一定程度上染有非理性习气。士族文化性格中的这种"双重裂变"促使他们需要一种既能以名教应世，又能以逍遥、自得的情调弥补精神空虚的思想。此外，名士们面对现实的社会动荡、名教虚伪、官场腐败，需要心灵的慰藉，于是，一方面借谈玄而逃避现实、保全性命；另一方面外儒学而内老、庄，调和儒道、名教与自然，玄学因此而风行起来。

第二节　正始玄学

玄学的第一个派别产生于曹魏正始年间（240—249，魏齐王曹芳的年号），故被称为"正始之音"。正始玄学以夏侯玄、何晏、王弼为代表。夏侯玄（209—254），字太初，谯（今安徽亳州）人，为夏侯渊之孙。何晏（？—249），字平叔，南阳宛县（今河南南阳）人，东汉外戚何进之孙，曹操的假子。王弼（226—249），字辅嗣，山阳高平（今河南焦作）人，出身东汉世家大族，祖上与刘表建立的荆州学派有密切交往，因受家学的影响，"年十余，好老氏，通辩能言"（《三国志》裴松之注引何劭《弼别传》）。何、王既"好老氏之学"，又兼习儒经。何晏既注老子《道德经》，又撰有《论语集解》。王弼既注《老子》，又注《周易》，还撰有《论语释疑》《老子指略》等。他们的思想倾向是以改造了的老子思想解释儒家经典。

何晏、王弼在思想上主"贵无"论，"立论以为天地万物皆以无为本"（《晋书·王衍传》）。贵无思想渊源于《老子》，《老子》以"道"为世界万物的本原，但是，"道"的本质是"有"还是"无"，或是有无统一，在《老子》中表达得较为含混甚至有矛盾。何晏、王弼则明确地把"无"作为最高范畴。所谓"无"，指的是无规定性、无差别性的最一般的抽象；"有"，指的是宇宙间种种有形有象的事物。王弼认为"形必有所分，声必有所属"（《老子指略》），一切有形迹的东西都有其局限性，如水是温的，就不能同时是凉的，音是宫声就不能同时是商声，因此具体的属性都不能用来规定宇宙间的所有事物。而"无"则"不温不凉、不宫不商……故能为品物之宗主，苞通天地，靡使不经也"（《老子指略》）。也就是说，只有没有任何规定的"无"，才能成为宇宙的本体。

何晏、王弼从体用关系、一多关系等几个方面入手论证"无"为宇宙本体。

他们说：

> 天下之物，皆以有为生。有之所始，以无为本。将欲全有，必反于无也。
> （《老子注》第四十章）
> 夫物之所以生，功之所以成，必生乎无形，由乎无名。无形无名者，万物之宗也。（《老子指略》）

"无"是万物（有）得以存在的根据，"有"依恃"无"才得以成其为"有"。但另一方面，"夫无不可以无明，必因于有"（《周易·系辞上》韩康伯注引王弼《大衍义》），只有显现为"有"，才能表明"无"。这是以体用关系论证万物"以无为本"。王弼又说："万物万形，其归一也。何由致一？由于无也。"（《老子注》第四十二章）认为宇宙万物虽然千差万别，却"统之有宗，会之有元"（《周易略例·明象》），"万有"背后有一个统一的本体，这就是"一"。他通过社会生活中"众不能治众，治众者，至寡者也"的例子，比附本体对万物的统帅作用，从而得出"少者，多之所贵也；寡者，众之所宗也"（《周易略例·明象》）的结论，亦即一为多之本，无为有之本。

"无"没有具体的规定性，不能用通常的语言、概念来把握。那么该如何把握"无"呢？他们受庄子"得鱼忘筌"和《周易》"言不尽意"论的影响，提出"得意忘言""言不尽意"思想，对"言"与"意"的关系进行了新的探讨。

"言不尽意"源自《周易·系辞上》："书不尽言，言不尽意。"意思是说，文字不能完全地表达语言，语言也不能充分地表达思想。王弼在解释《周易》卦辞（言）、卦象（象）、卦意（意）之间的关系时，提出言、象、意三个重要的范畴，并对其关系进行了系统的论述。首先，言、象、意三者都有各自的作用，同时又不可分："夫象者，出意者也；言者，明象者也。尽意莫若象，尽象莫若言。"（《周易略例·明象》）要表达思想就需要借助语言文字。其次，语言、文字总是有限的，而其所要表达的对象则是无限的，所以语言文字不能充分地、完全地表达思想。王弼说："象生于意，而存象焉，则所存者乃非其象也；言生于象，而存言焉，则所存者乃非其言也。"象是由"圣人"制定的，如果只固守于象，那就无法了解"圣人"制象的意图；言是因象而产生的，如果只固守于言，也就无法了解言产生的原因。所以他说："故言者所以明象，得象而忘言。象者所以存意，得意而忘象。"只有把言和象放到次要甚至被遗忘的地位，才能真正"尽意"。王弼举例说："义苟在健，何必马乎？类苟在顺，何必牛乎？爻苟合顺，何必坤乃为牛？

义苟应健，何必乾乃为马?"(《周易略例·明象》)意思是说，只要得健、顺之意，就不必拘泥于牛马之象和乾坤之卦辞。王弼的目的在于论证，只有打破言、象的有限性，才能把握宇宙的本体。

无与有、本与末的关系反映到名教与自然的关系上，就是"名教本于自然"。王弼把《老子》一书的主旨概括为"崇本息末"，"崇本"就是"任自然"。王弼认为，仁义按其本性来说发之于心、出乎自然，是真情的一种流露，不是人刻意追求所能得到的。王弼说："本在无为，母在无名。弃本舍母，而适其子，功虽大焉，必有不济；名虽美焉，伪亦必生。"(《老子注》第三十八章)如果不从根本上培养和保持人本有的德性，而去舍本逐末，追求仁义礼乐、道德教化等末流枝节，人的真性就难以表现出来，从而变得更加虚伪。只有崇自然之本，才能防止各种虚伪的行为。王弼说：

> 闲邪在乎存诚，不在善察；息淫在乎去华，不在滋章；绝盗在乎去欲，不在严刑；止讼存乎不尚，不在善听。故不攻其为也，使其无心于为也；不害其欲也，使其无心于欲也。谋之于未兆，为之于未始，如斯而已矣。(《老子指略》)

真正要使社会能防邪、息淫、绝盗，不在于善察、表彰、严刑，而在于存诚、去华、去欲等，这就叫抓根本。这在方法论上叫"守母以存其子，崇本以举其末"(《老子指略》)。王弼认为，只有这样才可以使名教的作用真正发挥出来。

在圣人观上，儒道也被融通了。王弼说："圣人体无，无又不可以训，故不说也。"(《三国志》裴松之注引何劭《弼别传》)因此他认为孔子比老子高明，孔子不说"无"而"体无"，而老子则把道"说"成"无"，所以"老子是有者也，故恒言无所不足"(《三国志》裴松之注引何劭《弼别传》)。于是，孔子被说成了"体无"的圣人，即被道家化、赋予了自然品格的圣人。至于说老子是"体有"者，亦与老子本来的观点不相符。

正始十年（249），何晏在高平陵政变中被杀，王弼也于同年秋天忧郁而死，年仅二十四岁。五年后，夏侯玄亦遭杀戮，正始之音趋于消沉。当时名士们的生存环境极其险恶，"天下多故，名士少有全者"(《晋书·阮籍传》)。以嵇康、阮籍为代表的"竹林名士"，厌恶司马氏集团的虚伪，不愿与其合作，极力批判他们所鼓吹的名教。在社会伦理观上，遂改变了正始玄学调和名教与自然的进路，公然标榜"越名教而任自然"，主张超然是非之外，行乎自然之道，置功名利禄于不顾，情不为私欲之所困，"游心于寂寞，以无为为贵"（《与山巨源绝交书》）。

竹林七贤所谓的"越名教"，所要超越的只是沦为司马氏集团的统治工具的、虚伪的名教，所谓"任自然"，也不同于王弼等所说的名教要出于人的自然真性，而是要顺乎人的自然欲望，实行"从欲"。嵇康说：

> 六经以抑引为主，人性以从欲为欢。抑引则违其愿，从欲则得自然。然则自然之得，不由抑引之六经；全性之本，不须犯情之礼律。故仁义务于理伪，非养真之要术；廉让生于争夺，非自然之所出也。（《难自然好学论》）

嵇康认为儒家六经是对人性的束缚，仁义、廉让是虚伪的；而"从欲""全性"才是合乎自然的。他还针对"六经为太阳""不学为长夜"的观点，提出"以六经为芜秽，以仁义为臭腐"，宣称"则向之不学，未必为长夜，六经未必为太阳也"（《难自然好学论》）。嵇康进一步把批判的矛头指向儒家的圣人，自称"轻贱唐虞而笑大禹"（《卜疑》），"非汤、武而薄周、孔"（《与山巨源绝交书》）。阮籍把那些礼法之士视为裤裆里的"虱子"，甚至把矛头指向君主制度，宣称"盖无君而庶物定，无臣而万事理"（《大人先生传》）。

竹林时期"任自然"的倾向到西晋元康之世，发展为鄙视名教，蔑视礼法，趋向精神的解脱和行为的放荡不羁。许多人常常"口谈浮虚，不遵礼法，尸禄耽宠，仕不事事"（《晋书·裴頠传》），有的人竟至"放荡形骸""至于裸裎"，走向了纵欲。竹林时期精神超逸放达的"魏晋风度"，此时演变为精神的颓废和行为的放荡。于是一些礼法之士把名教的危机与玄学"贵无"论的风行联系起来，站在维护儒学和纲常名教的立场上对玄学提出了批评，代表人物有杨泉、裴頠、欧阳建等。

第三节　杨泉、裴頠、欧阳建对玄学的批评

杨泉，字德渊，三国时吴人。史书无传，生卒时间、故里无从查考。据说他在吴时隐居不仕，吴亡后也不愿在西晋政权为官。他的著作多佚，现存的只有《物理论》残卷。

杨泉从天体物理学的角度来对玄学的"以无为本"和当时流行的有神论提出批评。汉代以来关于天体物理学方面的知识，已有盖天说、浑天说和宣夜说等。

杨泉没有接受古老的盖天说，而吸收了浑天说和宣夜说的某些成分，提出了自己的水之气为宇宙之本的理论。他认为宇宙万物是以水之气为本的，天地日月星辰"皆由水而兴"。他说，宇宙间先有水，水升发而为气；水之阴气聚而为地，水之阳气散而为日月星辰。水必须通过气这一中介才能形成天地，故曰："所以立天地者，水也；成天地者，气也。"既然世界的根本就是水之气，就不能将"无"视为宇宙的本源。由此，他批评玄学家"皆不见本"，玄学各派的争论都是"见虎一毛，不见其斑"。

杨泉还认为，天地万物都处于不停的运动状态中，即使是恒星也并非恒静，只是它遵循一定的规律而运行。他不认为宇宙间有一个"使之者"，万物都是依据一定规律自己运动的，这其实是对王弼所说"寂然至无，是其本矣"的间接批评。

杨泉对当时社会上颇为流行的神不灭论提出了批评。他认为人也是水之气的产物，"死犹渐也，灭也。譬如火焉，薪尽而火灭，则无光矣。故灭火之余，无遗炎矣；人死之后，无遗魂矣"（《物理论》）。人的死亡是水之气消尽的缘故，如同火灭无余炎一样，人死也没有遗魂存在。杨泉虽然没有超出汉代学者以薪火喻形神的比喻，在理论上也没有新突破，但是，在佛教有了广泛传播，佛玄日渐合流的情况下，仍然有其时代的意义。

裴頠（267—300），字逸民，河东闻喜（今山西绛县）人。出身于高门显族，曾被征为太子中庶子，迁散骑常侍，国子祭酒兼右军将军，后迁侍中、尚书左仆射。"深患时俗放荡，不尊儒术"，遂著《崇有论》，批判何晏等人倡导"贵无贱有"的理论。裴頠认为，把"无"看成是根本的，必然会把仁义礼法当作"末有"而加以贬抑和忽视，所以他说："贱有则必外形，外形则必遗制，遗制则必忽防，忽防则必忘礼。礼制弗存，则无以为政矣。"（《晋书·裴頠传》）

裴頠"崇有"思想的主要论点有：首先，提出了"虚无是有之所谓遗者也"（《崇有论》）的命题，给"无"作了新的界定，认为"无"是否定了"有"之后的状态。其次，认为"无"不能生"有"，"有"是"自生"。裴頠说："夫至无者，无以能生，故始生者，自生也。自生而必体有，则有遗而生亏矣。"意思是说，如果要给"有"再找一个造物者作为它的根据（体有），那么"有"会受到损害（有遗），事物自身也就不成其为事物了。再次，裴頠主张"济有者，皆有也"，认为宇宙间具体事物之间都是相互支持、相互凭依的，具体的事物是"有"，而它所依赖的条件还是"有"，不需要在"有"之外另寻世界的本体。裴頠进一步分析了"道"与"有"的关系，批评了玄学关于"道"为"无"的观念。他说，"总混群本，宗极之道也"（《崇有论》），"道"只是"有"的综合和概括，离开万有，就不会有"道"。

欧阳建（约 269—300），西晋名士，字坚石，渤海南皮（今河北南皮东北）人，历官山阳令、尚书郎、冯翊太守等，时人誉为"渤海赫赫，欧阳坚石"。欧阳建著有《言尽意论》一文（见《全晋文》卷一〇九），旨在讨论名与实、言与意的关系。当时在言意关系上，有两种有代表性的观点，一是主张"言不尽意"，以嵇康、张韩等为代表，何晏、王弼所主"得意忘言"也属于这一思维类型；二是主张"言尽意"，即以欧阳建为代表。

"言尽意"的思想可以追溯到《周易·系辞上》："子曰圣人立象以尽意，设卦以尽情伪，系辞焉以尽其言。"这里有语言、概念可以"尽意"的意思。欧阳建承继和发挥了这一思想，主要论点有：其一，事物是客观存在的，事物及其性质决定了名、言的内容。欧阳建说："形不待名而方圆已著，色不俟称而黑白以彰。然则名之于物，无施者也；言之于理，无为者也。"事物有方、圆、黑、白的形状和特性，人们才会有方、圆、黑、白的概念；语言概念对事物的性质没有增加、改变什么。其二，肯定了名称、语言对交流思想、辩明事理的作用。欧阳建说："理得于心，非名不畅；物定于彼，非名不辩。言不畅志，则无以相接；名不辩物，则鉴识不显。"意思是说，没有语言，思想就无法表达，事理就难以说清。其三，客观事物是变化的，名称、语言也应随之变化："名逐物而迁，言因理而变。"名与物、言与理之间存在不可分割的依赖关系，"犹声发响应，形存影附，不得相与为二矣。"

欧阳建看到了语言与客观存在之间统一、一致的方面，认为名言、概念是客观事物（物、理）的反映，并随着事物的变化而变化，这一观点有合理因素。但是，他忽视了语言与存在之间还有矛盾和不一致的方面，表现出某种绝对化倾向。而"言不尽意论"则看到了这一点，强调语言的确定性、有限性与思想内容（宇宙本体）的无限性、非确定性。"言尽意论"基本上终结了魏晋的"言意之辩"，此后，言意问题就很少再为人们所关注。

第四节　郭象论"崇有"与"独化"

晋惠帝元康（291—299）前后涌现出一批名士，以向秀、郭象、王衍、乐广、王澄、谢鲲等人为代表，史称"元康名士"或"中朝名士"。他们中的一部分人承继"竹林名士"的遗风，放浪形骸，轻贱"名教"，如王衍、乐广等；一部分则承继何晏、王弼的思想风格，致力于自然与名教的统一，如向秀、郭象等。

郭象（约252—312），字子玄，河南（今河南洛阳）人，出身寒门，著有《庄子注》。《晋书》的《向秀传》和《郭象传》记载，郭象是在向秀所注《庄子》的基础上"述而广之"，又补注《秋水》《至乐》两篇，改注《马蹄》一篇，流传于世。

郭象和裴頠一样，把天地看作无数具体存在物的总名，他说："天地者，万物之总名也。"（《逍遥游》注）他肯定道家"自然"的观念，但不同意何晏、王弼"以无为本"的观点，认为"有"是宇宙间唯一真实的存在，"无不能生有"；也不同意裴頠以"有"生"有"的观点，说："有之未生，又不能为生。"（《齐物论》注）郭象认为，世间万物独立自存、相互之间没有因果联系，如唇和齿之间虽然"彼我相与为唇齿"（《秋水》注），但是唇并不是为了保护齿才存在的。这就彻底割断了事物相互之间的联系。

既然万物都是独立自存、相互之间没有必然的联系，那么"万有"是怎样产生的呢？郭象提出了"造物者无主，而物各自造"的观点：

> 请问：夫造物者，有耶？无耶？无也，则胡能造物哉？有也，则不足以物众形。……故造物者无主，而物各自造。（《齐物论》注）

世界上本没有什么创造者，世界万物都是"不知所以然而然"，"不知所以生而生"，不依赖任何外在的力量而生生化化的，所以叫"自生"。郭象进一步提出了"独化"说：万物都"独化于玄冥之境"，其生化的终极原因则是无法追求的："夫物事之近，或知其故，然寻其原以至乎极，则无故而自尔也。"（《天运》注）如果硬要追寻事物的终极原因，追到最后只能是"无故而自尔"。郭象由此走向神秘主义的无因论。

在名教与自然的关系问题上，郭象通过"自足其性"的"性分论"，以期达到二者的统一。"性分"即事物自身特有的规定性，也叫"自性"。"性分"是自然而然的，人力无法改变："天性所受，各有本分，不可逃，亦不可加。"（《养生主》注）所以，在生活态度上就只能"顺性"而"无为"。郭象同时主张"足性逍遥"。在他看来，虽然性分有它的极限范围，但只要在性分之内活动，就实现了自身的价值，这叫以"自足为大"。所以，郭象说："苟足于其性，则虽大鹏无以自贵于小鸟，小鸟无羡于天池，而荣愿有余矣。故小大虽殊，逍遥一也。"（《逍遥游》注）所以，无论贫富、贵贱，其身份地位都是合"自然之理"的，只要人人尽其"性分",就都能得到快乐和逍遥。

郭象认为现实生活中的一切都是合乎自然的,只要各顺其性,各安其分,就会互不相伤,社会也会保持安定有序,名教的作用也就自然而然地发挥出来了。这样,名教也被说成是"自然"之理中应有的东西,仁义道德也是人性中固有的。于是被竹林名士对立起来的名教与自然,在郭象那里又重新调和统一起来。

第五节　《列子》与张湛的《列子注》

东晋后期,名士多从讨论政治理想转向对个体生命和精神价值的重视,玄学与佛学的合流也就成为趋势。受佛学的影响,名士们逐渐把关注点引向超生死、得解脱的人生哲学方面,此以张湛《列子注》为代表。

张湛,字处度,高平(今山东金乡西北)人,大概生活于 330—400 年。《晋书·范宁传》有范宁患眼病而向中书侍郎张湛求治的记载,据此判断,张湛与范宁同时,生活于东晋的中晚期。张湛出身宦门,曾出仕为官,通老、庄,明玄理,是东晋后期的思想家。

《列子注》博引众家,一面沿袭了汉代以来以元气论为内容的宇宙生成论,另一面又用当时流行的玄学概念和思维方式讨论了天地万物存在的根据。在人生观上,它不像王弼、郭象那样致力于调和自然与名教,而是把目光转向超现实的世界,试图解决"超生死,得解脱"的问题。

张湛在《列子注》中提出了"太虚"和"至虚"的概念。他把气的存在状态称为"太虚",认为太虚之气是无限的,而具体事物是有限的。"太虚"之外还有一个不生不灭、无形无象的"至虚":"群有以至虚为宗"(《列子序》),他将"至虚"解释为:"寂然至虚,凝一而不变者,非阴阳之所终始,四时之所迁革。"(《天瑞》注)"至虚"超越阴阳和四时,是事物背后的根据和本体。

张湛也吸收了郭象"自生""自化"的思想:"有何由而生?忽尔而自生。"(《天瑞》注)同时,张湛又接受和阐发了王弼的"贵无"论,认为具体存在物是生生化化的,但其"生化"的根据不在自身,而是与具体存在有区别的、不生不化的东西。这个根据就是"无"。张湛说:"至无者,故能为万变之宗主也。""形、声、色、味皆忽尔而生,不能自生者也。夫不能自生,则无为之本。"(《天瑞》注)但张湛又否认无能生有:"有之为有,恃无以生,言生必由无,而无不生有。"(《天瑞》注)这和郭象"无既无矣,则不能生有"(《庄子·齐物论》注)的思想相通。

张湛既以"贵无"为"任自然""无为"的根据，又以"崇有"为"顺性""安命"的根据，所以也把"无为"和"顺性"沟通起来，企图超越现实中的名教与自然的矛盾，追求所谓"超生死，得解脱"的境界。在张湛看来，"至虚"的境界是无生无灭的，人以此为性，与之合一，就可以超脱生死，成为"至人"。《列子注》鲜明地突出了生命的意义和价值问题，大讲"顺性""肆情"，认为人生苦短，时光易逝，所以应当重视今生，要厚味、美服、好声色，以娱耳目、安性情。相反，以礼教来约束自己，求名于后世，反而"不达乎生生之趣"。张湛这种主张未免有些消极，正好与魏晋时代狂放、无羁的精神取向相通。

《列子注》对佛教的吸收也是对人生意义思考的反映。当《列子注》提出人的生命意义问题而苦于徘徊彷徨时，佛教大昌，正好接过了玄学思想的转向与发展。所以说，张湛《列子注》标志着玄学的终结。

思考题：

1. 试述玄学产生的社会历史背景。
2. 试述玄学各派关于自然与名教关系的不同看法。

第二章 佛教思想

佛教自从汉代传入中原之后，经过魏晋时期的传播，已逐渐为中国固有文化所接受。随着佛教经典的大量译介、佛教寺院和僧尼信众的剧增，佛教的影响日见扩大，这又进而加剧了佛教与中国传统文化的矛盾与冲突。同时，这一时期佛教的迅猛发展，也使之最终在中国生根，并开始与中国传统的儒、道文化相融合。这种融合的最初形态是佛教般若学和涅槃学。到南北朝时期佛教则出现了诸多师说，佛教的诸师异说又进一步加深了佛教中国化的进程，这为此后佛教宗派的出现奠定了基础。魏晋南北朝是佛教在中国的重要传播和发展时期。

第一节 般若学与"六家七宗"

魏晋之时出现了佛学与玄学合流的趋势，史称"佛玄"，倡导者是东晋的道安（314—385）及其弟子慧远（334—416）。他们不赞成西晋时曾流行一时的"格义"方法，认为这种方法虽然曾推动了佛教译经事业的发展，但多牵强附会，与佛经本义不相符。他们认为只有通过深入地研究佛教义理，才能对佛理融会贯通。因此，他们主张以佛学为主，玄学为辅，使玄学义理与佛教《般若经》的性空之义相互发明。

"般若"，即大智慧，是使人解脱生死轮回而觉悟成佛、到达彼岸的一种智慧。魏晋时期的"般若学"是指用玄学义理阐发《般若经》义、用《般若经》义阐发玄学义理的学说。当时一些名士多受到佛学的影响，一些高僧也对玄学有着很深的造诣，如支遁（字道林）曾注《庄子·逍遥游》以补"向（秀）郭（象）之注所未尽"（《世说新语·文学》刘孝标注），时人称"支卓然标新理于二家之表，立异义于众贤之外，皆是诸名贤寻味之所不得，后遂用支理"（《世说新语·文学》）。玄学有不同的派别，对"性空"之义各有不同的诠释，因此形成了所谓"六家七宗"。"六家"指本无宗、即色宗、识含宗、幻化宗、心无宗、缘会宗。本无宗又分化出本无异宗，故称"七宗"。按照思想类型来分，大体可归为本无、即色、心无三宗。

本无宗的创始者是道安。隋唐之际的吉藏在《中观论疏》中这样解释本无宗的主要观点：

> 释道安明本无义，谓无在万化之前，空为众形之始。夫人之所滞，滞在未（末）有，若诧（宅）心本无，则异想便息……安公明本无者，一切诸法，本性空寂，故云本无。

道安认为在有形有象的万物之先存在一个"空""无"的阶段，但他又否认无能生万有，说明道安主张"空""无"是"万有"的本体。"本无"的核心思想是"一切诸法，本性空寂"。"空"即虚幻不实，认为世界上一切事物都是不真实的。昙济《六家七宗论》又说：

> 本无之论，由来尚矣。何者？夫冥造之前，廓然而已。至于元气陶化，则群象禀形，形虽资化，权化之本，则出于自然，自然自尔，岂有造之者哉！由此而言，无在（万）（原文作〔元〕）化之前，空为众形之始，故称本无。

道安虽以"无"讲"性空"，同时又提到"自然自尔"，说明他也受到郭象"崇有"思想的影响。

即色宗为支道林所创建。支道林（314—366），名遁，字道林，以字行，世称"支公""林公"。俗姓关，陈留（今河南开封东北）人，一说河东林虑（今河南林州）人，出身于佛教世家，幼年时随家人迁居江南。支道林学通内外，对般若"性空"之义以及色与空的关系做了新的解释，创立了即色宗。其著作很多，但大多散佚。其学术观点今见于《世说新语·文学》刘孝标注及安澄《中论疏记》引支道林著《即色游玄论》等。他说：

> 夫色之性也，不自有色；色不自有，虽色而空。故曰色即为空，色复异空。（《世说新语·文学》注引《妙观章》）
> 夫色之性，色不自色，不自，虽色而空。知不自知，虽知而寂。（《中论疏记》卷三引《即色游玄论》）

即色宗的中心思想就是"色即为空，色复异空"。"色"（按：指各种物质的或精神的现象）由"因缘"（按：指各种条件）和合而成，没有"自性"，即没有自己存在的根据。"色"的本性是不真实的，故名"色即为空"。但是，"色"一经产生，就有名称，有意念，有用，是有而非无，故又说"色复异空"。这一派接近于般若学的"缘起性空"思想。识含、幻化、缘会诸宗与该派的思想较为接近。

心无宗为支敏度所创建。支敏度亦作支愍度，东晋僧人，《高僧传》无传，生平事迹不详。其著作亦多散佚，"心无义"可从僧肇《不真空论》、吉藏《中观论疏》、唐元康《肇论疏》等文献的引述来窥探：

> 心无者，无心于万物，万物未尝无。（《不真空论》）
>
> 温法师用心无义。心无者，无心于万物，万物未尝无。此释意云：经中说诸法空者，欲令心体虚妄不执，故言无耳，不空外物，即万物之境不空。（《中观论疏》）
>
> "无心万物，万物未尝无"，谓经中言空者，但于物上不起执心，故言其空，然物是有，不曾无也。（《肇论疏》卷上）

心无宗的核心思想是"无心于万物，万物未尝无"，其特点是"空心而不空色"。所谓"无心"，就是主张心不执着于万物，但万物并不是不存在，万物"未尝无"。这一派可能受到玄学崇有论的影响。

"六家七宗"在色空理论上的分歧，直到鸠摩罗什系统译出"三论"（《中论》《百论》《十二门论》）等经典，特别是其高足弟子僧肇撰写了《不真空论》等文后，对各种分歧作了批判性的总结，"六家七宗"的争论才随之消解。

第二节　鸠摩罗什、僧肇的般若学

姚秦弘始三年（401），鸠摩罗什（344—413）被从西域迎至长安，于长安西南的逍遥园（今陕西户县草堂寺）讲经、译经。罗什祖籍印度，生于龟兹（今新疆库车），故史称龟兹人，是著名的佛教翻译家、理论家，尤长于龙树、提婆的大乘中观学派经典的研习，所译诸经是中国大乘各教派的主要理论依据。

罗什在长安组织了诸多大型讲经、译经活动，四方义学沙门因此云集长安，长安也由此成为北方佛教义学重镇。罗什在长安与弟子共译大小经、律、论三十五部，二百九十四卷。所译经论，语句简明流畅，内容精粹系统，且更接近原著的思想，在很多方面超过汉魏译本。其门下弟子大多既善佛典，亦通道家和儒家的典籍，后世有所谓"四哲""八俊"等说法，特别是被称为"罗门四哲"的道生、道融、僧肇、僧叡，是后来颇有影响的佛学理论家。

僧肇（384—414），京兆（长安，治今陕西西安）人。通经史，好典籍，尤对老、庄玄微领悟较深。其论著有《物不迁论》《不真空论》《般若无知论》和《涅槃无名论》，后编入《肇论》一书。僧肇把道家、玄学（特别是郭象《庄子注》）与般若学思想相融通，讨论了当时人们关注的许多问题，建构了一个较为完整的般若学思想体系，在中国佛教哲学史上占有重要地位，有"解空第一"的美誉。

《不真空论》集中阐发了关于有无、本末、空色关系的理解。他首先对心无、即色、本无诸宗做了评论，指出心无宗的优点在于能从主观方面排除外物对心的干扰，其不足在于"不知物性是空"（唐元康《肇论疏》）。即色宗的优点在于看到了万物没有"自性"，不足则在于没有认识到物质现象本身就是不真实的。僧肇认为本无宗过分执着于"无"，甚至把"无"看成一种实体，这就把"无"看成真的"无"了，违背了人们的常见，没有看到事物是作为"假有"的存在，故不符合般若学思想。

在对"六家七宗"作了总结性评论的基础上，僧肇充分阐发了他对般若"性空"思想的理解。僧肇不认为万物之先有一个虚无的阶段，或万物之外有一个虚无的本体。他认为般若空观的基本思想是"即万物之自虚"，就是说，在肯定万物"假有"的基础上，指出其本性是不真实的，故谓之"空"。

僧肇认为，既然"即万物之自虚"，就既不能"执有"，也不能"执无"。认物为"有"，则过分肯定世俗的常见；认物为"无"，又会否认"假有"而违背常见。于是，僧肇采取了相对主义的"中观"方法，说："欲言其有，有非真生；欲言其无，事象既形。象形不即无，非真非实有。然则不真空义显于兹矣。""有"是有其事象，"无"是无其自性，因此，假象之象非无，但其自性为空，这就叫做"不真空"。"譬如幻化人，非无幻化人，幻化人非真人也"，虚幻的人是存在的，只是不是真实的人而已。僧肇采用了非有非无、亦有亦无、不落两边的"中观"方法加以论证，从而比较准确地把握了般若空宗的性空理论。

《物不迁论》着重讨论了动静关系问题。他不赞成本无宗分动静为二，以静为本、以动为末的观点。他使用的方法叫"求静于诸动"，即不离开运动而求静止。他是这样论证的："昔物自在昔，不从今以至昔；今物自在今，不从昔以至今。"过去的事物只存在于过去，故不能从现在追溯到过去；现在的事物只存在于现在，故不能从过去延续到现在。过去、现在、未来都没有联系。所以他断言："旋岚偃岳而常静，江河竞注而不流，野马飘鼓而不动，日月历天而不周。"这就割裂了物质运动的连续性与间断性的统一，把间断性绝对化，把连续性说成人们的幻觉，从而否认事物有运动和发展。

僧肇的佛玄思想既发展了佛教般若学理论，也承继了玄学的思辨，在一定意义上推动了佛教思想在中国的生根和佛教中国化进程的深化。

第三节 慧远的佛学思想

慧远（334—416），俗姓贾，雁门楼烦（今山西宁武附近）人。曾习儒学，又善老、庄。21 岁时听道安讲《般若经》，遂出家成为道安的弟子，对大乘《般若经》和小乘禅法都有较高的领悟。后在庐山修戒、行禅、讲经，与刘遗民等人在庐山建立"莲社"，提倡"净土法门"，誓愿往生西方净土，是净土宗的早期创始人。他最重要的著作是《法性论》，今已不存，其观点散见于他所著《观无量寿经义疏》《大智论钞序》，以及慧达的《肇论疏》、唐元康的《肇论疏》等。

慧远觉得，中国人常把佛教的基本精神理解为追求"长生"，这不太符合印度所说的超脱生死、达到涅槃境界的宗旨。在慧远看来，现实世界是虚幻的，如果人们留恋世间，就必然陷入轮回的苦海。所以，免除人生不幸和痛苦的唯一出路，就是追求超现实的境界，亦即"法性"，只要能达到与"法性"相冥合，即可获得精神和肉体的解脱。

慧远在《沙门不敬王者论》《三报论》《明报应论》等文中对佛教因果报应论作了多方面的论证。他根据《阿毗昙心经》关于"若业现法报，次受于生报，后报亦复然"的说教，提出人有三业，业有三报，报有三世的"三报论"："经说业有三报：一曰现报，二曰生报，三曰后报。"（《弘明集》卷五）"现报"指现身作业，现身受报；"生报"指下世受报；"后报"指在不断轮回的转生中受报。轮回转生是人最大痛苦，只有努力修行，使精神超出轮回，才能求得解脱，这就是他的因果报应论。因果报应论承认有一个连续性的精神实体或灵魂的存在，这就是所谓"神"，可见"神不灭"是因果报应论的基础和前提。为了宣传因果报应论，慧远对"神不灭"做了充分的发挥和论证。

首先，慧远对"神"作了明确界定，说："夫神者何邪？精极而为灵者也。"（《沙门不敬王者论》）"神"是如"精灵"之类的东西，没有具体形象，即使圣人也难以穷尽它的奥妙；它虽然无形无象，却能"感物而动"，运变无穷，并且还是情欲的根子、生命流转的根源，所以他又说："化以情感，神以化传；情为化之母，神为情之根。"（《沙门不敬王者论》）总之，"神"不同于"物"，具有神妙万物的作用。

其次，"形尽神不灭"。"神"不同于物，可以独立于形体之外，是"物化而不灭""数尽而不穷"的永恒存在，所以它能从一个形体转移到另一个形体上，这叫"神有冥移之功"（《沙门不敬王者论》），所以"形尽而神不灭"（《沙门不敬王者论》）。为了说明这一观点，慧远又利用了汉代桓谭的"薪火之喻"，说："火之传于薪，犹神之传于形。火之传异薪，犹神之传异形。"（《沙门不敬王者论》）

慧远在论证"神不灭"时，不自觉地触及了以先秦的精气说和汉代元气论为基础的形神观的一个缺陷，这就是"精粗一气"的观点，即把形体看成粗气，而把精神看成一种精细的"精气"，这种观点不可能正确说明精神的本质。慧远说："不思神道有妙物之灵，而谓精粗同尽，不亦悲乎！"（《沙门不敬王者论》）可见，慧远看到了精神的非物质性，反对把精神同于气，这在理论的某些方面已超出了元气论。慧远没有看到精神对形体的依赖关系，反而把精神看成独立存在的实体，宣扬有神论。

第四节　竺道生与涅槃学

晋宋之际，佛学潮流发生了一些变化，由论证物质世界虚幻不实的般若学转向以论证"妙有"为主的涅槃说，强调"天国"世界的真实。促成这种转变的重要人物就是竺道生。竺道生（355—434），也称道生，本姓魏，巨鹿（今河北平乡西南）人。幼年从竺法汰（320—387）出家，后又师事慧远和鸠摩罗什，著作有《二谛论》《顿悟成佛义》《佛性当有论》等。其思想主要在于倡扬涅槃佛性说和顿悟成佛说。

佛性，是梵文 Buddhata 的汉译，亦作佛界、佛藏、如来藏等，是与实相、法性、真如等意义相近的概念。在不同的经典中，"佛性"常有不同的用法和含义，如《般若经》所说的"佛性"即"实相"，指的是事物真实不虚的相状；而《涅槃经》卷二《序品》云："众生悉有佛性。"指的则是佛的不变的本性以及众生成佛之因。

晋安帝义熙十二年（416），法显从印度带回《大涅槃经》二万五千颂中的初分四千颂，两年后译出六卷。该颂承认一切众生都有佛性，皆可成佛，唯"一阐提"没有佛性，不能成佛。竺道生认为，既承认一切众生皆有佛性，又把"一阐提"排除在外，其间存在着矛盾。他依据《维摩诘经·入不二法门品第九》中所说的"佛即是法，法即是众"，认为佛以法为身，众生也以法为身，佛与众生虽然差别迥异，但其本体只有一个，这就是佛性。所以竺道生在《妙法莲华经疏》中肯定地说"一切众生莫不是佛"，"一阐提"也是含生、有情的众生，因此也能成佛。当时《大般涅槃经》尚未译出，这些观点难以为大家所接受，曾引起广泛争论和激烈反对。直到后来，四十卷本的《涅槃经》广泛传译，里边明确讲到"一阐提"也有佛性，亦可成佛，这一争论才结束，道生因此而获得"涅槃圣"的美誉。

佛教以追求精神解脱为目的，所以除了要解决众生有无佛性、能否成佛等问题，还要解决如何成佛的问题。关于这一点，在中国佛教史上，有"渐修"和"顿悟"之别，竺道生主张后者。他说：

> 夫真理自然，悟亦冥符，真则无差，悟岂容易？不易之体，为湛然常照，但从迷乖之，事未在我耳。苟能涉求，便返迷归极，归极得本。（《大涅槃经集解·序题经》）

道生的"顿悟"说有两个特点：一是坚持"理不可分"，认为"真则无差"，理是完整无缺的；因此"悟"也是不易分割的过程，如果悟分"阶位"，那悟的就不是理。这种无差异的最高智慧与佛性直接契合，就是顿悟。二是强调悟不由他，悟者自悟。这显然是一种神秘主义的直觉。

竺道生的佛性说和顿悟说后来被唐代的禅宗所继承和发挥，对中国佛教哲学产生了深远的影响。

第五节　南北朝的诸师异说

南北朝时期，佛教与政治的关系更为密切，统治者自觉地把佛教当作维护统治的工具而大力提倡；中外佛教的交流活动也更为频繁，天竺和西域僧侣来华与内地高僧西行求法更为活跃；佛教义学师说林立，佛经译介的数量大为增加，传译中心也向多个方向扩散，北方以长安、洛阳为中心，南方以建康（今江苏南京）为中心，延及广州及沿江一带。

佛学义学在此时出现了一种新情况，即常有僧俗学者专门研习发挥一些有代表性的佛典，这些学者被称为"师"，其发挥的学说也被称为"师学"或"师说"。其中影响较大的有：

三论师。主要发挥罗什所译的般若学"三论"（《中论》《百论》《十二门论》），再加上《大智度论》，又称"四论"，代表人物有僧叡、僧肇、昙影等。此一系对隋代三论宗的形成有较大影响。

涅槃师。主要研习和发挥《大般涅槃经》及其"佛性说",代表人物有僧叡、竺道生、慧观、道朗、慧嵩等人。道生所倡一切众生都有佛性、"一阐提"皆可成佛的佛性说,在宋至梁时影响颇大,唐代禅宗的佛性说就与此有关。

地论师。以研习、弘传《十地经论》(简称《地论》)而得名。《地论》是古印度世亲所著,为大乘有宗的重要典籍。该论重在发挥"三界唯心"和"八识"观点,以及心有染、净的说法。

毗昙师。以研习、弘传小乘说一切有部的《阿毗达摩》(亦译《阿毗昙》)一类论书而得名。在北魏的弘传者有慧嵩,世称"毗昙孔子",此外还有僧韶、法护、智游、志念等。毗昙学派的教义在弘传我空法有、法有三世(过去、未来、现在)、三世缘生(即由因缘而生)观点的基础上,重在发挥"六因四缘"的"因果报应"说。

成实师。以研习、弘传古印度诃梨跋摩所著《成实论》而得名。"实"指四谛(即苦、集、灭、道),"成实论"就是成立四谛道理的论著。主讲"我空",兼讲"法空",反对小乘说一切有部的论说。该派发源地在长安,后又盛传于南方。传扬者多出自鸠摩罗什的门下,北方有僧渊及其弟子昙度、慧纪、道登等,南方有僧导等。僧导和僧嵩是最早的两位成实师。

除了上述诸学派之外,还有摄论、律学、禅学等。小乘的《毗昙》《成实》和大乘的《地论》《涅槃》四家,是南北学派的主干。总之,此一时期佛教学派纷呈,各师异说,周叔迦将其称为"众师异说时期"①。

从佛教与儒、道的关系来看,北朝与南朝有所不同。南朝主要限于理论之争,北朝则发展为政治、经济、文化上的错综复杂的矛盾冲突,最终酿成禁断佛教、坑杀沙门的毁佛运动。但是,这些毁佛事件均未能从根本上改变佛教进一步发展的势头,到周宣帝时即已开始恢复佛教,隋代又大力扶持佛教,至唐代佛教终于成为占主导地位的社会思潮。

思考题:

1. 说明僧肇般若学的基本思想。

2. 说明竺道生的涅槃学的主要观点。

---

① 周叔迦:《周叔迦佛学论著集》上册,中华书局 1991 年版。

第三章　道教思想

魏晋南北朝时期的道教基本上是在汉末五斗米道的基础上发展而来的。道教的核心教义是仙道学说，相信人的个体生命可以通过某种神秘的修炼而长生不死，肉体可以成仙。这对处于战乱之中、幻想太平和美好生活的人来说，颇具诱惑力，所以在魏晋南北朝时期，道教得到了长足的发展。

三国时期，左慈（156？—289？）在南方吴地传道，初传葛玄（164—224），继而传郑隐（？—302），郑隐传葛洪。至葛洪，在江东形成颇有影响的神仙道教，该教派有较为系统的神仙道教理论体系，将左慈开创的金丹道派发展到了顶峰。在道教史上人们常将"二葛"（玄、洪）与"三张"（陵、衡、鲁）并称，可见其对后世的影响。道教在东晋南北朝时期发生了一系列重大的变革，从原始形态发展为较为成熟的宗教教团。

第一节　葛洪与《抱朴子》

曹魏之初，民间有一些方士"挟奸宄以欺众，行妖隐以惑民"（曹植《辩道论》，《全三国文》卷十八）。葛洪激烈抨击民间的"妖道""邪道"，斥之为迷信。葛洪（约281—341），晋丹阳句容人（今属江苏），字稚川，号抱朴子，是著名道士葛玄的从孙。侯外庐认为葛洪是"从儒学正宗入手"的道教学者，[①] 他的代表作《抱朴子》分内外篇，内篇论道教，外篇论儒术。

葛洪将《老子》的"玄"发挥为宇宙之本、万物之母，他说："玄者，自然之始祖，而万殊之大宗也。"（《抱朴子内篇·畅玄》）此"玄"与道同一，具有"有""无"统一的特征。葛洪从修养论的角度，又将此"玄道"同于"一"或"玄一之道"："故仙经曰：子欲长生，守一当明；思一至饥，一与之粮；思一至渴，一与之浆。……守一存真，乃能通神。"（《抱朴子内篇·地真》）在葛洪看来，"一"与"道""玄"名称虽有三，但本质为一。"玄"既是宇宙万物的本体，同时也是养生的至高境界。

葛洪以"玄一之道"为根据，对神仙道教理论进行了系统论证。首先，他认

---

① 参见侯外庐：《中国思想通史》第三卷第七章第二节，人民出版社1959年版。

为神仙真实存在，且与常人不同，只有得道的人才能"见闻"到；世俗的人因为不能看到就怀疑神仙的存在，这是不对的。其次，葛洪认为，根据人的自然之性，长生是可学而得的。"我命在我不在天，还丹成金亿万年"（《抱朴子内篇·黄白》），只要修仙者有坚强的意志，通过渐次修道，神仙即可致。其三，修仙之道的关键在于以"药物养身，以术数延命"（《抱朴子内篇·论仙》），同时还要躬修勤炼。在各种修仙药物中，他最为看重的是金丹大药。他说："余考览养性之书，鸠集久视之方，曾所披涉篇卷，以千计矣，莫不皆以还丹金液为大要者焉。"（《抱朴子内篇·金丹》）由此，他发展出一套以还丹金液为主的金丹术，形成所谓的丹鼎派。同时，葛洪还强调众术合修的重要性，介绍了有关导引、行气、吐纳、屈伸、守一、房中等修炼法术。

葛洪还提出了"道本儒末"的观点。他对先秦诸子的优劣短长做了比较："阴阳之术，众于忌讳，使人拘畏；而儒者博而寡要，劳而少功；墨者俭而难遵，不可遍循；法者严而少恩，伤破仁义。"（《抱朴子内篇·明本》）唯有道家能使人精神守其本源，从而可收到事半功倍的效果。由此，他对儒道关系做出界说："道者，儒之本也；儒者，道之末也。"（《抱朴子内篇·明本》）葛洪虽然把儒家的伦理纲常视为修仙应该具备的一个条件，但始终坚持"道本儒末"的立场。

葛洪的神仙道教以神仙信仰、金丹服食为主要内容，以道本儒末为基本的思想原则，所以，其理论既能满足贵族阶层长生不死的愿望，又不违背以儒治国的原则。葛洪是魏晋以来神仙道教中最杰出的代表和集大成的理论家，为"神仙道教进一步发展为成熟的官方宗教奠定了坚实的基础"[①]。

第二节　寇谦之、陆修静与天师道

道教在东晋南北朝时期发生了一系列重大的变革，促使道教从原始形态发展为较成熟的宗教教团。最主要的表现是道教新经典的制作和寇谦之、陆修静、陶弘景等人对道教的改造，这些改造涉及斋醮仪范、修炼方术、组织制度等多个方面。

寇谦之（365—448），字辅真，上谷昌平（今属北京）人。《魏书·释老志》称其"早好仙道，有绝俗之心。少修张鲁之术，服食饵药"。北魏明元帝神瑞二年

---

① 任继愈主编：《中国道教史》，上海人民出版社 1990 年版，第 72 页。

（415），他声称太上老君降世，授予他"天师"之位，及《云中音诵新科之诫》二十卷，宣扬老君命他"宣吾新科，清整道教，除去三张伪法"。泰常八年（423），寇谦之又称"太上老君"之孙李谱文面授给他《录图真经》，命他辅助北方太平真君（指北魏太武帝拓跋焘），统领"人鬼之政"，并于始光元年（424）献《录图真经》给太武帝，得到北魏太武帝的赏识，加之太常卿崔浩的推尊，遂尊为"首处师位"。太武帝甚至于太延六年（440）改元为太平真君。

有了显赫的地位，寇谦之遂开始了"清整道教"的改革。这些改革主张有：其一，"除去三张（张陵、张衡、张鲁）伪法"，进行教义教规、斋醮仪范等方面的改革。寇谦之摒弃了原五斗米道中可被农民起义利用的教义和制度，取消了祭酒之名，取消祭酒父子继承制度，一律统称道士，声称道教徒不得叛逆君主谋害国家等。这些都更有利于道教服务于封建统治。其二，把儒家名教吸收到道教思想中去，提出"专以礼度为首"的主张。他把名教作为修仙的重要内容加以强调，吸取了忠、孝、仁、义等道德伦理规范，在教义上搞"儒道兼修"。其三，清除"租米钱税及男女合气之术"，在修炼方法上，除承继过去的符箓之法外，又主张"服食闭练"。"服食闭练"既包括炼丹之术，还包括儒家修身和佛教的轮回观念等。寇谦之借助政治力量，吸收儒家和佛教的某些思想，对五斗米道从内容到形式都进行了全面改造，他的新道教被称为新天师道（按：陆修静创立南天师道后，此称为北天师道），为道教在北方迅速传播创造了有利条件。

稍晚于寇谦之的金陵道士陆修静，在南方致力于对道教的总结和改造。陆修静（406—477），字元德，吴兴东迁（今浙江吴兴东）人。早年学道，宋文帝元嘉末年（453）在建康卖药，被召入宫中讲道，后居庐山修道。宋明帝泰始三年（467），再居建康，在崇虚观广集道书，并以洞真、洞玄、洞神三部分类，加以编次，这叫"总括三洞"。洞真是托名元始天尊创作的经典，为大乘；洞玄是托名太上道君创作的经典，为中乘；洞神是托名太上老君创作的经典，为小乘。泰始七年（471），陆修静又撰《三洞经书目录》，这是较早的道教经录，奠定了此后《道藏》编纂的基础。

陆修静是五斗米道的信徒，他不像寇谦之那样以天师自居，而是把自己看成替张天师传道的人。他的做法是"祖述三张，弘衍二葛（葛玄、葛洪）"（《广弘明集》卷四），并致力于把南方道教改造为适合"王者尊奉"的新道教。陆修静针对五斗米道的组织涣散问题，主张从建构健全规范的道教醮仪入手，对道教加以整饬，整饬的宗旨是，内持斋戒，外持威仪。他认为，斋戒是"求道之术"，只有斋戒才能把人的身、口、心引入"仪轨"，从而避免种种恶行。为此，他参照佛教的戒律和仪式，也吸收儒家的一些礼仪，对道教的斋醮仪轨进行了完善和规范。在道教的组织制度建设方面，陆修静建立了"三会"制度，要求"奉道者皆编户著籍，各有所属。令以正月七日、七月七日、十月五日，一年三会。民各投集本治，师当改治录籍，落死上生，隐实口数，正定名簿，三宣五令，令民知法"（《道门科略》）。他还在庐山构筑"简寂馆"，聚徒出家居馆修道，这是道教道团建设的首创。以上措施为道教各派的崇道活动提供了切实可行的范式。从此，道教斋醮科仪逐渐走上规范化、制度化、系统化的道路。经陆氏改造的以斋仪为主的天师道，史称南天师道。

第三节　陶弘景的道教思想

陶弘景（456—536），字通明，丹阳秣陵（今江苏南京）人。"年十岁，得葛洪《神仙传》，昼夜研寻，便有养生之志。"（《梁书·陶弘景传》）齐武帝永明二年（484），从陆修静弟子孙游岳学习符图经法。齐武帝永明十年（492），隐居句容的句曲山（即茅山，今江苏句容附近），后半生40余年一直修行于此，开创了道教茅山宗。茅山后来成为上清系的修习中心，陶弘景成为上清系重要传人。他虽为陆修静的再传弟子，但学术风格与陆氏有别，陆修静重在道教宗教斋仪的建设，陶弘景则重在道教理论的建构和研究。陶弘景是南朝道门领袖和道教改革的集大成者，也是发挥三教合流思想的道教学者之一。

陶弘景出身于士族地主家庭，长期居住在南朝政治经济文化的中心建康，受家庭教育和社会的影响，他比一般的知识分子较早成熟。他早年仕途坎坷，后半生归隐山林，成为朝野闻名的"山中宰相"。陶弘景一生勤于著述，不仅有诸多儒家经学著述，还有许多重要道书，如《真诰》《登真隐诀》《养性延命录》和《真灵位业图》等。《真诰》是他在其师孙游岳所给原始材料的基础上加工整理而成，保存了道教史的一些重要资料。《养性延命录》则是他关于修炼方法和养生延命方面的重要著作。

陶弘景以上清经箓为主，融通其他道派道法。同时，他认为三教皆是至圣至善之教，人主应该"崇教惟善，法无偏执"（《十赉文》）。陶弘景在学术上能够博通三家，援儒、释思想以入道。具体表现在：

其一，继承老、庄的道论哲学。他说："道者混然，是生元炁，元炁成，然后有太极，太极则天地之父母，道之奥也。"（《真诰·甄命授》）这里提出了一个既不同于道家也不同于儒学的宇宙生成式，即认为道生元炁，元炁生太极，太极生天地万物。

其二，把儒家名教引入道教教理中，如引证《中庸》的性命理论来解释道教修炼与天道合一的关系，说："人体自然，与道炁合，所以天命谓性，率性谓道，修道谓教。今以道教使性成真，则同于道矣。"（《真诰·甄命授》）他在《真灵位业图》中，模仿儒家名教的等级伦理，把所有道教的真灵，包括天神、地祇、人鬼以及诸仙真，都分成若干等级加以编排，在《登真隐诀》中，把道教的道君、真人、真公、真卿比喻为封建的帝王、诸侯，下设众多官位。在整个神仙体系中，"元始天尊"被确立为最高神，这是人世间的上下等级之位、尊卑贵贱之序在宗教观念上的反映，也反映了他在封建的社会统治秩序之中寻找宗教根据的努力。

其三，陶弘景信佛教，曾受佛戒。在茅山道观建有佛、道二堂，隔日轮番朝礼。他把佛教的轮回转世说引入道教，尝谈"天界"与地狱之事。他在论证道教修养过程时，亦常引用佛教的概念与范畴，如说："要当守志行道，譬如磨镜，垢去明存，即自见形，断六情，守空净，亦见道之真。"（《真诰·甄命授》）这里所用断情、空净等概念都取自佛教。在《甄命授》中说："人为道亦苦，不为道亦苦，唯人自生至老，自老至病，护身至死，其苦无量。"这些说法与佛教的"四谛"说中的"苦谛"颇相类似。

其四，在修炼方法上，陶弘景继承了道教各派的养生学说，强调形神双修，内外丹兼顾。他说："神者生之本，形者神之具，神大用则竭，形大劳则毙。"（《养性延命录》）形神皆不可用而不养，只要努力致力于修养，便可使寿命延长，甚至长生。他引证张湛《养生集》述"养生大要"："一曰啬神，二曰爱气，三曰养形，四曰导引，五曰言语，六曰饮食，七曰房室，八曰反俗，九曰医药，十曰禁忌。"（《养性延命录》）其中养神、养形更为重要。养神的基本要求是"游心虚静，息虑无为"，他认为人的七情（喜、怒、忧、思、悲、惊、恐）、六欲（生、死、耳、目、口、鼻）皆是伤神之物，必须节制。养形要做到饮食有节，起居有度，并加以行气、导引。他还专门著有《导引养生图》，强调活动筋骨，调理呼吸，以促进气血通畅。

陶弘景对中医、中药也很有研究，对中草药防病、治病、滋补身体的作用进行了多方面的探讨，对《神农本草》进行整理、勘误和增补，编成《本草集注》和《叙录》（现只存残卷），该书成为隋唐以后本草学的蓝本。陶弘景也是炼丹术的积极推崇者，并直接从事炼丹实验，亲身观察药石的变化，曾合成了著名的飞丹。他还撰有丹书《合丹药诸法式节度》《集金丹黄白方》《太清诸丹集要》等，惜已失传，但仍可从其他著作中看到他在化学实验方面的贡献。可以说，陶弘景是南北朝时期道教的集大成者。

第四节   道教中的科学思想因素

修炼成仙是道教追求的目标，在探讨人如何能肉体成仙的理论和实践中，道教自觉或不自觉地发展出某种具有一定科学精神的医疗理论和实践。加之早期道教往往行医证教，治病化人，借此吸引信众，也促进了道教医学的发展。"医道同源"，"十道九医"，就是道教与医学密不可分的真实写照。道教的丹术理论也包含着有关早期化学的科学理论和实践。

道教早期的丹术主要是外丹，即利用自然界的矿物质炼成想象中的固化之道，认为服食即可长生不死而成仙，又名金丹术、黄白术等。葛洪的《抱朴子内篇》所论述的丹道理论为后世炼制金丹奠定了理论基础。葛洪认为丹药所以能使人长寿，根据就在于"假求外物以自坚固"。丹砂之类在自然界是不易衰朽的，根据物类感通原则以及天人同构、物人互化的思想，"服金者寿如金，服玉者寿如玉也。"（《抱朴子内篇·仙药》）这种说法虽然没有科学的根据，但是其中蕴含的"天人合一"思想则是有一定意义的，这正是服金丹而长生的理论基础。

金丹术本身缺乏科学性，但炼制"仙药"的过程却俨然遵循着实验科学的诸多原则。王明认为，"古代的炼丹术是实验化学的先驱"（《抱朴子内篇校释·序言》），表现在：其一，保存了早期实验化学发展的史料。如《抱朴子内篇》在《金丹》《黄白》等篇中，系统总结了晋代以前的炼丹成就，详细记载了许多现已亡佚的丹道典籍和炼丹方法。其二，葛洪在炼丹过程中发掘并运用了许多化学原料，记述了许多化学反应的过程，这些都具有科学的价值。如《金丹》篇所记当时用来合炼仙丹的化学物品就有 22 种之多，也记述了一些金属元素的还原、置换等化学反应，特别是对汞、铅等元素的化学属性和化学反应过程有了较为深刻的认识，这为后世实验化学的发展积累了丰富的经验。炼丹过程还涉及化学上的分解反应和化合反应，如汞和硫黄化合生成硫化汞，升华为晶体即丹砂，又如硫化汞在煅烧时，硫氧化为二氧化硫，从而分解出金属汞即水银。此外，金丹术还认识到铅元素具有可逆性的原理，这些都可以说明道教中包含着中国古人对化学知识和化学实验的初步认识。

道教医学也包含着丰富的科学思想因素。首先，对人生病机理的认识达到相当的高度。道教认为，精气神是构成生命的基本元素，而气又是其中最为根本的，所以人生病的一个重要原因是由气滞所造成的。陶弘景对人生病的机理进行了探讨，《梁陶隐居序》还指出了饮食不和、阴阳不节也是致病的重要因素。此外，道教医学还认为，人的生理、心理和生活环境等诸多内外因素都可能导致人的疾病发生。

其次，在疾病的治疗方面，道教也进行了一些具有科学价值的探索。气是疾病产生的一个原因，故修道治病的重要途径是行气。葛洪就指出行气有治病的功效："善行气者，内以养身，外以却恶，然百姓日用而不知焉。"（《抱朴子内篇·至理》）道教正是在这一思想指导下发明和重视如导引、吐纳、服气等种种行气方术的。这些方法对于健身的作用，直到今天仍受到人们的重视。

最后，道教医学在医方和药物学方面也提出了一些颇有科学性的观念，进行了有一定科学价值的实验。葛洪所撰医典《肘后备急方》一直受到后人的关注。陶弘景在药理上也有突出的贡献：其一，对先前的药典进行了认真的纠谬和增补，使药物的品种大为增加。陶弘景的《本草经注》详细记述了各种药物的名称、来源、产地、形状、鉴别方法、功用、炮制、保管等，非常实用。其二，对各种药物进行了较为合理的分类。他克服了早期药典《神农本草经》按上中下三品分类而难于界定药物性能的弊端，改为按药物的自然来源和自然属性进行分类。其三，抛弃了《神农本草经》根据阴阳五行牵强附会地将药性加以机械分别的做法，而根据疾病和药性冷热的特点，将药性细分为寒、微寒、大寒、平、温、微温、大温、大热等种类。其四，他在总结前人用药经验的基础上，创造性地提出了"相使相畏、相须相恶、相反相杀"等辨证用药原则。

总之，道教的外丹学、医药学，在探讨生病机理、治疗原则、医药的分类和辨证施治诸方面，都有一些富于科学性的探索，对中医药的发展有重要影响。

思考题：

1. 寇谦之、陆修静是怎样改造道教的？
2. 试述陶弘景对道教发展的主要贡献。
3. 魏晋南北朝时道教的科学思想表现在哪里？

第四章　儒家经学思想

汉末魏晋，经学衰微，儒学的地位、社会作用都有所削弱，玄学成为上层社会时兴的思潮。当时许多世家大族往往既服膺儒学，又尊奉玄学，故玄、儒常常可集于一人之身。"永嘉之乱"后不久，晋室南渡，420年被刘宋所灭。此后南方相继出现齐、梁、陈诸割据王朝，史称南朝。北方则有十六国的兼并战争，自北魏统一北方，与南朝分立，史称南北朝时代。由于南朝与东晋在思想学术上有诸多相承或相通之处，而南北学风又有差别，本章将分别阐述汉魏西晋儒学、北朝儒学与东晋南朝儒学。

第一节　魏晋经学

东汉党锢之祸后，儒家经学陷入涣散和一蹶不振的境地，加之经学日渐烦琐支离，且缺乏创新，遂逐渐丧失了理论的活力。汉魏之际的四五十年间战乱频仍，图籍毁于兵火，庠序荡然无存，进一步加剧了经学的颓势。曹操从功利出发，重武轻文，置儒家德性要求于不顾，提出"唯才是举"的口号，并把目光转向刑名法术之学，有所谓"魏武初霸，术兼名法"的说法。魏黄门侍郎杜恕上疏说："今之学者，师商、韩而上法术，竞以儒家为迂阔，不周世用，此最风俗之流弊。"（《三国志·杜恕传》）此正反映了汉魏之际学术思想的转向。

汉魏之际郑玄经学仍有较大影响。郑玄兼采今古文，遍注群经，当时的学者们苦于今古文家法的烦琐，有感于郑氏经学的洽博，遂翕然向风，郑学盛极一时。但好景不长，很快又产生了反郑学的倾向，郑学也开始衰落。郑学最初的挑战来自经学内部，如荀爽、虞翻、王肃等人，尤其是王肃之学，对郑学形成极大的冲击。

王肃（195—256），字子雍，魏东海郯（今山东郯城西南）人。其学上承荆州之学，下开晋代官方经学。曾习今文经学，又习贾逵、马融之古文。王肃受荆州之学的影响，正面攻诘郑学，于是经学进入王学与郑学相抗争的时期，成为汉魏之际以迄晋代经学史上的一次重要论争。王肃著述颇丰，不仅曾为"《尚书》《诗》《论语》《三礼》《左氏》解"，还有"所论驳朝廷典制、郊祀、宗庙、丧纪、轻

重，凡百余篇。"（《三国志·王肃传》）

真正对汉学形成致命冲击的是魏晋时期的玄学经学。魏晋人不守训诂，"祖尚玄虚""多衍空理"，使儒家经学发生了重大的变化。玄学经学是"正始玄风"的一个重要方面。何晏著有《论语集解》《周易何氏解》和《孝经注》。王弼也有《周易注》《周易略例》和《论语释疑》等。何晏、王弼采取了独特的治经态度和方法，用道家的思想和方法释解儒家经典，力扫汉代章句训诂的烦琐之风，对儒家经训作了以阐发义理为主的玄学改造，开出一代新风。唐孔颖达在《周易正义序》中称赞王弼道："唯魏世王辅嗣之注，独冠古今。所以江左诸儒，并传其学，河北学者，罕能及之。"

在解释《周易》之时，何、王摒弃汉代的象数传统，以《易传》的义理解释经文。例如，王弼不按象数传统把八卦解释为天、地、雷、风、水、火、山、泽等物象，而以乾为健，以坤为顺，以震为威惧，以巽为申命，以坎为险陷，以离为丽，以艮为止，以兑为悦等，皆取其义理；又如把易学中"一爻为主"说与玄学"以无为本"思想结合起来，提出"一以统众"说，认为只有明一卦之主爻，才能把握住全卦的中心观念，从而使六爻之变化"繁而不忧乱，变而不忧惑，约以存博，简以济众"，做到"统之有宗，会之有元"（《周易略例·明象》）。

总之，何晏、王弼对儒家经训的玄学化改造，概括地说就是：用虚无本体之道改造儒家的政治伦理之道，从而为儒学的政治伦理原则赋予本体论的根据；把"无为"视为儒家的理想人格、圣人的最高德性，把虚静、恬淡视为圣人追求的理想境界；把玄学追求超言绝象的抽象义理学风带进了儒家经训中，抛弃了汉儒天人感应目的论的神秘内容和烦琐、迂腐的经解，开创儒学重于义理而疏于训诂的新学风。

司马炎禅魏而得天下，于咸熙二年（265）改元泰始，中国历史步入西晋。武帝践阼，颇重视文化教育，"廓开太学"，于咸宁间立国子学，并设博士制度。晋武帝还祭祀孔子，重视儒家礼仪的恢复和施行。《宋书·礼志四》记："晋武帝泰始三年十一月，改封宗圣侯孔震为奉圣亭侯。又诏太学及鲁国四时备三牲以祀孔子。"同时又行乡饮之礼，遵从马融、郑玄、王肃三家礼义施行。在西晋也有一批推崇礼制、精研经学的学者，如荀颛、郑冲、杜预等。晋武帝曾命荀颛修定礼乐，撰定《晋礼》，还修立学校，临幸辟雍。郑冲亦被推为"儒宗"。杜预是一位重要的经学家，撰有《春秋左氏经传集解》《丧服要记》《春秋释例》《春秋左氏传评》等多部著作，《春秋左氏经传集解》一书是《左传》注解流传至今较早的一种，也是杜预最重要和最有影响的一部著作。

第二节　南朝经学

西晋末年，"惟怀逮愍，丧乱弘多，衣冠礼乐，扫地俱尽"（《晋书·儒林传》序），儒学之景况凄然。东晋统治者虽然曾进行过振兴儒学的努力，然终东晋一朝，儒学教育始终没有形成较大的规模。

永嘉之乱后，经学存者，大概只有郑玄、王弼之《易》注，孔安国传《古文尚书》，《毛诗》郑《笺》和《左传》等，其余多亡，或有书无师，或有书无传者。元帝中兴，有学者建议立经学博士，本着"简省博士"的原则，遂"置《周易》王氏，《尚书》郑氏，《古文尚书》孔氏，《毛诗》郑氏，《周官》《礼记》郑氏，《春秋左传》杜氏、服氏，《论语》《孝经》郑氏，博士各一人，凡九人。"（《晋书·荀崧传》）但是，据皮锡瑞所说："晋所立博士，无一为汉十四博士所传者，而今文之师法遂绝。"[1]　这是晋代经学出现的一个重要现象。此时的王肃经学已经淡出，所立多为郑学。晋代所宗经注也是玄学经学与汉学经学并存。

东晋经学总的情况如《晋书·儒林传》序所说："有晋始自中朝，迄于江左，莫不崇饰华竞，祖述虚玄，摈阙里之典经，习正始之余论，指礼法为流俗，目纵诞以清高，遂使宪章弛废，名教颓毁。"但也不乏有影响的经学家，如范宁、梅赜、崔游等。范宁（339—401），字武子，推崇儒学，痛惜浮虚之习蔓衍，儒雅衰微，认为这种现象是玄学流行所致。范宁的学术思想，主要体现在对《春秋》三传特别是《穀梁传》的认识和注解上。所著《春秋穀梁传集解》是历史上《穀梁传》最为流行的注本。梅赜因献上孔安国所传《古文尚书》而知名。其书真伪，曾引起学界的广泛关注和持久争论，经明人梅鷟、清人阎若璩、惠栋等人研考，以为是伪书，特别是阎若璩的《古文尚书疏证》，列举诸多证据力辨其伪，不过近年亦有不少学者证其不伪。关于该书的真伪还需要有最新文献资料的证明和进一步的研讨。

南朝经学承接东晋之绪。宋文帝在位期间，在尊儒兴学方面做了三件事：一是元嘉十六年（439），立儒学、玄学、史学、文学为"四学"。二是元嘉十九年（442）立国子学，并令太子率更令何承天领国子博士。三是尊孔崇儒，大兴学校，

---

① 皮锡瑞：《经学历史》，中华书局 1959 年版，第 160 页。

以教育胄子。

但南朝诸朝廷所做的努力效果不佳，宋、齐两朝，经学颇显萧条，如《南史·儒林传》所说，"国学时或开置，而劝课未博，建之不能十年，盖取文具而已。是时乡里莫或开馆，公卿罕通经术，朝廷大儒，独学而弗肯养众，后生孤陋，拥经而无所讲习，大道之郁也久矣乎。"

至梁武初创，深慭儒学不振，乃"诏求硕学，治五礼，定六律，改斗历，正权衡"（《梁书·儒林传》序），力求复兴儒学。天监四年（505），"置五经博士各一人，广开馆宇，招内后进"（《梁书·儒林传》序）。同年，又诏开五馆，建立国学，立五经博士，教授皇室胄子，祭奠儒家先圣，甚至亲注儒学典籍，改变了经学一蹶不振的状况。经过十数年的努力，遂出现了"怀经负笈者云会京师"（《梁书·儒林传》序）的景况。史称梁武帝"大修文教，盛饰礼容，鼓扇玄风，阐扬儒业……凡数十年"（《梁书·敬帝纪》），终于出现了学术繁荣景象。

陈代"承前代离乱，衣冠殄尽，寇贼未宁，既日不暇给，弗遑劝课。"（《陈书·儒林传》）故有陈一代，儒学门庭冷落。虽也有一些经学学者，但多为梁代遗儒，有成就者几无可寻。

总之，南朝诸帝，大都短祚，唯梁代因武帝雅好儒术，方使儒学一度出现兴盛之象。随着政治上南北对峙局面的形成，经学亦有"南学""北学"之分。南朝重玄学经学传统，北朝重汉儒章句训诂传统，形成了经学崇尚和学术风格的南北差异，所以皮锡瑞称南北朝时期为"经学分立时代"。

南朝经学有突出成就者，有贺玚、皇侃、严植之、伏曼容、何佟之、明山宾、雷次宗、崔灵恩等人，尤其以皇侃为代表。皇侃（488—545）为南朝梁时吴郡（今江苏苏州）人。少时好学，曾拜名儒贺玚为师，明晓《三礼》《孝经》《论语》。撰有《礼记讲疏》五十卷，该书后亡佚。最有影响的著述是《论语义疏》，该书集魏晋诸儒之注，以疏解何晏《论语集解》，对一些难点尝用讲经的问答体方式进行辨析。

南朝经学有两大特点：一是重玄学经学传统。如皇侃《论语义疏》广泛征引魏晋经注，对王弼、郭象等人的经注尤为重视。如《南史·儒林传》云，伏曼容"少笃学，善《老》《易》"；严植之"少善《庄》《老》，能玄言"；张讥"通《孝经》《论语》，笃好玄言"，等等。受玄学经学影响，南朝经学不拘家法，追求简约，贵有心得。二是重义疏之学。受魏晋以来佛教讲经之风的影响，儒家也出现了讲经风气。南朝诸多学者都参与讲经，且规模愈来愈大，学者将所讲论的内容记录下来，即为义疏。所谓"义"，即阐发经之大义；所谓"疏"，即"疏理法义旨趣，决择文言章句，令悉通畅也"（《起信论疏笔削记》）。义疏之作原起于两晋，兴盛于南北朝。

第三节　北朝经学

北魏是鲜卑族拓跋氏建立的政权，为了取得北方汉族士族的支持，一直大力推崇经学。加之北魏以儒学取士，故士人也以此适应统治者的需要，所以，北朝经学较南朝稍盛。

魏道武帝初定中原，坚持以"经术为先"，崇儒兴学，并置五经博士，增加国子学生员，开启了北魏诸帝尊儒的基本指向。太武帝拓跋焘重用崔浩、卢玄、崔绰等儒学名士。至孝文帝迁都洛阳，不仅在服饰、语言、风俗方面推行汉化，更进一步重用儒官，一时儒学大盛。北魏之后，尽管政治动荡，但后继诸政权基本承续了北魏以儒术治国，弘扬儒家经学的传统。特别是北周创立者宇文泰，修正礼乐，敦尚学艺，完备朝纲，儒学盛况，远胜于前。到明帝时，"执经负笈之生，著录于京邑"，出现"济济焉，足以逾于向时矣"（《北史·儒林传》序）的儒学盛况。北周武帝宇文邕尤重儒士，形成了崇儒励志、勤苦奋进风气，乃成就了所谓"近代之美"（《北史·儒林传上》）。

北朝经学恪守汉末章句传统，郑玄《易》《诗》《书》《礼》《论语》《孝经》，服虔《左氏春秋》和毛《诗》大行于河洛。北朝经学还把章句训诂与通经致用融为一体，在注说典章制度的同时，也好谈天道、谶纬，并杂有阴阳术数，少有论及"义理"者。如徐遵明的弟子李业兴在回答梁武帝问题时说："少为书生，止读五典，至于深意，不辨通释"；"所传太极是有，素不玄学"（《魏书·李业兴传》）。造成这种情况的原因，一是永嘉之乱后，北方少数民族入主中原，玄学名士南渡，玄学骨干都不在河洛地区；二是入主中原的少数民族建立的政权，为了得到汉族士人的支持和治世的需要，也推崇经学。

由于统治者的提倡，十六国和北朝时期的经学呈活跃的趋势，经师众多，有较高学术造诣者为数不少，诸如刘晒、卢景裕、李业兴、常爽、崔浩、刘献之、熊安生等，但能立宗开派者，当推徐遵明。徐遵明（475—529），字子判，北魏华阴（今陕西华阴东南）人。年轻时遍求名师，博览群书，不受一家一派的局限，注经博采诸家，但依然严守郑玄、服虔之法。其学涉及《易》《孝经》《论语》《尚书》《三礼》及服氏《春秋》。其门人中大儒经师层出，且多延承师法，如卢景裕、李铉、张买奴等，都是当时经学的领军人物。北朝经学所以兴隆，与徐氏传经有很大的关系。当时能通《礼经》者，多是徐遵明再传弟子熊安生的门人。熊安生，字植之，北周长乐阜城（今河北阜城东）人，师承徐遵明门人李铉，精通"五经"，尤长于三礼，著有《周礼义疏》《礼记义疏》《孝经义疏》，均已佚。清马国翰辑有《礼记熊氏义疏》四卷。门人众多，如后来在隋代有影响的经学家刘焯、刘炫都出自他的门下。北朝经学，除徐遵明一系之外，尚有其他师门传承。如刘献之一系。刘氏"雅好《诗》《传》"，"善《春秋》《毛诗》"（《北史·刘献之传》），北学"通《毛诗》者多出于魏朝博陵刘献之"（《北史·儒林传》序）。从北方经学的传承看，主流崇尚汉儒传统，然亦杂有南学，故不可一概而论。

北朝经学的特点之一，是尚朴务实，渊综广博。与南朝经学受玄学、佛学影响而形式简约、文风瑰丽相比，北方学风较为朴实，颇少浮华之风，但也表现出汉儒章句说经的深芜与支离。北朝经学特点之二，就是既有官学的传承，也有私学的传承。官方经学的传习，以官方主办的学校为主。不过，能入官方高级学校者，多为皇室贵胄、世族达官子弟。于是，与官方经学传习相对应，私学的传习也盛行起来。如北魏前期的高允，"府解，还家教授，受业者千余人。"（《魏书·高允传》）张伟"讲授乡里，受业者常数百人。"（《魏书·张伟传》）尽管北魏朝廷禁止私学，但私学仍在发展。加之私家经学的传习主要延承的是汉儒治经传统，往往能择名师而从，教育的效果往往更胜于官学。

总体上说，魏晋南北朝时期儒林还是产生了一些名家，在经籍整理方面也出现一些对后世影响较大的经解著述。后来的《十三经注疏》中，除了《孝经》为唐玄宗注解外，其余各经，汉儒注疏与魏晋注疏各居其半。不过，从学术倾向上说，此一时期儒学偏重于经世，重视礼学，略于高层次的精神追求，先秦以来的思孟之学则抑隐而未彰。也许正由于此，该时期尽管名儒辈出，但终究没有出现一个有重大理论成就、超越先儒的儒学大家。

第四节　北朝少数民族政权对儒学的接受与传播

北朝时期，少数民族政权为了巩固政权，同时也为了迅速缩小胡汉文化的差距，选择并借助儒学以实现本民族的汉化。其具体措施，一是拜汉族的硕儒为师，加强儒家经典的学习，并以身作则，广泛博览儒家经典。如前赵主刘渊及渊子刘聪都能博览汉人的经籍著述，尤好儒学。二是广泛加强儒学教育，培养治国人才。

前赵刘聪之族侄刘曜"立太学于长乐宫东,小学于未央宫西,简百姓年二十五已下十三已上,神志可教者千五百人,选朝贤宿儒明经笃学以教之"(《晋书·刘曜载记》)。前秦苻坚崇儒甚笃,不仅将"诸非正道典学,一皆禁之",还亲临太学考其经义。后秦时一些名贤硕儒于长安讲学,门徒咸集,使长安一度儒风大昌。说明当时各少数民族政权都在进行着学习、传播儒学的努力。

各少数民族接受和传播儒学主要体现在以下方面:一是努力学习儒家的礼仪文化,以加速本民族的汉化。礼仪文化,是儒家文化的核心部分,也是古代"夷夏之辨"的重要标准。十六国时期的少数民族统治者,主要从政治体制、教育等多方面学习儒家文化,忽略汉晋礼仪,致使后继的北魏统治者无制度可以参照。到北朝时期,统治者都意识到接受儒家礼仪的重要性。太武帝说"欲令百姓家给人足,兴于礼义"(《魏书·太武纪》)。孝文帝认为"营国之本,礼教为先"(《魏书·任城王传》)。为了用儒家礼仪改造其原有游牧民族的习俗和礼节,他们大力任用熟悉汉晋礼仪的儒家士人,制定礼仪,让人们学习和接受祭祀、婚丧、服饰等礼仪,以此规范社会。这些做法对少数民族的汉化进程有重大推进作用。

二是在伦理制度上,北朝的一些少数民族受到儒家文化更强烈的影响。当时北方少数民族多是游牧民族,在生活方式上仍保持着本民族的传统,尚武好斗,伦理观念淡薄,男女无别,尊卑不整。经过汉魏两晋南北朝以来北方少数民族与汉民族的杂居,文化上已经相互影响、相互吸收,而儒家伦理文化对北方少数民族则影响更大。

在孝文帝改革之前,北魏已有人重视发挥儒家伦理的教化作用。和平四年(463),文成帝拓跋浚整饬伦理秩序,主张从"三纲"中的"夫妇"关系入手,理顺婚姻关系,确立社会尊卑之序,并严格规定"皇族、师傅、王公侯伯及士民之家,不得与百工、伎巧、卑姓为婚,犯者加罪"(《魏书·高宗纪》)。献文帝延兴三年(473)遣使到地方检查民情,主张把能"力田孝悌,才器有益于时,信义著于乡闾者",树为典范,加以表彰,并用法律手段惩戒不孝之人。孝文帝更注重将儒家伦理推广到少数民族的广大民众之中。太和十一年(487)诏在全国范围内推行"乡饮之礼",要求在民间"导以德义",对民众进行"父慈、子孝、兄友、弟顺、夫和、妻柔"等关于尊卑有等、长幼有序、男女有别的伦理道德教育。他还命人将《孝经》翻译成鲜卑文,称为《国语孝经》。北魏诸帝在实际生活中以身作则,遵守以孝事亲的理念,冯太后去世,孝文帝不顾群臣反对,坚持为其服丧三年。上行下效,重孝遂成为社会风尚。总之,儒家伦理观念中最核心的"孝悌"，已经对少数民族政权在治国理念和社会习俗上发生了实质性的影响。

思考题：

　　1. 魏晋南北朝时期的儒家经学区别于汉儒经学的主要特点在哪里？

　　2. 试说明南、北朝经学在学风上有哪些不同？

第五章　儒释道三教论争

魏晋南北朝时期，中国思想文化的格局发生了重要的变化。汉代的儒术独尊、儒道互补逐渐演变成儒释道三教并存纷争的局面。儒学虽然丧失了其独尊的权威，但仍然保持着其在思想文化领域的正宗地位。道教在理论上、组织上趋于成熟，从民间宗教逐渐转化为社会广泛认可的宗教社团，并进入上流社会。两汉之际从印度传入的佛教，逐渐成为一种对此后中国文化有全局性影响的意识形态和文化因素。儒释道三教并存，共同构成了适应新的宗法等级制度的意识形态，同时，三教相互间也在不断发生着冲突与融合。

在新的思想格局中，儒释道三教的地位和作用是不同的。儒学仍然处于官学的地位，当佛、道二教的发展使世俗地主集团的经济利益受到侵犯时，他们往往本能地会从儒家立场加以反击。当佛、道二教表示顺从封建纲常时，儒学也往往表现出对佛、道的宽容。道教是中国土生土长的宗教，理论上相对薄弱，教规和斋醮仪范也不够完善，故难以与佛教抗衡。但是道教在文化基因、价值观念、思维方式上与儒家有诸多相通之处，所以儒、道又每每联合起来共同与佛教相抗争。佛教有着更为精致的理论体系，所以在思想传播方面有着特殊的优势，特别是玄学衰微以后，佛教几乎成为思想界关注的中心。不过，佛教毕竟是外来宗教，在价值观、人生观、伦理观、思维方式乃至生活习俗等方面，都与中国文化传统有差异乃至矛盾，所以佛教与儒、道的冲突和摩擦一直没有间断。这种错综复杂的关系促使三教之间既相互斗争，又相互吸收、相互融合，从而深刻地影响着此后中国学术思想的走向和特征。

第一节　南朝反佛及儒、释、道之间的思想论争

南朝政治腐败，社会动荡，多次发生农民起义或统治集团的内乱。在儒学衰微的情况下，统治者希望发挥佛教的社会功效。梁武帝萧衍虽然三教并用，却将佛教置于儒、道之上。他组织僧众翻译、编纂大批佛教典籍，并滥支国库钱财，布施僧尼，大修寺院。他甚至多次舍身入寺，再由群臣将他赎回，其中有两次"群臣以钱一亿万奉赎皇帝菩萨大舍，僧众默许"（《南史·梁本纪》）。

南朝诸帝的崇佛、佞佛，加剧了僧侣地主与世俗地主的矛盾。大臣郭祖深对

当时"家家斋戒，人人忏礼，不务农桑，空谈彼岸"的情况深为忧虑，遂上书皇帝，对寺院经济过度膨胀造成的危害进行了深刻的揭露，要求皇帝下诏精简僧尼道人，以避免"处处成寺，家家剃落，尺土一人，非复国有"（《南史·郭祖深传》）的后果。同时代的荀济也上书皇帝，批评佛教紊乱纲常："今释氏君不君，乃至子不子，纲纪紊乱矣。"（《广弘明集》卷七）他甚至直接批评梁武帝违背传统祭礼，舍身佛寺，私人执役，有失帝王尊严。后来，在儒臣的鼓动下，南朝曾先后发生几次沙汰沙门的行动，在一定程度上对佛教的传播有所限制。但总的来讲南朝对待佛教的态度相对温和些。

南朝的士人与僧侣大都具有较高的文化素养，冲突和矛盾也主要表现在思想上或理论上，较大的争论有四次：沙门敬不敬王之争，白黑论之争，夷夏之辨，神灭与神不灭之争。

一、沙门敬王之争

沙门敬王之争的实质是宗教教义与世俗政治伦理之间的冲突。在印度，佛教徒有很高的社会地位，他们只礼拜佛祖释迦牟尼，对包括帝王和父母在内的任何人，都不跪拜，甚至在家还要接受父母的跪拜。这种教义与中国父母至亲、王者至尊的纲常伦理发生了冲突。东晋成帝（325—342 年在位）时庾冰、何充辅政，庾冰（296—344）代晋成帝下诏，令沙门跪拜王者，认为"名教有由来，百代所不废"（《代晋成帝沙门不应尽敬诏》），主张域内之民都须敬拜王者，不允许有不遵礼法的教令存在。何充对此予以反驳，认为沙门虽然礼仪有殊，但"寻其遗文，钻其要旨，五戒之禁，实助王化"（《重奏沙门不应尽敬表》），因此不如因势利导，发挥其辅助治国的作用。结果庾冰议寝，第一次争论就这样不了了之。

东晋安帝元兴二年（403），总理国事的桓玄（369—404）主张沙汰沙门，勒令和尚跪拜王者，理由是沙门沾受国恩，应守国制，不宜废其敬王之礼。沙门慧远作《答桓太尉书》，指出在家修行的佛教徒应该"奉上之礼，尊亲之敬，忠孝之义"；出家人虽然礼仪与世俗不同，但内不事亲而不违其孝，外不奉主而不失其敬。圣典的教义"与王制同命，有若符契"（《重奏沙门不应尽敬表》），二者并不矛盾。慧远还专门写了《沙门不敬王者论》，从佛教的社会功用入手，阐述了宗教礼仪与封建伦常的一致性，主张佛教的基本教义有利于王者的统治。在慧远的劝说和影响下，桓玄放弃了沙门必须跪拜王者的要求。慧远的反复论证，一方面使佛教保持了某种独立性，另一方面也使王权与佛教达成了某种妥协。

二、白黑论之争

第二次大的论争发生在刘宋时期。还俗沙门慧琳（433—487）作《白黑论》（又称《均善论》或《均圣论》），认为儒、道、释的创始人都是圣人，三教各有长处，可以并行不悖。他又针对当时佛教与反佛者双方争执的一些根本问题，如"来生说""报应说"等，假设白学先生（代表儒、道）和黑学先生（代表佛教）相互辩难，并借白学先生之口对佛教教义及因果报应进行了多方面的批评。佛教信徒宗炳（375—443）作《明佛论》，全面反驳慧琳对佛教的批评。随后，何承天又作《达性论》，以儒家的性命说对佛教的因果论做了反驳，颜延之作《释达性论》，又与何承天相互通信，反复辩难，把这一问题的讨论引向深入。

慧琳在《白黑论》中对佛教的般若性空说进行了批评。他借黑学先生之口说佛教主张万法本性皆虚幻不实，故为空。白学先生反问："三仪灵长于宇宙，万品盈生于天地，孰是空哉？"意即宇宙万物真实存在，怎么能说是空呢？黑曰："空其自性之有，不害因假之体也。"是说佛教所说的"空"，是"空"其性，不影响承认万物作为"假有"的存在。于是白学先生又反驳说："今析豪空树，无伤垂荫之茂。离材虚室，不损轮奂之美。"意思是说，佛教般若学虽用一些玄奥的范畴论证万物自性空，但这丝毫无损于事物的真实存在与勃勃生机。慧琳还批评了佛教的因果报应说，"美泥洹之乐，生耽逸之虑，赞法身之妙，肇好奇之心。近欲未弭，远利又兴。虽言菩萨无欲，群生固以有欲矣。"意思是说，佛教以空无立义，追求涅槃境界，但是其宣扬的因果说却以福乐设教，岂不自相矛盾？黑学先生辩解说："物情不能顿至，故积渐以诱之。"意思是说报应说是出于设教的方便，主要是对初学者而言。白学先生又指出这是手段与目的的背离："道在无欲，而以有欲要之，北行求郢，西征索越。"慧琳借白学先生之口，揭露了佛教理论中的矛盾，是很有说服力的。

此后，宗炳、颜延之（384—456）与何承天（370—447）也围绕着《白黑论》中的问题继续讨论。宗炳以佛教的般若中观说反驳慧琳对般若空观的批评："佛经所谓本无者，非谓众缘和合者皆空也。垂荫轮奂处，物自可有耳，故谓之有谛。性本无矣，故谓之无谛。吾虽不悉佛理，谓此唱居然甚矣！"（《弘明集·答何衡阳书》）意思是说，佛教主缘起性空，你只看到了"有谛"，而没有看到"无谛"，而"无谛"才是真谛。宗炳又作《明佛论》，大力宣扬佛教的因果报应说。针对有人以为，秦、赵之众，一日之中，白起、项籍坑六十万，"命善恶不同，而枉灭同矣"的质疑，宗炳认为，此秦、赵之众，"其神与宇宙俱来，成败天地而不灭。""神不可灭，则所灭者身也。"至于这六十万人生前善恶有异，而受害同日，如何以因果解释？宗炳说："今六十万人，虽当美恶殊品，至于忍咀群生，恐不异也。美恶殊矣，故其生之所享固可实殊；害生同矣，故受害之日固亦可同。"宗炳、颜延之等人强调因果报应是一种必然规律，"势犹影表，不虑自来"，被白起、项羽坑杀的六十万士卒，仍是由于他们杀生而受报。衡阳太守何承天又作《达性论》，认为人为万物之灵，故在天地间处于特殊地位，"安得与夫飞沈蠕蠕并为众生哉？"何承天还认为，人死后形体毁灭，精神消散不存，而报应说认为可以再次受形，精神不灭，完全是无稽之谈。何承天以具体的例证指出报应说无法解释社会生活中的现象，不过，由于其理论的单薄，难以战胜佛教徒。

三、夷夏之辨

夷夏之辨在先秦是中原文化为排斥周边"四夷"文化而发生的争论，孟子曾说："吾闻用夏变夷者，未闻变于夷者也。"（《孟子·滕文公上》）这被称为"夷夏之防"。魏晋南北朝时期，"夷夏之防"成为儒、道两家反对佛教在中原传播的重要武器。桓玄主张沙汰沙门，何承天反驳宗炳，都以民族文化的差异为由反对佛教在中原的传播。宋齐之际，道士顾欢（420—483）作《夷夏论》（载《南齐书·顾欢传》），借儒家"夷夏之防"的狭隘民族观念否定佛教在中国传播的合理性。佛教徒纷纷撰文立说，反击顾欢，以求得中土文化对佛教的认同，从而形成魏晋南北朝第三次三教之间的理论冲突。

顾欢在《夷夏论》中列举了华夏与夷狄在文化、习俗上的诸种差异：

> 其人不同，其为必异。各成其性，不易其事。是以端委搢绅，诸华之容；翦发旷衣，群夷之服。擎跽磬折，侯甸之恭；狐蹲狗踞，荒流之肃。棺殡椁葬，中夏之制；火焚水沈，西戎之俗。全形守礼，继善之教；毁貌易性，绝恶之学。……佛道齐乎达化，而有夷夏之别。

在顾欢看来，中华是礼义之邦，人性温良敦厚；群夷居蛮貊之地，人性刚勇强悍，因此应该用不同的方法去教化。他认为"佛是破恶之方，道是兴善之术"，道与佛有优劣之分，高下之别，故不可"以中夏之姓，效西戎明僧绍之法"，否则就会破坏夷夏之大防，最终导致以夏变夷的恶果。他又说："虽舟车均于致远，而有川陆之节，佛道齐乎达化，而有夷夏之别。若谓其致既均，其法可换者，而车可涉川，舟可行陆乎?"顾欢表面上肯定了佛教的某些合理性,但以不适合国情为由拒绝佛教在中国的传播。顾欢的《夷夏论》强调了文化的民族性与地域性,要求保持中华文化的民族特点,这有可取之处。但是,由于他是站在狭隘民族主义的立场上,通过"尊夏贱夷"来反对佛教在中国的传播,所以成为以"夷夏之防"反对佛教的典型案例。

《夷夏论》一出,立即受到佛教徒的反击。朱昭之(生卒年不详)著《难顾道士夷夏论》,朱广之著《疑夷夏论咨顾道士》,批判顾欢狭隘的民族偏见,反对用"狐蹲狗踞""虫馈鸟枯"之类的语言辱称其俗,也反对以各民族语言的不同,而对其宗教做高下之分。慧通法师、明僧绍也分别著文,从华夷之俗虽异而教无高下之别的角度提出反驳。

佛教徒对"夷夏之防"反批评,一方面淡化了佛教与中华文化的差异,为佛教在中原立足奠定了根基,另一方面,也使人们对佛教的认识有所深化,扩大了佛教的影响。但《夷夏论》造成的影响持续了很久,每当反佛处于高潮时,就有人重提"夷夏之防"这一话题。南齐时托名道士张融所写的《三破论》,提出佛教"入国破国""入家破家""入身破身",而僧顺又作《折三破论》予以反击。不过,这些都只是夷夏之辨的余波了。

四、神灭与神不灭之争

东晋慧远的"神不灭"论在南北朝时期发生了深远的影响。晋宋之际又有郑鲜之(364—427)专门写了《神不灭论》,他不同于慧远的形尽神不灭,也没有接受"薪尽火传"的比喻,而主张"火本自在,因薪为用耳"。即在无火之前就有"火理"存在,薪不是火之本,"火理"才是火之本,神本自在,永不灭耳。一些主张无神论的思想家旗帜鲜明地反对神不灭论,于是在僧俗之间发生了有关神灭与神不灭的论争。宋释慧琳著《白黑论》,抨击幽灵神验之说。宗炳著《明佛论》而折之,极力宣扬人死神不灭。持儒家立场的何承天在与刘少府、宗炳、颜延之的论辩中,著有《报应问》《达性论》等,较系统地发挥了无神论和神灭论的思想。齐梁时的萧子良更大力宣扬神不灭。这一论争到南朝达到了高潮,形成南朝第四次大的理论论争。

宗炳力主"神不灭",其理论武器基本上还是慧远二元论的形粗神妙说。宗炳说:"人形至粗,人神实妙,以形从神,岂得齐终?"(《答何衡阳书》)他认为"神"具有妙用,如果"神"从属于"形",依形而生,随形而灭,它就失去了神妙的作用。何承天针锋相对地加以反驳,说:"生必有死,形毙神散,犹春荣秋落，四时代换，奚有于更受形哉？"（《达性论》）何承天也以薪火喻形神："形神相资，古人譬以薪火，薪弊火微，薪尽火灭，虽有其妙，岂能独传？"（《答宗居士书》）何承天堵住了神传异形的可能性，强调精神依赖于形体，这种说法虽对汉代桓谭的理论作了一些修补，不过总体上说，他所使用的武器还没有突破汉代以来的形神二元论，因而难以战胜神不灭论。

真正触动神不灭论的理论基础、切中神不灭论要害，并对形神关系作了光辉总结的，是南朝齐梁时的无神论者范缜。范缜（约450—约510），字子真，南乡舞阴（今河南泌阳西北）人。主要著作有《神灭论》《答曹舍人》，收入《弘明集》中。《梁书·范缜传》载：

> 缜在齐世，尝侍竟陵王子良。子良精信释教，而缜盛称无佛。子良问曰："君不信因果，世间何得有富贵？何得有贱贫？"缜答曰："人之生譬如一树花，同发一枝，俱开一蒂，随风而堕，自有拂帘幌坠于茵席之上，自有关篱墙落于溷粪之侧。坠茵席者，殿下是也；落粪溷者，下官是也。贵贱虽复殊途，因果竟在何处？"子良不能屈，深怪之。

范缜以偶然论来驳斥佛教的因果报应论，虽然不失为一有力武器，但并不能最终驳倒因果报应论。这次辩论之后，范缜遂退论其理，著《神灭论》。该论一出，"朝野喧哗"，萧子良集众僧围攻，梁武帝纠集王公朝贵60多人，写了75篇文章对范缜加以声讨，但他竟能"辩摧众口，日服千人"。梁武帝也只好以"言语之论略成可息"（《弘明集》卷九）为由，停止了这场关于形神关系的辩论，范缜的无神论思想取得了胜利。不过，在朝野上下一片佛教热的浪潮中，无神论思想还是被视为"异端邪说"。

《神灭论》的意义在于它在理论上有重大突破。《神灭论》的主要论点是：第一，"形神相即"。范缜说："神即形也，形即神也；是以形存则神存，形谢则神灭也。"认为形、神是相依的、统一的，统一的基础不是"神"，而是"形"。第二，"形质神用"。范缜说："形者神之质，神者形之用。是则形称其质，神言其用。"这是他形神观的核心命题。认为形质是精神之"质"体，精神是形质的作用、功能，形与神是质用统一的关系。这一说法突破了秦汉以来的形神二元结构模式，同时也与慧远的形粗神妙的唯心观点划清了界限，对精神的本质和形神关系作了更进一步的说明。此外，范缜还用"刃利之喻"代替了历史上沿袭很久的"薪火之喻"。他说："神之于质，犹利之于刃；形之于用，犹刃之于利。""舍利无刃，舍刃无利。"这就比较正确地说明了形与神之间质用统一的关系。

总之，范缜是以十分清醒的理性态度来论证形神关系的，从而以深邃的理论创造、严密的逻辑分析证明了"神灭"，批判了"神不灭"，并对先秦以来的形神之辩作了光辉总结。自此之后，虽然形神问题的余波还在，但已不大引起人们的关注了。

第二节　北朝的兴佛与毁佛

北朝的少数民族统治者对佛教表现得非常虔诚和狂热。后赵统治者石虎下令解除汉人出家的限制，史书记载后赵时期兴建了八百多所佛寺。建元十四年（378）前秦苻坚曾发兵攻打襄阳，一个重要目的就是迎请高僧道安。建元二十年（384），苻坚派大将吕光出征西域，在攻克龟兹后俘获了西域高僧鸠摩罗什，在返长安的途中闻知朝廷有变，遂据凉州十七年。后秦灭凉，姚兴即位后于弘始三年（401）将罗什迎至长安。正是在君主和贵族们的积极扶助下，佛教在魏晋南北朝时期急剧膨胀。有的王朝还设有专管佛僧活动的官员，如魏道武帝曾设"道人统"。当时建寺风气极盛，据《魏书·释老志》所记，至魏太和元年（477），寺院就有六千八百余所，僧尼增至七万七千多人。举世闻名的敦煌、云冈、龙门三大石窟就是此一时期开凿的。献文帝时修建的永宁寺，堪称一绝，菩提达摩目睹后曾赞叹不已。可见，北朝兴佛在历史上是空前的。

佛教的发展也引起社会有识之士的担忧，反佛之声不绝于耳。当佛教的过度发展影响到统治者的经济利益和政治权力的时候，他们也会打压佛教，甚至毁佛、灭佛。中国历史上"三武一宗"的四次毁佛法事件，有两次发生在北朝。

第一次是北魏太武帝拓跋焘（423—452 年在位）灭佛。太武帝早年笃信佛教，后因道士寇谦之的影响，转而相信道教，并于太平真君三年（442）亲赴道坛受箓，成了道教的信徒。寇谦之本不主张以道排佛，但是将寇谦之引荐给太武帝的司徒崔浩，思想较为偏激。在崔浩的影响下，太武帝对佛教成见日深。太平真君七年（446），恰逢太武帝征讨盖吴叛乱，路过长安，在一佛寺中发现弓矢矛盾等武器以及富人寄藏的赃物，还发现沙门与贵室私通的窟室。太武帝大怒，下定灭佛的决心。《魏书·释老志》载：

诏诛长安沙门，焚破佛像。敕留台下四方，令一依长安行事。又诏曰：

"彼沙门者，假西戎虚诞，妄生妖孽，非所以一齐政化，布淳德于天下也。自王公以下，有私养沙门者，皆送官曹，不得隐匿。限今年二月十五日，过期不出，沙门身死，容止者诛一门。"

太武帝对沙门无论老少采取了"诛""坑"的残酷做法，对佛图、经像采取了击破、焚毁的极端做法，好在信佛的太子暗中缓冲，使大部分沙门四处逃亡，并藏匿了一批金银宝像、经论、秘藏，但无法移动的寺塔、经像几尽被毁。北魏太平真君九年（448），寇谦之死，两年后崔浩被诛。又过两年，太武帝被太监杀死，文成帝即位，立即下令复兴佛教，北魏佛教很快又恢复到原先的规模。

第二次灭佛发生在北周武帝宇文邕在位时期。天和四年（569）三月，周武帝召集名僧、儒者、道士及百官两千余人于正殿论三教秩序，"以儒教为先，佛教为后，道教最上。"（《广弘明集》）结果"议者纷纭，情见乖咎，不定而散"。无奈，武帝决断："儒教道教，此国常遵，佛教后来，朕意不立"，明显有排佛意向。翌年，司隶大夫甄鸾上《笑道论》，从多方面对道教进行了贬抑。帝乃集群臣讨论甄鸾所著，众论"以为伤蠹道法"，遂当庭焚毁。道安又作《二教论》，认为只有"内教外教"，"释教为内，儒家为外"，道家不可称为教，只是儒家的一个分支，明确地贬低排斥道教。周武帝恼羞成怒，于建德三年（574）强制灭佛。为缓和舆论压力，也连及道教："丙子，初断佛、道二教，经像悉毁，罢沙门、道士，并令还民。并禁诸淫祀，礼典所不载者，尽除之。"（《周书·武帝纪上》）建德六年（577）武帝入原北齐都城邺城，召齐地僧人入殿，宣布废佛，"佛道二宗俱被废灭，东川寺观凡四万余区，并赐王公，僧道三百万人悉充军民，财产并收入官。"（《佛祖历代通载》卷一〇）

宣政元年（578），北周武帝去世，宣帝即立，于大成元年（579）下诏从旧沙门中选七人入正武殿修行。二月宣帝传位于七岁的静帝，朝廷大权落入国丈杨坚手中。次年宣帝死，杨坚遂借其女天元大皇后之口下诏："复行佛、道二教，旧沙门、道士精诚自守者，简令入道。"（《周书·静帝纪》）此后直到隋唐时，佛教走向高潮，中国思想文化进入了儒、释、道三教鼎立的时代。

第三节　儒、释、道三教的交融与会通

南北朝时期儒、释、道之间既有争论，也有交融会通。佛教对儒学大多采取

了迎合、妥协的态度，在理论上力辩儒、佛宗旨一致，可以相辅为用。汉末魏初牟子的《理惑论》，是最早涉及三教关系的著作，对儒家所谓佛教违背尧舜周孔之道和礼乐孝悌之教的说法予以反驳，力主儒、佛、道是相融不悖的。三国时僧人康僧会更明确地说："儒典之格言，即佛教之明训。"（《高僧传·康僧会传》）东晋孙绰在《喻道论》中直言："周孔即佛，佛即周孔，盖外内名之耳。"东晋慧远说"道法（佛）之与名教，如来之与尧孔，发致虽殊，潜相影响；出处诚异，终期则同"（《弘明集·沙门不敬王者论》）。北周道安说佛教是救心之术，儒学是救世之术，三教从都主张"善"这点说是一致的。宗炳也说："孔、老、如来，虽三训殊路，而习善共辙也。"（《弘明集·明佛论》）这些都肯定了儒、佛在社会作用上的一致性和伦理道德上的相通性。

在思想和理论层面上，三教之间也相互吸收、融会。表现之一就是把佛教的一些概念与儒、道概念相比附相融通。刘宋慧琳在《白黑论》中说："六度（佛教的六种修行方法）与五教（儒家的五常）并行，信顺（指道）与慈悲（指佛）齐立。"他认为佛教仁慈，劝人改恶迁善，与儒家以仁义化天下的目标一致，只是途径不同而已。北齐人魏收尝用儒家的"五常"释佛教的"五戒"，说："又有五戒，去杀、盗、淫、妄言、饮酒，大意与仁、义、礼、智、信同，名为异耳。"（《魏书·释老志》）北齐颜之推也说："仁者，不杀之禁也；义者，不盗之禁也；礼者，不邪之禁也；智者，不酒之禁也；信者，不妄之禁也。"（《颜氏家训·归心篇》）这是把佛之"五禁"与儒之"五常"贯通起来。表现之二，是一些学者力图在思想渊源上把三教贯通起来。南齐人张融认为儒、佛、道本无差别，所谓的差别完全是由人的主观观察不同造成的。他在临终入殓时，吩咐要左手执《孝经》《老子》，右手执《小品法华经》。梁武帝也说，"老子、周公、孔子"都是"如来弟子"（《弘明集·舍事道法诏》），并在《述三教诗》中，以太阳譬喻佛，以众星譬喻儒、道，说："穷源无二圣，测善非三英。"（《广弘明集·述三教诗》）对这一思想表述最明白的，莫过于北周道安，他在《二教论》中引《清净法行经》云："佛遣三弟子震旦教化。儒童菩萨，彼称孔丘；光净菩萨，彼称颜渊；摩诃迦叶，彼称老子。"（《广弘明集》）这些均反映了佛教极力融入中国传统文化、尽力协调三教的努力。

道教因与儒学有文化上的同根性，很容易吸收儒学以充实自身，基本上不与儒学相抵牾。例如，道教最早的典籍《太平经》就吸收了儒学"三纲六纪"的观念。葛洪、寇谦之、陶弘景和陆修静等人都大量援儒入道，如葛洪就采取了"道本儒末"的立场，说："道者，儒之本也；儒者，道之末也。"（《抱朴子内篇·明本》）寇谦之等人对道教戒律的改造，仍坚持了"专以礼度为首"的方针。所以，在三教纷争中，儒与道没有发生根本的冲突。

总之，魏晋南北朝时期，儒、释、道三教相互纷争，相互交融，各自在社会生活中发挥着作用。相对于始终与统治者的政治统治密切相关的儒学来说，佛与道在一定的程度上更能适应人们的某种精神需要。三教之间错综复杂的冲突与斗争，促使三教之间由浅入深地相互吸收、相互融通，从而深刻地影响着此后中国思想文化的走向和特征。

思考题：

1. 南朝儒、释、道三教之间的主要论争主要有哪些？试述其争论的主要内容及其意义。
2. 谈谈北朝发生的毁佛事件，并述其历史影响。

第四篇 | 隋唐篇

导　论

中国封建制社会由前期向后期过渡，在隋和唐初已有转化的迹象，到宋代才完成这个转化过程。

经过隋末农民起义的打击，又经过唐初统治者有意识地提高功臣勋贵的社会地位，旧的宗族门阀，虽在社会上仍保持着世代遗留下来的特权和声望，但实际上，他们的势力已趋于下降。在这一过程中，随着封建经济的发展，庶族地主的势力在不断上升，这对思想界不无影响。

在唐代，思想界基本上是儒、道、佛并立的局面，有些思想家想重新恢复儒学的正宗地位，在反对佛、道的同时，或明或暗地吸取了佛学思辨哲学的若干方面，在这点上，韩愈堪称代表。这种思想倾向开启了后来宋代理学的先河。

隋唐之际，佛学盛行，形成许多大大小小的宗派。它们体现了佛教中国化的特色，是中国佛学的宗派。其中继承南北朝佛学的统绪而发展的有三论宗和天台宗。在这两大宗派兴起的同时，北方的菩提流支、勒那摩提翻译了《十地经论》等典籍，南方的真谛翻译了《摄大乘论》等典籍，而各自形成了以研究《地论》《摄论》为主的流派。这些流派是唐初唯识宗和华严宗的前驱。

武则天当政时期，华严宗和禅宗兴起。禅宗纯为中国化的佛教宗派，其教义是简易的，虽然也有一些宗教哲学，但并没有烦琐的理论说教，因而更易于为普通老百姓接受。禅宗思想对中国封建社会后期的思想文化以及文学艺术都有很深的影响。

与佛教中国化的同时，在唐代思想论坛上曾经展开过关于"天人之际"的理论探讨。儒者韩愈以及佛学对于"宇宙"（天）有他们自己的看法。而当时的文学家和思想家柳宗元和刘禹锡也简洁明白地阐述了他们对于"天"，以及"天"与人相互关系的观点。柳宗元作《天说》"以折退之（韩愈）之言"，刘禹锡以为尚不足以尽"天人之际"，作《天论》三篇"以极其辩"，柳宗元又作《答刘禹锡〈天论〉书》，对刘禹锡的《天论》重加审订。大约与此同时，元稹也写了一首《人道短》的哲理诗，可算是这一次天人问题论辩的余波。此外，柳宗元的《封建论》《贞符》《非国语》《天爵论》《时会论》与《断刑论》，以及柳、刘友人吕温的《古东周城铭》、牛僧孺的《善恶无余论》《讼忠》等篇，都探讨了天人关系。这些论辩给我们留下了理论思维的丰富资料。

　　唐代是一个比较开放的社会，它研究吸收各种外来的文化。从佛学的中国化可以看出，中国文化善于吸收消化外来的文化，促进自身的思想创新。文化的交流和融合，使唐代在文学、医学、艺术等方面都取得了丰硕的果实。

第一章　儒家经学

589 年，隋朝统一全国，结束了魏晋南北朝长期分裂割据的局面，统治者清醒地认识到儒学对于国家长治久安的重要性。隋朝开国伊始就大力兴办儒学教育，齐、鲁、赵、魏之地，曾出现学者"负笈追师，不远千里，讲诵之声，道路不绝"（《隋书·儒林传》）的盛况。但隋立国短促，未来得及完成儒家经学统一的任务。

唐高祖在建国之初就把总结隋亡的教训、重建国家长治久安的政治指导思想放在重要的地位。武德二年（619），他下诏宣布"令有司于国子学立周公、孔子庙各一所，四时致祭"（《旧唐书·儒学传上》）。贞观之初，太宗令颜师古考定"五经"，诏孔颖达与诸儒撰定《五经正义》。贞观十四年（640），表彰皇侃、熊安生等前代名儒。贞观二十一年（647）又诏令褒崇左丘明、公羊高、穀梁赤等二十一位先儒。至此，儒学作为官方意识形态的地位在一定程度上得以恢复。

经学在唐代的一个重要变化就是儒家经典范围的扩大。汉代讲"五经"，唐代扩展为"九经"，将《春秋》之"三传"与《礼》之"三礼"别出，连同《诗》《书》《易》并称"九经"。后来加《孝经》《论语》《尔雅》，成"十二经"。《孟子》虽未入经，但孟子已经被提高到仅次于孔子的地位。

唐代经学的另一个重要变化，就是尽可能地为经学注入新的思想。安史之乱后，啖助、赵匡、陆淳等人的《春秋》学抛开"三传"，抒发己见，开宋学风气之先。韩愈、李翱对儒家"道统说"的阐发，柳宗元、刘禹锡对传统民本思想的关注和对天人新义的阐释，都在一定程度上促使儒学自由创造风气的形成。只是由于佛、道强大的势力和影响力，唐代始终未能实现儒学的真正复兴。

第一节　王通《中说》的经学思想

王通（580 或 584—617），字仲淹，隋河东郡龙门（今山西河津）人。门人私谥"文中子"。自小受儒学熏陶，成年后多处游历问学。仁寿三年（603），他西游长安，见隋文帝，献《太平十二策》，提出"尊王道，推霸略，稽今验古"的主张。后被授职于偏远的蜀郡，任蜀王侍读等职。大业初年，王通退居乡里，"教授于河汾之间，弟子自远至者甚众，累征不起。"（《资治通鉴·隋纪三》）后人称他的思想学说为河汾道统。其著作除《太平十二策》外，还有《续六经》和《中说》，而只有《中说》一书传世。

北宋以来，一直有人以《隋书》无王通传，新旧《唐书》魏徵、房玄龄等人的传记也没有提及他而怀疑其人的真实性，也疑《中说》可能为后人伪托。不过，唐人没有怀疑过王通其人其书，其兄王绩、其孙王勃和时人杨炯、刘禹锡、陆龟蒙、司空图等在其著作中，都多次提及王通的事迹，应该说王通确有其人，《中说》也不是伪书，唐人读过或评论过该书。

王通认为"六经"应该有新的解释和发挥，故曾用九年时间写《续六经》，从《中说》自述来看，"续《书》以存汉、晋之实，续《诗》以辩六代之俗，修《元经》以断南北之疑，赞《易》道以申先师之旨，正《礼》《乐》以旌后王之失。"他试图通过续《书》以彰显王道政治之实；续《诗》以使人认识治乱之情，彰显入孝出悌的道德教育；《元经》是自晋到隋初近三百年乱世的编年史，似要像《春秋》那样，褒贬历史，确立正统。

王通主张恢复王道政治。隋炀帝弑父登基，倒行逆施，大力搜刮民财，营造宫殿，开凿运河，发动战争，闹得民不聊生，王通认为这都是"帝王之道，其暗而不明"所导致的，遂试图通过著述而"志其道"。《中说》首篇为《王道篇》，该篇开宗明义，要使"帝王之道"昭明天下。所谓"王道"，就是"伊尹、周公之道""周公、孔子之道"，核心就是主张仁政德治，任德不任刑。王通提倡王道有鲜明的现实针对性，反映了他对隋炀帝推行暴政的不满，兼鞭笞官员的奢侈腐败。

王通对礼制有很高的评价，认为圣人用礼制来节制天下，能确定上下尊卑秩序，使人们各安其分，各尽其职。而兴礼乐的关键在于仁义道德的修养，因此王通非常重视人的道德修养问题。他认为，仁义道德必须通过"仁政"在社会生活中得以实现，而要做到仁政，统治者必须"无私""至公"："无私，然后能至公。至公，然后以天下为心矣，道可行矣。"但是要做到"无私"，必须"遗身"，"夫能遗其身，然后能无私。"（《中说》卷八）要做到"遗身""无私"，就必须处理好道与利、道与欲的关系。在他看来，道与利是对立的，只能取其道而去其利，所以王通主张君子应该舍利取义。要做到舍利取义，关键是要"寡欲"。他说："恶衣薄食，少思寡欲，今人以为诈，我则好诈焉。不为夸炫，若愚似鄙，今人以为耻，我则不耻也。"（《中说》卷三）意思是说，穿着简朴、饮食淡薄、少思寡欲，在当时人的眼里看来这种生活似乎是不诚实的作秀，王通则不顾忌人们的讥讽，并不以此为耻。

王通主张"三教可一"。他认为只有周公之道、孔子之教才可成为政治的依据、修文的准则，成为社会的主导思想，佛、道二教均无法代替儒学的作用和地位。有人问如何看待佛教，王通说：佛也是"圣人"，但佛教是西方的宗教，如不加变通，难以在中国实行。有人问如何看待讲长生成仙的道教？王通回答说，这种不修仁义道德还希望能长生的宗教，是不可能成为国家主导思想的。不过他认为，三教虽不能同时作为指导思想，但也不能废除佛道二教。北魏太武帝、北周武帝的毁佛，不但没有解决思想问题，犹如"纵风止燎"，反而使佛教得以更迅猛的发展。有人问"三教何如？"他说："政恶多门久矣。"（《中说》卷五）他主张思想要统一，但又不能采取魏太武、北周武帝的毁佛灭佛灭道的极端做法。王通主张学习司马迁"善述九流"的变通精神，采取"通其变"的中和方法，使之和谐统一，取长补短，从而形成以儒为主，以佛道为辅的指导思想体系。由此他提出"三教于是乎可一矣。"（《元经》）他认为三教的核心精神在于"使民不倦"，只要把这一共通的精神发挥出来，就能起到维系人心的作用。

第二节　陆德明与《经典释文》

义疏之学兴起于南北朝的佛教，后盛兴于隋唐，并影响到儒家、道家经学。陆德明的《经典释文》是唐人义疏之先声。该书虽重在注音，但也为此后经义的统一奠定了基础。

陆德明（约550—630），本名元朗，字德明，以字行，吴（今江苏苏州）人，生于周，长于陈，盛年活动于隋，历经周、陈、隋、唐四个朝代。陈太建中，陈后主召集四方名儒讲学于承光殿，弱冠之年的德明前往参加，面对国子祭酒徐克，他"屡夺其说，举坐咨赏"（《新唐书·陆德明传》）。隋炀帝时任秘书学士。唐初被李世民辟为秦王府文学馆学士，贞观年间为国子博士。唐高祖曾召儒、释、道诸大德论辩，徐怀远讲《孝经》，沙门惠乘讲《般若经》，道士刘进喜讲《老子》，而"德明难此三人，各因宗指，随端立义，众皆为之屈"（《旧唐书·陆德明传》），说明他博通儒、释、道经典。鉴于先秦以来儒经的文字与意义因时代变迁而造成阅读上的困难，他采集汉魏六朝以来音注二百余家，兼取诸儒训诂，考订异同，编成《经典释文》一书。

《经典释文》初撰于陈至德元年（583），约成书于隋。"经典"主要指儒家的经典，但也有少量道家的典籍，体现出儒道融合的倾向。"释文"即为群书作注音，兼释字义。鉴于"先儒旧音，多不音注。然注既释经，经由注显，若读注不晓，则经义难明"（《经典释文·序例》），陆德明遂"采汉、魏、六朝音切凡二百三十余家，又兼载诸儒之训诂，证各本之异同"（《四库全书总目提要》）。规范儒家文字的读音与意义，撰成《经典释文》三十卷。包括《周易音义》一卷，《古文尚书音义》二卷，《毛诗音义》三卷，《周礼音义》二卷，《仪礼音义》一卷，《礼记音义》四卷，《春秋左氏音义》六卷，《公羊音义》《穀梁音义》《孝经音义》《论语音义》《老子音义》各一卷，《庄子音义》三卷，《尔雅音义》二卷，卷首《序录》一卷。

《经典释文》的《序录》对各经所采用的经注作了翔实的说明，几乎就是一部小型的经学史，借助该书人们可以大致了解隋代以前经学发展的历史沿革和基本情况。书中音注的十四部经典，除去《老子》《庄子》外，其余十二部皆为儒家经典。《周易》主王弼、韩康伯注，《尚书》主孔安国传，《诗经》主毛传郑笺，"三礼"主郑玄注，《春秋左氏传》主杜预注，《公羊传》主何休注，《穀梁传》主范宁注，《论语》主何晏集解，《孝经》主郑玄注。除《孝经》所选注本因后来唐玄宗的御注本流行而被废外，其他十一部经典所选注本一直被沿用至清末，说明儒家经籍的标准注本在此时已基本确定下来了。

《经典释文》所选经典及注本，魏晋多于两汉，南学多于北学，既尊周、孔，也崇老、庄；既重视郑注，也重视玄学王注，表现出儒道兼通、汉学传统与玄学传统兼用、音训和义释相兼而以音训为主的特征。书中对"音训"的沿革和注音应采取的态度乃至前儒的作法等都进行了系统的总结，如说："文字音训，今古不同，前儒作音，多不依注，注者自读，亦未兼通。"鉴于音训今古不同，经注有异，所以陆德明特别注意斟酌，对前人乖舛之处做必要的纠正，尽力使音训、释义与经文相合，与经注相接。由于他广集各家音训注释，许多已经失传的注解由于他的引用而得以保存。如《毛诗音义》保留了一些《韩诗》的注解，《庄子音义》保存了向秀、司马彪的注，《尔雅音义》也保存了刘歆等人的一些注。总之，《经典释文》具有不可低估的学术价值。

第三节　孔颖达与《五经正义》

孔颖达（574—648），字冲远，冀州衡水（今河北衡水）人。孔子第三十二代孙。早年曾向隋代大儒刘焯问学。隋大业初，选为明经，补国学助教。历任唐国子博士、国子司业、国子祭酒等。精通经学，长于《左传》、郑氏《尚书》《毛诗》《礼记》等。

贞观四年（630），唐太宗"以经籍去圣久远，文字多讹谬，诏前中书侍郎颜师古考定'五经'，颁于天下，命学者习焉"（《旧唐书·儒学传上》）。此即贞观七年成书的《五经定本》。贞观七年，唐太宗"又以儒学多门，章句繁杂"（《旧唐书·儒学传上》），乃诏颜师古与孔颖达等儒者撰定五经义疏。是书于贞观十六年基本编成，凡一百八十卷，名为《五经正义》。该书"虽包贯异家，为详博，然其中不能无谬冗"。时为太学博士的马嘉运"驳正其失，至相讥诋"，于是唐太宗又下诏"更令裁定"。直到贞观二十三年（649）孔颖达、唐太宗相继去世，是书尚未定稿。延至永徽二年（651），唐高宗乃诏"中书门下与国子三馆博士、弘文馆学士考正之"，于永徽四年方正式颁行天下，"每年明经令依此考试"（《旧唐书·高宗本纪上》）。这是五经有史以来最大的一次由官方实施的系统整理和厘定的工作。

《五经正义》的撰写特别注意吸收前人的研究成果，旁征博引，汇集各家经说，努力做到兼采南、北二学，融合儒、道二教，反映了唐代思想交融的特点，也为后学的研究提供了方便。但这种做法也可能会造成思想上的矛盾，如，同一个人的疏义，可以在《毛诗》《礼记》的《正义》中发挥谶纬学说，又在《易》《书》的《正义》中排斥谶纬学说，其对谶纬的矛盾态度也就表现了出来。又如对鬼神的态度，《周易正义》认为鬼神是一种不可捉摸的自然力量，但是在《春秋左传正义》中，又引《礼纬·郊特牲》的话说："其实鬼神之本则魂魄是也。"《正义》多处引证纬书，这就难以去除神学的成分。导致这种情况的另一个重要原因，是《正义》"杂出众手，未能自成一家"。当时孔颖达已是耄耋之人，只能总揽大纲，不可能逐条亲阅，难免"彼此互异"。但是这毕竟违背了《正义》撰写的初衷，从而影响其理论价值。

对于佛、道二教，《五经正义》没有采取完全排斥的态度，而是以儒为主，兼取道、佛二说。《周易正义》以王弼、韩康伯的注文为主，显然带有玄学儒、道融合的印迹。不过，王弼以"无"解"道"，而孔颖达在许多情况下则以"气"解道，说明他受到黄老之学的影响。把"道"与"气"联系起来，这是《五经正义》的一个特点。对于佛教，孔颖达也有所批评，如在《周易正义序》中批评"江南义疏十余家"说："若论住内住外之空，就能就所之说，斯乃义涉释氏，非为教于孔门也。""住内""住外""能""所"都是佛教用语，孔颖达认为，不能采取佛教这种空无的观点释易理，但他有时亦不免接受佛教的某些概念来解释《周易》。

在理论上，《五经正义》对道器、道气关系的论证颇有特点。《周易正义》在解释"形而上者谓之道，形而下者谓之器"时说："道是无体之名，形是有质之称。凡有从无而生，形由道而立，是先道而后形，是道在形之上，形在道之下。故自形外已上者谓之道也，自形内而下者谓之器也。形虽处道器两畔之际，形在器，不在道也。既有形质，可为器用，故云'形而下者谓之器'也。"认为"形"指形质，"器"指"器用"，"既有形质，可为器用"，即"器"是"形"的功能、作用。形、器是统一而不可分离的。形相对于道而言，道在先，形由道而生，"道在形之上，形在道之下"。不过，"道"有道之用，"器"有器之用，两者虽有联系，但不能等同。这样，道与器的关系则具有体、用关系的意味，道为体，器是道的作用、功能，这与王弼的思想颇为接近。

总体上说，《五经正义》对于经注的具体解释是周详而明白的，但对于"五经"的理论说明则不甚明晰乃至杂沓。在学术风格和思想倾向上，兼南与北，融儒与道，将秦汉以降各种主流思想熔于一炉，"特别有价值的理论创造不多。可以说是：微观充实，宏观穷乏。从训诂学来看，它的成就甚高，故人常称汉注唐疏，其价值不可否定；从义理学观察，它的贡献不大。"① 但也不能否认，《五经正义》的颁行，是儒家经学走向统一的标志。范文澜认为，《五经正义》《五经定本》对儒学的影响，与汉武帝罢黜百家、独尊儒学有同样重大的意义。②

继《五经正义》之后，为其他儒家经典作注疏的有贾公彦撰《周礼注疏》《仪礼注疏》、杨士勋撰《春秋穀梁传注疏》、徐彦撰《春秋公羊传注疏》等四部，加上前五部计九部，称《九经义疏》。汉注唐疏对后来的思想文化发生了重大的影响，均收入《十三经注疏》中。

思考题：

1. 说明隋代王通的儒学思想及其影响。
2. 试述陆德明的《经典释文》、孔颖达的《五经正义》在经学史上的意义。

---

① 任继愈主编：《中国哲学发展史》（隋唐），人民出版社 1994 年版，第 89 页。
② 范文澜：《中国通史》（第四册），人民出版社 1994 年版，第 243 页。

第二章　隋唐佛教

经过汉魏两晋南北朝时期的传播和发展，佛教到隋唐时期趋于鼎盛。此时佛教的典籍传译有了空前的成就，佛教的社会影响日渐扩大，佛教与中国文化的结合走向纵深。先前出现的诸多师说此时发展为一些具有中国特色的佛教宗派，其中许多宗派在思想上通过会通儒、道而建构起具有中国特色的理论体系，佛教日渐中国化，而凸显心性论特征的禅宗则把佛教的中国化推向峰巅。儒道释三教鼎立，以佛为主，是这一时期思想发展的基本趋势。在佛教泛滥的同时，以傅奕为首的一些有识之士起来反佛，则代表了当时思想的另一倾向。

第一节　隋唐时期的佛教政策

为了维护社会的长治久安，隋唐王朝采取"德主刑辅"的方针，一面加强中央集权，一面重视以传统的礼教与德治来调整社会关系，并利用宗教来化解社会矛盾。

隋统治者初步扭转了南北朝时期在统治思想上的混乱局面，确立了以儒为主，调和佛、道的方针。唐统治者继续推行"三教"并用的政策。李唐帝王认老子为其祖宗，出于尊祖之风，唐高祖曾下诏定三教之序为"老先、次孔、末后释宗"（道宣《集古今佛道论衡》丙），主张道先佛后。唐太宗延续先道后佛之策，亦下诏令道士、女冠在僧尼之前。此诏曾引起佛教徒极大的不满，为了利用佛教，太宗对先前的佛道政策做了适当调整，说："今李家据国，李老在前；若释家治化，则释门居上。"（《集古今佛道论衡》丙）为了护持佛教，他曾下诏广度僧尼："其天下诸州有寺之处，宜令度人为僧尼。"（《广弘明集·度僧于天下诏》）玄奘从印度取经回来后，太宗令房玄龄到明德门迎接，还辟出慈恩寺让他保存和翻译佛经。支持佛教的政策，在高宗时期基本上得以延续。不过，到武周时期则有所变化，明令"释教在道法之上，僧尼处道士女冠之前"（《旧唐书·则天皇后本纪》）。到唐玄宗时，道教地位又得以恢复和提高，但佛教盛兴之势仍未减。总之，隋唐时统治者的三教政策虽时有起伏，但佛教昌兴之势一直未减，这与帝王的大力扶植有密切关系。

第二节　隋唐时期的佛教宗派

南北朝时佛教出现诸多学派，形成"诸师异说"的局面。从学风上说，南方佛教倾向于理论思辨，而北方佛教则盛行禅学，侧重于修习苦行。至隋唐，这些学派逐步发展、分化和重组，南北学风也相互融通，相继形成了中国的佛教宗派。形成于隋代的有天台宗和三论宗，形成于唐代的有法相宗、华严宗、禅宗、净土宗、律宗和密宗等。在唐初影响较大的是法相宗，而最具中国特色的是天台、华严和禅宗。

天台宗。天台宗是与三论宗大约同时形成的佛教宗派，其理论来源于大乘空宗一系。该宗实际创始人智顗常住天台山，故名天台宗。又因该宗以《法华经》为主要教义根据，所以又称"法华宗"。智顗（538—597），俗姓陈，字德安。祖籍颍川（今河南许昌），后迁荆州华容（今湖北潜江西南）。他18岁出家，南朝陈太建七年（575）入天台山建草庵，在天台山讲经几十年，故称"天台大师"。隋开皇十一年（591）应晋王杨广之请为其授菩萨戒，杨广赠以"智者"之号，故又称"智者大师"。主要著作有《法华玄义》《法华文句》《摩诃止观》，被称为"天台三大部"，这些著作奠定了天台宗的思想理论基础。天台山因地处中国南、北方的结合部，加之智顗本人又曾经游历南北各地，故能将南方的义理与北方的禅法相结合，提出独有创见的学说。

天台宗的中心理论是性具实相说。"性"指"法性"，就是说一切法都是自然存在的，既非自生，也非他生。"实相"，即世界的本来面貌，亦即真如本相。"性具实相"是说一切现象、事物都是在众生心中本来具足的，虽然千差万别，却都显示真如本相。天台宗把"心"上升为宇宙的本体。其义理又表现在相互联系的两个命题上，即"三谛圆融"和"一念三千"。

"三谛圆融"是从"一心三观"发展而来的。"一心三观"是说众生通过修习般若智慧，可以于"一念心"中同时观照佛教的空、假、中三谛。智顗又进一步把"一心三观"与"诸法实相"联系起来，认为空、假、中就是诸法实相的三个方面，故称"三谛"。三谛之间相即相通、圆融无碍，所谓一空一切空，无假中而不空；一假一切假，无空中而不假；一中一切中，无空假而不中，这就是"三谛圆融"："虽三而一，虽一而三，不相妨碍……但以空为名，即具假、中，悟空即悟假、中，余亦如是。"（《摩诃止观》卷一下）联系"一心三观"，则"三谛具足，只在一心"（《摩诃止观》卷六下）；"一念心起，即空、即假、即中"。（《摩诃止观》卷一下）总之，"一心三观""三谛圆融"，强调的是空、假、中三谛在"一念心"中的圆融统一，可见，天台宗实际上强调的是以心观心，心是根本。

天台宗把诸法本体归结为人的心，又提出"一念三千"说，认为人们的每一念心都同时具足"三千法界""三千世间"。《摩诃止观》说："夫一心具十法界，一法界又具十法界，百法界；一界具三十种世间，百法界即具三千种世间。此三千在一念心，若无心而已，介尔有心即具三千。"（《摩诃止观》卷五上）"十法界"是把整个宇宙间有情识的生物划分为十个层次，即所谓"六凡"（地狱、饿鬼、畜生、阿修罗、人、天）、"四圣"（声闻、缘觉、菩萨、佛）。在智𫖮看来，十法界之间又可以相互包摄，如六凡中的人具有其他九界的性质，在一定条件下也可以转变为地狱、饿鬼、畜生等，这种"十界互具"的结果就构成了"百法界"。天台宗又把一切有为法分为"三种世间"，一是五蕴（即色、受、想、行、识）世间；二是众生世间（又称假名世间）；三为器世间（又名国土世间）。一界具三十种世间，百法界即具三千种世间。这三千世间既不是自生，也不是他生，都是系于人心之一念，心是诸法的本体："心是诸法之本，心即总也。"（《法华玄义》卷一上）

在人性论上，天台宗主"性具善恶"说。根据"性具实相"说，既然众生一念心中，万物森然已具，故心"具一切性"（《摩诃止观》卷五），这就逻辑地得出善恶、净染均为人性本具的结论。天台宗人曾作过许多复杂的论证，如主张人既具"空性了因"，又具"假性缘因"和"中性正因"，"中性正因"非染净、无善恶，是"心体"；而"缘因""了因"二者则具染净、有善恶，这是"心用"；然"体用不二"，即体即用。就是说，佛性不但具善亦具恶。但天台宗又认为"一阐提"虽有善性却不达善性，因此必须修善起善以治恶；诸佛虽不断性恶，但却可断绝恶行，佛"不还生恶"。这种三因本具，心体（正因）非善非恶，缘、了二因具染净、善恶的说法，是一种人性二元论。天台宗九祖湛然（711—782）则提出了"无情有性"说，认为"性唯在心"，而"一切诸法，无非心性"（《十不二门》），把佛性推广到草木瓦石等一切无情之物，宣扬一切无情之物也有佛性。湛然的说法与后来禅宗的心性论非常接近。

南北朝以来，北方佛教的修行方式偏重禅定，南方则重慧观，天台宗把两者结合起来，确立了"止观结合，定慧双修"的原则，强调修行与修心的统一、修习与理论的统一，这是中国佛教史上的一个重要转折。止，即性寂心息，使精神专注；观，是以般若观照而获得佛教的智慧。天台宗强调定慧双开，止观并重，说"当知此之二法如车之双轮、鸟之两翼，若偏修习，即堕邪倒"。（《修习止观坐禅法要》）天台宗认为这二者并非外在的，而是内在统一、圆融互具的，所谓"言定即有慧，言慧即有定"（《观音义疏》卷下），这也是天台宗成佛论的一个重要特点。天台宗建立的思想体系可以看作佛教中国化的一次重要的尝试。

法相宗。法相宗形成并盛行于唐初，是由唐代名僧玄奘开创，但实际创始人则是他的弟子窥基。该派是由北方的《地论》学派和《摄论》学派综合发展演变而来的，继承了印度瑜伽行派的传统，奉行印度佛教的大乘有宗理论。由窥基翻译的《成唯实论》是该宗的重要典据，该论基本上包括了法相唯识宗的主要思想学说。因为这一派学说集中分析世界上各种物质的和精神的现象，所以被称为法相宗；又因该派认为一切现象都是"识"所变现的，所以又称为唯识宗；还因玄奘和窥基常住长安慈恩寺，所以又称为慈恩宗。

玄奘（602—664），俗姓陈，洛州缑氏（今河南偃师缑氏镇）人。幼年贫穷，13岁出家。后游历各地，遍访名师，学习各种经论。因感诸师所说不一，各种经典所记又不尽相同，于是决心西行求法。唐贞观三年（629），他西行求法，游学印度十七年，入佛教中心那烂陀寺，从戒贤学《瑜伽师地论》等经典。回到长安后把主要精力用在佛经翻译事业上，重点介绍了瑜伽行派的思想学说，为唯识宗的创立奠定了基础。窥基（632—682），字洪道，俗姓尉迟，为将门之子。十岁出家，师事玄奘，后参加了玄奘主持的佛经译场。由于他智慧超人，颇受玄奘的赏识，为法相宗的创立发挥了重要作用。他著述甚丰，有"百论疏主"之称。唯识宗人的著述，以窥基所著《成唯识论述记》影响最大。

唯识宗宣传"万法唯识"。在法相宗看来，大乘空宗的"诸法缘起性空"理论，把"空"说得过了头，把精神本体也说成空的了，因此有可能动摇人们的宗教信仰。所以他们承认世界的精神性本体"识"为实有，认为世界上的一切事物和现象都是"心识"所变现，"心识"之外没有独立自存的客观世界，这叫"实无外境，唯有内识，似外境生"（《成唯识论》卷二九六）。

唯识宗对"识"有详细的分类，主要分为八种：眼识、耳识、鼻识、舌识、身识、意识、末那识、阿赖耶识，合称八识。八识按其性质可分为三类：第一类是前六识，即眼识、耳识、鼻识、舌识、身识、意识。其中前五识相当于今人所说的感觉，第六识类似综合感觉而形成的知觉。法相宗认为，前六识具有了解、认识世界的作用，但还不能彻底否定外部世界。第二类是"末那识"，其职能是"恒审思量"，也就是不停地起思虑作用。末那识是联系前六识和第八识的桥梁，只有通过末那识才能建立起"唯识"的思想体系。第三类就是阿赖耶识，它是前七识的共同依据，前七识皆依此识而存在并活动，所以又叫做"根本依""藏识""种子识"等。阿赖耶识的主要特点是"能藏"，收藏和贮存一切识的"种子"。"种子"是一种比喻的说法，法相宗以植物的种子能生相应的果实来譬喻阿赖耶识藏有能变世界诸法的潜能。阿赖耶识是一切诸法的总根源，万法都不过是阿赖耶识所变现，现象的千差万别也是由阿赖耶识所藏种子的不同性质决定的。他们认为，现存的一切现象都是结果，而任何一种结果都是由原因引起的，原因就是"种子"，结果就是"现行"。这样，"种子"与"现行"的关系实质上就是第八识与前七识的关系。

法相宗的宗教解脱论，建立在"转依"理论的基础上。"转"即转变、转化；"依"即依持、所依。法相宗认为，阿赖耶识中包含着有漏种子和无漏种子。"无漏"是指断除烦恼，无漏种子使人成就一切净业而归于清净之因。有漏种子则使人陷于轮回之苦。无漏种子为出世间诸法之因，有漏种子为世间诸法之因。有漏种子往往极大地影响着世间的生活，使无漏种子得不到显发，故只有根除有漏种子，才能使人免于轮回之苦。"转依"就是使阿赖耶识中染污的有漏种子不断减弱消失，使清净的无漏种子得以滋长，最终转"染"成"净"，转"识"成"智"。这样，杂染的阿赖耶识即转变为清净的智慧，世间即转化为出世间，众生也就成了佛。

法相宗的这种"转依"说，是建立在三性三无性说的基础上的。所谓三性，即遍计所执性、依他起性、圆成实性。"遍计所执性"，是指现实中人们总是"顺随世间言说"，相信世界是真实的，于是就陷入迷妄，而不知道"相无性"，即不知世间一切事物都是虚妄而无自性的。此种分别计度之妄执性乃周遍于一切境者，故称"遍计"。"依他起性"，即认为一切现象皆依众缘而生起，因缘若无则灭，由于这是依他力而生灭的，故一切都是有而非有，无而非无的幻相，这叫"生无性"。"圆成实性"，即圆满的真如佛性。法相宗认为，阿赖耶识中所含净、染两种种子分别是世间诸法和出世间诸法之因，众生所以不得解脱，就在于总是把缘起诸法视为实有，因了这种"我执""法执"而陷入种种烦恼。若通过修习，断灭因"我执"造成的"烦恼障"和因"法执"造成的"所知障"，于依他起上"转舍"对实有实法的执着（遍计所执），从而"转得"圆成实性，也就得到解脱而成佛。总之，通过自我意识的反思，彻底转变我执、法执二障，以证得涅槃、菩提之二果，达到由迷而悟、由染归净，这是法相宗的宗教修习的根本目的，也是其立宗的宗旨所在。

法相宗是忠实于印度大乘有宗的思想学说体系，玄奘弟子们也都严守其师从印度搬来的经典。由于其没有与中国传统文化相结合，所以虽然在太宗和高宗朝风靡一时，但前后不到四十余年即趋于衰落。

华严宗。华严宗（亦称贤首宗）的实际创始人是法藏，因其推崇《华严经》而得名。

法藏（643—712），字贤首，祖籍西域康居（今哈萨克斯坦东南部），后迁至长安，早年参加玄奘的译场，因意见分歧而退出。万岁通天元年（696）在武则天的安排下受具足戒，赐与"贤首法师"。华严宗盛兴于唐代中叶，因法藏曾美化过武周政权，得宠于武则天，一时地位很高，华严宗遂能在天台宗、法相宗之外独树一帜。华严宗的主要著作，有法藏的《华严经探玄记》《华严经指归》《华严一乘教义分齐章》《华严经义海百门》，以及其弟子澄观的《华严法界玄镜》和宗密的《原人论》。在理论上，法藏主要继承了智俨之学，综合了三论、天台、法相诸宗，会通空、有二宗，并吸收了中国的一些传统思想，创立了具有中国特色的佛教理论。

华严宗主张"法界缘起"说。"法"指事物、现象；"界"有分类、类别的意思。"法界"指包括世间和出世间的一切包罗万象的事物。"法界缘起"，是说一切事物和现象都由如来藏自性清静心随缘而生起，本身并无自性，只有心本体才是真实的。法藏在给武则天讲经时，常以金狮子为喻说明"诸法缘起性空"的道理："谓金无自性，随工巧匠缘，遂有师子相起。起但是缘，故名缘起"（《华严金狮子章》），这是说金体本无自性，随缘（工匠技巧）而生成金狮子之相，金狮子只是一种幻相，实际并不真实存在。他以缘起说辨色空："师子相虚，唯是真金。师子不有，金体不无，故名色空。"（《华严金狮子章》）以物质世界为虚幻，以佛性本体为真实，这就是"法界缘起"论的思想实质。

随缘而起的诸多现象，在如来藏自性清净心的作用下互为因果、相资相待、相即相入、即彼即此、圆融无碍，形成所谓"重重无尽""无尽缘起"的关系。法藏在《华严一乘教义分齐章》中对此作了非常详密烦琐的论证（主要理论即三性同异、因门六义、六相圆融、十玄无碍等）。其基本思想是说，不仅本体与缘起法之间是圆融无碍、相即相摄的，而且各缘起法虽有差别，也都是相互包含、相即相入的；二者既相互和合而成，又各自安然自立、完满自足；既各各自立，又成一大缘起，融为一体。

华严宗传人澄观又在上述思想基础上概括出"四法界"说，对法界缘起论作了系统发挥。所谓"四法界"，即理、事、理事无碍、事事无碍四种法界。"事"，即各种事物、现象；"理"，即事物的本体、本性，亦即真如、实相。"无碍"，指统一、同一、圆融，"理事无碍"是说宇宙间一切现象都是"理"随缘而生的幻相，是理体的显现。理与事之间的关系是圆融统一的。具体表现有两种情况：第一，理、事是体用、本末统一的关系，即以理为事之体，事为理之用，无理不成事，离事而无理，理事"二而不二，不二而二"（《华严经义海百门·体用开合门第九》）。理事不仅是体用关系，而且是本末关系，法藏说："尘空无性，是本；尘相差别，是末。""末即随缘，本即据体"，"体为用本，用依体起"（《华严经义海百门·体用开合门第九》）。总之，理事之间即体即用，有本有末，犹水之与波，安然自立，圆融无碍。第二，理体不可分，所以每一事物又包摄、具足理之全体，"理遍于事"，"事遍于理"。一方面，理普遍存在于一切事中，无无理之事，"事无别事，全理为事"；另一方面，每一事相皆具足理之整体，而非理之一部分，故"一一事中，理皆全遍，非是分遍，何以故？以彼真理不可分故。是故，一一纤尘，皆摄无边真理，无不圆足"（澄观《华严法界玄镜》）。又说："真理全体在一事中。"（澄观《华严法界玄镜》）显然，在华严宗看来，理完整地、普遍地存在于每一事中，故可举一尘而尽宇宙，明一理而遍万事。理与事一而二、二而一，圆融自在，无障无碍。

"事事无碍"是澄观对法藏"六相""十玄义"关于缘起法之间一物与他物、一与多、整体与部分、有限与无限等相依、相涉、相即、相入的各种错综复杂关系的概括。澄观所论，主要涉及一事广容理事，故事与理事无碍；一事与万事、一法与诸法、一与多之间相摄（包容）、相即（统一）、相入（内含）、相涉（有摄有入）等关系。在华严宗看来，一切诸缘起法之间都是相互为体、相互为用的，举一尘即亦理亦事，谈一事即亦因亦果，缘一法而起万法，缘万法又入一法。重缘起而缘起之义无穷，这就是"无尽缘起"。他们从这种理事、事事之间的复杂关系，逻辑地得出"一即一切，一切即一"的结论，最终又通过相对主义的方法，走向了追求事物之间的抽象同一或等同。法藏曾作了一个十分荒唐的推论：既然一与多相资相待、相即相入，他以金狮子为例说："一一彻遍师子眼，眼即耳，耳即鼻，鼻即舌，舌即身。自在成立，无障无碍。"又说："一一毛中，皆有无边师子。"（《华严金狮子章》）这就把部分与整体、一与多和部分与部分完全抽象地等同起来了。

华严宗的"四法界"说旨在说明，真如本体与缘起诸法之间是完全圆融的关系；众多缘起法之间也是圆融无碍的。其最终目的是要说明，世界不过是在各种抽象关系中因因缘而起的幻相，它本身并无自性，只有真如佛性才是真实的。

　　和"法界缘起论"相联系，华严宗不讲"性具"而倡"性起"说。即就众生说，一切众生无不具足佛性，只要称性而起，即可作佛；就万法说，一切诸法也都是佛性的体现，离佛性之外，更无一法。但华严"性起"说又不认为佛性具善、恶二性，而认为佛的境界乃是清净纯善的，所以"称性"而起只限于净法的范围。其所谓"自性清净圆明体"既是万物的本性，也是众生成佛的根据。一切众生都是"清净圆明体"的体现，"无一众生，而不具如来智慧"（《华严经·如来出现品》）。而众生所现杂染之身，受轮回之苦，主要是由于"妄想颠倒执著"，若能离妄念，即可悟见自身如来智慧。

　　在认识论上，华严宗认为，一切诸法都圆满具足"清净圆明体"，而理又彻遍一切事物，众生与佛是融通无碍和无差别的，只是由于迷妄而现杂染之身，智慧不能开启，真理不能呈现，方有凡圣之分。反过来，"若离妄念，唯一真如"（《修华严奥旨妄尽还源观》），保持"如来藏自性清净心"，就能呈现如来智慧，悟见真理全体。华严宗强调真理不可分，强调靠理性来把握真理的全体，追求理体与万法的绝对无矛盾的同一。由此，在修行方法上，华严宗比较注重纯理论的形式，而不重实修。认为自性本净，只是由于"迷真起妄"，只要离妄还源、证真开悟，即可转凡入圣，自能成佛。

　　华严宗的上述理论，无非是要向人们证明：现存的一切都是合理的，现象界与真如界可以贯通；人们在现实的环境里也可以追求理想的涅槃境界。

　　禅宗。禅宗本来因主张禅定而得名。据说禅宗的传承系统为菩提达摩→慧可→僧璨→道信→弘忍。弘忍被称为禅宗五祖。五祖以后，禅宗分为南北两派，北派以神秀（606—706）为代表，主渐悟，讲禅定；南派以慧能（638—713）为代表，主顿悟，不讲禅定。慧能创立的南宗成为禅宗的主流，一般所说禅宗，就是指由慧能所创立的南派禅宗。禅宗自谓"不立文字，教外别传"，一改以往诸宗关于佛性和成佛的种种讲法，提出"即心即佛"和"顿悟成佛"的新说，实现了中国佛教史上的一次重大变革。

　　在本体论上，禅宗不讲缘起，而讲"自心顿现"。禅宗认为，人心无所不包，无所不备，佛性和万事万物都在自心中，如慧能所说："如是一切法，尽在自性"，"于自性中，万法皆见"（《坛经》）。万法在自性，而性又与心为一，故万法皆由心起，所谓："心生种种法生，心灭种种法灭。"（《杨岐方会和尚后录》，载《大正藏》第 47 册）禅宗摆脱了缘起说的种种烦琐的论证，把本体（佛性）安置在人心上，直接同一，心、性在心本体的基础上统一起来了。在慧能看来，"性含万法是大，万法尽是自性"（《坛经》），由此必然得出万法"自性真空"，只有心本体是真实的结论，心与万法是体与用的关系。慧能曾说"不是风动，不是幡动，仁者心动"（《大慧普觉禅师普说卷第十四》，载《大正藏》第 47 册）。不过，此说不可理解为万法由心所生，其本意是说"佛性常清静"，诸法本无动与不动，心空一切皆空。可见，禅宗（慧能）把人的自我意识夸大到世界本体的高度。

慧能在佛性论上主张"即心即佛""见性成佛"。在禅宗看来，佛性即人性、自性和心性。慧能说："我心自有佛，自佛是真佛；自若无佛心，向何处求佛。"（《坛经》）性、佛合为一体，不能离性以求佛，故曰："佛向性中作，莫向身外求。自性迷即是众生，自性觉即是佛。"（《坛经》）这种说法与天台宗"性具善恶"说不同，而把佛性看成人唯一的本性。对于心与性的关系，慧能说："心是地，性是王，王居心地上，性在王在，性去王无，性在身心存，性去身坏。"（《坛经》）心与性是一而二，二而一的，心即性，性即心。故就佛与心的关系说，就是"即心即佛"。禅宗有时说"自性是佛"，又说"即心即佛"，这些说法是一致的，表明在禅宗看来，佛性、人性、心是相通为一的。禅宗的心性论一方面把人性提高到本体的高度，同时又把佛性安置在现实的人性之中，宣传人人有佛性，人人能成佛。这种思想和孟子的"人皆可以为尧舜"的性善论相通。

在修行上禅宗不主张传统的止、观等方法，只强调本心之"悟"。其核心是"明心见性""顿悟成佛"。传统佛教如华严宗，以为人有清净本心，只是由于受外境染污，本心不能照见真如，必须经过修行的过程才能达到佛性彼岸。禅宗则认为客尘烦恼与清净心性本为一体，它并不独立于心性之外，只是由迷妄所致，遂有生、佛之分别。只要离相无念，即可"识心见性""见性成佛"。这从慧能和神秀之受法偈的差别即可看出。神秀偈曰："身是菩提树，心如明镜台，时时勤拂拭，莫使惹尘埃。"而慧能偈曰："菩提本无树，明镜亦非台，佛性常清静，何处有尘埃。"（《坛经》）神秀与此前诸宗颇为相近，而慧能则把众生与佛乃至一切诸法都归之于自心本有，由此他在佛性本体、本性与尘埃的关系以及成佛的途径方面，与天台、华严诸宗表现出明显的差异。

禅宗认为人性本净、佛性平等，自心是佛，离心无别佛，所以对于世间智愚凡圣的差别就只能有一种解释：迷与悟不同所致。慧能说："自性若悟，众生是佛；自性若迷，佛是众生。"（《坛经》）所谓"迷"，就是被"妄念浮云盖覆，自性不得明朗"，故不能明了此心即佛。"但无妄想，性自清净"（《坛经》），因此成佛的途径，就在于"自除迷妄""明心见性"。"明心"，即要明白一切诸法皆由心起，非离心而别有佛，自心即佛；"见性"，即发现自心本具佛性。"明心"与"见性"是一而二、二而一的。"明心见性"是慧能禅宗认识论的核心思想。

那么，如何转迷开悟，"见性成佛"？慧能把这个过程叫"顿悟"。慧能在竺道生"顿悟"说的基础上作了充分发挥。在慧能看来，"顿悟"和"渐悟"区别在于"迟疾"（"见迟即渐，见疾即顿"）。所谓"顿悟"，即"汝若不得自悟，当起般若观照，刹那间，妄念俱灭，即是自真正善知识，一悟即知佛也。自性心地，以智惠观照，内外明彻，识自本心，若识本心，即是解脱。"（《坛经》）强调由迷到悟，是一下子顿然实现的过程，不假修习，如利剑斩丝，一时俱断。慧能的顿悟说有两个特点：一是把"迷悟"的主体说成是众生个人的心，顿悟也就是"自悟"过程，说明禅宗更强调自我意识、自我觉悟；二是既不倡读经、坐禅，也不求积功修福。慧能说："自修身即功，自修心即德。功德自心作，福与功德别。"（《坛经》）认为积功修行与成佛无必然联系。在他看来，"一阐提人"只要自性了悟，也可"顿见真如本性"。所以慧能说："佛法在世间，不离世间觉。"（《坛经》）这种理论旨在向人们灌输：佛不在遥远的彼岸，就在自己的心中，从而以极简捷的方法，完成了世俗与天国的统一。

总体上说，禅宗的思想不仅会通佛教诸宗，也吸收了儒、道思想，尤其是把佛教的佛性论与儒家的心性论、道家的"自然"之学融为一体。从禅宗开始，中国佛教走上了世俗化、心性化、内向化的路子，从而标志着佛教中国化的基本完成。

后期禅宗大致朝着两个方向发展，一部分禅僧继承了慧能独立思考、大胆怀疑的理性主义精神，强调"搬柴运水，无非佛事"，"青青翠竹尽是法身，郁郁黄花无非般若"（《云门语录》），认为一切事物中都体现"真如"佛性，都可从中寻求"顿悟"的妙道，坚持世间法与出世间法的贯通，坚持佛教世俗化的路向。另一部分禅僧则失去了改革的勇气，逐渐恢复传统佛教的本来面目，开始营造佛教雕塑，供奉诸佛和菩萨，甚至改变禅宗"不立文字"的传统，这些做法使六祖开创的禅宗渐趋沉寂或嬗变。

第三节　唐初傅奕的反佛思想

唐初武德（618—626）至贞观（627—649）年间曾出现了一股反佛的潮流。有些人从统治者的政治经济利益出发，认为寺院的膨胀和寺院经济的发展影响了国家的赋税、户口、国计民生和国防建设；另一些人则从维护儒家礼法名教的立场批评佛教。后者以唐初傅奕为代表。

傅奕（555—639），相州邺（今河北临漳西南）人。唐初任太史令，精通天文历算，但不相信"阴阳数术之书"，并以死后裸葬的行动来表明自己言行一致。他曾多次上疏请求废除佛教，并把魏晋以来的反佛言论收集在一起，编成《高识传》10卷。他还曾注解《老子》，撰《老子音义》，这些著作都没有能保存下来，现存几篇奏疏，收录在《全唐文》和《广弘明集》中。

傅奕于武德四年（621）六月上疏十一条，力陈佛教危害。要点如下：一是指斥"佛经诞妄，言妖事隐，损国破家，未闻益世"（《广弘明集·问出家损益诏》）。二是指斥佛教徒生活奢侈，浪费社会资材，败坏社会风气，对社会带来极大的祸患。三是指斥佛教违背了中国以忠孝立国、以"周孔之教"育民的古老传统。他继承南朝顾欢《夷夏论》的观点，认为佛教是夷狄之法，不适合中国，并补充说，自从佛教传入以后，儒家的伦理道德遭到破坏，当官者不务政事，读书人放弃学业，从事生产的人无心于耕织，社会的分工被打乱了，财富被用来供养十万之众的僧尼，加重了人民的负担。四是指斥佛教违背了天地自然之理。他认为人的生命长短是自然原因造成的，人的贫富贵贱是由君主决定的，同佛教的"因果报应"没有联系，而佛教徒却把这些自然现象和社会现象说成是佛法无边造成的，用以"恐吓愚夫，诈欺庸品"（《广弘明集·问出家损益诏》）。傅奕认为，普通百姓的愚昧无知、容易受骗是佛教得以传播的重要原因，并对佛教滋生的土壤作了一些探索。

傅奕"清除佛法"的方式比较缓和，他主张"请胡佛邪教，退还西域；凡是僧尼悉令归俗"（《广弘明集》卷一一），并没有主张采取其他激烈的措施。

傅奕的反佛言论在社会上广为流传，一些高僧纷纷著文进行反驳，法琳著《破邪论》，明概著《决对傅奕废佛法僧事》，对傅奕的言论逐条问难，其中多数是为佛教的辩护之词，但对各种学术思想采取了"用各有宜，弗可废也"的态度。无论是傅奕的反佛言论，还是佛教学者的反驳，都为后人研究各个学术流派之间的关系留下了重要资料。

思考题：

1. 试述佛教华严宗的思想特点及其影响。
2. 试述佛教禅宗在中国思想史上的意义。
3. 谈谈傅奕反佛的特点及其历史意义。

第三章　中唐时期的儒学思想与天人关系论

安史之乱后，唐王朝由盛而衰。为了加强中央集权，统治者继续坚持儒、释、道三教并用的方针，同时也逐步认识到，唯有儒学最能发挥治国平天下的作用。不过，中唐后的儒学已不同于汉代的儒学，它已被注入了新的内容、具有了新的特点，这就是吸收佛教、道教的心性之学，使心性修养与治国平天下相结合，而且在天人关系的论证上也有了一些新的变化。代表人物主要有韩愈、李翱、柳宗元、刘禹锡等。

第一节　韩愈的排佛与崇儒

韩愈（768—824），字退之，河南河阳（今河南孟州）人。唐贞元八年（792）进士及第，贞元十九年（803）任监察御史，后为人所谗，被贬为阳山令。元和十二年（817），在平淮西藩镇吴元济战役中有功而升刑部侍郎。元和十四年（819）因谏唐廷迎法门寺佛指舍利而被贬为潮州刺史。穆宗即位后被召回京师，先后任国子祭酒、兵部侍郎、吏部侍郎等。因韩氏郡望昌黎，故韩愈著作被后人编为《昌黎先生集》。

陕西法门寺藏有舍利，据传是释迦牟尼佛的指骨。唐代宫廷从贞观五年（631）到元和年间曾七次迎奉此佛指舍利至长安或洛阳宫中供养。元和十四年（819），唐宪宗又一次迎法门寺佛指舍利到长安宫中供养，迎奉规模较前更大，场面更为壮观，从扶风法门寺到长安几百里，车水马龙，人头攒动，"王公士庶，奔走舍施，唯恐在后！百姓有废业破产、烧顶灼臂而求供养者"。（《旧唐书·韩愈传》）韩愈对此极感愤慨和痛心，出于维护儒家纲常以及保持社会礼俗和正常秩序的目的，他愤然写了《谏迎佛骨表》上书劝谏，主张将佛骨"付之有司，投诸水火，永绝根本"。此事触怒了唐宪宗，韩愈差点丧命，好在有裴度等人说情，被贬为潮州刺史。

从韩愈反佛的言论看，其目的之一是坚守夷夏之防、维护传统的政治伦理。他说："夫佛本夷狄之人，与中国言语不通，衣服殊制，口不言先王之法言，身不服先王之法服，不知君臣之义，父子之情。"（《谏迎佛骨表》）他认为佛教在中国传播的危害很大，说"释老之害，过于杨墨"（《与孟尚书书》），况且迎佛骨也没有实际的意义。

韩愈反佛的第二个目的是为了倡扬儒学。为了与佛教相抗衡，他仿效佛教的法统，提出儒家的"道统"说，认为"先王之教"有一个自尧舜至孔孟的学术传授系统。韩愈说："尧以是传之舜，舜以是传之禹，禹以是传之汤，汤以是传之文、武、周公，文、武、周公传之孔子，孔子传之孟轲。轲之死，不得其传焉。"（《道》）韩愈的道统说，旨在说明儒学早于佛教，是华夏思想的正统，其理论根据是传统的天命论。韩愈认为自然界和社会背后有一个神秘的"天"在起决定作用，所以不能违背天意，而必须"平吾心而随顺之"（《答陈生书》）；并认为历史也是由圣人创造的，"如古之无圣人，人之类灭久矣"（《原道》）。这显然是一种圣人创制立法的唯心史观。

韩愈也在理论上大体勾勒出了儒家的主流思想是"仁义"之道，他把"道"明确界定为儒家的"仁义道德"。他说："博爱之谓仁，行而宜之之谓义，由是而之焉之谓道，足乎己无待于外之谓德。仁与义为定名；道与德为虚位……凡吾所谓道德云者，合仁与义言之也。"（《原道》）认为按照仁义去实行，就是道；能自觉地依仁义而行，而不向自身之外去寻觅就是德。"道"与"德"只是形式（虚位），而"仁"与"义"才是"道"确定的内容（定名）。"道"在道家那里本来有多重含义，最主要的是宇宙本根之道、自然规律之道和人生境界之道。而韩愈则把其自然法则伦理化了，又把其政治原则抽象化了。

在心性论方面，韩愈提出"性情三品"说。他说："性也者，与生俱生也；情也者，接于物而生也。性之品有三，而其所以为性者五；情之品有三，而其所以为情者七。"（《原性》）所谓"为性者五"，即仁义礼智信。所谓"性之品有三"，即上品之仁五德全具，故其性善；中品之人五德不全，故可善可恶；下品之人，五德皆不具，故其性恶。所谓"为情者七"，即喜怒哀乐爱恶欲。而"情之品有三"，即"情"为"性"所生，"情也者，接于物而生也"（《原性》）。上品之人，"七情""发而处其中"，合乎中道；中品之人，"七情"或过或不及；下品之人，其情发而往往更过或更不及。可以看出，韩愈认为人性为先天赋予、与生俱有，"性"的主要内容就是善的仁义道德；情与性是一致的，有什么样的"性"，就有什么样的"情"。

韩愈力图恢复儒学，但在思想上却没有建构起完备的体系，他是儒学史上一个过渡式的人物，但韩愈推崇《大学》《孟子》，为思孟的心性之学在唐宋后逐渐升温，起了推波助澜的作用。同时，韩愈与柳宗元一起，还是唐代古文运动的倡导者。他提倡古文，也是为了给儒学找到一种新的文学表现形式，强调"道"是

"文"的思想内容，而"文"是"道"的艺术形式。后人将此概括为"文以载道"。

第二节　李翱与《复性书》

李翱（772—836），字习之，陇西成纪（今甘肃静宁西南）人，一说赵郡人。唐贞元间进士。历官国子博士、庐州刺史、中书舍人、户部侍郎等职。他与韩愈亦师亦友，思想受韩愈影响亦较大，因此取字"习之"，有努力学习"退之"之意。他的主要著作是《复性书》，其理论融入了佛教的心性论，对韩愈有继承，有改造。

李翱的主要贡献在于提出了"性善情邪"的人性学说。他承认人性是天赋的，认为"性"的内涵是仁义等道德。这些说法和韩愈大体一致。但在性情关系上，李翱与韩愈的说法迥然有异。韩愈的"性情三品"说认为人的性与情是一致的，有什么样的性就有什么样的情。李翱则认为，既然性与情是一致的，那么如何解释恶的产生？这显然是韩愈思想中的一个漏洞。李翱认为恶"乃情所为也。情有善不善，而性无不善焉。"他说：

> 人之所以为圣人者，性也；人之所以惑其性者，情也。喜、怒、哀、惧、爱、恶、欲七者，皆情之所为也。情既昏，性斯匿矣。非性之过也，七者循环而交来，故性不能充也。水之浑也，其流不清；火之烟也，其光不明；非水火清明之过。沙不浑，流斯清矣，烟不郁，光斯明矣。（《复性书》上）

也就是说，人性生来都是善的，但是恶劣的情欲使善的本性被遮蔽而不能表现出来。要恢复善的本性，就要灭欲去情，"灭情复性"。这是李翱《复性书》的核心思想。那么，"圣人"的情也是邪恶的吗？李翱认为"圣人"不为情所累，"虽有情也，未尝有情也"（《复性书》上），"圣人"的"情"是超越"七情"的，因而不存在灭情复性的问题。总体上说，李翱把情欲与人性看成对立的，因此，只有"灭情"才能"复性"。这实际上是把佛教关于"佛性"与"妄念"的对立改造为"性"与"情"的对立。

李翱在谈及"复性"论的意义时，重点发挥了《中庸》的思想。他在解释《中庸》"天命之谓性，率性之谓道"时说："率，循也。循其源而反其性者，道也。"《中庸》认为，人性是天所赋的道德性，循着天所赋的道德性进行修养，就是道。强调道德主体必须以戒慎恐惧之心保持高度的自觉，谨慎而又诚心地"尽性"。所以《中庸》又提出"诚"这一概念，"诚者，天之道也，诚之者，人之道也。"在李翱看来，"诚"作为贯通天人的概念，既是宇宙的本体，也是人体认的对象。人一旦通过"复性"而体认到"至诚"，就达到道德修养的最高境界。诚的境界就是"定也，不动也"，即保持"弗虑弗思""心寂不动"（《复性书》中）的精神境界，这显然受到佛教"止定"以及禅宗"以无念为宗"等修养方法的影响。这种糅合佛儒的致思进路，对宋儒产生了广泛的影响。李翱的"复性"说成为宋明理学"存天理，灭人欲"的直接思想来源。

韩愈、李翱在重振儒学门庭，弘扬儒学精神方面确实有功于后儒。韩愈推崇《大学》，倡儒家修、齐、治、平的"内圣外王"之道；李翱推崇《中庸》，弘扬儒家修身养性的性命之学。原来影响并不很大的《大学》《中庸》经他们的提倡，地位大为提升，成为儒学的重要经典。他们提出的"道统"说和"复性"说极大地影响了中国哲学发展的进程，开宋明理学之先河。

第三节　柳宗元《天说》《天对》的天人观

柳宗元（773—819），字子厚，河东解县（今山西运城西南）人。世称柳河东。贞元进士。青年时代一直留居长安，官至监察御史、礼部员外郎。后来因参与王伾、王叔文、刘禹锡的永贞革新，事败后被贬为邵州（今湖南邵阳）刺史，改永州（今湖南零陵）司马，元和十年（815）迁柳州（今属广西）刺史。不久刘禹锡也迁连州（今属广东）刺史，二人常以书信切磋学术，柳宗元写下《天说》《天对》和《答刘禹锡〈天论〉书》等，对天人关系做了新的探讨。

柳宗元批判了韩愈的天命论。韩愈认为，物坏而虫生，元气、阴阳坏而人生。人产生之后又进一步破坏阴阳元气所造成的和谐状态，所以衡量人的功过的标准在于是否保护自然。这本来是有保持生态平衡的合理因素的，但韩愈却认为，天是有意志的，天可以奖赏那些能保护自然者，惩罚那些祸于自然者。这样一来，人生的苦难就是天对人的行为的报应。柳宗元不赞成韩愈这种天有赏功罚祸功能的说法，为"折韩退之之言"而作《天说》。他说："天地，大果蓏也；元气，大痈痔也；阴阳，大草木也，其乌能赏功而罚祸乎？"柳宗元还指出，韩愈未能把天地万物的自然属性与人的社会属性区分开来。自然界遵循自身的规律，人类社会遵循社会的规律，天不可能针对人的行为去赏功罚祸。在《天对》中，柳宗元通过回答屈原《天问》中关于宇宙起源所提的问题，进一步说明世界没有一个超验的神秘力量来主宰。他说："本始之茫，诞者传焉。鸿灵幽纷，曷可言焉！昏黑晰眇，往来屯屯，厐昧革化，惟元气存，而何为焉！"他否定了那些关于天地开始以前的荒诞传闻，指出世界不过是由物质性的元气构成的，世界万物的变化并不神秘，就是阴阳二气相互作用的结果。在柳宗元看来，宇宙万物都是自己运动，自己停止，自己耸立，自己流动，哪里与人商量了呢？万物又都是自己泛滥，自己枯竭，自己崩塌，自己缺损，哪里是人有意安排的呢？这就把万物变化看成物质世界的自己运动，从根本上否定了由外在神灵主宰宇宙万物的天命论。

柳宗元在天人关系问题上也提出了新的命题。他说："生植与灾荒，皆天也；法制与悖乱，皆人也，二之而已。其事各行不相预。"（《答刘禹锡〈天论〉书》）他强调天与人平等且各自独立，互不干预，从而进一步发展了荀子"明于天人之分"的思想。柳宗元还强调人力对改变自然、推动社会历史的主导作用："变祸为福，易曲成直，宁关天命？在我人力。"（《愈膏肓疾赋》）但是人力不可滥用，必须要有"道"，必须合乎仁义道德，这样才能把人力引向正确的轨道，从而产生良好的结果。他认为在不合乎道的情况下，人力作用不能得到正确的发挥，人们就会指望神灵的帮助。所以他对社会上流传的祥瑞贞符等天人感应的神秘说法持否定态度，强调人的道德修养和主观努力，这就把他的"天人不相预"的观点与政治伦理和道德结合起来了。由此，柳宗元反对"君权神授"，他的《贞符》一诗就阐述了这一观点。"贞符"，即帝王受命的真正依据。柳宗元写此文，其目的是"言唐家正德，受命于生人之意"（唐朝具有纯正的道德，政权是受命于人的）。文中主要对汉代董仲舒宣传的"君权神授"提出了批评。

柳宗元在《封建论》一文中集中表达了他的历史观。他的历史观有两个比较鲜明的观点：一是认为人类历史是逐渐发展演变而来的；二是认为社会发展有其必然的趋势，不以圣人的意志为转移。他说：人类最初过着杂居、群居的野蛮生活，为了与自然抗争，"乃知架巢空穴，挽草木，取皮革"，"咀果谷，合偶而居"（《贞符》）。有了一定的物质基础以后，人们相互之间又发生利益冲突，为了缓解争斗，"然后强有力者出而治之"，"用号令起，而君臣什伍之法立"（《贞符》），这就有了国家、军队。在这里，他明确表达了决定历史演进的力量是人而不是神的观点。人类社会形成后，还在不断地进步，但是这种进化也是由社会自身的原因推动的。如历史上的封建制（即周代封国土、建诸侯的氏族贵族制）的出现，也有其历史的必然趋势："封建，非圣人意也，势也。"（《封建论》）他甚至已朦胧地认识到，历史发展的客观趋势与历史人物的主观愿望之间的联系与区别。如，秦始皇实行郡县制，动机是出于自己一家的私利："其情，私也。私其一己之威也，私其尽臣畜于我也。"但这种主观之私却在客观上推进了社会的发展，符合历史的趋势，所以应该肯定，因此柳宗元说"公天下之端自秦始"（《封建论》）。

在唐代，儒、道、释三教鼎立，佛教是主要的学术思潮。柳宗元顺应了唐代的思想潮流，主张儒释道三家"皆有以佐世"，应"咸伸所长，而黜其奇衺。要之与孔子同道"（《送元十八山人南游序》）。他认为"浮屠诚有不可斥者，往往与《易》《论语》合。诚乐之，其于性情然，不与孔子异道"（《送僧浩初序》）。他曾对友人说："吾自幼好佛，求其道，积三十年。"并自称对佛教学说"吾独有得焉"（《送巽上人赴中丞叔父召序》）。所以，他主张应该"统合儒释"。他尝与佛僧交游，颇欣赏佛教超凡脱俗的人生态度。

第四节　刘禹锡与《天论》

刘禹锡（772—842），字梦得，洛阳（今河南洛阳）人。自称祖籍中山（今河北定州）。贞元年间连中进士、宏辞二科，授监察御史。曾参加旨在反对宦官和藩镇割据的"永贞革新"，失败后被贬为朗州（今湖南常德）司马，迁连州刺史。后因裴度推荐，再返京城，任太子宾客，加检校礼部尚书，故世称刘宾客。与柳宗元友善，世称"刘柳"。著作编入《刘禹锡集》，其思想主要集中在《天论》中。

刘禹锡承继了汉儒的"气"论思想，以"气"为宇宙万物的本原。刘禹锡认为万物都是"乘气而生"（《天论》下），批判了玄学和佛教的空无本体论，认为"空"并不是绝对的"无"，其间充满着细微无形、难以用感官感知到的"气"；"无形"也不是"虚无"，只是说"气"没有固定的形体，必须借助其他物质形体来显示。在他看来，"空"和"无形"都统一于物质性的"气"。"气"这种物质实体虽然不可直接感知，却可以"以智而视"，即用理性思维来把握。

历史上关于天人关系有两种对立的观点：一种是"阴骘之说"，承认天有意志，认为善恶有报应，祸福有前兆；一种是"自然之说"，否认天有意志，认为天人各有自己的职能，天道不干预人事，事物背后"是茫乎无有宰者"（《天论》上）。前者主要指汉代的神学目的论和谶纬迷信等，后者则主要指黄老之学和王充等人的思想。刘禹锡显然已把无神论与有神论、目的论与自然论的天人观明确地区分开来了，并反对"阴骘之说"而赞成"自然之说"。

但是，以往的"自然之说"过分强调天人之间的对立而忽视天人相联系的一面（包括柳宗元）。刘禹锡肯定"天人有分"，指出人"为智最大"，是"动物之尤"，能在社会中创立一套"法制"。所以他说："天之道在生植，其用在强弱；人之道在法制，其用在是非。"这样，"天之能，人固不能也；人之能，天亦有所不能也"（《天论》上）。他又认为天人之间有一定的联系和交互作用，这集中体现在他的"天人交相胜、还相用"的论点，即认为天人之间既相互争胜，又可相互利用。但是，从人类历史的长过程来看，天并不一定能胜人，而人则一定能胜天，这就把荀子"制天命而用之"的思想推向"人定胜天"的高度。

刘禹锡还讨论了"人胜天"的根据。他提出三条根据：第一，"法大行"时人能胜天。刘禹锡认为，当社会政治清明、法制完备时，人的主观能动性往往能得到充分地发挥，此时人可以胜天。相反，当"法大弛"时，社会政治昏暗，法令不行，必然是"天胜人"。刘禹锡强调社会政治制度和社会法令的实施情况对人的主观能动性发挥的意义，这是很有见地的。（见《天论》上）第二，在是非分明、贤者在位的条件下，即"圣且贤者先"的条件下，则"人胜天"。相反，在是非混乱、单靠强力从事，即"强有力者先"的情况下，则"天胜人"。（见《天论》中）第三，"理明"时，"人胜天"。在刘禹锡看来，任何事物都受客观规律的支配，人只要能认识和利用规律，遵循规律，又能充分发挥主观能动性，就可以胜天。相反，在"理昧"的情况下，人们不能认识客观规律，只能盲目地受必然性所支配，往往表现出"天胜人"的情况。所以，天人之间总是"交相胜""还相用"的。刘禹锡还认为，"理昧"正是有神论产生的根源。

在刘禹锡看来，"人胜天"的种种情况，都取决于人的主观努力，所以天不一定胜人，而人则一定胜天："人诚务胜乎天。"（《天论》中）总之，刘禹锡在天人关系上的观点，既是唯物的，也是辩证的，既强调了"天人有分"，又看到了天人的统一性；既强调了规律的客观性，又重视了人的主观能动性。这样，历时悠久的"天人之辩"，由柳宗元、刘禹锡在理论上作了出色的总结。

思考题：

1. 试述韩愈的思想观点及其在儒学发展史上的意义。

2. 试述柳宗元、刘禹锡在天人关系上的主要观点及其理论意义。

第四章 隋唐时期反迷信思想

迷信与反迷信在中国思想史上一直存在，只是在不同的时期各有不同的表现形式。与汉代的谶纬迷信不同，隋唐时期则主要表现为对阴阳术数的迷信。同时，在史学领域，以阴阳灾异和神学来解释历史现象也有相当的影响。面对种种迷信泛滥的情况，隋唐时期也涌现出一些清醒地坚持无神论的颇具唯物精神的思想家。他们对神学迷信进行反驳和理论的清算。前者主要以吕才为代表，后者则以刘知幾为代表。

第一节 吕才对术数的批判

吕才（600—665），博州清平（今山东临清东）人。他因"善阴阳方伎之书"，且"尤长于声乐"（《旧唐书·吕才传》），贞观三年到弘文馆任职，后入太常寺，迁太常博士。他对阴阳术数、音律、医药、地理、军事、逻辑等都有研究，并著有《因明注解立破义图》，造《方域图》和《教飞骑战阵图》等。其著作大部分散佚，现存的只有《阴阳书》中的《叙宅经》《叙禄命》《叙葬书》三篇带有序言性质的文章，见于《唐书》本传。另有 11 条零散材料，辑入《玉函山房辑佚书》。

刊正《阴阳书》是吕才的重要学术活动，虽然该书已佚，但从现存的零散资料中，可以看出吕才批评阴阳术数迷信的思想梗概。吕才以儒家经典为依据，以历史事例为证验，依据相关的自然知识，指斥卜宅、禄命、卜葬、吉凶等迷信"事不稽古，义理乖僻"（《叙宅经》）。

吕才指出，把天下万物都配属于宫、商、角、徵、羽五声，并据以推断行事的吉凶，完全是无稽之谈。隋唐以来，许多巫者大讲"阴阳葬法"，宣扬选择年月、计量墓田远近，可图吉利，巫者从中得利，于是葬书泛滥，多达一百二十余家。吕才依据《易》《诗》《孝经》对之加以批评，指出丧葬占卜，原意不过是悼念死者的一种仪式，与"阴阳葬法"的迷信有严格的区别。他认为自然运行有自己的规律，"天覆地载，乾坤之理备焉；一刚一柔，消息之义详矣。"那种宣扬丧葬吉凶的说法，乃"附此为妖妄"（《叙葬书》）。针对巫者宣扬命禄，大讲死生寿夭、富贵贫贱乃命中注定的报应论和宿命论，吕才引《史记》中宋忠、贾谊讥司马季主的话："夫卜筮者，高人禄命以悦人心，矫言祸福以尽人财。"（《叙禄命》）认为那都是为了取悦人心或骗人货财而编造的，指出汉代王充早已批评过这种说法。他依据历史事实，以鲁庄公、秦始皇、汉武帝、魏孝文帝、齐高祖五例，用史书记载来核对按其出生年月所做的禄命推算，指出推算结果完全"不验"。如鲁庄公生当乙亥之岁，建申三月，依照禄命书的推算，应当贫无官爵，但庄公却成一国之君。按照禄命书，这一年七月出生的人身体虚弱，相貌丑陋，但从《诗经·齐风·猗嗟》这首讽刺庄公的诗来看，庄公却生得高大，既不虚弱，也不丑陋。吕才以此五"不验"证明了命禄说的荒谬。

吕才批评迷信思想的重要武器是汉唐以来流行的元气说。他说："太极无形，肇生有象；元资一气，终成万物。"（参见《明浚致柳宣书》）万物都来源于"气"，宇宙的变化，四时的运行，都离不开阴阳相互作用。他还认为把术数迷信附会到阴阳二气中，完全是荒诞的、错误的。

吕才的这三篇文章不仅在当时而且在后世都产生过积极的影响。明、清两代的无神论者，如王廷相、熊伯龙等，都一再称扬吕才。不过，由于儒家天命论的影响，吕才对迷信的批评不够彻底，如他又接受了祸福报应的说法，认为"皇天无亲，常与善人，祸福之应，其犹影响"（《叙禄命》）。在批评卜宅迷信时，他有时也为儒家经典中的"卜宅迷信"辩解。但是，这不影响吕才在中国思想史上作为迷信思想坚定的批判者的历史地位。

第二节　刘知幾反神学的史学思想

刘知幾（661—721），名子玄，字知幾，因避玄宗讳而以字行。彭城（今江苏徐州）人。永隆元年（680）进士，累迁凤阁舍人。武后时曾任著作佐郎、左史等职，兼修国史。中宗时，擢太子率更令，参与编修《武后实录》。平生专攻史学，尤长于分析各史家之利弊得失；著史强调"直书""实录""不掩恶，不虚善"，反对主观臆造。他提出史家必须具备"三长"："三长谓才也，学也，识也。"（《旧唐书·刘子玄传》）"才"指创作的技巧，"学"指创作的素材，"识"指创作的观点、见识。刘知幾最重视"识"，认为"才"和"学"都离不开"识"。他所著《史通》就是一部以"识"为主旨的史学评论性专著。

刘知幾不仅提出了诸多为后世治史者必须坚守的原则，还对史学研究中各种迷信传说做了理性的怀疑与尖锐的批评。秦汉之际阴阳家邹衍曾用五德终始的循环论讲历史，西汉董仲舒又在儒家和阴阳家合流的基础上建立起神学史观，两汉之际谶纬迷信泛滥。神学史观曾遭到东汉初王充等人的批判，但其影响仍然存在。到刘知幾生活的年代，唐高宗、武则天曾鼓励奏献祥瑞符命，连麟德、仪凤、永昌、天授等年号也都是出于祥瑞的考虑而改元的。武则天更是夸大祥瑞，作为以周代唐的借口。刘知幾长期在史馆工作，他反对把神怪传说写进历史，体现了他一贯坚持的史家应有的正义和理性的精神。

刘知幾在《史通·采撰》中把历史研究中的神学观点归纳为四类：以谶纬迷信入史，以方术家的奇事入史，以神鬼怪异故事入史，以阴阳灾异入史。他对阴阳灾异和谶纬迷信的评论最为切实。

刘知幾认为，董仲舒、刘向等人用阴阳灾异观点解释历史是不符合史实的。如，《春秋》记载昭公九年陈国火灾一事，董仲舒认为是陈国发生了弑君的事件，楚庄王借口讨伐陈贼，乘机灭掉陈国，"陈之臣毒恨尤甚，极阴生阳，故致火灾"。刘知幾说："陈前后为楚所灭者三，始，宣十一年为楚严（庄）王所灭。次，昭八年为楚灵王所灭。后，哀十七年为楚惠王所灭。"（《史通·五行志杂驳》）楚庄王灭陈是在宣公十一年（前598），而陈火灾是在昭公九年（前533），这两件事，按《春秋》纪年，在鲁国换了四公（宣公、成公、襄公、昭公），在楚国则经历了五代（庄王、共王、康王、郏敖、灵王），可以说是"悬隔顿别"，"差之千里"（《史通·五行志杂驳》）。所以刘知幾批评他们"不凭章句，直取胸怀，或以前为后，以虚为实。移的就箭，曲取相谐，掩耳盗钟，自云无觉"（《史通·书志》），指出将阴阳灾异等神异写入历史，是缺乏求实精神的。

刘知幾也批评司马迁、班固等人用天命、谶纬解释历史的做法。他评论说："夫论成败者，固当以人事为主，必推命而言，则其理悖矣。"（《史通·杂说上》）并举例说，晋的失国，是由于晋惠公夷吾拒纳忠言；秦的灭亡，是由于"胡亥之无道"，这些都是人事的过失，与天命毫无联系。他认为即使有所谓"亡秦者胡也"的谶语和关于国家兴亡的预言，如果有了德才兼优的君主，将亡的国家也可以得到拯救。亡国不决定于符命，兴国也不取决于祥瑞。他举例说，周武王伐纣，占卜吉凶，"龟焦蓍折"，迷信的人宣称神明不主张出兵征讨，但事实上武王还是出了兵，且结果一举灭纣。南朝宋武帝攻打卢循，车中大旗竿断，幡沉水中。那些迷信的人借此宣扬这是不吉的兆头，但刘裕毅然出兵，结果大胜。（参见《史通·书志》）由此，他告诫说，以推断天命来论国家的兴灭，以时运去褒贬社会人事，必然造成是非的惑乱。他断定事在人为，没有必要去祈求天命。

刘知幾还分析了迷信天命、谶纬的社会根源。他认为，远古时候也有所谓

"祥瑞"，但那只是"发挥盛德，幽赞明王"的一种表示，后世的祥瑞之类说法是臣下故意编造出来讨君主欢心的，所以历史上往往是君主的道德越差，国家的治理越乱，编造出来的祥瑞故事就越多。汉桓帝、灵帝时的政治最混乱，他们的祥瑞比文景盛世时还多。十六国时，军阀混战，民不聊生，而此时却祥瑞频出。史官们不加分辨，"征其谬说，录彼邪言"，必然造成"真伪莫分，是非无别"（《史通·书事》），掩盖了历史的本来面貌。因此史官一定要敢于"直书其事，不掩其瑕"（《史通·直书》），这样的史书才能经得起历史的检验。

思考题：

1. 谈谈吕才反迷信思想的主要观点和思想史意义。
2. 谈谈刘知幾反神学的史学思想的主要特点和意义。

第五章　隋唐时期的道教思想

　　道教初创于东汉，经过魏晋南北朝时期的改造和发展，到隋唐时期已经成为比较成熟的宗教。唐代的道教不仅可以与佛教、儒学相抗衡，而且由于特殊的原因，老子成为道教的神灵，《道德经》成为道教崇奉的最高经典，道教遂取得了国教的地位。此时涌现出不少清修道士，他们一面进行新的理论创造，并推动《老子》的义疏之学逐渐升温；一面又吸收儒家的心性学说和佛教的修养理论，重新论述道教修道成仙的理论，其中重玄学是其重要的理论支点。唐代的丹道理论较之魏晋虽仍有改进，但是受佛、儒心性说的影响而从外丹向内丹的转化以及道教的日渐心性化，则成为唐宋间道教思想演变的基本趋向。

第一节　隋唐道教概况

　　隋唐时期，道教已经成为足以与儒佛鼎足而立的宗教。隋文帝即位之初即扶持佛、道二教，于开皇元年（581）下诏说："慕释氏不贰之门，贵老生得一之义。"（《五岳各置僧寺诏》，载《全隋文》卷一）并亲临老子祠，修复老子祠。据说其开国年号"开皇"也取自道教。[①] 李唐建国，为高其门第，自谓老子后裔，老子更受尊崇。唐代道教最突出的特点，是老子崇拜成为道教的主流。武德八年（625），唐高祖李渊下诏以"老先、次孔、末后释宗"为三教之序，道教位居三教之首。太宗又下令"道士通《道德经》者给地三十亩"[②]。高宗上元元年（674），令王公以下皆习《老子》。仪凤三年（678），诏尊《道德经》为上经。武则天当政，曾一度下令停习《老子》，但是到玄宗时又得以恢复。玄宗开元二十一年（733），下令无论士庶，皆须家藏《老子》一本。开元二十五年（737），又置崇玄学，令士庶习《老》《庄》《列》《文》。开元二十九年（741），两京崇玄学置博士、助教。老子不仅被尊为唐宗室的"圣祖"，而且先后被册封为"玄元皇帝""大圣祖高上金阙玄元天皇大帝"，得到前所未有的尊崇。天宝元年（742），玄宗又为庄子、列子、文子、庚桑子各加尊号，并将"四子"所著书尊为"真经"，分

---

① 《三洞珠囊》卷八："似元皇君号开皇元年，隋家亦象号开皇元年是也。"
② 参见道宣《集古今佛道论衡》卷丙。

别称为《南华真经》《通玄真经》《冲虚真经》《洞虚真经》。天宝年间，唐玄宗又亲为《老子》作注，进一步推动了《老子》、道教与国家政治的结合。经过唐朝廷的种种努力，老子和道教的地位不断得以提升，道教从原先的民间道团一变而成为国教。至此，老子成为道教的最高神灵，《道德经》也成为道教崇奉的最高经典。此时，道教宫观遍布全国，道教信徒众多，道教理论、科仪、艺术以及炼养术等各个方面均得到全面的发展，道教进入空前繁荣的时期。据说，唐代有宫观1900 余处，道士 15000 余人（见杜光庭《历代崇道记》），其人数虽不及佛教的1/20，但道教仍能与儒、佛鼎足而立，在当时的思想界占据重要的地位。

隋唐五代时期道教相继涌现出一些文化素养较高的清修道士，他们不像赵归真那样热衷政治，出入宫禁；也不像卢藏用那样走"终南捷径"，谋求权位；不栖身山林，与世无涉，而是自修自悟，着力于道教学术的研究和道教义理的探究，并通过著书立说以布道，建构起自己的理论体系。代表人物有王玄览（626—697）、司马承祯（647—735）、成玄英（生卒不详）、李筌（生卒不详）、吴筠（？—778）、杜光庭（约 850—933）、陆希声（约 828—约 895，一说约 901）、谭峭（生卒不详）等。他们大多承继南北朝时陆修静、陶弘景的祖风，并吸收佛教、儒学的某些思想以会通三教，注重清修，轻符咒之术，善养生之道，对道教理论的发展有重大贡献。如王玄览所著《玄珠录》，以道家思想为主，兼采佛教学说；司马承祯著《坐忘论》《天隐子》等，吸收儒家的正心诚意和佛教的止观学说，重新论述了道教修道成仙的理论。杜光庭著有《道德真经广圣义》，援儒入道，高扬"载仁伏义，抱道守谦，忠孝君亲，友悌骨肉"的仁爱思想；在修炼方法上，则结合佛道，主张断华饰、远滋味，绝淫欲，守"三元"。李筌著有《太白阴经》《阴符经疏》，谭峭著有《化书》等，都是以道为主，兼收佛、儒，形成了有创造性的思想体系。

他们的理论有一些共通的特点：其一，都关注对万物生成的研究。如有学者杂采《老子》《周易》等典籍，以"道"为本体，以阴阳五行为中介，主张万物是阴阳五行交互作用的产物。其二，他们比较重视对性命之学的研究。"性命"本来是儒学的古老命题，也是佛学议论的重要内容，道教以往关注的是炼丹服药以求仙。但是后来道教学者发现以此法难以求仙，况且铅汞等物有强烈的毒性，服之不仅不能成仙，反而致人以死，于是逐渐转变方向。他们将存养性命的主要途径转向内修与外炼相结合，即根据所谓的"抑情养性""主静去欲""守静去躁"等炼养原则，排除情欲对身心的干扰，结合道教传统的"守一"（"抱一"）、"行气""导引"等方术，以达养性延命的目的，逐渐从外丹学向修心修性的内丹学过渡。其三，在理论上重视发挥重玄之学。"重玄"说始于东晋时的孙登，至唐代，"道士成玄英、蔡子晃、黄玄颐、李荣、车玄弼、张惠超、黎元兴，皆明重玄之道"（杜光庭《道德真经广圣义》卷五）。《老子》第一章有"玄之又玄"一句，本是指道幽深而又幽深之意。重玄家在解释老子此句时，吸收了佛教破除妄执，"能所双亡"之义，释"玄"为遣除"滞着"（此"滞"是对佛教所说"执"的沿袭和改造），谓老子所言前一"玄"字，为遣有、无之"滞着"，后一"玄"字则进一步遣"不滞之滞"。因为有了两重遣滞（"遣之又遣"），故曰"重玄"，"重玄"即"双遣"。重玄家认为，只有用这种双遣执着、有无兼忘的方法进入"重玄"之域，方可得道体之妙用，达至神仙境界。此说后被唐代诸多《老子》注疏家所沿袭，如李荣《道德真经注》、孟安排《道教义枢》、唐玄宗李隆基《御注道德真经》、司马承祯《坐忘论》、杜光庭《道德真经广圣义》。其四，运用道器、道气、形神、形气、体用、阴阳五行等范畴，讨论了诸多有哲学色彩的问题，把道教思想引入宗教哲学的发展阶段，并成为宋代理学的理论来源之一。

第二节　隋唐道教的经注与著述

唐代道教经学最重要的特点是《老子》注疏的升温。南北朝时，道教对道经的整理多以"三洞四辅"来分类编排，其中"三洞"（洞真、洞玄、洞神）为最高，而以"四辅"（太玄、太平、太清、正一）为辅佐。当时《道德经》未入"洞"，仅为"辅"（列"太玄部"）。随着老子在唐代地位的提升，"三洞"的地位下降，《老子》作为道教的最高经典不断升温。在这种情况下，受佛教义疏之学的影响，有关《老子》的注疏也多了起来。唐代道士注疏《老子》的有近三十家，最有影响的有成玄英《老子疏》、李荣《道德真经注》、陆希声《道德真经传》、杜光庭《道德真经广圣义》等。唐玄宗亦亲自注、疏《老子》。同时，隋唐道教对《老子》的解释，也出现多元化的倾向，有的着重发挥道教的内修长生思想，如沿着汉代河上公注并进一步发挥的《老子节解》和唐末杜光庭的《道德真经广圣义》；有以佛教精神注《老》的，典型的如成玄英的《老子疏》；也有以内以修身、外以治国之旨注《老》的，如李荣的《道德真经注》。唐玄宗也是沿着这一旨趣释《老》，其《御注道德真经》，突出的是清心寡欲以"理身"，清静无为以"理国"。此外有以儒解《老》的，如陆希声的《道德真经传》；有以兵家解《老》的，如王真的《老子论兵要义疏》。

除了重视对《老子》的疏解，此时道教学者还撰述了其他相关的道教经典注疏和著述。主要有：

《西升经集注》，这是托老子名而写的《西升经》的集注，是韦处玄、徐道邈、李荣等人所作注的汇集。其中李荣以为老子"道"的核心是自然，而他对自然的解释则是"内无自性，外绝因缘"，显然杂入了佛教的思想。在修炼方法上，他不赞成一般地用导引和服气达到修炼有形之身体，而强调要"存神思道"（李荣注，第十二章），保养精神。韦处玄主张修炼的要领在于存神守一，排除种种对人心的干扰因素，重视无知无心的修心、养神，已经不太主张用外丹。该书载《正统道藏》。

《阴符经注》，署名为李筌注（亦谓为后人袁淑贞撰）。《阴符经》是旨在讲天人关系的，认为冥冥中有一个神秘的力量主宰着宇宙万物和社会人事，人的行为所造成的后果往往与天意"暗合"（"阴符"）。李筌在注中将此解释为天地间有某种不可改易的规律和"机"，此"机"是客观的，但事在人为，人可以利用它。社会治乱之"机"不在自然万物，而在社会人事中，"昏主邪臣，法令不一，重赋苛政，上下相蒙"，才是真正的乱之"机"。此外，张果亦著有《阴符经注》，主张"四时之行，万物之生，皆自然也"，圣人可"因自然而冥之，利自然而用之"，强调遵循自然，利用自然。他不认为"阴符"是"暗合"，但承认天可以以某种天象来惩戒人。

《天隐子》和《坐忘论》，署名司马承祯著，旨在讨论成仙的理论，他不像以往的道士那样讲服食、炼养、肉体飞升等，而注重内在精神的修养，修道成仙的关键在于去掉"情之邪"（喜怒哀乐爱恶欲）与"气之邪"（风寒暑湿饥饱劳佚），并认为这是一个逐渐的过程，要经过斋戒、安处、存想、坐忘、神解等阶段；修道也要经过敬信、断缘、收心、简事、真观、泰定、得道等阶段。其思想基本上是发挥和改造道教茅山宗的理论，并吸收了一些佛教思想。

《玄纲论》和《宗玄先生文集》，吴筠撰。吴筠着重探讨了神仙理论，他认为神仙确实存在，只要人们能抛弃世俗情欲的牵累，不受外物的诱惑，以身心至静为宗，诚心修炼，注意德行的培养，再辅之以吐纳、良药，就可以成仙。吴筠尽力维护肉体成仙说，但不同于以往的外丹修炼，而主张修道，修道的关键是修心制情，全性葆真。

除了上述著作外，还有张志和的《玄真子》、谭峭的《化书》和佚名的《无能子》等，这些都是该时期有影响的道教著作。《玄真子》探讨了宇宙的"造化之元"，认为大道的究竟是"玄"，此玄虽有不可看成有；此玄不有，也不可看成不有；无玄无真，就是玄真。强调从无中见有，有中见无，才能体悟宇宙之究竟。在修养方法上强调养心的重要性，并且为心灵的宁静确立了本体论的根据。《化书》是五代时谭峭所著，旨在讲天地万物因道而发生的变化，认为"虚化神，神化气，气化形。"就具体事物说，其不断变化的结果就是取消了万物之间的分别，一切都是虚无，体悟到这一点就可以"一生死，一情性"（《化书·铅丹》），从而解脱痛苦，超越生死。《无能子》认为人与禽兽本来"任其自然"，"遂其天真"，保持自然美好的状态，但是圣人却要搞礼乐教化、尊卑上下，于是产生欲望和争斗，使自然状态被破坏。所以只有任其自然，回到无心无为的状态，才是最美好的状态。作者希望天下太平，却无能为力，故称"无能子"。

第三节　隋唐道教的丹术

隋唐时代，由于帝王贵族的倡导，炼丹术有很大发展，记载炼丹的著作愈加丰富。炼丹家们在积累前代经验的基础上，整理、注释以前的丹经，形成了许多有关烧炼金丹的著述。隋代苏玄朗的《宝藏论》就记载了当时所炼丹药三十种。又有托名阴长生所写的《周易参同契注》，有《黄帝九鼎神丹经诀》等，也有总结自己炼丹经验的著作，如陈少微的《大洞炼真宝经九还金丹妙诀》《大洞炼真宝经修伏灵砂妙诀》，金陵子的《龙虎还丹诀》，张真人的《金石灵砂论》等。到唐末五代，又有《修炼大丹要旨》和《真元妙道要略》。这些著作既叙述了烧炼金丹的理论，也记载了具体烧炼的配方、设备和方法。

丹道理论也在这一时期有了较大的发展。唐代炼丹家最推崇《周易参同契》。其学说大体上有自然还丹说、临炉把握炼丹火候的直符说、用药相类说等。自然还丹说认为，丹药是上界仙人所服，乃天火所造，故称"天然还丹"，炼丹家把炼丹所用炉鼎想象为一个小的宇宙，认为人可以在丹炉中再现自然成丹的过程，从而炼出仙丹。凡人服食这种仙丹，就与服食自然还丹的上界仙人一样，长生不死。炼丹火候掌握的直符理论，是强调炼丹时火候的掌握要符合阴阳消长的自然之道。所谓火候，就是对丹炉温度控制的一定量度。《周易参同契》依据太阳运行规律，把一月分为六候，一年十二个月通于十二消息卦，或用文火，或用武火，或进阳火，或退阴火等。这种以炉中之火比类"天火造化"，以讲究火候变化比喻天符运行就是"直符"。所谓用药相类说，就是认为配取丹药必须依据材料相类相补的原则进行。这一说法也是以阴阳五行学说为其理论基础的。《周易参同契》卷上说：

"以类辅自然，物成易陶冶"，此即论述事物的自然相类。唐代炼丹家根据药物的阴阳性质并结合炼丹实践，概括出只有相类的物质之间才能发生联系和作用，这就是药物配合的相类说。

隋唐时期还出现了众多的炼丹流派。由于用药的不同和理论的差异，唐代外丹道形成了金砂派、铅汞派、硫汞派等不同流派。金砂派企图把金丹坚固不败朽的性质转移到人的身上，相信葛洪所谓"假求于外物以自坚固"（《抱朴子内篇·金丹》）的说法，主张"服金如金，服玉如玉"（《张真人金石灵砂论》），尤重视黄金和丹砂。铅汞派主用铅和汞，而排斥其他杂药。硫汞派则主用硫黄和水银。但后来的实践表明，这些以矿物为主所炼的"金丹"并不能使人长生，反而毒害人的身体，以后则增加了动植物用药。即使仍主张以矿物烧炼还丹的，也改用"元气""元精"来解释金、汞、铅等物质的性质，认为它们含有元气或阴阳之精。"还丹"就是反本还元，如《修炼大丹要旨》说："阴阳运转，气化为精，精化为朱，朱化为汞，汞化为金，金化为药，故号金砂，名曰大还。大还者，返归之义。"这说明他们受到了服气论的影响。

金丹道在实践中不能致人长寿反致人死亡的例子不断出现，特别是唐代几位皇帝如太宗、宪宗、穆宗、敬宗、武宗、宣宗及一些大臣也都因服食丹药而中毒死亡，于是人们越来越对其性质和效用产生怀疑，批评之声遍布朝野，加之一些方术之士借炼丹之名，炼制假药，以谋财害命，这些都加速了外丹道术的衰落。在这种情况下，有些道士潜心于内养之术，加之道教清修派早就想扭转黄白之术泛滥的风气，内丹之学于是迅速发展起来。

内丹之道可能出现较早，据说晋代的《黄庭经》和《抱朴子》中已有关于人体有上中下三丹田的说法。但直到隋代苏元朗才明确提出"内丹"之道。据《罗浮山志会编》卷四记载，元朗自号青霞子，曾发明太易丹道，从其游者闻有一朱真人因服灵芝得仙，于是他们竞论服灵芝可得成仙的事，元朗听后笑曰："灵芝在汝八景中，盍向黄房求诸？"于是著《旨道篇》示之，"自此道徒始知内丹矣。"元朗在其所著《龙虎金液还丹通元论》中已提到"性命双修"，其所谓之内丹，即以"身为炉鼎，心为神室，津为华池"，进行身心的修炼。不过，唐代也有人把服气内修视为内丹，如吴筠就把采日月之精华，存神默思、导引行气看作内丹之一门。到唐末五代时，内丹的含义有所变化，这就是一改服气、导引的传统而把修心修性作为修炼的主要内容。唐末五代托名钟离权、吕洞宾为内丹学的主要传人。五代道士施肩吾（号华阳真人）所撰《钟吕传道集》就是着重发挥钟、吕内丹道的著作。该书以天人合一为理论基础，以阴阳五行学说为炼养的依据，提出了遵循天地升降交合、运行不已，故能长久坚固的自然规律，使心肾交合，龙虎交媾，变出黄芽，得金丹大药，从而形成比较完备的内丹学体系，代表了当时内丹道的理论水平。按照《传道集》的说法，"金晶玉液还丹而后炼形，炼形而后炼气，炼气而后炼神，炼神合道，方曰道成"，强调内炼精、气、神。

总之，以性命双修为原则，以炼形炼气炼神为基本步骤，唐代的内丹道得以初步形成。其后，经五代宋初道士陈抟和北宋道士张伯端的发展，内丹道进一步系统化并得以高扬，成为道教修仙丹术的主流。

思考题：

1. 试论唐代道教的历史地位和主要特点。
2. 谈谈唐代炼丹术的主要特点及其变化，并说明这种变化对道教发展产生了怎样的影响。

第五篇 | 宋 元 篇

导　论

经过了唐末五代的割据动乱，在中国历史上又出现了统一的宋王朝，这时中国封建社会进入了后期。北宋时期，随着农民劳动熟练程度的提高和南北地区的开发，封建经济有了进一步的发展。与此同步，农民阶级的地位有了一些变化。过去人身依附关系比较强的部曲、佃客制，在武则天统治时期基本消灭，代之而兴的则是人身依附关系比较松弛的租佃制。

两宋的300多年间，中国境内，存在着几个民族政权并立的局面。北宋的北边和西边，有辽、西夏、吐蕃等政权。以后又有从东北崛起的金政权。宋金对峙，直至南宋。南宋末年，漠北又兴起蒙古政权，后来建立了元朝。

两宋时期兴起了理学。宋代理学讨论的主要是以"性与天道"为中心的哲学问题，也涉及政治、教育、道德、史学、宗教等方面的问题。

宋代理学是在儒学、佛学、道教相结合的基础上孕育发展起来的，它以儒家思想的内容为主，同时也吸收了佛学和道教思想，这是它的特点。理学起于北宋，经南宋而进一步发展，到明代更有新的发挥，清代前期渐趋衰落。

宋代理学着重研究的儒家经典，首先是《易》。理学家通过对《易》的注疏，阐述他们对于宇宙和人生的见解，他们又借用《春秋》的微言大义，说明"尊王攘夷"的理论，这些都是当时社会所需要的。

理学家程颢、程颐不仅重视《易》，还强调《大学》《中庸》《论语》《孟子》在儒家经典中的重要地位。

北宋是理学的形成和初步发展时期。著名理学家周敦颐、张载、程颢、程颐都生活在这个时期。南宋是理学的进一步发展和朱学（朱熹思想）统治地位逐步确立的阶段。元朝则是朱学北传的阶段。

理学的兴起，首先与北宋时期州县学校兴起、书院林立有密切关系。由于学术思想的发展，学术思想领域出现了新情况。许多学者要求用新观点注解经书。其次，佛学和道教思想对理学的兴起也有很大的作用。宋太祖开宝四年（971）始刻《佛经全藏》，太宗太平兴国八年（983）《佛藏》刻成。唐宋时期的华严宗和禅宗对理学的影响最为显著。朱熹的理学思想反映了华严宗的影响，陆九渊的思想则明显接受了禅宗的影响，理学的开创者周敦颐的《太极图·易说》受道教影响较多。

除理学外，北宋时期有以王安石为代表的新学。王安石于宋神宗熙宁二年至五年（1069—1072）推行新法，同时改革学校和科举制度。熙宁六年（1073）设立经义局，编著《诗》《书》《周礼》三经义；熙宁八年（1075）颁《三经新义》于学官，此后又著成《字说》。这些新学著作表达了王安石的学术思想和政治主张，成为新政的理论基础。王安石的《老子注》至今保存了一部分，包含有丰富的辩证思维。

理学兴起以后，出现了以陈亮为代表的永康学派和以叶适为代表的永嘉学派，他们在思想理论上和朱熹展开了激烈的论争。

元代是程朱一派理学取得思想主流地位的时期。在南宋，理学主要在南方流传。元代的理学家赵复及其弟子姚枢、许衡、郝经、刘因等人，在北方传播理学。由于推崇理学，元代纂修的《宋史》专立了《道学传》，以朱熹为"程氏正传"、道学正统。

元代宗教流派繁多。历代君主多崇奉道教，而道教除金元时期盛行的全真教外，又有正一教、真大教、太一教等教派。佛教中最受尊崇的是藏传佛教（当时称喇嘛教）。同时，由于与欧洲的交通增加，称为"也里可温教"的基督教和称为"答失蛮教"的伊斯兰教也有流传。不过，由于元朝存在的时间短暂，这些教派在中国学术思想史上没有发生很大的影响。

从南宋末年到元代，学者大多推崇朱学。其间也有一些具有自己独特见解的思想家，如黄震、邓牧和历史学家马端临等人。

第一章　宋初思想概况

北宋建立以后，为了避免唐末以来藩镇割据与儒学陵夷的现象，宋太祖赵匡胤等采取了一系列强化中央集权的措施。宋初帝王注重恢复儒家礼制、刊刻儒学典籍，将重振儒家伦理纲常作为维持统治秩序的重要手段。

北宋初期的儒家学者也自觉地掀起了儒学复兴运动，为新的学术思想的形成奠定了基础，其主要思想成就体现在重释儒家经典与创新辟佛思路两方面。一方面，孙复、刘敞等学者试图摆脱汉唐以来"疏不破注"的解经传统，主张大胆发疑，别出心解，成为宋代义理之学的先导；另一方面，柳开、王禹偁、孙奭等学者继承韩愈的某些思想资料，开启了北宋声势浩大的排斥佛道运动的先声。而欧阳修在庆历之际提出"修其本以胜之"的辟佛思路，试图从弥补儒学在本体论、认识论上的缺陷以回应佛学。欧阳修等学者的辟佛思想转变也为宋代儒者吸收佛道思想资料、重建新的儒学体系开辟了道路。

第一节　唐末五代以来思想界状况

中唐以后，中央集权制度逐渐遭到破坏，皇权旁落，藩镇跋扈，形成了君弱臣强、尾大不掉之势，并最终导致了李唐王朝的灭亡。五代十国时期，战乱频仍，干戈不息，各方割据称雄，篡夺成风，致使封建王朝急剧更替，兴灭无常。赵宋本由篡夺而立国，对于转瞬之间社稷不保、江山易姓之事，宋太祖、太宗皆有切身体会。因此，在立国之后，如何结束长期以来战乱纷争的局面，维持社会的长治久安，避免重蹈唐末五代覆辙，就成为最高统治者处心积虑所要解决的问题。北宋王朝从赵匡胤开始，就实行了一系列加强中央集权的政治、经济、军事措施，从制度层面强化对社会的刚性控制。与此同时，宋初诸帝也着手巩固思想文化统治，重振儒家以君君臣臣为核心的伦常纲纪。

唐末五代以来，由于连年的割据与战乱，政教弛废，儒学衰微，儒家的价值体系受到巨大冲击，社会出现了严重的伦理危机："君君、臣臣、父父、子子之道乖，而宗庙、朝廷、人鬼皆失其序。"（《新五代史·唐废帝家人传》）"礼乐崩坏，三纲五常之道绝，而先王之制度文章扫地而尽于是矣！"（《新五代史·晋家人传》）等级制度已经松弛，宗法制度遭废弃，儒家的传统价值观念呈全面崩溃之势，整个社会呈现出一种失范无序的状态。君臣之道更是被破坏无遗，为臣者往往觊觎君位，伺机夺取，后梁、后晋、后周和赵宋王朝，皆由篡夺立国；为君者亦猜忌臣将，甚至出现"周世宗见诸将方面大耳者皆杀之"（《宋史·太祖本纪》）之事，至于一般文臣士大夫，"享人之禄，任人之国者，不顾其存亡，皆恬然以苟生为得，非徒不知愧，而反以其得为荣者，可胜数哉！"（《新五代史·死事传序》）大臣大都寡廉鲜耻，毫无忠义气节可言，其中最为典型的是冯道。此人曾相五朝八姓，对于君主，"若逆旅之视过客，朝为仇敌，暮为君臣，易面变辞，曾无愧怍"，"国存则依违拱嘿，窃位素餐，国亡则图全苟免，迎谒劝进。君则兴亡接踵，道则富贵自如"（《资治通鉴·后周纪二》）。以儒家的伦常道德标准来衡量，冯道可谓丧尽廉耻的小人，但他却恬不知耻地自诩为"长乐老"，而当时不少文人士大夫对此还颇为艳羡。当时士林风气之败坏，儒家纲常伦理观念之淡薄，尤其是其中君臣之道的颓坏，由此可见一斑。这种状况，一直延续到宋初。

此外，魏晋以来佛道文化的不断发展也对儒家的价值观念产生挑战。不少人信崇佛道的出世哲学，追求超世脱俗、飘逸仙隐，蔑视社会生活中君臣、父子、夫妇等种种现实伦理关系，游离于儒家纲常名教之外，以致社会出现了石介所谓"子去其父则不禁，民去其君则不禁……士亡仁义则不禁，左法乱俗则不禁"（《徂徕石先生文集·明禁》）的局面。

五代、宋初出现的这种风俗陵夷、道德沦丧的状况，无疑影响着宋初统治秩序的确立。显然，一个社会如果缺乏共同的价值理想，缺乏凝聚人心的道德力量，思想混乱，人心不一，中央集权的统治秩序是不可能巩固的。自汉代以后，儒家以"君为臣纲"为核心的纲常伦理体系就成为中国封建社会的最高道德准则与政治原则，起着维护、巩固宗法等级秩序和君主专制统治的作用。宋初诸帝在处心积虑地维护、巩固中央集权统治之时，也将目光投向了儒学，希望重振儒家纲常，强化以"君为臣纲"为核心的儒家伦常体系。为此，他们无不重视制礼作乐，兴学重儒，并极力推崇孔子，抬高孔子地位。宋太祖即位之始，即修缮国子监，塑孔子、颜回及十哲像于其中，还亲自为孔子、颜回撰写像赞。宋太祖、太宗曾数次到国子监祭祀孔子，宋真宗下令追封孔子，并利用到泰山封禅之机亲临曲阜孔庙行礼，拜谒孔墓，还下诏追谥孔子及其弟子。与此同时，他们大力宣扬提倡儒家思想。宋真宗指出："儒术污隆，其应实大；国家崇替，何莫由斯！"并为此专作《崇儒术》之论刻于国子监。（《宋史·陈彭年传》）在这种情况下，如何适应巩固中央集权统治秩序的需要，对儒家的纲常伦理道德体系做出有效的论证，收拾人心，重振世风，就成为思想学术界所面临的重要的时代课题。

第二节 儒学的复兴

围绕宋初的时代课题，一批儒家学者高扬儒学伦理，力倡儒学道统，排斥佛道之学，并冲破传统章句训诂之学的束缚，大胆发疑，自出义理，在为学方法上对汉唐儒学进行变革更新。他们的儒学复兴活动，主要从以下两个方面展开：

一、治学方法的变革与义理之学的形成

宋初六七十年间，士人们基本沿袭汉唐以来的注疏之学，谨守先儒经传注疏而不敢逾越。但庆历以后，学风开始了一个大的转变。士人们在思索儒学危机的过程中，对汉唐章句训诂之学的弊端和变革经学方法的必要性有了进一步的认识，希望通过重新阐释儒家经典，阐发其中义理以振兴儒学。为此，士人们围绕复兴儒学的主题，力图摆脱汉唐经学拘囿于家法师法、沉溺于训诂考证的治学风气，大胆发疑，标新立异，形成了一股时代思潮。这一思潮经历了从疑传到疑经的过程，孙复、刘敞等堪称其中的代表人物。

孙复继承了中唐以来一些学者的疑传精神，弃传从经，不惑先儒传注。他对汉唐传注进行了全面抨击与否定，认为汉唐注释不仅不能发明六经之旨，相反还使之更加晦而不明，使学者越发迷惑，因此应重新注解六经。

此后，刘敞等更在此基础之上，把疑古学风推向高潮。刘敞大胆疑经乃至改经，其解经著作不守古训，发义新奇，表现出迥异于前代的治学特点，在宋初学术史上产生了重大影响。其《七经小传》成为宋初经学变古思潮中标志性的著作。

对神圣事物的怀疑，思想束缚的破除，往往是学术创新的前奏。宋初士人们由疑传而疑经，为新的学术思想的出现开辟了道路。他们大胆出新，摆脱经传注疏的种种桎梏，使人们思想变得格外自由活跃。正是在这种自由活跃的学术环境中，宋代义理之学方可能孕育、产生。

二、排斥佛道与辟佛新思路的寻求

佛道势力的膨胀发展，产生了一系列社会后果，其中重要的一点就是破坏了

儒家的纲常名教与价值观念，对儒学的统治地位造成威胁。宋初，柳开、王禹偁、孙奭等儒家学者继承韩愈的某些思想资料，抨击佛老，开启了北宋声势浩大的排斥佛道运动的先声。庆历之际，排斥佛道运动高涨，孙复、石介、欧阳修、李觏等儒者纷纷著文，从不同的方面力排佛道之学，形成了一股反佛道的社会思潮。

孙复、石介师徒在宋初排斥佛道运动中影响较大，他们仍主要沿袭唐代以来的思路，从强调儒家纲常伦理和夷夏之防等方面抨击佛道。此外，孙复、石介还接过韩愈的道统说，加以充实改造，构造出一个自上古伏羲、神农，直到后来尧、舜、禹、汤、文、武、周公、孔子的新道统。他们希望通过构造这个圣圣相传、一脉相承的道统，来证明儒家学说源远流长，早于佛道，为华夏正统。显然，这仅是韩愈道统说的翻版而已。

从整体上看，孙复、石介排斥佛道的活动仍未脱离韩愈等唐代儒者的基本思路，停留于对佛道之学的外在批判，并未涉及佛道理论体系的本身。这在理论上是不可能真正战胜佛道思想的。而在如何解决佛道二教的具体方法、措施上，孙复、石介也未能突破韩愈"人其人，火其书，庐其居"的思路，主张实行强制手段。

当时也有一些儒者如欧阳修等与孙复、石介一样力排佛道，但是对这一问题有了新的认识并提出了新的思路。欧阳修认为，佛法为患中国千余年，历代有远见卓识的儒者都努力排斥，但其结果却总是"已尝去矣，而复大集，攻之暂破而愈坚，扑之未灭而愈炽，遂至于无可奈何"（《欧阳修全集·居士集·本论中》）。究其原因，就在于以往的辟佛者并未抓住问题的要害、掌握其关键。他认为，尧舜三代之时，王政修明，礼义之教充于天下，佛教无由而入。但后来，王道中绝、礼义阙废，佛教遂乘隙而入。在这种情况下，光靠采取简单的否定、毁灭佛教的方法不可能从根本上解决问题。因此欧阳修主张"修其本以胜之"。欧阳修所谓"本"，指的是儒家的礼义，"礼义者，胜佛之本也"，"使天下皆知礼义，则胜之矣"（《欧阳修全集·居士集·本论中》）。欧阳修审视了儒学发展的历史，认识到其自身的缺陷，强调通过弥补自身的不足，"使王政明而礼义充"（《欧阳修全集·居士集·本论中》），最后才能战胜佛道。

虽然欧阳修本人尚未找到加强儒家礼义、"修其本"的具体方法，但他所提出的这一辟佛新思路却是富于启发性的。它使当时士人从一味攻击佛道之学而转向对儒学自身缺陷的思考和进行弥补缺陷、加强自身理论建设的努力。这种思想转变也为宋代儒者吸收佛道思想资料、重建新的儒学体系开辟了道路。

思考题：

1. 唐末五代以来儒家伦理危机有哪些表现？

2. 庆历以后儒学治学方法发生了哪些变革？

3. 宋初儒者如何在排斥佛教过程中寻求辟佛新思路？

第二章　宋代学术的开创与形成

在宋初的儒学复兴运动中，范仲淹与欧阳修是引领士风的精神领袖。范仲淹虽然在经学上没有专门之作，但他不拘泥于汉唐章句训诂之学，重视发掘先秦儒家经典的原旨。同时，范仲淹兴学重教、奖掖后进，以其高尚的人格节操，为天下士人确立了新的人格典范，奠定了宋代儒学发展的精神方向。较范仲淹稍晚的欧阳修则是宋学创辟阶段的重要人物，其于经学、文学、史学皆有造述。尤其值得关注的是，欧阳修对《系辞》《诗序》《周礼》的相关问题提出了不同程度的怀疑，这种高度的理性精神推动了宋代疑经思潮的形成。

胡瑗、孙复、石介三位学者，合称"宋初三先生"。胡瑗创立苏湖教法，辨析心性，其所倡扬"明体达用"之学是宋代儒学走向复兴的标志。孙复不惑于汉注唐疏，著《春秋尊王发微》以维护儒家伦理纲常，在宋代《春秋》学史上占有重要地位。石介激烈地排斥佛、道、时文，积极提倡儒家的道统观念。"宋初三先生"是宋代理学的先驱，他们所探讨的经学问题、道德观念和治学方法对宋代理学的形成产生了深远的影响。

第一节　范仲淹的思想

在宋初儒学复兴运动中，范仲淹、欧阳修等作为新的儒家学者群体的精神领袖，对这一运动的蓬勃开展起到了巨大的促进和推动作用。

范仲淹（989—1052），字希文，苏州吴县（今江苏苏州）人。从庆历三年（1043）开始，与韩琦、富弼、欧阳修等推行"新政"，曾上十事疏，所言皆切中时弊，为仁宗所采纳。庆历四年（1044）"新政"失败，离朝赴外任，后病逝于徐州。

范仲淹在儒家经学方面颇有造诣，史称泛通"六经"，长于《易》（《宋史·范仲淹传》），但没有专门的经学著作，仅留下一些泛论经学的文字。相对而言，其学术思想比较零散，不成系统。事实上，范仲淹在中国学术思想史上具有重要地位并不是因为其学术成就，而主要是因为其在宋代儒学发展中的开风气的作用。这主要表现在以下几个方面：

首先，范仲淹以其高尚的人格节操，为天下士人确立了新的人格典范，奠定了宋代儒学发展的精神方向。范仲淹"少有大节，于富贵、贫贱、毁誉、欢戚，不一动其心，而慨然有志于天下"（《欧阳修全集·资政殿学士户部侍郎文正公范公神道碑铭》）。入仕之后，更是毅然以天下国家为己任，以直言谠论倡于朝。为了改变唐末五代以来鲜廉寡耻、守常蹈故的士风，范仲淹与欧阳修等高标名教，砥砺名节，振作士气，并以其自身"先天下之忧而忧，后天下之乐而乐"的践履树立了崇高的人格风范。在范仲淹、欧阳修等人的倡率之下，"天下靡然从之，人人耻无以自见也"（《止斋集·温州淹补学田记》），出现了"中外缙绅知以名节相高，廉耻相尚，尽去五季之陋"（《宋史·忠义传》序）的情形。这种新的士风的形成，促使宋初诸儒摆脱汉唐章句训诂之学的束缚，超越对传统儒学的理解，去挖掘寻求先秦儒学的内在精神。儒学复兴运动正是由此方向而展开的。

其次，范仲淹兴学重教，推动了宋初文化教育事业的发展，促进了儒学的复兴。唐末五代以来，学校失修，师道衰微、教化陵夷的状况相当严重。范仲淹清醒地意识到振兴教育、培养人才的重要性，一生始终关注教育事业。任地方官时，每到一处，便兴办学校，发展教育。庆历时，兴学也是"新政"中重要内容，在范仲淹的努力之下，州郡大都置办了学校，太学也呈现出兴盛景象。这对宋初文化教育事业的发展产生了很大影响。

第三，范仲淹注意提携人才，奖掖后进，故而在庆历年间形成了一个以范仲淹为精神领袖的儒家学者群体，对儒学复兴运动开展产生了极为重要的影响。范仲淹重视人才，视人才为天下治乱、国家兴亡的关键，因而大力荐举提携人才，为他们创造良好的发展环境。胡瑗、孙复、石介、李觏都受到过范仲淹的提携。关学创始人张载也得益于范仲淹的引导与启迪。可以说，庆历年间新的儒家士人群体的崛起，在很大程度上与范仲淹相关。

第二节　欧阳修的学术建树

欧阳修（1007—1072），字永叔，吉州庐陵（今江西吉安）人，号醉翁，晚号六一居士。庆历三年，当范仲淹推行新政时，任知谏院的欧阳修积极支持变法改革。新政失败后被贬谪，晚年又入朝任职。

欧阳修是宋学创辟阶段的重要人物。他与范仲淹在思想倾向、人格气质等方面颇为相似，二人一同力倡复兴儒学，重视教育，奖掖后学，并标举品节，挺立自己的道德人格以倡率天下，在宋代儒学复兴运动中发挥了开风气之先的作用。

欧阳修不同于范仲淹之处在于，他以其经史文章之学的巨大成就，对宋代儒学发展产生了强烈影响。

欧阳修是一位博学多能的学者。在文学方面，他早年就以文章名冠天下，一生创作了大量优秀的文学作品，在散文、诗、词、赋方面都成就斐然，堪称一代宗师。他还成功地领导了北宋诗文革新运动，开创了宋代文学的新体制、新格调，在宋代文学史上占有重要地位。在史学方面，欧阳修的成就也非常突出。他与宋祁合作完成《新唐书》的编撰，并独力撰成《新五代史》。他编成《集古录》一千卷，集录周秦至五代的金石简册文字，并作审订考释金石刻辞的《集古录跋尾》十卷，为中国金石研究史上首创之作。欧阳修还利用金石刻辞考订历代史实，补正史书缺谬，开中国古代金石学之先河。此外，欧阳修还重振谱牒之学，编撰《欧阳氏谱图》，创制新编家谱体例，开启了宋代以后的新谱牒学；参加了中国现存最早的官修书目《崇文总目》的编纂修订，对目录学作出了贡献。可以说，欧阳修在宋代学术诸多领域都有不朽的业绩。在宋代儒学复兴运动中，欧阳修更是具有开创性的贡献。

欧阳修是北宋中期疑经思潮的倡导者和推动者。欧阳修提倡大胆怀疑汉唐传注。他认为，孔子以后，特别是经过秦焚书之后，儒家经典已大量散佚，汉唐儒者说经，往往多失"六经"本旨。因而应该越过后儒的注疏，从经文本身出发去探求"六经"本义。在至和二年（1055）所上的《论删去〈九经正义〉中谶纬札子》中，欧阳修对旧的传注之学中诡异驳杂的内容进行了激烈抨击，指出《九经正义》"所载既博，所择不精，多引谶纬之书，以相杂乱，怪奇诡僻，所谓非圣之书，异乎'正义'之名也"。在其《诗本义》中，欧阳修辨析《诗序》及毛公《诗故训传》和郑玄《毛诗传笺》得失，探求《诗经》本义。欧阳修指出毛《传》、郑《笺》中一百多篇的谬误，分别斥为"臆说""衍说""曲说""妄说"等，并据经文之意予以纠正。这一做法，对《诗经》学的发展产生了重大影响，其不惑传注的治学风格对宋初学风的转变也作出了重要贡献。

欧阳修还对一些儒家经典的本身提出了怀疑。景祐四年（1037），欧阳修撰《易或问》三首，最早提出了《系辞》非孔子所作的怀疑。在庆历年间所作的《易童子问》中，欧阳修更明确指出，不仅《系辞》非圣人之作，"《文言》《说卦》而下，皆非圣人之作，而众说淆乱，亦非一人之言也"（《欧阳修全集·易童子问》）。虽然后世学者对这种疑《易》之论褒贬不一，但欧阳修大胆疑经的精神却无疑大大地推进了宋代疑经思潮的发展。

欧阳修还对《诗序》提出了疑义。《诗序》分《大序》和《小序》，相传《大序》为子夏所作,《小序》为子夏、毛公共作。长期以来,《诗序》已被作为《诗经》的一部分,对诸家解《诗》之作产生决定性的影响。欧阳修则对《诗序》的真伪提出了怀疑,认为《诗序》非子夏之作。他批评"二《南》其序多失,《麟趾》《驺虞》所失尤甚,"认为《小序》在说诗时"不惟怪妄不经,且与诗意不类"(《诗本义·麟之趾论》),《诗》与《小序》之间多有"前后相牴牾,无所适从"之处,让人难以相信。

欧阳修还对其他儒家经典也提出了各种质疑。他怀疑《周礼》所述官制不合情理,各级官府编制过于庞大复杂,如此庞大的官员队伍,国家显然不可能负担。他认为《礼记·中庸》有所谓"自诚明"的生而知之者,但根据《论语》中孔子自述"吾十有五而志于学"之说,则孔子乃学而后至,久而后成,是"学而知之者",这样,"则《中庸》所谓自诚而明,不学而知之者,谁可以当之欤?"由此欧阳修指出,《中庸》"其说有异乎圣人"(《欧阳修全集·问进士第三首》),值得怀疑。此外,对于《尚书》《孟子》《春秋》等经典的个别地方,欧阳修都提出了怀疑。

欧阳修治学,由不惑传注、自出新解到怀疑经文,显示出高度的理性精神,也促使宋代疑经思潮发展到新的阶段。

第三节 "宋初三先生"的贡献

被后人称为"宋初三先生"的是胡瑗、孙复、石介三人。他们的思想活动对宋代理学思潮的兴起产生了直接影响,是"开伊洛之先"的理学先驱。

一、胡瑗的教育思想与学术成就

胡瑗(993—1059),字翼之,泰州海陵(今江苏泰州)人,学者称安定先生。年轻时曾往泰山与孙复、石介共学,苦读十年。胡瑗一生最主要的活动是教育。他从教二十余年,无论在苏州、湖州府学还是在太学,都取得了巨大的成就。当时礼部所得之士,胡瑗弟子往往十居四五,朝廷名臣,也往往都是胡瑗的弟子。

胡瑗教学成就的取得,在很大程度上是因为他在总结长期教学实践经验的基础上形成了所谓的"苏湖教法"。胡瑗主张实行分科教学法,在湖州府学时立"经义"和"治事"二斋,一重理论,一重实用,根据学生的气质禀赋、能力倾向作出选择。这种教学法,后来被用到太学,在培养人才方面起到了很大的作用。

胡瑗的苏湖教法对当时学风产生了重大影响。隋唐以来，科举取士"尚文词而遗经业"，士人们为猎取声名利禄，沉溺于文辞诗赋而不注重儒经，而胡瑗则明确将儒家经义和各种与经世致用密切相关的知识技能作为教学的主要内容。他甚至提出了"颜子所好何学"之类为后来理学家所常常讨论的问题，启发学生对儒学义理进行深入的思考。在胡瑗的影响下，当时学风发生了重大转变，"学者明夫圣人体用，以为政教之本"（《宋元学案·安定学案》）。可以说，胡瑗倡扬"明体达用"之学是宋代儒学走向复兴的标志，也是理学兴起的前提与重要契机。胡瑗之所以被视为理学先驱，正是从这一意义上谈的。

胡瑗在当时以经学闻名于世，其著作现存《周易口义》《洪范口义》等。值得注意的是，宋初诸儒对于心性问题较少关注，甚至对当时士人言心言性之说颇为反感。但胡瑗对心性问题已表现出一定的重视。胡瑗的思想资料，主要集中在对性、情的讨论。他发挥孟子的性善论，认为人性为"天所禀"，是"天生之质"，至善至正，其中仁义礼智信五常之道无不具备。如果诱于外物，产生邪情，就会破坏善性。但情本身并不就是邪恶，情与欲都有正与不正之分，圣人并非没有喜怒哀乐之情的泥土木石。之所以圣人能使物得其利而不失其正，是因为圣人能够"性其情"，不受外物干扰、诱惑。这些讨论，虽然理论上并不精致细密，具体观点也与后来的理学家有异，但从中却不难窥见理学思想产生的端倪。

二、孙复的思想学术

孙复（992—1057），字明复，号富春，晋州平阳（今山西临汾）人。四次举进士不第，遂退居泰山，讲学著述整七年，学者称泰山先生。庆历年间曾任国子监直讲，"讲说多异先儒"。著作有《春秋尊王发微》等。

在宋初儒学复兴运动中，孙复的贡献主要表现在两个方面：一是排斥佛道之学，倡扬儒家道统；二是不惑传注，直寻经义，自出己意，发挥《春秋》大义。

孙复从维护儒家伦理纲常、仁义礼乐的立场对佛道进行了抨击。他认为，佛道之学绝灭仁义、摒弃礼乐，对儒家的纲常伦理造成巨大的威胁与破坏。佛老与儒并驾齐驱，峙而为三，是儒者的耻辱。要维护儒家固有的仁义礼乐，就必须采取行动，"鸣鼓而攻之"。

孙复还继承韩愈的观点，倡扬儒家道统说。他构造了一个圣贤相传、一脉相承的道统，以此证明儒家学说源远流长，早于佛道，为华夏正统。他说："吾之所为道者，尧、舜、禹、汤、文、武、周公、孔子之道也，孟轲、荀卿、扬雄、王通、韩愈之道也。"（《孙明复小集·信道堂记》）这一道统说，具体内容与后来理学家的道统有很大的区别，可以视为从韩愈道统说到理学道统说的过渡形式。

孙复的《春秋》学在宋代经学史上占有相当重要的地位。《春秋尊王发微》是孙复学术思想的代表作品，也是现存最早的宋代《春秋》学专著，开宋代《春秋》经传研究的风气。孙复治《春秋》，紧紧围绕宋初儒学的时代课题，特别强调尊王攘夷。在他看来，《春秋》的主旨就在于"尊王"，因而在《春秋尊王发微》中，他明确指出："孔子之作《春秋》也，以天下无王而作也，非为隐公而作也。"（《春秋尊王发微》卷一）在全书的解说议论中，孙复也始终贯穿了"尊王"之义。对于"攘夷"，孙复在文本解释中也反复致意。

在《春秋》褒贬问题上，孙复也有独具一格的见解。与传统《春秋》学中"一字褒贬"之说不同，孙复认为《春秋》有贬而无褒，《春秋》乃专为乱世而作，其微言大义就在于通过明时之衰、诸侯大夫之罪以突出"尊王"之旨。在《春秋尊王发微》中，《春秋》记载242年中的一切人物事件，都是为了"恶之""贬之""讥之""疾之""伤之""微之"以为惩戒，从《春秋》中可以推求"二百四十二年诸侯罪恶轻重之迹"（《春秋尊王发微》卷一，隐公元年三月条）。

对于孙复《春秋》学的特点，后人多有论说。欧阳修对孙复称赞有加，对孙复在经学史上地位予以高度评价，认为孙复不惑传注，发掘出经文本义，有无穷之功。但清人的评价则恰好相反。《四库》馆臣认为，孙复解《春秋》，"过于深求而反失《春秋》之本旨"（《四库全书总目提要》），对宋代《春秋》学的发展产生了不良影响。透过因立场、角度不同而作出的这些截然相反的评价，我们不难看出《春秋尊王发微》的治学风格对宋代学风的强烈影响和对宋代义理之学的发展所起到的巨大促进作用。

三、石介的思想学术

石介（1005—1045），字守道，号徂徕，兖州奉符人（今山东泰安东南）。仁宗天圣八年（1030）与欧阳修同年登进士第。结识孙复后，颇为推崇，以韩、孟再世相许，并拜孙复为师。庆历年间与孙复同为国子监直讲，当时太学大兴，生徒骤增至数千名。在太学期间，石介力振古道，扫荡时文，推进了古文运动的发展。石介的著作今存《徂徕集》20卷。

石介思想学术的特色，在于力倡儒家道统，排斥佛、道、时文，这也是他对宋代儒学复兴运动的主要贡献。

石介是道统论的积极提倡者。他认为，"吾圣人之道，弥亘亿千万世而不倾，纲维四方上下而不绝。""吾圣人之道，大中至正，万世常行，不可易之道也。"

（《徂徕石先生文集·宋城县夫子庙记》，以下引用《徂徕石先生文集》只注篇名）其所谓道，以仁义礼乐为主要内容，"道于仁义而仁义隆，道于礼乐而礼乐备，道之谓也。"（《移府学诸生》）道有其产生、发展和完善的过程，它"始于伏羲氏，而成终于孔子"（《尊韩》），中间经过了神农氏、黄帝氏、少昊氏、颛顼氏、高辛氏、唐尧氏、虞舜氏、禹、汤氏、文、武、周公的补充完善，共有十四位"圣人"参与了"道"的建立。孔子之后，圣人之道已经大备，毋需发展补充，"不生圣人可也。"但由于异端横行、圣道榛塞，因而需要有"贤人"起来明道、卫道，使之不致衰微颓坏，于是产生了孟轲、荀况、扬雄、王通、韩愈五位"贤人"，他们都有功于圣道之传。这样，石介就建立了一个由上古伏羲氏直到韩愈的圣贤相续的道统。

石介的道统论有几点值得注意。首先，石介道统谱系中的人物还没有完全确定。他有时称十一圣人而有时则称十四圣人，"贤人"有时包括荀子，有时则又将荀子排除在外。这反映了其道统说尚处于不成熟、未定型的状态。其次，在孔子以后的贤人中，石介特别推崇韩愈，认为韩愈为贤人中的卓越者。同时，在石介看来，当时能够接续道统的贤人，就是孙复。这与后来理学家的道统观差别很大。

石介在倡扬道统的同时，还力辟佛、道，排斥时文。他把佛、老与时文一同列为败坏圣人之道的"三怪"，认为必须大加挞伐。对佛老之学，石介主要从维护儒家传统的伦常道德原则出发进行批判。他指出，佛老之学是与圣人之道根本对立的妖诞幻惑之说，佛老"灭君臣之道，绝父子之亲，弃道德，悖礼乐，裂五常，迁四民之常居，毁中国之衣冠，去祖宗，而祀夷狄"（《怪说》），破坏了君臣父子的等级秩序，危害了儒家的仁义道德，造成了社会价值观念的混乱，是贼害圣人之道的罪魁，必须进行猛烈批判。在宋初诸儒中，石介对佛道之学的批判是最为激烈的。

思考题：

1. 范仲淹在理学形成过程中发挥了怎样的作用？
2. 欧阳修的学术建树表现在哪些方面？
3. "宋初三先生"为何被认为是"开伊洛之先"的理学先驱？

第三章 王安石新学

王安石的新学是北宋思想史上的重要流派。王安石于宋神宗熙宁二年至五年（1069—1072）集中推行新法，同时改革学校和科举制度。王安石在吕惠卿、王雱等人的协助下撰修《三经新义》，并将其作为全国学校的统一教材和科举考试标准。王安石的新学在北宋中后期成为官学，在宋代思想史上影响极大。

以王安石为代表的新学学者在治学上有鲜明的特点：新学学者主张根据自己的主观体认，直接领悟、阐发儒家经典所蕴含的大义；同时兼取百家之长，为建构其思想体系服务。从内容上看，荆公新学的哲学观点和政治思想在北宋思想史上也别具一格。王安石等新学学者建构了其以"道"为最高范畴的本体论，并将运动变化的观点贯穿于其宇宙生成论的各个环节之中，以此来批判与廓清佛道学说、论证儒家纲常名教和礼乐制度的合理性。王安石政治思想的核心是"大明法度"，侧重从服务于现实政治制度建设的角度来理解先王之道，以挽救危机深重的北宋王朝。

第一节 王安石新学的形成和学术特点

王安石新学又称荆公新学，主要指王安石的思想、学术，亦包括其弟子王雱、龚原、蔡卞、陆佃、吕惠卿等对王安石思想的发挥与发展。因王安石于元丰二年（1079）封荆国公，故名。新学因王安石等主持修撰的《三经新义》而得名，但新学的内容却并不局限于《三经新义》，包括在此前后王安石及其弟子的其他学术著作。

庆历以后学术领域出现的思想解放潮流，使学者摆脱了经传注疏的束缚，思想异常活跃。但当时学者在解释儒家经典时，各凭胸臆，缺乏统一的标准。熙宁新法推行之后，反对新法的士人往往根据需要，对儒家经典做出符合自己意愿的解释，攻击新法，阻挠新法的推行。有鉴于此，朝廷决定设立经义局，训释《诗》《书》《周礼》。王安石提举经义局，吕惠卿兼修撰，王雱兼同修撰，一批青年士子也参与了修撰工作。《三经新义》的修撰，目的在于以新的学术统一人们的思想。在经义的训释中，王安石等着力阐发古圣先贤的微言奥义，说明当时变法的必要性与合理性，为实施变法提供理论依据，并对各项新法措施做出理论论证，指出新法符合先王本意，有其经典依据与理论渊源。熙宁八年（1075），《三经新义》颁行天下，作为全国学校的统一教材和科举考试标准，新学取得了君临学坛、定于一尊的地位。

治学方法的变革是北宋儒学复兴运动的重要内容，新学学者在其学术体系的建构过程中表现出新的治学特点。

新学学者突破了汉唐儒者章句训诂之学的局限，注重从整体上探究、把握儒家经典的义理内涵与精神实质，根据自己的主观体认，直接领悟、阐发儒家经典所蕴含的大义，在治学方法上具有鲜明的轻传注而重义理的特征。

新学学者一反汉唐俗儒繁冗琐细的注疏方式，以非常简洁的笔法训释经义。他们不做烦琐的章句注疏，往往在对个别字句进行简略解释之后，便畅发其中义理，通过对经义的阐发，阐述自己的哲学、政治观点。王安石曾谈到《周礼》的训释说，周以后千百年来，不仅《周礼》所反映的政事几乎荡然无存，且《周礼》本身亦非全经。因此，在训释中，必须本着"以所观乎今，考所学乎古"（《王文公文集·周礼义序》，以下引用《王文公文集》只注篇名）的原则，根据已经发展变化了的社会情况及时代要求进行训释，在圣人的精义与现实思考之间进行双向的建构。正是本着这种精神，新学学者创造性地发挥经典义理，为现实的社会实践提供了理论指导。荆公新学之"新"，这是一个重要的表现。荆公新学兴起后，汉唐章句训诂之学在经学领域的统治地位也随之终结。

新学学派治学的另一个特色就是其兼取百家、惟理是求的会通精神。汉唐以来，儒、佛、道三者之间不断相互影响、渗透，三教之间融合的趋势日益明显。宋初学者在排斥佛道、复兴儒学的过程中已经意识到了佛道之学在理论思维上的长处和儒学自身的不足。王安石则进一步主张对百家之学采取兼收并蓄的态度，"某自百家诸子之书，至于《难经》《素问》《本草》、诸小说无所不读，农夫女工无所不问"（《临川集·答曾子固书》）。受此影响，新学学者大多知识渊博，涉猎广泛。在新学著作中，除对儒家经典的注释外，还有不少是注释佛道经书的作品。通过这些活动，新学学者在很多方面吸收了佛道诸家的理论思维成果，对佛道的本体论哲学与理论思辨成果吸取尤多。此外，对于法家、墨家乃至诸子百家之学，新学学者也都有所取益。

新学学者会通百家，其目的在于兼取百家之长，经过再创造过程，为建构其思想、学术体系服务。因此他们对诸家之学的吸取表现出相当理性的态度，其基本指导思想是"惟理之求"。王安石说:"善学者读其书,惟理之求。有合吾心者,则樵牧之言犹不废;言而无理,则周孔所不敢从。"(释惠洪《冷斋夜话》卷六)读书在于求理,合理与否,是衡量诸家之学,决定其取舍的标准。本着这种精神,新学学者出入释老,博及群书,以兼容开放的态度从诸家学说中吸取理论营养,但同时又有所去取,保持了独立自得的精神,坚持了儒家文化的主导地位。对于佛、道、法诸家学说中"言而无理"之处,新学学者进行了毫不留情的抨击。王安石指责释氏空虚穷苦,绝迹山林,违背了儒家伦常原则,认为老子"废礼乐刑政于天下,而坐求其无之为用"(《老子》),是不合乎圣人之道的愚见。他还借诗论秦始皇"举世不读《易》,但以刑名称"(《秦始皇》),抨击法家思想,表现出相当牢固的儒学本位立场。

从学术发展的内在逻辑看,北宋时期,儒佛道三教经过长期的互相渗透、吸收,已经形成了一种融合会通而产生新的学术形态的趋势。新学学者遵循学术发展的内在逻辑,在复兴儒学、创建新的儒学体系时大量吸收、利用其他学派的思想资料与理论成果,体现出一种集千古之智而折中其间的文化会通精神。

第二节　荆公新学的哲学基础

王安石将"道"作为其本体论的最高范畴。他说:"夫道者,自本自根,无所因而自然也。"(《王安石老子注辑本·有物混成章》)"道,无体也,无方也,以冲和之气鼓动于天地之间,而生养万物。"(《王安石老子注辑本·天地不仁章》)在这里,"道"是产生天地万物的世界本原。它无形体,无固定处所,自本自根,是超越天地万物的客观存在。

王安石从各个方面对于本体之"道"赋予各种规定性以说明世界的真实存在。首先,王安石以"元气"作为道之本体,认为道是真实存在的实体,整个世界也都是由气生成的。道有体有用,道之本体为不动的元气,道之流行发用则为冲和之气,在天地之间运行、流转不息。冲气为元气之所生,它运转鼓动于天地之间而生养万物,因而天地万物的本质也都是"气","万物同一气"(《今日非昨日》)。在这里,王安石以元气为道之本体,以天地万物为本体的作用与表现,认为道即气,它既是本体,又是作用,既是存在,又是流行,是宇宙自然的总体。作为本体的道与其所派生的天地万物之间是一个统一于"气"的有机整体。这就以体用不二的思辨方法说明了世界的客观真实性,有力地批判了佛教空幻的佛性说和"空"的世界观。

按照体用不二的思路，王安石力图描绘一幅由道本体到世界天地万物的宇宙生成论图式。他认为，道的本体是元气，这是宇宙万物的始基，元气又分化为性质相反的阴阳二气，二者既互相对立又互相统一。阴阳的交合则产生冲和之气，阴阳与冲气即所谓三。这三者的运行流转、相互作用，又出现了"阴极""阴中""中气""阳中""阳极"五种不同的状态，从而分别产生了水、金、木、火、土"五行"。这五种元素的相互结合、相互作用，就形成了各种不同的具体事物。这样，王安石就由本体道这一不动的元气出发，经过阴阳、冲气、五行等中间环节，最终演化出了宇宙间的万物。这种宇宙生成理论，非常明显地体现出新学本体论体用不二的特点，是对佛学体用悬绝的本体理论的否定。

王安石还揭示了宇宙万物运动变化的特点。在其宇宙生成论模式的各个环节之中，都贯穿着运动变化的内容。王安石认为，道（元气）之中包含着阴阳二气，这二者是元气自身所固有的矛盾，它们之间是对立统一、相反相成的关系。"阴者，阳之配，亦阳之贼"（《王安石老子注辑本·载营魄章》），正因为包含了阴阳二气的相互依存、相互对立的作用，元气便具有不依赖外力而自己运动的特点。阴阳二气交合而产生"冲气"，其特点就是周流六虚，运行不息。由阴阳、冲气的作用而产生的五行又都具有运动变化的性质，由五行运动变化产生的天地万物，更具有变化、发展、流行不息的特征。佛教宣扬佛性清净，认为世间万有没有生成毁灭，没有任何流转变化的规定性。王安石则认为从道本体到宇宙间的万物，包括由本体而产生世间万物的各个环节，都具有运动变化的特征，这是对佛教理论的有力否定。

王安石还正本清源，对有无关系进行了深入探讨，批判了道家的"无中生有"之说。王安石将无与有作为由道本体到天地万物这一宇宙生化过程中不同阶段的两种不同状态。他以"形之上""形之下"来界定有无，并且将"形之上"与"形之下"理解为无形与有形，认为二者之间并非本体与现象的关系，而仅是由道（元气）化生万物过程中的两种状态。"形之上"是无形之象、冲虚杳渺的混沌状态，故称"无"，但这种状态又并非绝对的虚无。"形之下"则是指有形有象、天地万物已生成的状态，故称"有"。"无"与"有"是宇宙生化过程中的两个阶段："无，所以名天地之始；有，所以名其终。"（《王安石老子注辑本·道可道章》）这一理论，是对道家"无中生有"说的否定。

王安石通过对佛道本体论的批判与廓清，建构了其以"道"为最高范畴的本体理论，为儒家纲常名教、礼乐刑政存在的合理性作出了初步的说明。

第三节　王安石的政治思想

在北宋中期改革更易的社会思潮中，许多学者都提出了其社会政治思想。王安石肩负着为变法提供指导思想与理论依据的重要使命，其政治思想侧重于从直接有益于现实政治制度建设的角度着眼，注意撷取儒家社会政治思想中与制度建设相关的内容，并主要从礼乐刑政、政令法度、制度设置的角度来理解先王之道。

王安石认为，当时社会积弊深厚，危机重重，而其原因则在于"贤才不用，法度不修"（《上时政书》），在国家治理方面，没能找到一套有效的统治方略，制度未立。为此，他积极主张因时变法，改革更易。

王安石试图从理论上对变法更制进行论证。王安石认为，先王之法是根据当时的实际情况制定的，是特定历史条件下的产物。即使先王之法在当初非常完美，随着世易时移，也难免产生各种弊病。人们应当根据具体情况，立法更制，而不能一味恪守不变。他说："天下事物之变相代乎吾之前，如吾知恒而已，则吾之行有时而不可通矣，是必度其变而时有损益而后可。"（《九卦论》）王安石还指出，变革是天道的必然，"尚变者，天道也"（《河图洛书义》）。因时变法是社会发展的客观要求，"三十年为一世，则其所因，必有革。""世必有革，革不必世也。"（《周官新义》附《考工记·上》）只有改革更易，才能避免社会危机，保持天下长治久安。

在改革的指导思想上，王安石提出了"大明法度，众建贤才"的主张，认为"当今之法度，多不合于先王之政"，应该从改制立法入手进行改革。王安石所谓"大明法度"，就是根据先王遗意，结合时代需要与社会发展的实际情况，变革旧制，制定新法，使之有效地指导现实政治与社会生活。所谓"众建贤才"，即在法度已明的情况下，改变过去教育体制下学子们学非所用、用非所学的状况，培养、选拔、任用更多的能够担当立法改制重任的人才，使变法有一定的组织保证。在王安石看来，国家的治理与维护，安定与巩固，必须要有健全的政策、法令、制度作为保障，同时又需要大批优秀人才来贯彻执行。因此改革必须围绕"大明法度，众建贤才"来着手进行，而其中"大明法度"更是最核心与根本的问题，善法既立，则其他问题皆可以迎刃而解。

针对当时北宋社会的内在危机和政治弊端，王安石将解决财政困难视为改革的核心问题，"理财为当今先急"。在其改革方案中，财政改革是最重要的方面。他认为，"聚天下之人，不可以无财"（《乞制置三司条制》），财政问题是稳定与巩固封建统治的物质基础问题，理财是最基本、最重要的政治活动，"理财乃所谓义也。一部《周礼》，理财居其半"（《答曾公立书》）。在王安石看来，当时北宋政府发生的财政危机，其原因就在于治财无其道，必须因时而变，寻求理财之道。

基于其"大明法度"的指导思想，王安石认为理财生财主要应通过完善、健全法令制度的手段来进行。他明确指出："合天下之众者财，理天下之财者法，守天下之法者吏也。吏不良则有法而莫守，法不善则有财而莫理。"（《度支副使厅壁题名记》）法度不善则不可能理财，因此必须进行财政制度的改革，变更旧法，建立新制。围绕理财这一中心环节，王安石提出了许多具体主张，其中重要的有摧抑兼并、加强国家对社会经济生活的控制、重农抑商等。

王安石的变革主张，除理财这一中心环节外，还包括整军、任贤等各个方面。这些主张都是针对北宋中期政治危机的各种表现而提出的具体措施。值得注意的是，在王安石所提出的所有变革主张中，"大明法度"的基本指导思想都贯穿其中。一切具体方案、措施都要通过变更旧制、订立新法的手段来进行，其基本思路即以立法、变法先行，主要通过完善各项法制而实现富国强兵，以挽救危机深重的北宋王朝，这是王安石政治思想的重要特点。

思考题：

1. 荆公新学的形成与熙宁新法的推行有何联系？
2. 荆公新学的治学特点表现在哪些方面？
3. 简述荆公新学的哲学基础。

第四章　北宋五子的理学思想

理学在北宋时期形成并初步发展。从周敦颐、邵雍、张载到程颢、程颐，逐渐形成了以天理为核心，包含人性论、认识论、修养论和社会政治思想的理论体系。北宋五子的理学思想，既有旨趣一致的一面，也有自成门户的一面。

周敦颐的"濂学"是以儒家的伦常道德为核心，吸收佛道思辨成果后所形成的新儒学框架。周敦颐所提出的"寻孔颜乐处"的精神境界，成为宋明理学的重大课题。周敦颐作为"理学开山"的地位，是在胡宏、朱熹、张栻等学者的推崇下形成的。邵雍的"象数学"认为"太极"或"道"是宇宙的本体，并重点研究宇宙发展演化法则，推动了理学本体论的最终完善。张载的"关学"包括"太虚即气"的本体论、区别"天地之性"与"气质之性"的人性论、区别"闻见之知"与"德性之知"的认识论。《西铭》所倡导的道德伦常规范对后世学者有深远影响。二程的"洛学"是北宋理学中最重要的学术思想。在二程的本体论中，"天理"是最高范畴。"天理"既是主宰万物化生的宇宙本体，也等同于伦理道德。在人性论方面，二程主张"性即理也"，区分了"天命之性"与"气质之性"。二程在其本体论与人性论的基础上进而提出"持敬""主一无适"的道德修养论与"格物致知"的认识论。

第一节　周敦颐及其"濂学"

周敦颐（1017—1073），字茂叔，原名敦实，后避宋英宗原名之讳改。湖南道州营道（今湖南道县）人，因晚年建濂溪书堂于庐山之麓，被后人称为濂溪先生，其思想学术被称为濂学。

周敦颐是理学体系的最早奠基者，被尊为理学的开山之祖。他早年曾任洪州分宁县主簿和几任县令，后任南安军司理参军，晚年任广东转运判官，广东提刑，知南康军。周敦颐虽长期担任州县普通官吏，却襟怀飘洒，情趣高雅，精神境界颇为不凡。当时人称颂他"人品甚高，胸怀洒落，如光风霁月"（《宋史·周敦颐传》）。周敦颐继承了宋初士人复兴儒学的事业，注重从本体论高度论证儒家伦理道德和统治方略，为理学的建立奠定了基础。

周敦颐以儒家的伦常道德为核心，吸收佛道的宇宙生成论模式和哲学思辨，建立了一个融汇佛道二教思想资料与理论成果的儒学体系，其主要著作有《太极图说》与《易通》。《太极图说》是对《太极图》的解说。《太极图》源于道教的《太极先天图》，后者所描述的是道教炼丹的步骤与方法。周敦颐变动此图的秩序，改变其名称，并且与《易经》附会起来进行解释。在《太极图说》中，周敦颐描绘了一个庞大而精密的宇宙生成模式。周敦颐认为，"无极"无形无象，寂然不动，是宇宙的本原。它独一无二，在天地未产生之前就已存在。"太极"是"无极"的派生物，是作为宇宙统一体的原始实体。"太极"动而生阳，动极而静，静而生阴，静极复动。由于阴阳的运动变化，氤氲交感，产生了水、火、土、金、木五行，五行运动而生天下万物。这种理论，吸取了佛教的理论思辨成果，将无与有、动与静结合，对宇宙本原进行了说明，为理学的形成奠定了本体论的基础。

周敦颐还由天及人，从宇宙生成论出发阐述了人性与道德起源的问题。他认为，在阴阳五行之气产生天地万物过程中，人得其秀而最灵。人赋形之后，就具有思想意识与善恶之性，但品行各有不同。圣人确定了中正仁义的品德，以此作为做人的最高标准。通过这一阐述，周敦颐对封建伦理纲常的神圣性做出了理论说明。

在《易通》中，周敦颐着重阐述了人性论、道德论和修养论问题。他认为，人具有超然的本性"诚"，"诚"是纯粹至善的，它源于世界的最初本原，是太极的属性，也是道德的源泉。圣人以诚为立身之本，人们的修养只要能达到"诚"，也就进入了完善至善的道德境界，成为圣人。现实的人性，具有刚善、刚恶、柔善、柔恶和"中"五种类型。"中"的人性，才是最完善的，其他几种品性都存在着种种缺陷偏弊，人们应该努力改变刚柔善恶的禀性，以实现"中"的品性。为了使人性保持"中"的程度，并达到至诚的境界，周敦颐提出了"主静"的修养方法，并进一步指出"主静"的关键在于寡欲，强调"一"与"无欲"的主体修养，提出了"惩忿窒欲，迁善改过"（《通书·乾损益动》）的修养论。

周敦颐建立了一个以太极为主的本体理论，并由天及人，提出了人性论、道德论、修养论和社会政治思想等理学的基本问题，奠定了理学体系的框架结构。他所提出并阐述的一系列范畴，如无极、太极、主静、无思、无为、几、中、和、公、明、顺化等，都为后来理学家反复讨论，构成了理学范畴体系的重要内容。此外，周敦颐所提出的"寻孔颜乐处"的精神境界，不仅使二程深受影响，而且成为整个宋明理学的重大课题，对理学家的人格追求和生活旨趣都产生了深远的影响。但值得注意的是，周敦颐生前学术地位并不高，影响也不很大。直到南宋，在朱熹和湖湘学派的胡宏、张栻等努力推尊之下，其地位才逐渐提高。

第二节　邵雍及其"象数学"

邵雍（1011—1077），字尧夫，后谥康节，后人称康节先生。先世为河北范阳人。至其父时移居河南，父死后邵雍即定居洛阳。青年时，邵雍坚苦刻厉，安贫乐道，发奋自学。后来一直在洛阳城中过着隐逸生活，是以隐居不仕著称的学者。邵雍主要以其象数学体系来把握天地万物之理，在北宋理学中别具一格。但由于邵雍之学的主要内容所谈的是天地万物之理，与其他理学诸子学术旨趣一致，故亦被视为北宋理学的一个流派。朱熹《伊洛渊源录》也将邵雍列入其中，作为早期理学的代表人物。其主要著作为《皇极经世书》。

邵雍提出了一整套宇宙本体与生成理论。他将宇宙本体称为"太极"或"道"，"太极"或"道"是产生宇宙万物的本原，它本身不动，而且无形无象不可见。在太极之中，包含着阴阳两个方面，阴阳相互作用，就具有了神秘的功能，通过精巧莫测、丰富多彩的变化，产生了决定万物进程和品类的数与宇宙万物、世间万物。这与周敦颐的宇宙生成论图式颇有类似之处，但邵雍则更注意研究宇宙演进与历史演变的规律性，即所谓的"数"。按邵雍的观点，宇宙的演化发展都遵循一定的规律，有数与之相配。他以元、会、运、世为基本单位，以 30 年为 1 世，12 世为 1 运，30 运为 1 会，12 会为 1 元，1 元包含 129600 年，每 1 元之数完结后，旧的天地毁灭，新的天地产生。如此循环，以至无穷。元之上又还有更高的进位，30 元为 1 个"元之世"，12 "元之世"为 1 个"元之运"，30 "元之运"为 1 个"元之会"，12 "元之会"为 1 个"元之元"，1 个"元之元"包含 129600元，"元之元"满后，宇宙就发生更大变化。邵雍试图以这一套经世之学，揭示宇宙演化的周期性规律，把握宇宙及其本质。这一思想，尤其是其中对宇宙发展演化法则的重视，对理学本体论的最终完善产生了影响。

邵雍还提出了"以物观物"说，强调顺应事物的本性、状态，不以个人好恶掺杂于对待事物的态度之中。邵雍认为，"以物观物，性也；以我观物，情也。性公而明，情偏而暗"（《邵雍集·观物外篇》）。人们在认识、观照、体验、实践和种种社会活动中，不应有任何自我出发的意识，否则，就是以我观物，会引发人的情感的反应，使人对事物的了解产生偏蔽。圣人就是顺应万物本性而无我的典范。这种"以物观物"思想，其核心要求便是"无我"，顺应事物。这种生活态度与精神境界，与后来理学家所探讨的"廓然而大公，物来而顺应"的观点颇为一致，对理学的认识与修养论产生了深刻的影响。

第三节　张载及其"关学"

张载（1020—1077），字子厚，祖籍大梁，后侨居陕西眉县横渠镇，学者称为横渠先生。张载年轻时接受范仲淹的劝导，研读《中庸》，习儒家之学，对性与天道问题发生兴趣。但感到不能满足，于是搜访佛道典籍，潜心攻读，尽究其学，最后自认为无所得，又返求"六经"，回到儒家经典上来。嘉祐初，张载到京师，与二程兄弟研讨道学之要，大受触动，认定"吾道自足，何事旁求"，对儒学的复兴充满了信心，从此放弃了对佛道之学的探究，开始了创建新的儒学体系的艰苦努力。他以"为天地立心，为生民立命，为往圣继绝学，为万世开太平"的宏志大愿，经过呕心沥血的探索，终于完成了《正蒙》的撰作，建构了其思想体系，成为理学创建过程中的主要人物。因张载长期传道关中，从学者甚众，在关中地区影响很大，并形成了以张载为核心的学术流派，其思想学术被后人称为关学。

张载提出了"太虚即气"的本体理论。他指出，"太虚无形，气之本体，其聚其数，变化之客形尔"（《正蒙·太和篇》），气是一种极细微的物质，有聚有散。气聚则为万物，气散则为太虚。太虚并非虚无，而是气的散而不可见的状态，是气的本体。气是太虚与万物的总称，是有无混一的宇宙本体。整个世界都由气的各种形态构成，在气的基础上形成统一。

基于气本体理论，张载批判了佛道的本体学说。他认为，太虚即气，气必聚而为万物，万物必散而为太虚，这是客观世界的内在必然规律。佛教追求虚无寂灭，希望自己超出轮回，往而不返，道教徇生执有，追求肉身不死。二家之说虽然在形式上和具体内容上各有不同，但都是以气之聚散来区分有无的虚妄之说。张载指出，气或聚或散，或有形或无形，表现为一种有无混一的本体。如果强分有无，则必然会混淆事物的幽明与有无的界限，将气散时所呈现的无形而不可见的状态视为绝对的空无所有。在这里，张载以气为宇宙的终极实在，否定了佛道的空无之学，肯定了客观世界的真实性。张载对本体问题的深入探究，为理学天理本体论的最终建立开辟了道路。

在人性论与认识论方面，张载也提出了许多范畴与命题。他将性区分为天地之性和气质之性，认为"形而后有气质之性，善反之，则天地之性存焉"（《正蒙·诚明篇》）。先天的天地之性纯粹至善，由后天气禀产生的气质之性则有善有恶。人们必须通过内省体验，去除气禀之恶而存养天地之性。张载还提出了"心统性情"的命题，认为性与喜怒哀乐惧爱恶欲之情是相对而言的，二者都包括于人心之中，人心是统括这二者而言的。这一命题，得到了朱熹的高度赞誉。张载还将人的认识分为闻见之知与德性之知两种，认为闻见之知源于感官对外物的反映，而德性之知是不萌于见闻的超感性的先验知识。人们的闻见之知有限，不可能穷尽无限世界，而通过德性之知，则可以达到对天理的神秘贯通。张载的这些观点，被认为是"有功于圣门，有补于后学"，在理学发展史上具有重要的理论意义。

张载的《西铭》，在理学史上也产生了重大影响。在《西铭》中，张载将人间的伦理规范与天道直接联系，将事君事亲视为与事天等同的神圣义务，体现出理学贯通天人、为现实的伦常道德规范提供最终理论依据的特点。张载所阐述的"民，吾同胞；物，吾与也"的精神境界，受到了当时和历代理学家的广泛认同与推崇。

第四节　二程及其"洛学"

二程即程颢、程颐兄弟，他们是理学建立时期最重要的代表人物。

程颢（1032—1085），字伯淳，河南伊川人，学者称明道先生。程颢年轻时曾问学于周敦颐，受到一定影响。后来，程颢又经历了一段泛滥于诸家、出入于佛老而返求诸六经的为学历程，对诸家之学都有所汲取。此后，程颢以接续儒学道统的使命感进行了学术创建活动，为理学体系的建构作出了巨大的贡献。但程颢没有留下专门著作，其思想学术大多体现于其讲学语录之中。

程颐（1033—1107），字正叔，学者称伊川先生。年轻时与程颢一起受学于周敦颐。哲宗元祐初年，以一介布衣接受推荐，任汝州团练推官、西京国子监教授职。元祐元年（1086），以崇政殿说书为哲宗讲经书。元祐八年（1093）被贬为涪州编管，在涪州期间，完成了《伊川易传》的撰作。这是北宋理学建立的标志性著作。晚年在洛阳龙门授徒讲学，直到去世。程颐一生，坎坷多蹇，但他以复兴儒学为职志，结合对现实的思考进行不懈的理论探索，努力建构符合时代要求的新儒学体系。在他的艰苦努力之下，北宋理学的理论体系发展得较为完备，为日后的兴盛奠定了基础。在"北宋五子"之中，程颐的地位非常突出，后世甚至"伊朱"连称，以之作为理学正宗。由于程颢、程颐兄弟学术思想大体一致，后世一般以"二程"并称。二程长期居洛阳授徒讲学，弟子众多，形成了以二程为核心的洛学学派。学派的其他代表人物还有谢良佐、杨时、游酢等。

二程在吸取前人思想资料的基础之上，体现出"天理"二字，并以之作为最高范畴提出其本体理论。二程认为，"万物皆只是一个天理"（《二程集·河南程氏遗书》卷二，以下引用《二程集》只注篇名），天理是宇宙万物自然界的最高本体，它本身圆满自足，无形无象，无存亡加损，是一种超越物质世界、超乎形器的形而上的存在，但同时又是派生天地万物的最终本原，天地间任何事物都是绝对天理的体现。在天理与宇宙万物的关系上，是先有理而后有物，有理才有物："实有是理，故实有是物。"（《河南程氏遗书》卷八）可以看出，二程的天理，是独立于物质世界之上，主宰万物派生万物的宇宙本体。

二程不仅将天理作为宇宙本体，同时又将天理与人间的伦理道德原则直接等同，"人伦者，天理也。"（《河南程氏外书》卷七）"父子君臣，天下之定理。"（《河南程氏遗书》卷五）在二程看来，人伦道德、纲常秩序之礼就是天理。实际上是把人类特有的道德原则上升到世界的本体。这样，儒家的伦常原则与天道本体就通过天理范畴得到了统一，儒家伦常原则的合理性与神圣性也因此得到了论证。这种天理本体论，成功地完成了为儒家伦常道德原则提供本体论依据的时代课题，表现出较高的理论思维水平，成为北宋理学本体论的比较精致、成熟且具有代表性的形态。

从天理论出发，二程提出了其人性理论。二程吸收了张载人性理论的某些思想资料，并将张载的天地之性改称天命之性，将它与天理完全等同，认为"性即理也，所谓理，性是也"（《河南程氏遗书》卷二十二）。天命之性是天理在人性中的体现，纯粹至善。除天命之性外，还有由气禀而产生的气质之性。由于天理在气禀之时受到气的障蔽与影响，因而气质之性有善有不善。由此二程还提出了其道德修养论，力图通过以"持敬""主一无迁"的内在修养，摒弃气质之恶，恢复天理之善，达到与天理本体契合的精神境界。

二程还提出了与天理论相沟通的"格物致知"的认识论。他们均推尊《大学》，并各自重新编定《大学》章次，就其中"致知在格物"的命题讲出了一整套格物致知的认识理论。程颐将"格物"解释为"穷理"，认为"格，犹穷也。物，犹理也。若曰穷其理而已"（《河南程氏粹言》卷一）。这就将知识论与天理论联系起来，使致知成为掌握天下之理，以达到对普遍天理的认识。对于格物穷理的对象、范围、方法、过程，二程也进行了深入的阐述。二程的认识论，具有较高的理论思辨水平，也为历代宋明理学家所反复讨论、辩诘。此后理学认识论就主要是通过对"格物致知"这一命题的发挥、阐释而提出的。

从周敦颐到二程,北宋理学经过数十年的创建、发展,终于形成了以天理为核心,包括人性论、认识论、修养论和社会政治思想在内的比较完备的理论体系。但是,理学自其创立阶段,直到北宋末年,并不是以一个统一的学派形式出现的,在当时也没有多大影响。北宋理学五子之间,其思想学术的内容实质相近,旨趣一致,他们既有彼此援引、引为同道的一面,也有各具特色、自成门户的一面。直到南宋时朱熹作《伊洛渊源录》,才确立了北宋理学产生、发展、传衍的历史统绪。

思考题:

1. 周敦颐的思想学说包括哪些方面?为什么周敦颐被推尊为理学的开创者?

2. 试谈谈张载在理学发展史上的地位和贡献。

3. 二程的天理论有何理论特色?

第五章　苏氏蜀学

苏氏蜀学由苏洵、苏轼、苏辙等学者创立，是在北宋中期与新学、理学并存的重要学术流派。蜀学学者治学坚持儒家本位，会通诸家，不仅多在当时文坛享有盛名，而且在经学、史学领域都有建树，对北宋的学风产生了较大的影响。苏氏蜀学非常重视对天道性命的探讨。苏轼吸收佛道关于本体论的思想资料，以"道"作为其思想体系的最高范畴，把"道"规定为非有非无、亦有亦无的精神实体；又以先天自然的状态言"性"，反对历代学者以善恶言性、赋予人性以先验道德属性的做法。洛学与蜀学同为北宋思想史上的重要派别，但两派在学术思想上多有差异，集中体现在他们对"人情"问题的看法上。理学家程颐强调以"敬"来约束人情，而蜀学学者苏轼主张以人情为本，强调尊重、顺应人情，反对外在束缚与做作。

第一节　苏氏蜀学的学派特色

苏氏蜀学由四川眉山苏洵（1009—1066）及其二子苏轼（1037—1101）、苏辙（1039—1112）创立，在北宋中期与荆公新学、理学同时并兴，鼎立而三。苏氏父子独标新帜，公开援佛道入儒，形成了包括张耒、秦观、黄庭坚、晁补之等文人学士在内的苏氏蜀学学派，在北宋中期学术界别具一格，影响巨大。其学派特色主要体现在会通诸家和经史文学两个方面。

苏氏蜀学杂糅佛老，具有明显的会通诸家之学的特征。苏轼声称，儒佛道三教宗旨无异，终究会殊途同归，学者不必于其中横生分别。他用道家之说与《周易》《论语》等儒经互相发明，以论证道家之学与儒术的契合。同时，苏轼还认为儒、佛之间也有其一致之处，"儒释不谋而同""相反而相为用"（《苏轼文集·南华长老题名记》）。苏辙亦称老佛之道与儒家之道并行而不悖，其《道德经解》更是融合三教的代表作，书中大量称引儒佛之学以解老，以三教互相参证、发明。张耒也主张将老、庄的道德性命之说与儒家的仁义礼乐之说结合起来，"合二者之论而得其说"（《张耒集·上黄判监书》）。

苏氏蜀学在和会融通诸家之学，吸收各家思想精蕴的过程中，也站在儒家立场对诸家之学进行了批判。这在政治、伦理思想领域表现得尤为明显。苏轼批判佛道之学蔑弃伦常、鄙薄仁义，认为佛道之说有损于儒家的纲常名教、影响皇权统治的巩固，不能用以治国经世。一旦谈玄说佛成为风气，则可能导致教化陵夷、国家覆亡。苏辙亦认识到佛道之学"以之治世则乱"，不能离开儒家君臣父子的伦常礼法。从学术倾向看，苏氏蜀学仍然坚持了以儒家社会政治观念为本位的立场。

蜀学学者在北宋文坛都负有盛名，文学成就很高。三苏父子更被列入唐宋八大家之中，在文学史上占有重要地位。蜀学学派的文学成就已为人们所熟知，在经学方面同样造诣颇深，苏氏兄弟是宋代经学变古思潮的重要代表人物。他们以其对儒家经典的深入研究，大胆自由的议论，在这一思潮中扮演了重要角色。南宋陆游曾论及宋初学者，谓当时学者"排《系辞》，毁《周礼》，疑《孟子》，讥《书》之《胤征》《顾命》，黜《诗》之序，不难于议经，况传注乎！"（王应麟《困学纪闻·经说》）其中便大多与苏氏兄弟有关。蜀学学者不仅大胆疑经，而且更注重训释儒家经典，阐发其中义理，留下了《东坡易传》（亦称《毗陵易传》）、《东坡书传》《诗集传》《春秋集解》等经学著作。此外，在各自文集中亦有论述诸经的文字，于儒家经典都有涉及。这些经学著作，大多于儒学义理有所发明，在经学史上产生了一定影响。

蜀学学者在史学方面亦颇有造诣。在北宋几大学术流派中，苏氏蜀学是比较重视史学的。这一特点，自苏洵起就已呈现。苏洵重视对古今治乱成败的探讨，希望以史为鉴，留下很多史论文字。在苏洵看来，经史宗旨虽然一致，却各有其特色及作用，经与史相资而互用，不能互相替代。苏氏兄弟秉承家学，特别注意对古今治乱盛衰的探讨。苏轼主张"考古证今"，一生写有不少史论。苏辙精通《春秋》之学，并撰有史学著作《古史》60卷。苏辙认为，《史记》多不得圣人之意。为了追录圣贤遗意，明示来世，苏辙因司马迁之旧例，撰成《古史》。《古史》上自伏羲、神农，下迄秦始皇，计本纪7卷，世家16卷，列传37卷，备论古今得失成败之理。其主要特色在于根据《诗》《书》《春秋》等儒家经典对《史记》进行了补缺辨误工作。

第二节　苏氏蜀学的天道性命之学

苏氏蜀学围绕着本体心性理论建构的时代课题，对儒家经典进行了创造性的阐释、发挥与利用，提出了其颇具特色的天道性命之学。

苏氏蜀学以"道"作为其思想体系的最高范畴，把"道"规定为阴阳未交、万物未生、廓然无一物而不可谓之无有的非有非无、亦有亦无、幽冥恍惚而难以名状的精神实体。苏氏描述的这种"道",与老子无声无形、浑然一体、超绝言象的宇宙本原之道有相似之处,同时也具有明显的佛教思想痕迹。

值得注意的是,苏氏所提出的作为最高本体的"道"是与具体的"物"相分离的物外之"道",也是不包含伦理道德属性的。"道"范畴本身没有伦理道德的规定性,它是超越仁义礼智、君臣父子的伦常原则的。仁义礼智、君臣父子等伦常原则属于"道之继",属于"器"的层面,而非"道"本身,不应与"道"相混淆。这与当时理学学者将仁义礼智的道德原则提升为道,赋予儒家伦常以宇宙本体地位的思路有很大差异。

对性命问题的探讨,苏氏也十分重视,并提出了一套颇具特色的关于性命的学说。苏氏认为,性是超绝言象、不可言说的:"性可知,但不可得而言。以可得而言言性,皆性之伪也。"他认为,世上论性命者众多,但实际上,以一物比况另一物的做法,只能使人糊涂,不可能使人真正知性:"夫以可见者言性,皆性之似也。"(《东坡易传》卷一)

苏氏又认为,"性"虽不能以可见之物比况,但可以推而知之。人先天具有的"不可得而消"的自然倾向,就是性,君子如果能够认识、理解到性乃先天的、自然的,自觉运用于为道的过程,则去圣不远。在苏氏看来,对于"性",尽管人们对它的了解把握达到了相当的深度,但仍然存在"莫知其所以然而然"之处,从这一意义上说,性又可以称为"命","性至于是,则谓之命"。也就是说,"命"是借以描绘"性"的隐微、深奥、难知其所以然的特点的一个范畴,"性"与"命"并不是截然分开而是贯通为一的。

显然,苏氏所谈的是人的先天自然质性。虽然苏氏并不反对仁义礼乐,但是反对历代学者以善恶言性、赋予人性以先验道德属性的做法。他们力图排除人性的种种善恶规定,使之还原为一种纯粹的自然本性。认为人的自然本性并无善恶可言:"夫善恶者,性之所能之,而非性之所能有也。且夫言性者,安以其善恶为哉!"(《苏轼文集·扬雄论》)

第三节　洛蜀之争

蜀学与洛学作为北宋中期儒学复兴运动中的重要学术流派,在许多方面具有共同特点。但是,二者在学术思想上的分歧也是非常明显的。北宋元祐年间,以程颐为首的洛党同以苏轼为首的蜀党之间发生了一场"洛蜀党争"，争论虽然不全出于学术，却暴露出洛学与蜀学之间的学术分歧与矛盾。

"人情"问题是洛学与蜀学矛盾的焦点之一。早期儒家的基本倾向是抑制人的情感欲望，但人情尚未被完全否定。到中唐时期，李翱提出"性善情恶"之说，主张努力驱除情欲，复性之本善。到宋代，程颐进一步发挥性善情恶说，认为人性为善，而人情则处于波动状态，善恶、正邪混杂，必须通过约其情、性其情，使之归于正。如果放纵情欲不加约束，就必然流于邪僻而害性。因此，"凡学之道，正其心，养其性而已"（《河南程氏文集·颜子所好何学论》）。在程颐这里，情是被约束、压抑的对象，表现在修养论上，便是其"主敬"说的提出。敬的本义为崇敬，在伦理学上引申为对纲常名教的认同与尊崇，并通过格物穷理的自我修养将伦理道德规范内化为个体的自觉要求。"敬"则要求时刻以礼约束自己的思想、行为，视听言动、时时处处都依礼而行。强调"敬"，就要求对情加以约束。

苏氏蜀学则提出与洛学迥然相异的"人情"说，强调对情的顺从。苏轼认为，情性合一，并无善恶之别，"情者，性之动也。泝而上至于命，沿而下至于情，无非性者。性之与情，非有善恶之别也；方其散而有为则谓之情耳"（《东坡易传》卷一）。这与洛学的观点判然有别。基于这一认识，苏轼对人情作了大胆肯定："夫圣人之道，自本而观之，则皆出于人情。"（《苏轼文集·中庸论中》）人情为道的根本，礼也必须顺应人情，并由人情所决定。礼的根本原则就是不违人情。可以说，苏轼人情说的核心在于强调尊重、顺应人情，反对主观的做作与外在束缚。

苏轼对于人情的尊崇，强调以人情为本、礼顺应人情的观点与程颐以礼约束、压抑人情之说无疑是对立的。由此苏轼对程氏的"主敬说"非常不满。据《程子微言》载，程门弟子朱光庭为御史，"端笏正立，严毅不可犯，班列肃然。苏子瞻语人曰：'何时打破这敬字？'"（《河南程氏外书·时氏本拾遗》）可见苏轼对于洛学学者的"主敬"已经嫉之如仇。在苏轼看来，为人处世必须自然纯真，流露真情，反对矫揉造作。他说："孔子不取微生高，孟子不取于陵仲子，恶其不情也。陶渊明欲仕则仕，不以求之为嫌，欲隐则隐，不以去之为高，饥则扣门而乞食，饱则鸡黍以延客，古今贤之，贵其真也。"（《苏轼文集·书李简夫诗集后》）他认为洛学之"敬"是一种虚伪做作，不近人情。

"人情"在洛、蜀两大学术体系中具有截然不同的地位。两派学者由此出发，一方循规蹈矩，慎言谨行，以礼自持，处处表现得敦厚仁慈，含而不露，恭敬严肃；一方则直率通脱、崇尚本真自然，反对对人性的禁锢或压抑。一方是处处维护这"敬"字，一方是极力打破这"敬"字，自然形成冰炭水火之势。围绕遵守礼法还是顺应人情这一焦点，洛蜀两派屡起争端。从"人情"之争可以看到两派学者不同的学术旨趣。

　　宋初以后，儒家学者相率大谈道统。各学派纷纷以承接儒学道统自居，以标榜正统。但在道统的传授谱系上却各有不同，洛学与苏氏蜀学的道统说更是大相径庭。二程兄弟以身任道，以弘扬圣人之道为己任，以继承圣人之道相标榜。在程颢去世后，程颐以程颢接续孔孟，作为圣人之道在宋代的继承者。北宋中期，这种道统排列在儒生中颇有影响。但苏轼却对洛学的道统说提出了批评。他指责道："近日士大夫皆有僭侈无涯之心，动辄欲人以周、孔誉己，自孟轲以下者，皆怃然不满也。此风殆不可长。"（《苏轼文集·答李方叔书》）其矛头直指洛学的道统说。不仅如此，苏轼还提出了由孔孟、韩愈而欧阳修一脉相承的新道统。他指出，孔孟之后，"五百余年而后得韩愈，学者以愈配孟子，盖庶几焉。愈之后二百有余年而后得欧阳子，其学推韩愈、孟子以达于孔氏。"（《苏轼文集·六一居士集叙》）构造了一个与洛学不相同的道统。不同的道统是洛蜀两派学者为争夺儒学正宗地位、排斥其他学派而提出的，它反映出两个学派在对圣人之道理解上的差异。

思考题：

　　1. 苏氏蜀学的学派特色体现在哪些方面？

　　2. 蜀学与洛学之间的分歧与矛盾体现在哪些方面？

第六章　南宋时期理学的发展

理学是构成唐宋变革之后的一种新的儒学形态，经南宋集大成者朱熹集合、浓缩、归纳、提炼的理学思想，使儒学具有了更强的穿透力和说服力，传统儒学所提供的原则才得以提升为全民族共同认可的价值体系，深深植根于中华民族的文化心理之中。理学所倡导的"理"，作为自然、社会的公理与法则，具有普遍性、贯通性的特质，它彻上彻下，以纲常伦理为主体的道德形上实存注入自然与历史的各个层面，成为一种权威主义的思想范型。理学为现实的伦理规范寻找到一种本体的依据，这种思想形态先将伦理规范从社会推展至自然，又反过来以它来证明纲常伦理的天然合理性，使这种在特定的历史条件下方能形成的纲常伦理具有某种信仰的力量。也就是说，它把本来仅属于伦理主体的道德规范提升为宇宙万物的终极实存，从而为认识、改造世界的实践提供了一个客观的最高权威、绝对命令。

第一节　胡宏、张栻及湖湘学派

湖湘学派是南宋初年形成于以潭州（今湖南长沙）为中心的一个地域性的理学学派，代表人物是胡宏与张栻。他们既有自己的师承关系，又形成了自己的思想体系。

胡宏（1106—1162），字仁仲，福建路崇安县（今福建武夷山）人，学者称"五峰先生"。著作有《知言》《五峰集》。

胡宏为湖湘学派的理论体系奠定了基础，他试图建立一种"体用该贯"的学说。认为体现在人伦事实中的本体既不是周敦颐所说的"太极"，也不是二程所说的"天理"和张载所说的"气"，而是"性"。属于人道范畴的"性"是最高的本体。"天命之谓性。性，天下之大本也。"（《胡宏集·知言疑义》，以下引用《胡宏集》只注篇名）"性也者，天地之所以立也。"（《知言疑义》）它远远超过了一般的人性意义，而是一个标志宇宙本体的最高范畴。在性和天的关系上，胡宏用性取代了天，他把"天"和"道"等同起来，"天者，道之总名也"（《知言·汉文》）。把"天"和"道"作为外在超越的形上本体。然而，道之所以成为万物的本体，就因为它是"性"的体现，"有是道则有是名也，圣人指明其体曰性，指明其用曰心"(《知言疑义》)。在"性"与"心"的关系上，性支配心，心体现性。"性，譬诸水乎？则心犹水之下，情犹水之澜，欲犹水之波浪。"(《知言·往来》)性是纯静、无声无臭的，性的本体作用必须通过心才能体现出来。性统率"理""心"，理不过是规则，心不过是活动，性决定规则和活动。性存在于人的情、欲等感性心理之中，"情""欲"的合理的表现叫做"中节"，就是合乎性体，反之则是需要摒弃的不中节的邪欲。于是胡宏的性本体说，为其"理欲同体"的人性论奠定了基石，肯定合理的人欲的正当存在，成为他主张"养民""恤民"政治理念的基础。

胡宏的修养论表现出调和理学与心学的特点，一方面，"性"既然是客观的道德本体，所以"知性"至关重要。由于胡宏把"性"看成一种客观的、普遍的道德律，因此，以"知性"为特征的致知论成为他的修养论首要环节。在修养论中，首先要注意致知、穷理。他说："天下万事莫先乎知矣，是以君子必先致其知。"(《知言·汉文》)致知的目的在于认识那普遍的、客观的道德律，并以它来律己。另一方面，胡宏又认为，此道德本体又内在于人心之中，因此把"尽心""反求诸己"作为修养的主要方法和途径。"心无不在，本天道变化，为世俗酬酢，参天地，备万物……故孟子曰：'学问之道无他，求其放心而已矣。'"(《知言疑义》)他肯定道德主体的心是先天蕴含着道德本体的，心本身即具道德良知，这叫做"心无不仁"。所谓道德修养的"功夫"，主要就是保存自己那没有受外物影响的"赤子之心"。

张栻（1133—1180），字敬夫，号南轩，南宋汉州绵竹（今属四川）人。与朱熹、吕祖谦讲学为友，并称"东南三贤"。主要著作有《南轩易说》三卷、《论语解》十卷、《孟子说》七卷、《南轩集》四十四卷。

"太极"是中国思想史上最早出现和使用最多的概念之一。张栻对周敦颐的《太极图说》推崇备至，"渊源精粹，实自得于其心。而其妙乃在太极一图，穷二气之所根，极万化之所行，而明主静之为本，以见圣人之所以立人极，而君子之所当修为者"(《南轩集·濂溪周先生祠堂记》)。他认为"太极"是天地未判之前的一种混沌状态，虽难以言状。然而却是宇宙的"生化之根"。"易也者，生生之妙也；太极者，所以生生者也。"(《南轩集·答吴晦叔之五》)与此同时，它又是世界一切运动的担当者，是宇宙变化的主体。"太极动而二气形，二气形而万物化生，人与物俱本乎此者也。"(《南轩集·存斋记》)大千世界的千姿百态和千差万别的状态是"太极"运动的产物。

张栻的老师胡宏在"理本论"和"心本论"外，提出了"性"为宇宙本体说，张栻秉承师教，同样也把“性”作为宇宙的本体，“有太极则有物，故性外无物”（《孟子说》卷六）。“性”犹如“太极”，也是宇宙的本原，正因为“性”具有本体的意义，所以张栻才把“性”称为“本然之性”。“性”不仅指人类而言，也包括了宇宙万物在内，人和物的本质都是“性”。“性”不仅不与“太极”相悖，而且它恰恰包括在“太极”之中，正由于“太极”与“性”的内在联系，所以“性”才具有宇宙本体的意义。张栻提出性为宇宙本体有着深刻的含义，“性”不是等同或者取代“太极”，而是把太极的含义推进了一层，是在更深的层次上对宇宙论的展开。太极本质属性是善，世界统一于“太极”，就是统一于善。善是一种普遍的伦理精神，即纲常规范，世界统一于太极，等于说统一于普遍的伦理精神，于是道德起源论与宇宙本体论被紧密勾连，伦理价值与哲学思辨被融为一体。张栻的性本说与程朱理学的理本论不同，它不是先建立起形上的宇宙论的思辨体系，再以此说明伦理道德规范的合理与崇高，而是以人道为出发点，由人道而及天道，从而构成了在理学中以伦理为本位的湖湘学派的特征。

张栻也很重视“心”的功用，“心”与“太极”与“性”等范畴一样，具有宇宙本体的意义。他说：“理之自然谓之天，命于人为性，立于性为心。天也，性也，心也，所取则异，而体则同。”（《孟子说》卷七）心是宇宙的主宰，“万事具万理，万理在万物，而其妙著于人心。一物不体则一理息，一理息则一事废。一理之息，万理之紊也；一事之废，万理之堕也。心也者，贯万事、统万理，而为万物之主宰者也”（《南轩集·敬斋记》）。心的最大特点是具有“感通”功能，张栻所说的“虚灵知觉之心”最能反映“心”的本质属性。“虚灵知觉之心”从本质上说，便是人所先天就具备的一种道德心理和道德观念以及思维能力。人之所以为人，便在于此“虚灵知觉之心”。所以张栻说：“人为万物之灵，其虚明知觉之心，可以通夫天地之理。”（《论语解·八佾篇》）此虚灵知觉之心便是“善”，即普遍伦理精神的主观化，由客观的、绝对的普遍伦理精神一转而成为一种主观的道德心理状态，主体和客体由“心”而结合起来。不过，张栻没有把“心”放置在“太极”与“性”之外，而始终把太极、性、心连成一体。因此，张栻的“心”说与陆九渊“万化皆吾心所造”“心外无物”还是有区别的。

第二节　陆九渊及其心学

陆九渊（1139—1193），字子静，因曾讲学于象山书院（在今江西贵溪西南），学者尊称象山先生，抚州金溪（今属江西）人。34 岁登进士第，历官隆兴府靖安县主簿、建宁府崇安县主簿、国子正。晚年出知荆门军，政绩著彰。

陆九渊是理学中"心学"一派的创始人。"心"是陆九渊思想与象山学派的重要思想范畴，体现出其学术宗旨和学派特征。

陆九渊的思想体系首先强调心即理。和朱熹一样，陆九渊也承认"理"为宇宙的终极本体，"塞宇宙，一理耳。"此理是自然法则，也是伦理准则。和朱熹不同的是，陆九渊认为，此"理"不是外在于人身的，"吾心"与"理"通融为一，"盖心，一心也；理，一理也，至当归一，精义无二，此心此理，实不容有二。"（《陆九渊集·与曾宅之》，以下引用《陆九渊集》只注篇名）强调心与理的同一，是陆九渊及其象山学派的一个十分重要的学术观点。心与理一样，同是宇宙万物的终极本体，同是一种形上的伦理性的实存，伦理实践的最后依据也植根于主观内有的心灵世界。"万物森然于方寸之间，满心而发，充塞宇宙，无非此理。"（《语录上》）每个人的"心"均包含着宇宙法则的天理，均能够提供仁义礼智的道德法则。陆九渊"心即理"命题的特点就在于强调对主观意识的扩充，通过这种扩充，以实现其内在的普遍性的伦理精神。

其次，陆九渊倡导发明本心。在修养论上，通过反省内求的方式，发明本心的内在之善，"苟此心之存，则此理自明，当恻隐处自恻隐，当羞恶处自羞恶，当辞逊处自辞逊，是非在前，自能辨之。"（《语录上》）但人的本心有时被私欲或偏见所蒙蔽，所以需要破除蒙蔽的方法，这种方法有二：一是"先立乎其大"。陆九渊认为这是其他一切功夫的基础，其确切意义可从两方面来理解：其一，就是让人明白，人人都先天具有道德之本心，它是人之道德行为主体，是人之所以能够发出善行的先天根据。简而言之，就是首先让人明白"心即理"的道理。其二，就是让人自信，人的本心虽有时会被外物蒙蔽，但人心本身就具有破除这种蒙蔽的能力。合此两方面之论，可完整表达"先立乎其大"的意思。二是"破除蔽障"。陆九渊认为一切私欲和偏见，对于人的本心而言，就像网罗陷阱，"夫所以害吾心者何也？欲也。欲之多，则心之存者必寡；欲之寡，则心之存者必多。故君子不患夫心之不存，而患夫欲之不寡，欲去则心自存矣。"（《养心莫善于寡欲》）只要去掉人的种种物质欲望，就能够恢复"本心"的清明，要下一番"剥落"的功夫："人心有病，须是剥落。剥落得一番，即一番清明，后随起来，又剥落，又清明，须是剥落得净尽方是。"（《语录下》）"先立乎其大"是"存养"功夫，"剥落"是"去欲"

功夫，都是为了发明本心，让学者能够确立内在的道德信念，保持精神人格的主宰地位。

陆九渊自陈本人的学术渊源直接继承孟子。有人问："先生之学，亦有所受乎？"陆九渊答："因读《孟子》而自得之。"（《语录下》）宋代理学家都是道统论的倡导者，并将本学派的先师推崇为道统继承人。朱熹就将北宋周敦颐、二程作为孔孟道统的继承人，而陆九渊却认为自己的学说是直承孟子，所以自己才是孔孟道统的真正传人。后来，与陆九渊一脉相承的王阳明，也坚持这种说法，以维护陆九渊在儒家道统中的地位。但是，在南宋当时，朱熹坚决否认陆氏心学，"近闻陆子静言论风旨之一二，全是禅学，但变其名号耳"（《晦庵先生朱文公文集·答占子约》）。我们若排除道统论的意义，仅从学术传承的角度考虑，陆九渊之学与孟子之学是有重要传承关系的。因为孟子最重视道德主体、心性修养，在道德来源的问题上，孟子坚持伦理不是外在的东西，而是来之于人的本心。"仁、义、礼、智根于心"，人心本有的道德感，孟子称为"良知""良能"，在修养问题上，孟子就以反省内求作为主要方法，"反身而诚"。陆九渊所言"此（心）天之所以予我者，非由外铄我也；思则得之，得此者也；先立乎其大者，立此者也，积善者，积此者也；集义者，集此者也；知德者，知此者也；进德者，进此者也"（《与邵叔谊》）。这些说法的确来自孟子。朱熹批评陆九渊为禅学，不够确切。因为禅宗只关心个人的超脱，而儒家则关怀国家天下的道义。但是，禅宗强调精神的领悟，倡导直指人心、见性成佛，这种注重主观精神和心性内求的思想确实深刻影响了陆九渊。

第三节　吕祖谦的理心兼容学说

吕祖谦（1137—1181），字伯恭，号东莱，婺州（今浙江金华）人，与朱熹、张栻齐名，并称"东南三贤"，其学术与朱熹、陆九渊相鼎足，独辟富有特色的婺学，于南宋学术和思想之发展影响殊深。《宋元学案·东莱学案》说："宋乾（道）、淳（熙）以后，学派分而为三：朱学也，吕学也，陆学也。三家同时，皆不甚合。朱学以格物致知，陆学以明心，吕学则兼取其长，而复以中原文献之统润色之。门庭径路虽别，要其归宿于圣人则一也。"吕祖谦学术气度恢弘，他为调解朱、陆之间的分歧而促成并亲为主持的"鹅湖之会"，被传为中国思想史上的佳话，而其本人之思想，则不仅兼融朱、陆之长，又兼取了永康、永嘉的事功之学；

在学术上特重文献传统，擅长经史之学；在知识的价值取向上强调其实用价值的现实转换，倡导外王事业的创辟。

在思想上，吕祖谦兼取朱、陆的痕迹相当明显。这主要表现在他对朱熹理学与陆九渊心学的理论兼融，同时将理、心作为其思想的基本范畴，在某种意义上显示出较为浓厚的二元论倾向。与朱熹的基本思想相一致，吕祖谦首先确认了理之存在的普遍性，"理之在天下，犹元气之在万物也"（《左氏博议·颍考叔争车》）。这种普遍存在的、为万物之存在原因的理，无疑就是世界的本原。而理的这种形而上学品格同时也在一般意义上决定了万物之存在及其价值的非独立性，因为现象必以理为其存在的最终依据或实质。因此，作为本体的理既是对于现象全体之实质的统摄，又是万物之终极统一的原点。朱熹的理是现实的伦理道德规范的全部，朱熹学说在现实性上的最终归宿是为社会的现存制度以及处于这种制度之下的生活秩序与规范确立了一种最终的合理依据，吕祖谦也给予理现实的生活秩序和规范的意义，"夫礼者，理也。理无物而不备，故礼亦无时而不足。"（《东莱集·杂说》）"君尊而臣卑，夫倡而妇和，上天下地，理之常也。"（《丽泽论说集录·门人集录易说下》）礼获得了除本体意义以外理的一切品格。另一层面，从吕祖谦兼融象山心学的角度来看，其学说还显示出一种别样的风貌。心学以"心即理"为基本命题，阐明主体意识能够融摄一切宇宙万物而为其存在与价值的本体，故而讲"宇宙便是吾心，吾心便是宇宙"。吕祖谦对心学的吸取，主要体现在他在确认理的本体地位的同时又提升了心的范畴，并使之与天理相并列。"心即天也，未尝有心外之天；心即神也，未尝有心外之神。乌得舍此而他求哉！"（《左氏博议·楚武王心荡》）心是一个归属于主体性的概念，吕祖谦将心与天、道相提并论的直接效果，便是心被注入了道（理）的内涵，而确认了其本体地位。但是，作为本体之理与作为本体之心究竟是一是二？吕祖谦的回答是一个。"心外有道，非心也；道外有心，非道也。"（《左氏博议·齐桓公辞郑太子华》）这种对于理心关系之圆融无间的理论处置，显然可看出陆九渊心学的基本特征，在这种阐述中，天理或天道实际上已仅仅成为一种虚设的理论前提，其本身的存在与意义完全为人心所涵盖。心与理一体无间，理的外在性或超越性便被消解。

吕祖谦认为，主体意识的心，按其本性具有判断是非曲直、善恶邪正的能力。当个体处在现实的判断情境之中，这种本心之正当的独断性便会充分凸显出来，"吾心未为利害之所分，则所用以察言者，皆心之正也。以吾心之正，而察天下之言，其善其恶，其邪其正，毕陈于前而莫能遁"（《左氏博议·楚太子商臣弑成王》）。"心之正"，就意味着心可为利害所荡而失其正，"心由气而荡，气由心而出。蟊生于稼，而害稼者蟊也……气生于心，而荡心者气也"（《左氏博议·楚武王心荡》）。这里的"气"，主要是指"血气"等非理性的情感活动，它往往可能使个体的"正心"陷入为物所役的险境，因此在个体本身，便须强调养气以使心不失其正。"浩然之气与血气，初无异体，由养与不养，二其名尔。苟失其养，则气为心之贼；苟得其养，则气为心之辅。"（《左氏博议·楚武王心荡》）所以，心物关系之恰当的处置须使心居于合理的主导地位，是为"以心御气"。

吕祖谦的人性学说，是以孟子所倡导的性善说为其基本内容。关于善和恶的对立，吕祖谦摄取了张载关于"天地之性"与"气质之性"的概念，对人性加以再阐释。吕祖谦以"气质之性"来解释恶的根源，本质的善与非本质的恶遂在逻辑上被安置到了不同的层次。因为恶仅仅是属于经验层次的，而经验层次的恶正可以通过经验层次中个体的主观努力进行变化，这一过程在其理论设定中恰恰即意味着先验层次善的延展与回复。吕祖谦认为，只有通过"心"的帮助，才能使人性复归善的本质，"本然者谓之性，主宰者谓之心，功夫须从心上做"（《丽泽论说集录·门人所记杂说一》）。他的修养功夫论，在本质上与朱熹的存理灭欲说和陆九渊的发明本心说都有内在的一致之处。

吕祖谦在理论上融合了陈亮、陈傅良、叶适诸人的事功思想。讲究"讲实理、育实材而求实用"。为学的最终目的是在成就一种圣人品格，但无论是其成就过程还是这种品格的最终获得，都应当体现为一系列切实的活动，因此，知识的过程及其效用都必须通过主体活动而使它充分展现于经验领域。这种知识价值的现实转换，不仅包含着个体内在的道德完善，而且包含着非道德性的现实施用及外王经世事业的创辟，吕祖谦将知识的实际效用视为知识的最后目的，"百工治器，必贵于有用。器而不可用，工弗为也；学而无所用，学将何为也耶？"（《丽泽论说集录·门人所记杂说二》）知识的寻求应以有用为其目的，而知识之用则须在遇事之际表现出来。若有知识却不能实现其效用，即意味着知识本身无价值。其所谓用，主要有两方面内容：第一，是变化气质，实现自我的道德完善，是为知识对学者本人的实用价值；第二，是实现事业，齐家治国，至于经邦济世。吕祖谦在这里实际上是阐明"独善其身"与"兼济天下"的关系，亦即"内圣"与"外王"的关系。读书人能够修身立本，完善道德，固然为善，但若不通国政，洞晓治体，以当天下之事，则其善未能扩而充之。因此，以"圣学"为先导而经略四方，兼济天下，将内在的知识转换为合乎"圣学"的辉煌事业，在吕祖谦那里被肯定为知识价值的终极形式。

思考题：

1. 胡宏的"性论"有什么特点？

2. 陆九渊的"先立乎其大"是什么意思？

3. 吕祖谦兼取朱陆的思想特征何在？

第七章　朱熹的理学思想

朱熹（1130—1200），字元晦，号晦庵，徽州婺源（今属江西）人。19 岁登进士第，曾任福建同安主簿、知南康军、知漳州、秘阁修撰、焕章阁待制兼侍讲等官，但每次任官时间都不长，主要致力于教学与学术研究。他广注经典，在经、史、子、集几方面都有广泛而深入的探讨。朱熹是中国学术史上成就最高，影响最大的学者之一。他集理学之大成，建立了一个完整的、严密的、系统的理学思想体系，将儒学推进到一个新的境地。

第一节　朱熹的天理论

理学所以称"理"学，其原因就在于宋儒重视对儒家经典的义理阐发，并建构了一个以"理"为中心的思想体系，在朱熹的思想体系中，"天理"是其中的一个核心范畴，也是这个体系的逻辑起点。

理学家在建构天理论的宇宙本体学说时，主要是从时间向度或空间向度对宇宙世界的终极存在进行穷根究底式的追溯和探求。北宋理学家的本体学说正是对时空关系的不同追溯。周敦颐的本体论偏重于从时间性的因果关系来追溯宇宙本体。周敦颐在《太极图说》中提出了一个宇宙论模式：（无极）太极→阴阳→五行→万物。这是一个体现时间历程的宇宙论模式，这一模式将太极看作产生天地万物的终极原因。张载与二程则偏重于形而上、形而下的空间关系来探究宇宙本体。张载主张气本体论，他认为宇宙是由一种没有质的规定性的混沌状态的气构成的，"太虚无形，气之本体"。太虚作为宇宙本体，是气之存在的纯空间概念。二程主张理本体论，也是从事物的空间关系追溯到宇宙本体，气是形而下者，理是形而上者，宇宙本体是理而不是气。

朱熹作为两宋理学的集大成者，他吸取了各家学说，从而构造了一个更加严密的天理论。朱熹讨论本体问题时，必兼言理气："理也者，形而上之道也，生物之本也。气也者，形而下之器也，生物之具也。"（《晦庵先生朱文公文集·答黄道夫》）理气二者是不能互相分离的关系："天下未有无理之气，亦未有无气之理。"（《朱子语类》卷一）理气本属一体，有则俱有，无则俱无，因而从宇宙生成论的角度而言，理气实无先后可言。但如果从逻辑的观点硬要追问到底谁先谁后，则应当说理先气后。这是朱熹理气论的又一重要观点："此本无先后之可言。然必欲推其所从来，则须说先有是理。"（《朱子语类》卷一）这样，理作为宇宙本体的地位得到了确立，一方面，理是与天地万物并存，但能决定天地万物的终极存在，另一方面，理在逻辑上是产生天地万物的第一原因。不过，这两个命题在朱熹看来并不矛盾，因为理虽然能作为产生天地万物的第一原因，但并不意味着时间上的开端处有一个脱离天地万物的理存在，理只是产生天地万物的逻辑上的原因，理作为气的终极依据始终与气并存于空间之中。

朱熹所说的"理"作为普遍的绝对的形而上的本体存在，只是一种道德存在，也就是说，理，就是一个最高的道德原因："天理只是仁、义、礼、智之总名；仁、义、礼、智便是天理之件数。"（《晦庵先生朱文公文集·答何叔京》）这样，社会生活的经典规范和最为基本的道德要求合而为一，天理就不是悬设于社会生活之外的玄妙不可知的存在物，而是与实际生活打成一片的伦常生活的基本律则。天理作为普遍绝对的形而上的存在，只是一种道德的存在，是一个最高的道德原理。

第二节　朱熹的心性论

心性论是关于人心、人性的问题，早在先秦儒家尤其是思孟学派那里，就有关于心性的许多阐述，这些概念、思想构成宋儒心性论的思想前提和理论基础。对于宋儒而言，他们所建立的心性论主要是解决两大问题：第一，人的本性与天理的关系。第二，人的本性与人的思维（心）、情感等意识活动的关系。为解决这些理论问题，北宋理学家提出了种种新的学说。朱熹集理学之大成，也表现在其心性论方面。他对北宋理学家的心性论，曾作过一个总结性的评论："伊川'性即理也'，横渠'心统性情'，二句颠扑不破。"（《朱子语类》卷五）朱熹兼综二者，其心性学说从肯定程颐"性即理"命题出发："性只是理，万理之总名。此理亦只是天地间公共之理，禀得来便为我所有。"（《朱子语类》卷一百十七）如此一来，则宇宙界、人生界一贯直下，交融无间，但并没有能够说明现实社会中的人性差别，所以朱熹又将张载的"天地之性""气质之性"的概念作了进一步的改造和发挥。由于在本体论上万物之生都受理气两方面的影响，所以在心性论上，朱熹为思想体系的内在一致性，必须将天理安顿在"气质"之上："性只是理，然无那天气地质，则此理没安顿处。但得气之清明则不蔽锢，此理顺发出来，蔽锢少者，发出来的天理胜；蔽锢多者，则私欲胜。"（《朱子语类》卷四）"天地之性"并非外在于"气质之性"，它深陷于"气质之性"中，靠"气质之性"的变化而展现出来。

认识人性固然很重要，但性为"未发"，把握自己的本性还需从"已发"处用力，"已发"便是"情"。情是性之发用，由于性无不善，所以情也应是善的，但实际情况并非如此，情常常流为恶。朱熹认为，这是"情迁于物"的结果："性无不善。心所发为情，或有不善。说不善非是心，亦不得。却是心之本体无不善，其流而为不善者，情之迁于物而然也。"（《朱子语类》卷五）性的状态是静，情的状态是动；性是体，情是用，而"心"的作用正是贯通在动静、体用之中。朱熹特别重视心的主宰作用，于是有"心统性情"的说法。它包含两层意思：一是心兼性情；人总是处在两种精神、心理状态中，那就是"寂然不动"，"感而遂通"："性，其理；情，其用。心者，兼性情而言，兼性情而言者，包括乎性情也。"（《朱子语类》卷二十）二是心统性情；"心"不仅贯通于未发、已发，动、静这两种状态中，还应在此两种状态中居于主宰地位："性是体，情是用。性情皆出于心，故心能统之。统，如统兵之'统'，言有以主之也。"（《朱子语类》卷九十八）

朱熹对心的了解，总是在心、性、情的三分格局中进行。在此格局中，性是理，它虽是人性所赖以成立的形上根据，但它本身却不能发生任何作用。情虽属已发，但它可能会漫荡失守，流为不善，因此要想使情之发出合乎性的内在规定性，还必须对情有所节制、主宰才行，而这一节制、主宰的任务，在朱熹看来只有心才能够胜任，可见心在朱熹的思想中，实具有重要的地位。

第三节　朱熹的格物致知论

天理论是关于宇宙本体的理论，心性论则是关于天理论如何转化为人的本质、人格本体的理论，而格物致知论则是讲人如何体认天理的理论。也可以说，天理论的重点在"天"，心性论的重点在"人"，而格物致知论的重点则在"天人合一"。理学思想体系的最终目的是指导人们信仰、体认天理，从而达到"天人合一"的最高境界。值得指出的是，作为一位理学家，朱熹始终将自己的关注重点放在道德问题上。所以，他的格物致知论也是以道德认识的内容为主体，将道德问题上升到哲学与信仰来思考和讨论。

朱熹的致知论包括格物致知与致知力行两方面的内容。

"格物致知"的说法初见之于《大学》。到宋代，二程等理学家出于构筑思想体系的需要，对《大学》及其"格物致知"的思想进行了系统的研究。朱熹对《大学》的"格物致知"作了进一步的论述：

> 所谓致知在格物者，言欲致吾之知，在即物而穷其理也。盖人心之灵莫不有知，而天下之物莫不有理。惟于理有未穷，故其知有不尽也。是以《大学》始教，必使学者即凡天下之物，莫不因其已知之理而益穷之，以求至乎其极。至于用力之久，而一旦豁然贯通焉，则众物之表里精粗无不到，而吾心之全体大用无不明矣。此谓格物，此谓知之至也。（《四书章句集注》）

何谓"格物"？"格，至也。物，犹事也。穷至事物之理，欲其极处无不到也。""格物"的意义是即物而穷尽其理。何谓"致知"？"致，推极也；知，犹识也。推极吾之知识，欲其所知不无尽也。""致知"既指推极，扩充人的认知能力，又指推极、扩充主体已具有的知识。因为理存在于万事万物之中，人要致知，只能通过与万事万物的接触；另一方面，朱熹又认为心之本体"万理具足"，所以他经常将致知看作"致吾之知"。当然，朱熹首先强调"即物穷理"："推极我所知，须要就那事物上理会。致知，是自我而言；格物，是就物而言。若不格物，何缘得知？"（《朱子语类》卷十五）尽管人之本心是"万理具足"，甚至"致知"是"推极吾之知识"，但人首先应"格物"，"即物而穷其理"，使天地万物与"吾心之理"相印合。朱熹将这个过程称为"合内外之理"。

知行论着重讨论知与行的关系。由于朱熹的格物致知论是以道德认识为主体，所以，他在论述知行关系时，更多的是探讨道德认识和道德实践的关系。其观点有二："知先行后""知行互发"。

朱熹以为，"程子云：'涵养须用敬，进学则在致知。'分明自作两脚说，但只要分先后轻重。论先后，当以致知为先；论轻重，当以力行为重。"（《朱子语类》卷九）一切实践的发生，必须以"知"为其必要条件，没有知为指导，其行就是盲目的。反过来，一个人只要有了"知"，就一定会去"行"："既知则自然行得，不待勉强，却是知字上重。"（《朱子语类》卷十八）尽管"知"在顺序上应在"行"之前，但知行关系中应以"行"为重。因为只有"行"才是为学的目的和为学过程的完成："夫学问岂以他求，不过欲明此理，而力行之耳。"（《晦庵先生朱文公文集·答郭希吕》）另一方面，"行"也可以用来检验"知"，所以，行是重要的："学之之博，未若知之之要；知之之要，未若行之之实。"（《朱子语类》卷十三）朱熹显然是将知行关系看成一种相互促进的关系，相信只有保持这种联系，才能促进"知"的深化，也才能促进"行"的精进："知、行常相须，如目无足不行，足无目不见。"（《朱子语类》卷九）朱熹"知行互发"的观点还在于他并不把"知"与"行"看作两个独立完成的阶段，而是必须在相互依存、相互作用中发展："知之愈明，则行之愈笃；行之愈笃，则知之益明。"（《朱子语类》卷十四）应该如何促进"知行互发"呢？"未须理会相发，且各项做将去。若知有未至，则就知上理会，行有未至，则就行上理会，少间自是互相发。"（《朱子语类》卷九）道德实践的功夫最为要紧。

第四节　朱　陆　之　争

南宋淳熙二年（1175），朱熹与心学一派创始人陆九渊在江南西路的信州铅山县（今属江西上饶）鹅湖寺举行了一次著名的思想辩论，双方就多种学术观点展开交锋。这场学术论战，是中国思想史上的重要事件，直到今日，朱陆之争仍然是学界热心讨论的话题。

首先，朱陆之争是方法论之争。朱熹继承了北宋二程"性即理"的人性理论，认为内涵是纲常伦理的"天理"表现于人身的就是"性"，人的内在的道德本性是"天理"落实贯彻在每一个人的。而陆九渊所认同的作为宇宙终极本体的"理"却是与"吾心"通融为一的。心与理一样，同是宇宙的终极本体，同是一种形而上的伦理性本体，这叫做"心即理"。朱熹与陆九渊对"理"的这种不同理解，导致了他们方法论上的分歧，朱熹主张"穷理"，陆九渊主张"明心"。在认识和接近天理的过程中，经典研究与道德自觉的关系何如以及孰轻孰重？朱熹主张通过向外探索的格物致知和知行合一来达到对天理的认知与把握。陆九渊则强调"发明本心"以确立主体价值的重要性，如果没有独立的自我价值归属，知识的学习和经典的研究并不能增进道德。这两种为学功夫的分歧，就是《中庸》所讲的"道问学"与"尊德性"的差异。今天的人们往往把理学看作一种哲学化、思辨化的儒家学说，理学家则被看作一些热心讨论抽象理论问题的玄思者。但是，理学家本人却不这么看，他们坚持认为自己的学术是"道学"，是"圣人之学"，这与其说是一种知识形态，不如说是一种信仰，一种以孔孟为代表的儒家之道的信仰。朱熹与陆九渊都以孔孟道统的继承者自居，他们在这个方面是一致的。然而，如何"行道",如何"成圣",却是理学内部分歧较大的一个问题。朱熹与陆九渊的思想分歧,主要体现在这个方面,朱、陆之间有关"道问学"与"尊德性","穷理"与"明心"的辩论,只能看作"成圣"方法和途径的辩论。

其次,朱陆之争对《太极图说》中的"无极""太极"概念有根本性的分歧。朱熹认为"无极"与"太极"的关系是比较微妙的,"不言无极,则太极同于一物,而不足为万化之根;不言太极,则无极沦于空寂,而不能为万化之根。"(《晦庵先生朱文公文集·答陆子美》)在朱熹看来,无极而太极,意思等同于说无形而有理。太极,是理的总汇。陆九渊认为,太极无需用无极做源泉。太极之理即是实理,不言无极,太极也不会因之而等同于一物。更为重要的是,陆九渊认为,"无极"二字出自《老子》,"无极而太极"是老子的宗旨,周敦颐的说法,实际上不是出自儒学正统。陆九渊以"本心"为最高实在,它是一种超验的主体,理或太极都应以此心而有,"太极"为"万化之根",陆九渊尚须将之内在化,再在之上加一个"无极",他自然不会同意。

思考题:

1. 朱熹在中国思想史上的贡献是什么?
2. 朱陆之辩的内容是什么?

第八章　陈亮、叶适的功利主义思想

以陈亮永康学派、叶适永嘉学派为代表的南宋"事功之学"将古代功利主义思想推上了一个新的高峰。自此，中国古代功利主义才具备了比较完整的理论形态。"事功之学"内部，在理论上多相合拍，个人之间的交谊也最厚实，地缘相接，人物往来，切磋学术，砥砺品行，遂形成较为统一的学风，蔚为一方学术之盛，以至朱熹评述道："江西之学只是禅，浙学却专是功利。"（《朱子语类》卷一百二十二）尽管语涵贬抑，却道出"事功之学"之特性，黄宗羲言："永嘉之学，教人就事上理会，步步著实，言之必使可行，足以开物成务。盖亦鉴一种闭眉合眼，朦瞳精神自附道学者，于古今事物之变，不知为何等也。"（《宋元学案·艮斋学案》）他们于礼乐制度、田赋、兵制、地理、水利以至数术方技之学无不"该通委曲，施之实用。"追求的是一种知识系统的实用价值的现实转换，知识的效用，自我的道德完善均必须落实到发为事业，齐家治国，经邦济世之上，"既无功利，则道义乃无用之虚语。"（《习学记言序目·汉书三》）要建立一种基于"现实原则"的价值判断，追求道义与功利的统一，并以后者为判定基础。这便是"事功之学"的理论特性。

第一节　陈亮及其永康学派

陈亮（1143—1194），字同甫，世称龙川先生，婺州永康县（今浙江永康）人。陈亮才气豪迈，"慨然有经略四方之志"。上书表达抗战和进行革新的政治主张。《中兴五论》和四次《上孝宗皇帝书》触及了时弊和执政的官僚集团，因而遭到当权者的嫉恨，谤毁交起，终以空言罗织成罪，两次入狱。经营救出狱后，志气益励。51岁考中状元，授签书建康府判官，然未及上任就逝世。

陈亮思想的发展，大体上可分三个时期。第一个时期以其著《酌古论》为代表，反映了陈亮的军事思想。《酌古论》评论了19位历史人物的军事活动，总结他们的军事斗争的战备战术、成功的经验和失败的教训，作为抗金的借鉴。

第二个时期以《中兴五论》和四次《上孝宗皇帝书》为代表，反映了陈亮的政治思想。五次上书不仅表达了陈亮抗金的爱国主义思想，而且探讨了南宋王朝之所以"委靡而不振"的原因，以及如何改变这种局面，收复失地，使国家中兴。陈亮认为，南宋政治腐败的根源在于统治集团的保守性和不思变法，他说，南渡以后，"大抵遵祖宗之旧"，"不究变通之理"，明确指出："法令不必尽酌之古，要以必行。"《中兴五论》提出了一个包括政治、经济、军事、财政、法制、风俗等24个项目的改革纲要，直接指出宋朝在国家政体方面的弊端。陈亮认为，宋太祖在开国之初实行高度中央集权制度，固然有效地防止了地方割据，但也带来了不可医治的弊病，君主一人专政，造成因循守旧、无所作为的习气。陈亮主张，一切政事"付之公议"，给中央各部门和地方以较大的权力，其分权的主张，在当时具有积极意义。

　　陈亮思想发展的第三个时期，以与朱熹辩论"王霸义利"问题的书信为代表，反映了陈亮的历史理念与政治思想。导致这场辩论的直接原因，是陈亮在出狱之后，朱熹作书，劝告陈亮"绌去义利双行、王霸并用之说，而从事于惩忿窒欲、迁善改过之事，粹然以醇儒之道自律"，则可"免于人道之祸"。陈亮作书答辩，表示"亮虽不肖，然口说得，手去得，本非闭目合眼，瞎瞳精神以自附于道学者也"（《陈亮集·又甲辰秋书》）。由此书信往来达三年之久，这便是历史上著名的"王霸义利"之辩。王霸义利的关系，在中国思想史上是一个古老的问题。到了南宋，鄙视功利，空谈心性，更加风行一时。朱熹把董仲舒的"正其谊（义）不谋其利，明其道不计其功"作为白鹿洞书院的学规，针对陈亮说："今世文人才士，开口便说国家利害，把笔便述时政得失，终济得甚事！只是讲明义理以淑人心，使世间识义理之人多，则何患政治之不举耶？"（《朱子语类》卷十三）两人对义利关系的不同态度昭然若揭。

　　陈亮与朱熹的义利之辩，反映了两种不同价值观的对立。理学家程朱一派，把人性的修养看成高于一切，把个人道德修养的完善视为治理天下国家之本，而疏于具体事物，鄙视功利价值，这与当时南宋面临的严峻局势形成强烈的反差。所以陈亮说："今世之儒士，自以为得正心诚意之学者，皆风痹不知痛痒之人也。举一世安于君父之仇，而方低头拱手以谈性命，不知何者谓之性命乎？"（《陈亮集·上孝宗皇帝第一书》）陈亮对程朱理学的批评，大体上是符合当时实际情况的。陈亮一反程朱理学讳言功利的倾向，理直气壮地举起了功利主义旗帜，把功利与仁义统一起来，并以功利作为衡量仁义的标准。

　　陈亮与朱熹的两种不同价值观的分歧，集中表现在所谓"成人之道"的问题上。也就是如何看待人生的价值，如何做人和做一个什么样人的问题。朱熹说："成人之道，以儒者之学求之。"所谓"以儒者之学求之"，即以"醇儒之道自律"，追求个人道德的完善。朱熹指责陈亮注重功利是"弃舍自家光明宝藏，而奔走道路，向铁炉边渣矿中拨取零金"，是为个人"立大功名，取大富贵"，"坏学者之心术"。针对朱熹的"成人之道"，陈亮提出"学者，所以学为人也，而岂必其儒哉"，"醇儒自律"并不是"成人之道"，"成人之道宜未尽于此"。陈亮主张"人生只是要做个人"。所谓"做个人"就是要做一个"才德双行，智勇仁义交出而并见者"，做一个"推倒一世之智勇，开拓万古之心胸"的英雄豪杰，为国家、社会建立功业。朱熹把陈亮的功利主义说成是"立大功名，取大富贵"，如果不是歪曲，也是一种误解。朱熹的"醇儒"与陈亮的"做个人"反映了两种不同的人生价值观。

义利之辩反映在世界观上，表现为如何认识道与物的关系。陈亮反对在形而下的具体事物之外还有一个形而上的理的世界，提出"盈宇宙间无非物"的命题。这个命题只承认一种存在，即客观世界的事物，道或理只能存在于具体事物之中，"夫道非出于形气之表，而常行于事物之间者也"，离开了天地万物，道也就不复存在："舍天地则无以为道。"陈亮认为这种作为自然与人文法则的道，是不能离开具体事物而存在的。在陈亮的心目中，孔子是关心实际问题的，从不离开具体事物空谈心性。在事物之外去追求道，就会把孔孟之道变成一种迂阔的、不切实际的学问。陈亮认为，理学正是如此："自道德性命之说一兴"，"为士者耻言文章行义而曰尽心知性，居官者耻言政事书判而曰学道爱人，相蒙相欺以尽废天下之实，则亦终于百事不理而已。"（《陈亮集·送吴允成运幹序》）这就从世界观上揭露了理学家脱离实际根源。

义利之辩的另一个焦点表现为历史观的争论。朱熹认为，夏、商、周三代，"惟有天理而无人欲"，三代以后的汉唐之君"无一念之不出于人欲"。前者天理流行，是王道；后者人欲横流，是霸道。所以，朱熹又认为，自孟子后，儒家道统中断。陈亮认为，如果朱熹的说法能够成立，就"使千五百年之间成一大空阙"，那么，"道于何处而常不息哉！"朱熹的理论根据是天理人欲之辩，所谓"三代专以天理行，汉唐专以人欲行"，把理与欲对立起来。陈亮指出，追求物质生活的欲望，是人的自然本性，天理即存在于人欲之中，"天道岂有他哉，喜怒哀乐爱恶得其正而已"。三代以前不能没有人欲，汉唐以后不能没有天理，由此得出了著名的"王霸可以杂用，则天理人欲可以并行"的结论。

陈亮在南宋主要是作为一个政论家出现的，在思想上虽然提出过一些精辟的见解，但缺乏系统性、完整性。陈亮作为理学批判者的先驱，对后世发生深刻影响的，主要是他的功利主义的价值观。

第二节　叶适及其永嘉学派

在学术思想上，陈亮是永康学派的代表，叶适是永嘉学派的代表。这两个学派虽然存在着某些区别，但其共同点是主要的。这不仅表现在政治上他们都主张抗战和革新，而且在学术思想上又都是以功利主义的价值观与程朱理学的道德价值观相抗衡，形成永康学派、永嘉学派在南宋与朱、陆鼎足而立的格局。

叶适是永嘉学派的代表人物，也是南宋事功学说的集大成者。在朱熹的理学和陆九渊的心学盛行时，叶适事功学说独树一帜，把功利主义学说推向一个新水平，确立了与理学、心学鼎足而立的地位。

永嘉学派的导源者为薛季宣和陈傅良。薛季宣（1134—1173），字士龙、士隆，学者称艮斋先生，温州永嘉县（今属浙江）人。17岁时被时任荆湖北路安抚使的岳父孙汝翼任命为荆南府书写机宜文字。绍兴末，任鄂州武昌令。乾道七年（1171），奉命视察淮西，多方抗旱救灾，安置流民，以政绩显著召为大理寺主簿，升大理正，知常州，未赴任而卒。存世文集为《浪语集》。陈傅良（1137—1203），字君举，学者称止斋先生，温州瑞安县（今属浙江）人。乾道年间进士，历官吏部员外郎、中书舍人兼侍读、直学士院、同实录院修撰、宝谟阁待制。存世文集为《止斋文集》。

从师承和学术渊源来说，薛季宣曾从学于程颐的弟子袁溉（道洁）。袁溉是一个"自六经百氏，下至博弈、小数、方术、兵书无所不能"的学者，是程门"别派"。后薛季宣尽得袁溉之传，"加以考订千载，凡夫礼乐兵农莫不该通委曲，真可施之实用"（《宋元学案·艮斋学案》）。这表明，薛季宣虽曾为程颐再传，然对其说有所取舍。薛季宣在继承袁溉之学的基础上，创立了自己的学说。陈傅良曾师事程门重躬行的周行己的弟子郑伯熊（1124—1181），又自言"曾问学于薛士隆氏"。陈傅良既得薛季宣之学又发扬光大之。

对道器关系的论述，是薛季宣、陈傅良思想的一个重要方面。道与器是中国思想史上一对重要范畴，如何看待二者的关系，体现了世界观的根本。"道"指无形的法则或规律，"器"指有形的名物制度。二者关系实为普遍与特殊的关系，即抽象道理与具体事物的关系。普遍能否脱离特殊而存在？是一般寓于个别之中还是相反？薛季宣、陈傅良认为：道存在于形器之中，道器不能分离。薛季宣说：

"上形下形，曰道曰器，道无形埒，舍器将安适载？且道非器可名，然不远物，则常存乎形器之内。"（《浪语集·答陈同甫书》）陈傅良也说物之所在就是道之所在。说道不远物，包含着不超脱具体事物和人们的日常生活而存在的意义。它"常存乎形器之内"。此"常"意为永恒，即道永远存在于形器之中。在此，他们既不把道与器混而为一，又解释了二者孰为根本。这一观点，肯定了道与器的密切联系，包含注重躬行实践和日用名物制度在实际中的功用和效果两层意思，它是事功之学的理论基础。

反对轻视功利，反对空谈义理，注重在实际事物上的功用和效果，这是薛季宣、陈傅良倡导的事功之学的根本特点。薛季宣研探六经，在于讲明"时务本末利害"。陈傅良则在于注重"兢业"，二者同为经世。因此，他们都强调"无有空言，无戾于行"，"不为空言去圣人远"。不为空言，就是求实，无戾于行则是注重实践。透过一个"实"字，一个"行"字，可以进一步看到薛季宣、陈傅良功利主义的观点。薛季宣说，他对理学家"清谈脱俗之论，诚未能无恶"，因为其"言行判为两途"，"语道不及事"。他把理学家之学称为空无之学，指出："空无之学，不可谓无所见，迄无所用。"（《宋元学案·艮斋学案》）陈傅良同样谴责不着实际的清谈，认为在南宋隆兴、乾道年间，本应讲求修内外之政，足兵长财之道，但清谈家晏然无奋进之志，或寻章摘句，或诗文自娱。程朱理学既离器言道，又提"知先行后"，行为与言论脱节，不顾实际效果，即使有所见地，也终是无用之学。基于重视实际事物和实行的观点，薛季宣、陈傅良认为不存在不学而知、不学而能者。薛季宣说："自《大学》之不明，其道散在天下，得其小者，往往自名一家，高者沦入虚无，下者凝滞于物……后世昧于'诚明''明诚'之分，遂谓有不学而能者。彼天之道，何与于人之道，致曲未尽，何以能有诚哉。"（《浪语集·与沈应先书》）他不同意先天的良知、良能，认为只有学而知之。"诚明"与"明诚"一语出自《中庸》："自诚明，谓之性；自明诚，谓之教。诚则明矣，明则诚矣。""诚"本是诚实无欺或真实无妄之意，《中庸》以之为最高的道德范畴，认为从诚的道德达到明了天道，故称之为性；自认识天道而达到诚的道德境界，称作教。宋代理学家据此认定人性中存有先天的道德观念，即所谓"天地之性"。薛季宣认为这是对"诚明""明诚"的歪曲解释，他认为天道与人道是一致的，只有通过认识人道，才能够认识天道，反之，如果不尽力修养持炼，没有"行"，就不可能达到"诚"的境界。

叶适（1150—1223），字正则，学者称之为水心先生，温州永嘉县人。南宋孝宗淳熙五年（1178）高中榜眼，历官宝文阁待制、江淮制置使。他是永嘉事功学派集大成者。叶适的事功思想，大致有以下几个方面：

第一，崇尚功利，反对空谈道德性命。叶适崇尚功利，强调社会实践，务实求真。他说："《中庸》曰：'诚者物之终始，不诚无物。'是故君子不以须臾离物也。"（《水心别集·进卷·大学》）他认为判断义理的对错，应以客观事物为依据。"欲折衷天下之义理，必尽考详天下之事物而后不谬。"（《水心文集·题姚令威西溪集》）只有接触实际，才能获得真知，"故观众器者为良匠，观众方者为良医，尽观而后自为之，故无泥古之失而有合道之功。"（《水心别集·法度总论一》）对于当时思想家长期争论的"道"与"器"的关系，他提出"物之所在，道则在焉"的著名论点，认为"道在物中，不能离物而独存"，"道虽广大，理备事足，而终归之于物，不使散流。"（《习学记言序目·皇朝文鉴一·四言诗》）根据道不离器的原理，叶适认为任何事物、义理都要通过功利表现出来。孟子所讲的仁政也要通过实际功利而体现，他说："古人之称曰：'利，义之和。'其次曰：'利，义之本。'"（《习学记言序目·左传二·昭公》）其实是提出了义利的统一性，以利为义的表现形式。仁义不能在功利上表现出来，就成为没有实际内容的空话，最后仁义本身也无法存在。叶适从功利的立场出发，重视务实精神。他治学、为文、奏事、施政，无一不从功利出发而求实效。他针对南宋弊政，对朝廷和社会的各个方面都进行过具体研究，何者应革，何者应兴，提出过十分认真而具体的意见，他认为立论一定要有"实事"作根据，"若射之有的也……的必先立，然后挟弓注矢以从之，故弓矢从的而的非从弓矢也。"（《水心别集·终论七》）

第二，工商立国，批评"重本抑末"，主张"农商一体"。叶适从事功思想出发，对在中国经济思想领域支配时间最久，作用最大的"重本抑末"思想进行批评。叶适认识到工商业对国家、对社会的重要作用。在承认农业生产重要性的前提下，主张"农商一体"，反对政府限制工商业的发展。他认为："夫四民（士农工商）交致其用而后治化兴，抑末厚本，非正论也。"（《习学记言序目·史记一·平准》）他要求政府提高工商业者的地位，让他们中的优秀人物有出仕的机会，在政治上取得发言权。他要求以国家之力，扶持商贾，发展商业。他希望政府对工商业者采取自由放任政策，批评政府税收过重，"以夺商贾之赢"。叶适指出圣君贤臣必须善于理财。"古之人，未有不善理财而为圣君贤臣者也。"把理财看成圣君贤臣的事业，是国家的头等大事。叶适划清理财与聚敛的界限。理财是"以天下之财与天下共理之者"，而聚敛则"务以多取为悦"。叶适阐明理财与经济发展的关系，认为税收过重一定会影响工商业的发展，理财若专门着眼于赋税的征收是错误的。

第三，守定而后战。叶适是坚定的抗战派，认为当时社会政府危机在外而不在内，"顾今天下之势……（陛下）如其责成将率，使各尽力，执大义以诛强仇，则天下可以拱揖而定也。"（《水心别集·治势下》）叶适批评理学群体："高谈者远述性命，而以功业为可略；精论者妄推天意，而以夷夏为无辨。"（《水心别集·上孝宗皇帝札子》）偏重防内的国策是错误的。叶适主张抗金，但不是轻举妄动，而是持慎重态度。开禧二年（1206）春，韩侂胄决定北伐。叶适向宁宗连上三札，认为北伐是头等大事，应该深谋远虑，不能仓促从事，否则后果严重。提出"备成而后动，守定而后战"的战略方针和具体措施。

第四，治理三冗（冗官、冗兵、冗费）问题。冗官、冗兵、冗费问题是困扰南宋的三大问题。叶适的对策是：解决冗官问题，可从解决胥吏问题入手。在宋代，胥吏对国家的危害比冗官还大，他们人数众多，子孙传袭，世代为吏，且与豪强勾结，为人民蟊贼；官员不懂法律条文，受制于胥吏。叶适建议让新进士和任子之应仕者充任胥吏，"三考而满，常调则出官州县，才能超异者，或遂录之。"（《水心别集·吏胥》）就解决冗兵来说，叶适首先指出募兵制的弊害，主张"由募还农"，试图使州县守兵、御前军兵、边兵都有田可以耕种，实现"以田养兵"的设想，以节省军费，提高军队战斗力。其次，主张精简军队。他建议将四镇屯驻大军由30万减为15万；地方军队"大州四五千人，中州三千人，小州二千人"（《水心别集·厢禁军弓手土兵》），其余一律裁遣，发给遣散费，使之自行经营工商业。

叶适的事功思想，有其深厚的渊源，是宋代东南地区社会经济发展的产物。南宋时期，温州的社会经济得到飞速的发展，商业繁荣，手工业发达，城乡商品交流活跃，对外贸易兴盛，这为永嘉事功学派提倡功利实用之学奠定了社会基础。永嘉学派在与朱熹理学及金华学派、永康学派的频繁接触中，吸收各学派之长而发展了事功之学，叶适则是永嘉学派的集大成者。

思考题：

1. 陈亮与朱熹"义利之辩"的价值观分歧何在？
2. 叶适主张工商立国的思想意义是什么？

第九章　元代理学的演变

元代理学在演变的过程中表现出不同于宋代的学术特点。首先是程朱之学在北方的传播与普及，这本身就具有"振一代之学术"的贡献，元初有影响的理学家许多是朝廷的官员，他们挟持着政治上的影响力，将程朱理学官学化。他们大力推广朱熹的《四书章句集注》，朱熹学说遂成为官学。理学真正被列为官学并取得独尊的地位始于元代，《四书章句集注》和程朱理学所注"五经"成为科举取士的考试程式。与此同时，朱熹和陆九渊两大学派在南宋双峰并峙的局面也不复存在，朱学和陆学相互影响，表现出合流的趋向。

第一节　元代理学的延续

一、赵复、许衡的理学思想

元代的理学，是宋、明之间的过渡环节。金宋对峙，南北声教不通；蒙古的征服，填埋了地域的深堑。最早将程朱理学传至北方的是赵复。赵复（约1215—1306），宋德安府安陆县（今湖北安陆）人，学者称江汉先生。南宋端平二年（1235），元军攻陷德安府，俘获赵复，礼送燕京，安置在太极书院讲授程朱理学。此后，理学开始在北方流传。赵复在元代理学史上的贡献，不在于学术上的创发，而在于理学的传播和普及。他使北方学人开始真正理解程朱理学，从而确立了理学的学术地位。在赵复入元前后，元朝从各地网罗了一批儒者，其著名者有许衡、姚枢、刘因、郝经、窦默等，他们后来成为元朝的名公巨卿，这些人都直接或间接地从赵复那里接受了理学思想，他们利用政治影响力，将赵复所传授的理学官学化，因此，赵复的学术地位就如清代黄百家所言："自石晋燕云十六州之割，北方之为异域也久矣。虽有宋诸儒叠出，声教不通。自赵江汉以南冠之囚，吾道入北，而姚枢、窦默、许衡、刘因之徒，得闻程、朱之学以广其传，由是北方之学郁起，如吴澄之经学，姚燧之文学，指不胜屈，皆彬彬郁郁矣。"（《宋元学案·鲁斋学案》）

许衡（1209—1281），金怀州河内县（今河南沁阳）人，学者称鲁斋先生。与元代著名理学家吴澄有"北许南吴"之称。他于中统元年（1260）入仕元朝后，被忽必烈擢为京兆提学、国学祭酒，后官至左丞相。

从学术思想的特征来看，许衡之学基本上在程朱理学的范围内，他对理学思想的阐发显然来自程朱。他同样也将"理"作为与物不可分离而又主宰万物的根源。"事物必有理，未有无理之物。无物则理何所寓？"（《鲁斋遗书·语录上》）"天即理也，有则一时有，本无先后。有是理而后有是物。"（《鲁斋遗书·语录上》）一方面肯定"理"与"物"是不可分离的，另一方面，他又坚持"理"与"物"的存在有先后之分。他认为，在宇宙起源时，应该先有理，后有气（物）；而在宇宙万物产生后，则理与气（物）就不可分割。

许衡用"道""太极""气"等概念来讨论宇宙论问题，但他的宇宙论与朱熹的观点有些差异。在朱熹那里，"道""天理""太极"是同一系列的范畴。但许衡认为"道"是先于"太极"的宇宙本原，主张"道生太极"，所以，他讲的"太极"应是与"气"并列的同一概念。他的"函三为一"的提法，就是指太极之气与阴阳二气。然而他有时又将"太极"与"理"混为一谈，"天下皆有对，惟一理无对，便是太极也。"（《鲁斋遗书·语录下》）这说明他的思想逻辑还不够严谨，不及朱熹缜密和审慎。

宋代理学家并不孤立地讨论天理、天道等宇宙论的问题，他们总是将这些概念与人性结合起来探究。许衡继承了张载、二程、朱熹的人性论思想，将人性看作形而上的理和形而下的气的混成，人性于是被拆分成"本然之性"与"气禀之性"。前者是人皆有之的道德伦理自觉，是普遍存在的、纯粹至善的；后者则是与道德灵明相混杂的属于个体生命的不那么纯粹的内在性质，是修养的对象。朱熹认为修养的主要方式在于格物致知，许衡同意这种说法，强调学者必须通过穷究事理，读书学习的知识化的途径，才能使心中所具备的理明确起来。"'格'字解做至字，物是事物，若要推极本心的知识，又在穷究天下事物之理，直到那至极处，不可有一些不到，所以说致知在格物。"（《鲁斋遗书·大学直解》）一方面主张心中存有天理，另一方面又认为事物存有天理，那么天理既存在于主体之中又存在于客体之中，但"格物致知"则要求从认识客体之理开始。许衡肯定，人如果要"推极本心的知识"，首先必须要"格物"，即"穷究天下事物之理"。这都是程朱理学的典型观点。

许衡主持过元朝的国子学，为元朝政府培养出不少经邦治国之才。许衡一再认为，居于高位者必须以仁德为根本，"惟仁者宜在高位。"（《鲁斋遗书·语录下》）他研治理学就是力图将理学中的道德修身运用到治国安邦的经世活动中去。

二、刘因、吴澄的理学思想

刘因（1249—1293），元雄州容城县（今属河北）人，学者称静修先生。刘因主张以经学为主干，对历代以来的儒家思想兼收并蓄，尤其是北宋以来的濂、洛、关、闽之学，他都做过潜心研究，但同时他也非常强调要以朱熹学说为归宿。"邵（雍），至大也；周（敦颐），至精也；程（颢、颐），至正也；朱子，极其大，尽其精，而贯之以正也。"（《元史·刘因传》）在刘因的心目之中，朱熹是思想的顶峰。所以，在许多观点上，刘因的表述与朱熹如出一辙。如在对天理的认知方面，刘因说："天地之间，凡人力之所为，皆气机之所使，既成而毁，毁而复新，亦生生不息之理耳。"（《刘静修先生集·游高氏园记》）"生生不息"之理，主宰着自然与社会的代谢，"理具乎乾元之始，曰造化。宣而通之，物付之物，人付之人，成象成形，而各正性命，化而变也。"（《刘静修先生集·宣化堂记》）所谓造化，自天而言本于"理"，理"成象成形"，是现象世界的本原；"理"也赋予人以性、命，推而广之，伦理纲常也以此理为实质内涵。无形之理是有形世界的根据。刘因的这种理念，完全与朱熹的说法一致。

理学主张"学以至圣人"，人格的最终实现，在于培育出完全符合儒家纲常伦理要求的完美人性。刘因也不例外，他既然认为万物可以归于一理，那么人与天理也是一体的，如果"天地，人也；人，天地也"的表述可以成立，"圣贤，我也；我，圣贤也"的说法就是万物一体观点的逻辑延伸。当然，人性从本质上说，都是善的，人都具有善的本性，具备了成圣的内在可能性。但人所禀之气又有清浊、厚薄之分，因此人也很难避免欲望的诱惑，致使本来善的本性夹杂进恶的因素，刘因认为，去除物欲，就能恢复善的本性，因而功夫要落实到"无欲"上。需要穿越"修而静之，勉而安之，践其形，尽其性，由思入睿，自明而诚"（《刘静修先生集·希圣解》）的成圣之路。"践形"就是践履儒家的伦常原则，通过道德实践，完成人格的提升，进入圣贤的境界。"尽性"就是彻底完成并展现纯粹至善的本性。践形是尽性的前提，尽性是践形的落实。而其中的锁钥在于"无欲"功夫的培育。

刘因以极大的热情投入儒家经典的研究，提出"返求六经"的号召，并且贡献出一个很有见地的看法："古无经史之分"。为学的正常次序，应该是先读经文，次看汉代传注，再读唐代疏释，最后才能看宋代的议论。当时主张理学者，都声称得圣人之意，从而莫衷一是。刘因的返求六经，实际上是提出了一个判断义理是非的标准，对于曲解经典的不良学风起到了矫正的作用。刘因既重视儒家经典，也重视历史，他把两者同等看待。经与史本出一源，这就颠覆了儒家经典在原始意义上的神圣地位。这一论述，颇有见地。

吴澄（1249—1333），元抚州崇仁县（今属江西）人，学者称草庐先生。他与许衡同为元代名儒，世称"北许南吴"。吴澄出身于世代业儒的家庭，少年起就接受了完整系统的儒家经典培训，"研经籍之微，玩天人之妙"，生发出强烈的道统意识，立志做程朱理学的传承者。

因为师承的关系，吴澄的思想有折中朱、陆的倾向，但从总体上说，仍属于朱学。在讨论本体论问题时，也是以理、气作为宇宙本原问题的关键。"自未有天地之前，至既有天地之后，只是阴阳二气而已。本只是一气，分而言之，则曰阴阳。又就阴阳中细分之，则为五行。五行即二气，二气即一气。气之所以能如此者，何也？以理为之主宰也。理者，非别有一物在气中，只是为气之主宰者即是。无理外之气，亦无气外之理。"(《宋元学案·草庐学案》)吴澄认为天地万物都是由阴阳二气构成的，但是气的本质和运行规律又都是由理决定的。尽管理气一体不分，但理是主宰者。朱熹在强调理的本原性时，承认理是一个终极性的实体存在，它在逻辑上是先于气而存在的。吴澄的看法略有出入。吴澄总是坚持理与气、道与器、太极与阴阳是一体不分的。"道器虽有形而上、形而下之分，然合一无间，未始相离也。"(《宋元学案·草庐学案》)他从不谈论也不认为气化之前有一个"理"的独立存在，他所强调的是理具有绝对的主宰性，而不认为理是宇宙的本始，这是吴澄的天理论不同于朱熹的地方。

吴澄论述理气、道器关系时，从中引申出人性、道德之心等心性论，确立人性具有天理的依据。"人得天地之气而成形，有此气即有此理，所有之理谓之性。此理在天地，则元亨利贞是也；其在人而为性，则仁义礼智是也。"(《宋元学案·草庐学案》)他认为人成形是由于气，而人性则来自天理，其内容为仁义礼智，故而人性本善。人所以不能为善，是由于受浊恶的气质影响，于是他赞成并继承了宋儒的人性思想，对"天地之性"与"气质之性"的区别及相关性作了肯定。人性只是揭示人之为善的潜在可能性，"性"必须通过人的意识活动和能动精神才能完成，这就要依赖"心"。所以吴澄也很强调"心"的作用，天理的主宰、人性的作用最终都要通过"心"才能实现，因而"传心"就成为儒家思想传承链条中关键的一环，吴澄认为，儒家道统均是"明指本心以教人"。要充分实现人性，就必须返求吾心，在"诚""敬"等主观精神修养上下功夫，他主张"思诚"，通过心的内求功夫，回复自己的天赋之诚。而"敬"能够使人精神专注，自我发现内在的良心和道德的根源。

吴澄的理学思想接近于朱熹学说，但也明显表现出折中朱、陆的倾向。他对陆九渊"发明本心"和"尊德性"的修养方法，表现出浓烈的兴趣，他十分赞同"本心"，甚至将其列为自孔孟下逮周程传圣之道的根本，"此心也，人人所同有，反求诸身，即此而是。以心而学，非特陆子为然，尧、舜、禹、汤、文、武、周、孔、颜、曾、思、孟以逮周、程、张、邵诸子，莫不皆然。"（《宋元学案·草庐学案》）吴澄明确表示学者应该以尊德性为本，"问学不本于德性，则其弊必偏于言语训释之末，故学必以德性为本，庶几得之。"（《元史·吴澄传》）在修养论上，吴澄倾服于陆学，表现出对朱陆之学的和同，反映出学术史演变发展的要求。

第二节　朱陆融合的趋势

南宋时期，朱熹、陆九渊两大学派双峰并峙。到元代，朱熹学说开始演变为官学，但陆九渊学说仍然得到传播，尤其令人瞩目的是，朱学、陆学相互影响，表现出朱陆合流的趋向。一部分陆学传人开始吸取朱学特长并倒向朱学，他们在主张"自恃本心"的同时，又大量吸纳朱熹穷理、博学的为学功夫，如原本陆九渊的再传弟子史蒙卿，"祖陆氏而宗杨（简）、袁（燮）"，宋元之际开始转向朱熹的格物致知之说，并一以贯之地践行之。而一部分朱学传人，则开始吸取、倡扬陆学思想，如朱熹的再传弟子胡长孺，晚年转入陆学，以陆学"返求本心"为宗旨。吴澄也是朱学传人，在理学思想方面表现出朱熹学说的特点，但他也吸纳并极力推崇陆学中"尊德性"的学术宗旨。但是他们的调和还只是处在为学的方法与态度的层面上，尚未进入思想的深层，对"性即理"与"心即理"这样的命题，并未作出真正妥善的调和，真正从思想逻辑层面来调和朱陆，要到王阳明学说的出现才得以完成，但如果没有元代朱陆融合的趋势，就不可能产生明代的阳明学说体系。在这个意义上，元代朱陆折中是南宋陆学到明代阳明学之间的过渡环节。

为什么元代会出现朱陆合流的趋向？这显然是由于朱陆后学各执一端，出现了许多思想弊端。犹如当时陆学阵营中的郑玉所讲的："陆氏之学，其流弊也如释子之谈空说妙，至于卤莽灭裂，而不能尽夫致知之功。朱氏之学，其流弊也如俗儒之寻行数墨，至于颓惰委靡，而无以收其力行之效。"（《师山集·送葛子熙之武昌学录序》）理学传人希望能在取长补短的过程中重新激发理学的生命力和对社会精英与上层政治人物的吸引力、感召力。因而，元代理学家综合朱陆的努力，总是在强调朱陆在学术上的根本一致，至于其分歧，往往被认为是后学偏颇所造成的。正如吴澄所说："朱陆二师之为教一也，而二家庸劣之门人，各立标榜，互相诋訾至于今。"（《宋元学案·草庐学案》）元代理学朱陆合流的学术特征，同样也在昭示着理学演变的方向，明代心学思潮的兴盛，与元代理学朱陆合流特色有着深刻的契合点。

第三节　程朱理学的社会传播与官学化

理学家站在本体论的高度论证了专制集权政治秩序及其衍生的社会秩序的合理性，还引导人们进一步用"格物致知"或"直指本心"的方法去进行纲常伦理的修养。这一套理论体系，论证上自朝廷下至家庭的缜密而精致的秩序，以伦理道德为核心的治国安邦学说，正是统治者所迫切需要的理论。所以"时君世主，欲复天德王道之治，必来此取法矣。"（《宋史·道学传》）入主中原的蒙古统治者也不例外。元太宗七年（1235），窝阔台命阔端、曲出等攻宋，同时命儒臣杨惟中、姚枢随军前往，在南宋地区"求儒道释医卜者"。南下攻宋的蒙古军攻下荆湖北路广大地区，俘获宋名儒赵复。赵复是当时卓有声望的理学家真德秀的弟子，而真德秀系朱熹的再传弟子。赵复随姚枢北上，献出二程、朱熹等人的著述八千余卷，还写出《传道图》《伊洛发挥》等书，对程朱理学的书目、宗旨、概要、师承作了综合介绍。对于赵复的到来，蒙古统治者很重视，在燕京建太极书院讲学。赵复在太极书院讲授的主要是孔、孟以来的道统，程朱理学的宗旨、传承。当时的名士姚枢、刘因、许衡、窦默、郝经等"学子从者百余人"。这一批儒家学者将所学所悟传授给各阶层的子弟，于是理学在社会上传播开来。他们大多在元政府中有着举足轻重的政治地位，事实上已经形成了一个强大的政治集团，是蒙古最高统治者的谋臣。这些儒士既为了维护元王朝的政治统治，也为了传承儒家学说，都将传播理学视为第一要务，使理学逐步深入蒙古的各个阶层，客观上对蒙古族吸收汉文化起到了推动作用。忽必烈是一位为理学的广泛传播作出重大贡献的人物。他身边的主要谋臣有不少理学家，如许衡、张文谦、王恂等人，他们协助忽必烈立朝仪、定官例、颁典章。这些儒者所制定的政策，为理学的普及营造了良好的政治环境。

总体上看，元代理学在学术上创建不大，而在南学北传、以道驭政方面着力较多。据说，忽必烈聘请许衡，一召即至。途中许衡拜访刘因，刘因问许衡："公一聘而起，毋乃太速乎？"答："不如此则道不行。"后来，忽必烈又聘请刘因，刘因以疾辞，有人问他为何推辞，答："不如此则道不尊。"（陶宗仪《南村辍耕录·征聘》）许刘二人的行为，一行一尊，表面相反，恰好形成了平衡的张力，前者力求儒学得到朝廷的推行，后者力求儒学得到朝廷的尊崇。所以，清初孙奇逢曾写有《读许鲁斋集》一诗，云："道行与道尊，两义各千古。"

理学在元代能够得以普及与元统治者注重兴办各种形式的学校、书院，以及科举取士的恢复有着密切的关系。至元二十四年（1287），立国子学。理学的政治地位随着元朝统一大业的完成和巩固，统治者逐步加强对全国的思想管制而直线上升。几乎所有官办、私立学校都以孔孟程朱的著述为主要教学内容。元仁宗的儒学造诣很深，并深悟理学要领，"明心见性，佛教为深；修身治国，儒道为切。"（《元史·仁宗纪三》）皇庆二年（1313），下诏恢复科举，以朱熹集注的"四书"为所有科举考试者的指定用书，并以朱熹和其他理学家注释的"五经"为汉人科举考试者增试科目的指定用书。最终确定了程朱理学在此后六百年里的国家正统学说地位。元代虞集就说过："群经、四书之说，自朱子折衷论定，学者传之，我国家尊信其学而讲诵授受，必以是为则，而天下之学皆朱子之书。"（《道园学古录·考亭书院重建文公祠堂记》）由此可见朱学传播之盛况。理学的地位日渐上升，被确立为官方意识形态正统，成为政治上的"国是"与全社会的道德准则和是非标准，规范着人们的言论行为。

理学真正被列为官方学说并取得独尊的地位始于元代。元代理学的这一演变对其学术思想也产生了巨大的影响。皇庆二年（1313）科举以朱熹所注"四书"及程朱学派所注"五经"为科场程式，程朱理学由此演变为官学。元人修撰的《宋史》专门开辟了《道学传》，也是程朱理学占据学界统治地位的重要标志。《道学传》以朱熹学说的道统论为纲，专门收入以程朱理学为主体的理学家的事迹与思想，凸显他们的学术与思想地位，将周敦颐、二程、朱熹作为儒家道统的继承者，而元代诸儒又是朱熹的承续者，这样，南宋后期到整个元代的思想体系就被程朱理学笼罩了。

思考题：

1. 刘因"古无经史之分"的内容是什么？

2. 为什么说吴澄有调和朱陆的倾向？

3. 为什么元代会出现朱、陆合流的趋向？

第十章　宋元时期的宗教思想

宋元时期，禅宗是最为流行的佛教宗派。宋代禅宗，除从晚唐五代承续下来的"五家"（沩仰、法眼、临济、云门、曹洞）之外，还有从临济门下分化出来的杨岐和黄龙两个支系，统称"五家七宗"。临济宗成为禅门诸家之主脉。宋代禅宗大量《灯录》和《语录》的出现，导致禅宗"不立文字""直指人心""见性成佛"宗旨的嬗变，由"内证禅"开始向"文字禅"转变。华严宗则是注重理论思辨，不仅注重经典的研习，而且作了大量的理论创发。净土宗则因为修行方式的简便而获得众多信徒，它实际上已不是一个专门的佛教宗派，而是佛教各派的共宗。天台宗是除禅宗外最活跃的宗派，它得益于对佛教文献的蒐集汇编成就。此一时期，道教也有发展，宋、金、元是内丹道的成熟阶段。内丹道以"天人一体"为其基本理论依据，承认人体为自然的缩影，以人体为丹鼎，凝精、气、神为一炉，炼精化气，炼气化神，试图使形体既能离躯体而为身外长久之物，又能融此形体于精神，进入超越之境。而此一时期民间信仰的芜杂，是前所未有的景象。

第一节　汉传佛教思想

一、宋代禅宗

北宋时，临济宗成为禅门最具影响力的宗派，风穴延沼（896—973）是宋初临济主叶。临济宗风格峻急猛烈，龙吟虎啸，棒唱交施，独步一时，用意在于喝断虚思妄想和逻辑思维，转而反求诸内，于自家根性上去体认。延沼于临济另一门庭施设"四料简"，料是度量，简是简别；四料简乃临济宗门依不同根器所采取的不同接人方法。延沼之嗣为首山省念（926—993）。省念出家后常诵《法华经》，修"头陀行"，有如苦行僧，恶食蔽衣，坐而不卧，试图以一种艰苦卓绝之行为培育离心，破除"我执"。省念深得临济玄要，于临济接人之途"四宾主""四照用""四料简"深有发明。"四宾主"之本义谓宾主（师徒）问答以证禅理，一为"宾看主"，二为"主看宾"，三为"主看主"，四为"宾看宾"。省念强调主宾之别，反对故弄玄虚，炫奇斗胜。"四照用"之"照"乃"观照"，指对客体的认识；"用"乃"功用"，指对主体的认识。有"先照后用"，"先用后照"，"照用同时"，"照用不同时"，可临机应变，轻松自如。省念之嗣汾阳善昭（947—1024）

以"代别""颂古"等形式阐发禅理，别开生面，"文字禅"由此盛行。

汾阳善昭，有其独自发明或综合古德之说光大之处。"一切众生，本源佛性。譬如明月当空，只为浮云遮障，不得显现。"（《古尊宿语录·汾阳（善）昭禅师语录》）是为禅门之老生常谈，而善昭之著力处，亦在于破除心中之遮障，显现佛性。"若得自见分明，当下超凡入圣。"（《汾阳无德禅师语录》卷上）明心见性，顿悟成佛均自家事业，不须依傍，不求他解，均须自家担当，自作主张。善昭于临济"三玄三要"有很深的契悟。"三玄"一谓"体中玄"，以通常语句叙述道理；二谓"句中玄"，以巧妙语句显示微言玄意；三谓"玄中玄"，随机而发，无所执着。"三要"指"三玄"所各自具有的"理""智""方便"三种特性。善昭试图寓禅于玄言，在"公案"中别求古人之意旨。他重视"公案"，认为是传佛心印、开示后学的途径。"公案"是禅宗用来特指前代禅师的言行记录，"公案"因时过境迁，后学不易弄懂，所以善昭又特别提倡以"代别""颂古"的形式为之开释，"颂古"是以韵文对"公案"进行解释，阐发禅意。善昭曾选择一百则公案，作《颂古百则》，将宋代"文字禅"推向一个新的高潮，禅风为之一变。

北宋时，临济宗黄龙慧南与杨岐方会各立门派，生出两个著名的支系——黄龙派与杨岐派。

黄龙派的开山是慧南（1002—1069）。慧南反对当时以"代别""颂古"等形式出现的文字禅，认为那种摆弄华丽言句的文字禅华而不实，内心反照方能觉妄成凡，即凡而佛。慧南接引学人，常设三问以验之。"三十余年，示此三问，学者莫有契其旨。脱有酬者，师未尝可否。丛林目之为黄龙三关。"（《五灯会元·黄龙慧南禅师》）学人若径然答之，便是根性浅劣，随语生解。慧南对所设三关，并无一个固定的标准答案，本心佛性本来就需要离言别相，所以不能拘泥于言语，而须参禅者自证自悟。

杨岐派的开山是方会（992—1049）。方会之门庭设施推崇机锋棒喝，灵活机动，变化万端，多从"立处即真"上着眼，其飘逸之风格非黄龙派所能企及。悟即成佛，迷即凡人，凡圣二途，区别端在于一"悟"："只个心心心是佛，十方世界最灵物。"（《古尊宿语录·袁州杨岐山普通禅院（方）会和尚语录》）此心非一种实体性的存在，而是成佛之根据，又称真如，参禅者所参所悟均聚集于此，证得此心，即豁然开朗，臻于物我一如之境界，如此，此心与万物乃呈现出一种相互涵摄、作用不二之关系，"一即一切，一切即一"。（《古尊宿语录·袁州杨岐山普通禅院（方）会和尚语录》）参禅的核心就在于"心"的觉悟。

云门宗风格孤危险峻，简洁明快，超然言意之上，禅林喻为"云门一曲"。以云门文偃（864—949）为宗祖，盖因其住持韶州云门山（今广东韶关乳源境内）光泰禅院而命宗。文偃而下，三传而至雪窦重显。重显（980—1052），住持明州（今浙江宁波）雪窦山资圣寺三十一年，"宗风大振，天下龙蟠凤逸，衲子争集，号云门中兴。"（《佛祖通载·雪窦重显禅师》）在禅宗史上，重显以撰著《颂古百则》和《拈古百则》而闻名于世。颂古乃讲解古人之公案，欲于讽咏吟诵之间得其玄旨，重显所作颂古、拈古，好用儒、佛经典，又善于融入情感，显得文辞华丽，内容富赡，情趣盎然，特别为士大夫们所喜爱，宋代文字禅风靡士林，重显贡献很大。颂古、拈古之作乃是提供一种帮助，唤起学人进入一种自识本心的悟境。

云门文偃身后还有一支系德山缘密，三传而至佛日契嵩。契嵩在整个禅宗发展史上有相当独特的地位，他力倡"三教合一"，首次承认儒家的纲常伦理高于佛教的经说戒律，承认儒家学说在国家和社会中的主导地位，他以禅宗的心性学说为立论基础，全面论证儒释两家的一致性，在佛教界和儒家人士中都产生了广泛影响。

曹洞宗发源于洞山良价（807—869）及其弟子曹山本寂（840—901）门下，宗风以绵密回互、妙用亲切著称。

投子义青是入宋后重振曹洞宗风的第一功臣。义青（1032—1083）宗旨妙密，锋芒迅俊，眼界开阔，生机勃发。接引勘验学人，有"五位君臣，偏正回互"之途径。对理事关系的认识，人们有五种不同的水准，即"正中偏，偏中正，正中来，偏中至，兼中到"，"正"为"理"，为"体"，为"君"；"偏"为"事"，为"物"，为"臣"，五种不同之水准又可形象地表述为君位、臣位、君视臣、臣向君、君臣合，以检验学人悟禅之深浅。曹洞宗风绵密回互、妙用亲切就是因为师徒常相讨论，使弟子悟本性真面目，所以从者如流。

义青三传至天童正觉（1091—1157）。正觉对禅宗的贡献，在于他发明的一种新的参禅方法——"默照禅"，主要特点就是静坐（默坐），将静坐守寂作为契悟（观照）禅机的唯一途径。默照并无固定的对象，所观照的对象要让"心"进入一种"空"的境地，"空心"就是"休歇"，就是要将一切，包括坐禅者自身也融入"空"中，默照其实是在没有特定观照对象的情况下进行的，物我两寂，主客泯灭，澄心静虑，心境空无。日本僧人道元于南宋宝庆三年（1227）传至日本，创日本曹洞宗。

二、元代禅宗

金元之际，禅宗在中国北方得到广泛的传播。海云印简（1202—1257）是第一位与蒙古贵族建立密切关系的禅师，参禅风格接近曹洞宗法的"默禅"之风。蒙古军攻取岢岚（今属山西），印简结识蒙古大将木华黎，并得到成吉思汗的赏识。忽必烈曾向印简问佛法大意，印简告以"社稷安危，在生民之休戚，休戚安危皆在乎政，亦在乎天，在天在人，皆不离心。"（《佛祖通载·庆寿海云印简大师》）这里的"心"与两宋理学所反复对帝王劝讲的怵惕灵明之"心"有相当深的契合。印简又道："善抚绥，明赏罚，执政无私，任贤纳谏，一切时中，常行方便，皆佛法也。"（《佛祖通载·庆寿海云印简大师》）如此，出世的佛法与入世的儒教并不存在本质的差别。海云印简之于禅门临济宗，犹如丘处机之于全真道。

入元后临济宗的知名禅师有原妙（1238—1295）。原妙遁入天目山师子岩，于崖石间凿一石室，号"死关"，足不出室十五年，直至逝世。生前常设"三关语"勘验、启悟学者。学人倘设语不契，则闭门不接。若能透此入门"三关语"，还需证得"无心三昧"，运般若智慧，不被俗界所迷。"无心三昧"是原妙所设定的最高精神境界，是一种精神高度专注，物我两忘，情识俱尽，绝对宁静安详的心境。而要臻于此种心境，又要从"疑"入手，"先将六情六识，四大五蕴，山河大地，万象森罗，总熔作一个疑团，顿在目前。"（《高峰原妙禅师禅要》）就是疑现实世界的真实性，并通过"疑"确立"信"理念，通过对无明妄识、恶知恶觉的怀疑涤荡一切妄情妄念，疑到情忘心绝处，"信"的理念就凸显出来了，相信参禅苦修一定能消除烦恼，体悟宇宙人生之终极真理，对"疑"的坚定态度，并无条件地相信通过"疑"能证悟"无心三昧"，便是"信"的真实含义。

得原妙法意者仅中峰明本一人。明本（1263—1323）至天目山师子岩向原妙参学，随侍十年，精勤不怠，徒众广布，影响至大，时有"江南古佛"之美誉。在明本看来，禅修之目的，无非在于"明心"，即证悟心体。"心之至体无可见，无可闻，无可知，无可觉，乃至无可取舍，既有可为，皆虚妄颠倒。"（《天目中峰和尚广录》卷四下）所谓"有可为"之心，就是常人所具备的见闻觉知、分别思维、喜怒哀乐，好恶憎爱等理智与情感活动，明本将之一律斥为"偷心"，去之法在参究话头（看话禅），参禅者只要念念真切，不染内外杂缘，昏沉散乱自然无由得起，所以也不需排遣。

金元鼎移之际，曹洞宗在北方获得了飞速发展，万松行秀是当时最著名的曹洞禅僧。行秀（1166—1246）"儒释兼备，宗说精通，辩才无碍"。其传世著作为《万松老人评唱天童觉和尚颂古从容庵录》六卷。从形式上看，此书是诠释天童正觉禅师《颂古百则》的。每则由公案和颂古组成，内容包括示众、列举公案、列举颂古、夹注和评唱，其价值与其说是思想性的，不如说是学术性的：就思想特质来说，行秀未超越宋代禅宗的贡献，但就学术价值来说，行秀几乎对所列公案和颂文的每一句都作了详尽的考证和解释，从文字和词义入手，溯流寻源，广引博征，与高深的训诂无二致。再围绕公案，附会蔓衍，所涉知识范围极其博大。

三、宋代华严宗

华严宗是一个很注重理论思辨的中国化佛教宗派，它不仅注重研习经典，而且作了大量的理论创发，长水子璇和晋水净源师徒是宋代华严传播的主将。子璇（965—1038）著作有《楞严经疏》十卷，《大乘起信论笔削记》二十卷。前者以华严宗旨诠释《楞严经》，认为念佛仅是一种修行方便，并不能成为真正的解脱之路径。因为念佛者所念之佛俱为虚妄，本无自性，是一心的产物，"见佛相好，如镜现像"。本来，华严宗就视真如本觉（自性清净心）为宇宙之本原，此自性清净之心总摄一切世间、出世间法，乃"一法界"之"大总相"。世界千差万别、多姿多彩的存在都是此"自性清净心"所派生的，又能为此心所包容。如此，此心就是共相，就是一切现象之本质，它具足一切，常恒不变，绝对静止。所谓"法界缘起"说的基点就是认为世间一切现象均是佛智慧本体的呈现，在此基点之上，"万法"相互依存和容摄，和谐圆融。

净源（1011—1088）是子璇的门人，宋代华严宗的"中兴教主"。由于会昌灭佛和唐末五代的动乱，华严典籍散佚殆尽，存者亦存在很多问题，净源对一些重要的华严典籍做了重新校订和注释工作。他的工作，厘清了唐代以来华严文献的流传过程，是华严宗传播史上不可缺失的一环。

四、宋代净土宗

在宋代，若按崇信的人数而论，净土宗毫无疑问雄居首位。净土信仰给人们展示了一幅无比美好的理想国度蓝图，且往生净土之方法又极为简便，只要口念阿弥陀佛名号，死后便可往生净土。净土信仰之所以能获众多信徒之原由，即在于此。宋代净土宗的广泛传播，使得信徒结社念佛之风盛行。省常（959—1020）于北宋太宗淳化年间（990—994）在杭州昭庆寺创立净行社，士大夫踊跃加入。宋代的结社念佛之风由名僧倡导，士大夫推波助澜，加之帝王钦许，故而风行大江南北。

两宋净土宗发展的一个显著特征是，净土宗实际上已不是一个专门的佛教宗派，而是佛教各派的共宗，净土信仰在宋代俨然已成为各佛教宗派的共同信仰。净土宗在宋代的盛行，也表明隋唐佛教理论的探索高潮过去之后，两宋佛教宗派都进入了信仰的时期，修行者再不必证得涅槃，只需口念佛号，便可往生净土。

五、宋代天台宗

由于隋唐时期智𫖮、湛然已建构起了宏大严密的理论体系，两宋天台宗的佛学造诣就显得不那么引人瞩目。不过宋代天台宗仍旧是一个除禅宗外最活跃的宗派，最先得益于其蒐集汇编佛教文献的成就，高丽人宝云义通（927—988）则是宋代第一位在天台宗佛学理论上有所创发的人。义通出身于高丽王族，五代十国时游学中国，实为天台宗中兴之祖。他的两位门人，被称为"二神足"的知礼和遵式，是宋代重振天台宗的中坚人物。知礼（960—1028）对天台宗"圆融三谛"说与"一念三千"观均有深入的阐发。他从天台宗"一乘圆教"之视界出发，主张宇宙诸法，森罗万象，实则圆融无碍，佛与众生亦因互具三千之法，略无差别，心、色、佛圆融三谛，本质无二。"无明与法性"亦相即不二，圆融无碍。法性受无明的熏染，顺随无明之缘，觉悟者断尽无明，即是法性。遵式（964—1032）于"真如缘起"说多有阐发。他强调真如与诸法互融，真如在诸法之中，众生与佛亦了无差别，皆为一念之产物。一念无念，即了因佛性；具一切法，即缘因佛性；非空非有，即正因佛性，"三因佛性"并为一念所生发，故而用功处集中在"究心、了性"即可大功告成。这种思想就与禅宗很接近了，遵式的理论倾向，表现出一种天台圆融观与禅宗顿悟说的统合。

知礼、遵式时，天台宗出现了山家、山外之分。以知礼为首的天台嫡系，自认为天台正宗，以山家自称，贬见解不同的晤恩、天昭、智圆等人为山外。因晤恩并非出自义通一系，别有所承。山家、山外的争论，持续时间颇久，他们之间的争论，对深化和完善天台宗的佛学理论体系起到了正面促进的作用。

第二节   藏传佛教思想

7—10 世纪，佛教先后从印、汉两地传入西藏，并逐步吸收苯教等当地宗教信仰和民间习俗，形成了藏传佛教，或称藏语系佛教，是与汉传佛教、南传佛教并称的佛教体系。

佛教在西藏的传播，一般以朗达玛灭佛为界，分为前弘期和后弘期两个阶段。前弘期是佛教在西藏的初传阶段，相传在吐蕃第 28 代赞普拉托托日年赞时，已有佛教经典和宝物传入西藏。但佛教大规模的传入，应该是从松赞干布建立吐蕃王朝时开始。由于佛、苯斗争激烈，加之印、汉佛教主张不同，在 9 世纪中叶，西藏佛教曾一度遭到破坏，因朗达玛灭佛而趋于沉寂。一百年之后，佛教由原西康地区和卫藏地区再度传入，西藏佛教又得以复苏，发展成独具高原民族特色的佛教体系，并从 11 世纪开始陆续形成噶当派、噶举派、宁玛派、觉囊派、萨迦派等各种支派。到 15 世纪初格鲁派形成，藏传佛教的派别分支才最终定型。藏传佛教的派别差异既不像印度的小乘十八派那样是由于遵行不同戒律而分派，也有异于印度的大乘教因其主张的教义不同而分派。其派别差异是因不同师承、不同修持教授、所据不同经典和对经典的不同理解等佛教内部因素以及不同地域、不同施主等教外因素相结合而形成的，这是藏传佛教的一个重要特点。从元世祖忽必烈封萨迦派八思巴为国师、帝师起，西藏与中央政权建立起密切的联系，此后逐渐形成西藏地区政教合一的治理方式，同时也促进了藏传佛教向内地传播。

藏传佛教派别众多，在思想上以大乘佛教为主，并吸收了说一切有部和经量部的有关的思想。与汉传佛教、南传佛教相比，其最主要的特点是大小乘兼学，显密并修，即在修习次第上主张对大乘、小乘都要学习，在学习次第上主张先显后密，以密宗为佛教最上境界。显宗一般分为说一切有部、经部、唯识、中观四宗，而以中观为最发达。密宗一般分为事部、行部、瑜伽部、无上瑜伽部等四部，而各宗派多以无上瑜伽部的各种教授为主要修行法门。密宗经典繁多、体系健全、注重仪轨、咒语，是藏传佛教区别于汉传佛教的又一特点。

宁玛派以传承弘扬吐蕃时期译传的旧密咒为主，与吐蕃时期的佛教有直接传承关系，历史渊源早于后弘期出现的其他教派，故称为"宁玛"（藏语意为"古""旧"），通称"旧译密咒派"。它是由最早传入西藏的密教吸收原始苯教的一些内容而形成的，重视寻找和挖掘古代朗达玛灭佛时藏匿的经典。宁玛派的教法主要为九乘三部。九乘即声闻、独觉、菩萨等显教三乘，事续、行续、瑜伽续等外密三乘，摩诃瑜伽（大瑜伽）、阿鲁瑜伽（随类瑜伽）、阿底瑜伽（最极瑜伽）等内无上三乘。其中的阿底瑜伽即"大圆满法"。宁玛派最为注重修习心部的大圆满法，主张人心本自清净，三身圆满，不假造作，本自现成，修习的关键是消业净习，即可契证本性，圆满佛事。"大圆满法"即为该派独有的特殊伏藏法。该法主张"体性本净，自性顿成，大悲周遍"。

萨迦派在显教方面注重经论的翻译与辩经。显宗有两个传承，一个倡导唯识见，传授法相学；一个主张诸法性空，传中观应成学说。密教方面有萨迦十三金法，"道果法"是最独特的教法。"道果"法认为，修习佛法有三个层次。第一个层次是舍去"非福"（"恶业"、做坏事），专心于行善，来生即可投生三善趣之中。第二层次是断灭"我执"（"我执"指执于一切有形或无形的事物）。"我执"一经断灭，烦恼便无从生起，人也可从流转轮回的痛苦中得以解脱。第三层次便是除去"一切见"（即"断见"，指片面解释宇宙万物皆非实有）和"常见"（指一般人的见解）。萨迦派认为，要防止"断见""常见"，走中道，这样才能达到智者的境界。

噶举派的主要学说是月称派中观见，重密宗，采取口耳相传的传授方法，曾融合噶当派教义。其修习注重修身，主修大手印法。大手印有显密之分。显教大手印为修心法门，修的是空性大手印，它要求修行者心住一境，不分别善恶美丑，以得禅定。密教大手印为修身法门，密宗大手印则以空乐双运为道，分实住太平印、空乐大平印和光明大手印等。大平印修身的方法有四种，最主要的目的是通过对人体呼吸、脉、明点（心）的修炼，达到一种最高境界。

格鲁派是藏传佛教的集大成。该派认为其教理源于噶当派，故称新噶当派。其佛教理论继承阿底峡所传的龙树的中观应成派思想，主张诸法缘起性空。修行采取"止观双运"的方法，即主张止往修、观察修两种轮次修习。格鲁派认为，修止就是把心安住于一境，如果得到轻安之感，即是止的本体；修观就是通过思维而得到轻安之感，此为观的本体。修习应止观相互配合，由止到观，由观到止，而达涅槃。格鲁派认为戒律为佛教之本，因此重视一切微细教法，要僧人以身作则，依律而行。

在藏传佛教各派别中，觉囊派异军突起，独树一帜。这一派与持应成派中观见而主张一切万物自性"毕竟空"的格鲁派观点完全对立，承认有"真如本体"的"他空见"。这与藏中宁玛派的"大圆满"，噶举派的"大手印"，萨迦派的"轮涅无别"的观点相似，都承认有明空本性，均属于"胜义有"类，不过各派又各有不同说法。觉囊派不同意末转法轮仅为唯识教，他们把中观分为共通中观、大中观、中观不共义、秘密义四个层次，认为无著、世亲在解释佛的末次法轮中，提出如来藏和自觉智，因此不仅是唯识，更重要的是属于大中观的了义教。觉囊派曾受到格鲁等派别的排挤，但从历史的观点来看，觉囊的见地仍来源于印度的中观派。这应被视为大乘佛教空有之争在藏传佛教中的继续。

第三节　道教思想

一、宋代内丹道

两宋是内丹道的成熟阶段。它以"天人一体"为其基本理论依据，承认人体为自然的缩影，发掘传统道教的胎息、导引、行气等内修法术，以人体为丹鼎，凝精、气、神为一炉，炼精化气，炼气化神，以求超越现实。

道教内丹道史上的一位关键人物是陈抟，他生活于五代末年与北宋初，相传陈抟得钟离权、吕洞宾丹法，思想的核心在于以阴阳交感的观点阐明宇宙万物的生成，阴阳乃是宇宙万物变化之所由来的根基。在陈抟看来，阴阳的变化涵养了四季的变换，也推动了五行的运行，从而使万物孕育而生。这种思想，直接启发了北宋理学的宇宙生成论思想。陈抟的思想着眼于道教的炼养理论与内丹道，目的在于探究生命起源，找寻长生不老之法术。他的思想既充实了内丹道之内容与境界，也使内丹道的炼养理论更具哲理色彩。

陈抟之后，阐扬内丹道最为有力的是张伯端，号紫阳真人，著作有《悟真篇》等存世。张伯端的内丹思想，赞同三教合一之说，认为性命兼修，先命后性为修道之不二法门。在他看来，儒家虽隐含性命之旨义，然过于执着于伦常之道，致使性命之旨混诸微言。佛教之顿悟圆通，固然可以直超彼岸，然若烦恼业因不尽，亦只能固守于有生。唯有道教养命图形，达本明性，"性命兼修"，"为最上乘法"。张伯端认为，金丹为修仙至道，但修道的顺序应该是先"命"而后"性"，"命"即生命，修命即在于求长生；"性"即"本源真觉之性"，亦即"本心"，从某种意义上说，修"性"就是修"心"。将修命内炼之术建基于天人同构的基础之上，身内炼丹，取法天地自然："万卷仙经语总同，金丹只此是根宗。依他坤位生成体，种向乾家交感宫。"（《悟真篇浅解》卷上）内炼法术之要旨，在于"逆以成丹"，返本归元，与道合一，所谓"归三为二，归二为一，归一于虚无"（《悟真性宗直指》）。而逆炼归虚的关键又在于取人身所蕴"真铅汞"作"药物"来逆炼成丹。铅为元精之代号，汞为元神之代号。《悟真篇》用隐晦的诗词阐述了在人身之内炼就金丹的秘诀，词旨晦涩，后人只能作研究性的解析。

张伯端认为修命是整个修道过程最重要的程序，修性贯穿于命功的每一步，性功与命功是相互关联、水乳交融的两种修持功夫。修性即修心，明心见性乃体悟道的不二法门。"人能察心观性，则圆明之体自现，无为之用自成，不假施功，顿超彼岸。"（《悟真篇后序》）所以，性功之要在于"持心"。内丹所炼过程中，必须做到澄心静虑，炼己制心，进入一种湛寂澄明之境界，使心灵从物欲与杂念中超拔出来，才谈得上命功之逆炼成丹。金丹修成之后，也并不意味着性功的终结，要做到"体相无心，不染不滞"，要证悟无上至真之妙道，就要继续修持性功，尽破诸相之虚妄，进入了无一念之境地。

张伯端后的内丹道传法世系较为混乱，但有两位是有贡献的。一位是陈楠，生活于南宋中后期，在内丹道的思想发展过程中，他承前启后，有总结，也有创新，如强调汞铅二物为炼就金丹之药物，炼丹之要，在于静定中寻得真汞铅，汞铅即元神、元炁。他也强调修性在整个过程中的独特作用，灵明独具的心在炼精化气中扮演着相当重要的角色，故而心性静定功夫又是修道的基础。另一位是白玉蟾，南宋末年人，他继承陈楠的内丹思想，形成了其独特的内丹理论与修道功夫。他在援禅入道方面，较之其师更转进一层，直接袭取禅宗顿悟说以充实内丹道的性功构思，"丹者心也，心者神也。阳神之谓阳丹，阴神之谓阴丹，其实皆内丹也。"（《海琼白真人语录·师徒问答》）内丹功法成功与否的关键就在于心性的锤炼，修炼过程始终是心性砥砺提高的过程。所以从某种角度上讲，主体开悟即为得道之枢机。白玉蟾有将修道归源于修心的思想倾向，这一倾向实际上已经背离内丹道原来宗旨的倾向。

二、金元全真道

全真道是金元之际在中国北方地区广泛传播的一个道教流派，是一种标榜"三教圆融"、识心见性、独全其真的世俗化的新道教。它兴起于关中，传播于金元时期的北方，对当时的政治、经济、社会生活的浸渗与影响，超过了中国历史上大多数意识形态与宗教理论，仅唐代的禅宗、宋代的理学可与之相媲美。

全真道的创始人是王嚞（1112—1170），据说他通过研读高道传给他的秘文，彻悟俗世尘缘与真空仙境之歧异，发誓"存神养浩全真性"。大定七年（1167）去山东传道，先后化度了七位弟子，即马钰、丘处机、谭处端、王处一、郝大通、孙不二、刘处玄。此七人后来被合称"全真七子"。

王嚞故去后，马钰执掌全真道门，遵循的是一种"以无为为主"的教旨，自丘处机执掌全真道门（金大定二十五年至元太祖二十二年，1185—1227）后，开始以不可思议的速度和能力扩展其影响与势力。全真道逐渐趋向鼎盛。金朝即将崩溃之际，成吉思汗特遣使臣不远万里到胶东礼请丘处机西行。兴定四年（1220），丘处机率十八弟子西去。第三年（1222）春天，他在成吉思汗行宫（今阿富汗东北巴达克山西南）讲道，内容主要有以下方面：一是陈说养生之道的关键在于戒声、色、欲。清心寡欲，固精养神即可长生。二是宣告帝王乃天人下凡，代天行道，负有安辑百姓，使众生各得其所的使命，不可轻易杀戮。三是铺陈山东、河北乃中原腹地，经略得当可成宏图大业。四是历述信道可获之利益及全真道独得大道之根本。丘处机雪山论道大获成功，成吉思汗直以"神仙"呼之，临行前，大汗授予"丘神仙"掌管天下道教和免除全真道门税赋的特权。丘处机亡故后，随同他雪山之行的十八弟子成为全真道的核心人物，这十八人中，最有成就者是尹志平和李志常。在此期间，全真道的势力持续上升。经前后八年努力，尹志平于马真后称制三年（1244）完成道藏的编集，称《玄都宝藏》，确立了自己在道教中的正统地位。

全真教之教义，以肉身长存、羽化登仙为主要信仰，以此满足个体的心灵需求；又以济世救苦、传道度人为己任，以满足社会整体的现实期望。他们认为修炼金丹，不在于丹鼎黄白之术，而在于调养精气神之功夫，即"金丹之道，不外吾身"。倘若修养功夫纯熟，则精神充足而内守，心性圆明而自照，生命恬淡虚无，若存若亡，而那种以药物、炉鼎、火候修炼金丹的方法是浅陋可笑的。全真道高揭"全精、全气、全神"为立教本意，而保全精、气、神必须从"性命双修"入手。"性"乃世间不生不灭、不变不易、先天先地之终极实存。"性"或称"元神""真性"，寓于心中，内省功夫纯熟，便能顿见真性，超越生死，得到精神解脱。故而全真道以"明心见性"为修存之首务。"只要无心无念，不着一切物，湛湛澄澄，内外无事，乃是见性。"（《晋真人语录》）在这里，"明心"最为关键，"明心"就是要通过艰苦的而又不间断的修存功夫去掉心中浮云杂念，使己身与环境融而为一，进而达到一种纯粹至善的境界。丘处机认为，要使"真性"显现，必须经历止念、心定、心空三个阶段，通过后天的修养功夫使己心臻于澄明之境，最终连"清静"之念头亦一并灭绝。"命"即肉身。全真道倡行"性命双修"，先性后命，并不是忽视命功，肉体的长生和永住，也是全真道所关心的。他们在作明心见性之功的同时，也大力倡导内丹方术。在心定念寂之后，调息静坐，通过炼精化炁，炼炁化神，炼神还虚的程序展开一套完整的命功修炼方法。元代全真道士李道纯创内丹中派，他的丹法要诀即"守中"二字，认为夙有根器、生而知之者可以直接修性而自然了命。"以太虚为鼎，太极为炉，清净为丹基，无为为丹田，性命为铅汞，定慧为水火，窒欲惩忿为水火交，性情合一为金木并，洗心涤虑为沐浴，存诚定意为固济，戒定慧为三要。"（《中和集·渐法三乘》）

第四节　宋元时期的民间信仰

中国民间信仰各个时代各有差异。宋元时期，大众阶层主要崇拜的神灵有妈祖（天妃）、关羽、门神与灶神、土地与城隍等。

一、妈祖崇拜

妈祖（天妃）信仰起源于北宋时期，在其流行的区域内，妈祖具有仅次于观音的神格。相传妈祖实有其人，出生于北宋泉州府莆田县湄州屿。据徐道《历代神仙通鉴》所云，"本朝都巡检林愿之女，生而神灵，能预言人祸福。"徽宗敕授"灵应夫人"。南宋高宗绍兴二十六年（1156）至光宗绍熙三年（1192），妈祖信仰的流行区域扩大到两浙路等东南沿海地区。元代，妈祖信仰持续升温，不仅从事渔业和航海贸易的普通民众对其顶礼膜拜，而且最高统治者也对其不断褒扬，封号不断升格，且封号中均有"天妃"二字。

妈祖信仰的出现，与两宋福建、江浙地区发达的航海贸易有密切的关系。宋代海外贸易的繁荣远远超过前代，尤其是泉州、明州、杭州和广州最为繁荣，南宋时，市舶之利占财政总收入的二十分之一，泉州作为两宋对外贸易的重镇，从事海上作业的民众需要有一位合适的保护神为他们靖波护航，在依靠自身无法避免灾难的情况下很自然地会诉求神灵来保佑安全。海上作业的信众虔信妈祖，目的是宣泄平素积累的焦虑，化解航海中真切遇到的恐惧。

二、关羽崇拜

关羽崇拜作为一种全国性的文化现象始于北宋中叶以后。宋真宗大中祥符年间曾敕修关羽家乡解州的关圣庙；仁宗庆历年间，关羽又重获从祀武成王庙的资格；徽宗大观二年（1108）封关羽为武安王。宋金文献中的资料，表明关羽崇拜已成为全国规模的民间信仰习俗。蒙古入主中原，很快就接受了关羽崇拜习俗。世祖至元七年（1270），忽必烈采纳国师八思巴的建议，将关羽作为大明殿上举行"镇伏邪魔护安国"法事时的"监坛者"，由此可见关羽神格之高。

关羽崇拜自宋元时代开始成为全民信仰习俗，有其深刻的社会和人文原因。早期的关羽崇拜实质上是一种英雄崇拜，它起源于人性的软弱和生来俱有的依赖感。崇拜英雄就是人对自身所缺乏素质的一种补偿要求，软弱的人性可以通过呼唤英雄来获得弥补。北宋立国后，重建社会和道德秩序是确立政权合法性的必要任务。所以，宋初的政策蕴含着复兴儒家传统价值观，重新确立伦理纲常神圣性、权威性的努力。关羽崇拜在这样一种时代背景之中，开始由英雄崇拜向忠义典范转化。在宋代士大夫以道德完善为主体的人生价值取向的主导下，关羽身上的神勇特性淡化了，忠义特性得到最大程度的凸显。

三、门神与灶神

门祀之俗，古已有之。汉代以后，门神人格化，逐步演变为"神荼""郁垒"二位神人。河南南阳出土的汉画像石上就能看到分别代表神荼、郁垒的执刀武士与执钺武士。唐代由一位能驱鬼的神人——钟馗扮演起门神的角色。宋代开始，门神的形象逐渐定格在披甲武士上。"汴中门神多番样，戴虎头盔。王公之门，至以浑金饰之。"（《枫窗小牍》卷下）而在南宋时的除夕日，人们"用镇殿将军二人甲胄装门神，亦曰门丞。"（《宾退录》卷四）元代，近世流传最广的秦琼、尉迟恭二位名将为门神的说法开始形成。关于他们充当门神的故事经民间传播，到《西游记》第十回《老龙王拙计犯天条，魏丞相遗书托冥吏》形成完整版本。这其中对"邪祟""鬼祟"的防卫，体现出门神的基本功能。

《论语·八佾》有"与其媚于奥，宁媚于灶"之语。奥即爨，爨即炊神，灶即灶神。与门神信俗一样，灶神信仰在民间也是由来已久的。唐宋以后，民间灶神信俗已十分盛行，宋人想象中的灶神是"乌衣朱冠"状。按当时的民俗，腊月二十四日举行祭灶仪式。因为灶神具有监视下民，向至上神汇报人间善恶的权力，所以人们须用美食来贿赂它，以便它在向上天汇报时隐恶扬善。范成大《祭灶词》云："古传腊月二十四，灶君朝天欲言事。云车风马小留连，家有杯盘丰典祀。猪头烂熟双鱼鲜，豆沙甘松粉饵团。男儿酌献女儿避，酹酒烧钱灶君喜。婢子斗争君莫闻，猫犬触秽君莫嗔。送君醉饱登天门，杓长杓短勿复云，乞取利市归来分。"（《范石湖集》卷三十）灶神既然是"上天奏好事，入地保平安"的小神，它就有理由在接受人们的好处后去恳求上天赐福人间。这种信仰的形成是非常奇特的，具有浓郁的中国特色，民众参照人间的现实状况改造了神明，使自然神社会化了。

四、土地与城隍

宋代，民间对土地神的信仰颇为风行。不仅民间百姓家中普遍供奉社神，而且皇宫、太庙、太学、寺庙、园林、宫观等处都有此神。北宋时何薳说："中霤之神，实司一家之事，而阴佑于人者，晨夕香火之奉，故不可不尽诚敬。"（《春渚纪闻·中霤神》）南宋宁宗朝的孙应时说："古礼祠后土氏，封境之神也；后世加祠城隍，都邑之神也；今俗又祠土地，室宅之神也。"（《烛湖集·到任谒庙文》）土地神遍及千家万户。由于宋代城市发达，城隍信仰更为浓烈，所以在民众心目中，土地神又摇身一变而为城隍的下属。这事实上是当时城市所具有的政治影响力、发达的商品经济辐射力在民众心目中曲折投射的结果。尽管土地神有各自不同的形象，但都具有人形，如灶神一样，完全世俗化了，后世土地神那种慈眉善目、鹤发童颜的老人形象，可能就形成于宋代。

城隍在宋代被人们奉为专门守护一座城市的神祇。城隍的职能已从以前的守护城市，演变为全盘操控城市治安、水旱吉凶和冥间事务。宋代，城隍神被列入国家祀典，成为官府所规定祭祀的神祇，各座城市（包括府、州、县）的行政首脑，每年按时举行祭祀城隍的仪式。南宋赵与时说："今其祀几遍天下，朝家或赐庙额，或颁封爵。"（《宾退录》卷八）其神格和影响超过土地神（社神），成为直接对至上帝负责并掌控当地各类事务的地方最高神祇。陆游说："自唐以来，郡县皆祭城隍，至今世尤谨。守令谒见，其仪在他神祠上，社稷虽尊，特以令式从事。至祈禳报赛，独城隍而已。则其礼顾不重欤。"（《渭南文集·宁德县重修城隍庙记》）城隍不但已被民众奉为专门守护一座城池的神祇，而且同时也是该城所辖区域的最高神祇。唐宋以来城隍信仰为大众所接受并转而弥盛，与城市的迅速发展有密切的因果关系。两宋随着商品经济的发展和城市人口的增多，城市的商业与经济功能得以凸显，城市所内蕴的经济与文化辐射力得以发散，乡村让位于城市，社神也就得让位于城隍。

思考题：

1. 说明"默照禅"的内涵。
2. 评全真道的"性命双修"。
3. 说明宋代城隍信仰兴盛的原因。

第十一章　宋元时期的科技思想

"唐宋变革期"以后，中国社会完成了土地买卖、实物地租等一系列经济关系的新变化，农业有了巨大的增长，带动了手工业和商业的繁荣。纺织、制瓷、矿冶、造船等产业从规模扩展、分工调整到技术进步都较之以前有很大提高。对于以"三大发明"为代表的实际的技术创新，马克思给予最高的评价："火药、指南针、印刷术——这是预告资产阶级社会到来的三大发明。火药把骑士阶层炸得粉碎，指南针打开了世界市场并建立了殖民地，而印刷术则变成新教的工具，总的来说变成科学复兴的手段，变成对精神发展创造必要前提的最强大的杠杆。"①

第一节　技术发明与技术思想

一、"三大发明"的科技史价值与思想史意义

在中国古代的四大发明中，火药发明最为复杂。它的出现，与中国古代炼丹术有直接的关系。现存最早的炼丹术理论著作是东汉魏伯阳的《周易参同契》，它用"乾刚坤柔，配合相包，阳禀阴受，雄雌想须"的理论，对参炼药物的颜色、轻重、烟气、火性等阴阳属性进行了全面的探讨。唐代道士张九垓归纳为："一阴一阳曰道，圣人法阴阳，夺造化。故阳药有七，金二石五，黄金、白银、雄雌、砒黄、曾青、石硫黄，皆属阳药也。阴药有七，金三石四，水银、黑铅、硝石、朴硝，皆属阴药也。阴阳之药各禀其性而服之，所以有度世之期，不死之理也。"（《张真人金石灵砂论》）中国古代最早发现和使用的硝石，被西方称为"中国雪"。这里的硝石与三黄（雄黄、雌黄和硫黄）被认为分别是阴、阳药的主剂，其合炼的机缘也就经常出现，从而诞生了火药。唐末火药就用于战争。北宋太祖开宝九年（976），"吴越国王进射火箭军士。"（《宋史·太祖纪三》）真宗咸平三年（1000），唐福献"所制火箭、火毬、火蒺藜"（《宋会要辑稿》二六之三七）。宋朝政府非常关心武器的研制和创新，火药和火器受到特别的重视，设有专门的管理和生产机构，如"军器监""八作司""广备攻城作"等，都设置有专门制造火药和火器的工场，火药威力和火器品种与性能得到持续提升，在战争中的作用也

---

① 《马克思恩格斯文集》第 8 卷，人民出版社 2009 年版，第 338 页。

逐次提高。宋代值得一提的另一项武器发明就是管形火器的出现和发展。这是军事史和武器史上的重大事件，它表明人们已经在更高层次上了解火药的性能，能够更加有效地控制和操纵烈性火药。早期管形火器大致可分为三类：火枪、突火枪和火铳。南宋理宗开庆元年（1259）寿春府守备使用的突火枪具有革命性的意义，其火药和散弹已经分层装填，火药的密闭性提高，膛内燃气压力和发射推力要比以前的火器更高，火药的燃速更快。此时，竹筒有限的承受能力已经难以为继，金属筒具应运而生，出现了火铳。火铳标志着原始火器的终结，金属和火药的结合衍生出形形色色的枪炮。元代至元到至顺年间（1264—1333）出现的铜火铳是现存最早的实物。而更富有挑战性的构思来源于火箭的发明，宋元时期，中国就已经发明了一种利用火药喷射时所产生的反作用力把箭镞射向敌方的火药箭，成为现代火箭的鼻祖。

北宋沈括《梦溪笔谈》中对指南针的记述，比西方的同类叙述要早 3 个世纪以上。北宋时发明的磁性指向的仪器有指南鱼，"以薄铁叶剪裁，长二寸，阔五分，首尾锐如鱼形，置炭火中烧之，候通赤，以铁钤钤鱼首出火，以尾正对子位，蘸水盆中，没尾数分则止，以密器收之。用时置水碗于无风处，平放鱼在水面令浮，其首常南向午也。"（《武经总要·制度·向导》）这是利用地球磁场磁化铁片的一种实践经验的总结，而让鱼尾稍微向下倾斜，是由于地磁场的磁倾角作用，可以增大磁化强度，中国是世界上第一个发现地球磁场磁力线角度的国家。宋人用阴阳感应理论来解释磁性，进行了大量的将天然磁石传至钢针的实验，并且将指南针实用化。实用化的指南针有水罗盘和旱罗盘之分，前者将针体置于浮在水面的载体之上，常做成鱼形，即指南鱼；后者将指针水平置于载体之上，下面以竖直的尖状竹木短签支撑，针体常做成龟形，即指南龟。指南针极大地促进了海洋航运事业的发展，最初它仅被当作天文导航的辅助工具，南宋时逐渐成为主要的导航仪器，北宋朱彧《萍洲可谈》说"舟师识地理，夜则观星，昼则观日，阴晦观指南针。"（《萍洲可谈》卷二）到南宋淳祐年间（1241—1252），朱继芳《静佳乙稿》称"浮针定四维"，不论天气隐晦晴明都靠指南针确定航向。航海图和记录由指南针确定航向的专门书籍《针经》问世于南宋。英国著名的中国科技史专家李约瑟高度评价在中国最先用于航海的指南针，它的出现，预示着计量航海时代的来临。

北宋活字印刷术的创新，见载于沈括的《梦溪笔谈》："庆历中，有布衣毕昇又为活版。其法用胶泥刻字，薄如钱唇，每字为一印，火烧令坚。先设一铁板，其上以松脂和纸灰之类冒之，欲印，则以一铁范置铁板上，乃密布字印。满铁范为一板，持就火炀之。药稍熔，则以一平板按其面，则字平如砥。若止印三二本，未为简易；若印数十百千本，则极为神速。"(《梦溪笔谈·技艺》) 毕昇泥活字制作的两大工艺是"胶泥刻字"并"火烧令坚"。胶泥活字经火烧后，实际上已经成为陶质活字，陶质活字"耐久性"可以承受施墨和压印的需要。南宋孝宗时，宰相周必大曾在一封书信里写道："近用沈存中法，以胶泥铜板移换摹印。今日偶成《玉堂杂记》二十八事。"(《文忠集·程元成给事二》) 这是活字印刷术在南宋中期仍然得以实际应用的第一手证据。元代王祯《农书》中也提到活字印刷在当时的创新："近世又有铸锡作字，以铁条贯之作行，嵌于盔内，界行印书"，但锡字"难于使墨，率多印坏，所以不能久行。"(《农书·造活字印书法》) 由于锡金属的亲水性差，故上墨性能不好。此为锡活字见于历史文献的最早记录，比欧洲金属活字的创制早一二百年。而王祯本人又创制木活字，用以排印《旌德县志》，全书 6 万余字，刊印时间仅为一个月。在《农书》里，王祯详细地介绍了他用木活字刻书的方法，他发明了一座转盘排字架，活字盘中按音韵分类编号，登录成册，检字时两人合作，一人报号，一人检字，以提高工作效率。

西方现代实验科学的鼻祖培根曾对"三大发明"的历史意义发表自己的看法："这三种发明已经在世界范围内把事物的全部面貌和情况都改变了……竟至任何帝国、任何教派、任何星辰对人类事务的力量和影响都仿佛无过于这些机械性的发现了。"①

二、陈旉《农书》与王祯《农书》所体现的农业思想

陈旉（1076—1156），生平事迹不详，自号西山隐居全真子，在真州（今江苏仪征）西山隐居务农，"于六经诸子百家之书，释老氏黄帝神农氏之学，贯穿出入，往往成诵，如见其人，如指诸掌。下至术数小道，亦精其能，其尤精者《易》也。"(《农书·洪兴祖后序》) 南宋绍兴十九年（1149）陈旉写成《农书》三卷，是中国现存最早的专门总结江南水田耕作的综合性农书。它首先论述了农业是国计民生的基础。"致治之要，在夫民由常道。欲民由常道，必先使之有常心。欲使民有常心，必先制之有常产。有常产，则家给人足，养备动时，斯乃能有常心矣。有常心，则父父、子子、兄兄、弟弟、夫夫、妇妇，上下辑睦，斯乃能行常道矣。"(《农书·陈旉后序》) 其主要思想是：创造衣食生活资料的农业生产满足了人的基本需求，是人类得以生存的根本和接受教育的基础。农业经营管理的原则

---

① ［英］弗朗西斯·培根：《新工具》，许宝骙译，商务印书馆 1986 年版，第 103 页。

和方法在于量力而为，集约经营。生产要有整体观念，统筹安排。开始就要制订计划，确定规模；在贯彻执行计划过程中，要考虑到生产的各方面，如自然环境、社会条件、劳动者的素质等要素；丰收之后，也要"节用御欲"，不能"奢费妄用"。他倡导小农集约经营的复种轮作模式，根据长江中下流的自然条件，认为水稻第一季收获后种豆、麦或菜蔬，第二季后休闲。农作时间安排为：旱地正月种麻，二月种粟，三月种油麻，四月种豆……"能知时宜，不违先后之序，则相继以生成，相资以利用；种无虚日，收无虚月，一岁所资，绵绵相继，尚何匮乏之足患，冻馁之足忧哉。"（《农书·六种之宜篇》）生产资料和各种资源都得到充分地利用，以增加财富，这与现代系统管理的理念很接近。陈旉的农业思想还体现在进行土地规划，合理利用土地上，他的设想接近于优化资源配置的系统工程。陈旉有尊重自然规律的观点，他提出土壤的分类利用原则，分别对不同土壤选择适合的农作物作了说明。对高田、下地、坡地、深水数泽和湖田五种不同的土地，应该有的放矢，选择适合的利用方式，按季节的不同适时栽种不同的作物，体现"阴阳消长"和"气候盈缩"的道理。与此同时，改造土壤也是陈旉农业思想的重要环节。他认为，土壤只要使用得当，地力就可以经常保持新鲜肥沃。"若能时加新沃之土壤，以粪治之，则益精熟肥美，其力常新壮矣。"（《农书·粪田之宜篇》）任何土壤都可以改造成适宜种植的农耕土壤，改造土壤的方法是以施肥形成土壤团粒结构。陈旉对肥料的重视程度是非常高的，他深刻地论述了合理施肥的重要性，使传统的精细绿色有机农业的理论达到了新的高度。

王祯，字伯善，生活于1271—1330年前后，山东东平人。他的《农书》在前人的农学成就的基础上，总结提炼了当时农业生产的新技术和新经验，是中国古代第一部力图从全国范围对整个农业作全面系统论述的著作。《农书》建构了完整的古代农业科学体系，阐述了当时农业技术的各个方面，对农事、牛耕、蚕桑、授时、地利、播种、锄治、灌溉、收获等农业生产知识作了全面的总结归纳；对80多种粮食作物和经济作物的起源、品种与栽培方法做了分类介绍，已经初步具有了农作物科学分类形态；《农书》还陈列了当时创制的各种农具、农业机械和生活用具，对它们的构造、发展演变过程、使用方法和功效作了解释。王祯特别重视掌握农时，在《授时篇》中说明了农历的制定和应用，列出各个节气的物候和农业生产应做的各种事项。根据中国幅员辽阔、纬度差别大、各地气候条件不同的特点，以及农历置闰反映的年月不均匀性，他强调掌握农时一定要注意用节气定月。王祯又很注意对各地土质和其他自然环境的考察，指出农作物的种植要做到因地制宜，"九州之内，田各有等，土各有差，山川阻隔，风气不同，凡物之种，各有所宜。"(《农书·农桑通诀·地利篇》) 他同时也批判"风土限制论"，认为农作物是可以逐渐改变习性以适应当地自然环境的，关键在于"顺天之时，因地之宜，存乎其人"(《农书·农桑通诀·授时篇》)。只有人的因素和价值发挥至极致，天时和地宜的效用才会最大化地显现出来。

第二节　沈括《梦溪笔谈》所代表的北宋科技思想

沈括是中国宋朝时在世界科学技术史上做出卓越贡献的人物，他的《梦溪笔谈》是中国科学技术史上的一座里程碑。全书分 17 门，内容涉及政治、经济、军事、文化、科学技术等方面。其中关于科技的内容占全书三分之一，包括数学、天文历法、气象、地质、物理、化学、生物学、农业、水利、建筑、医学、药物学等，汇集了中国古代，主要是北宋的多种科技成就，以及沈括本人的创见和创新。

《梦溪笔谈》介绍的科技成就中，天文历法首屈一指。他参与创行的《奉元历》，在历史上有很高的地位。沈括冲破传统历法观念的束缚，不以月亮的朔望为依归，提出"十二气历"，用立春那天为孟春之月的首日，惊蛰为仲春之月的首日，以下类推，用节气来定月份。月分大小，大月三十一日，小月三十日，将闰月完全去掉。如此，则四时之气常正，节气和月份之间建立起相对固定的关系。今日世界通用的公历，其性质与沈括的十二气历相似。

沈括的数学成就在中国乃至世界数学史上占有重要的地位，日本数学家三上义夫称他为"中国算学之模范人物或理想的人物"。他从实际计算需要出发，创立了"隙积术"和"会圆术"。"隙积术"是二阶等差数的求和方法。沈括的研究，发展了自《九章算术》以来的等差级数问题，开辟了中国数学史上高阶等差数研究的方向。他从计算田亩的需要出发，考察了圆弓形中弧、弦和矢之间的关系，提出了中国数学史上第一个由弦和矢的长度来求弧长的比较简单实用的近似公式"会圆术"。这一方法的创立，不仅促进了平面几何学的发展，而且在天文计算中也起到重要的作用，为中国球面三角学的发展做出重要贡献。

沈括的物理学成就主要集中在光学与磁学领域。为了说明月亮的盈亏现象，沈括做了模拟实验。他用一个弹丸，将其表面一半涂上白粉，侧视如弯钩，对视则正圆，从直观形象上演示了月亮的盈亏现象，具有很强的说服力。他研究凹镜照物体所成的像倒立的原因，把小孔成像和凹面镜这两个光学上不同的对象联系起来，讲清楚了之所以成像是由于光线通过小孔或焦点形成光束的道理，阐明了光线以直线传播的科学现象。他还发现磁针有指南、指北之分，进而推断这种差异可能是由于磁石的不同性质造成的。

沈括在地学方面也有很多卓越的论断，他正确地论述了华北平原的形成原因。根据太行山山崖间有螺蚌壳和卵形砾石的带状分布，推断出这一带是远古时代的海滨，而华北平原是由黄河、漳河、滹沱河、桑干河等河流所携带的泥沙沉积而成的。熙宁九年（1076），沈括主持编绘《天下州县图》，在查阅大量档案文献的基础上，历经二十年的不懈努力，终于完成中国制图史上的巨作《守令图》。这是一部大型地图集，图幅之大，内容之详，前所未有。

沈括对医药学和生物学也很精通。他致力于医药研究，收集很多药方，治愈过不少危重病人。同时有着广博的药用植物学知识，从实际出发，辨别真伪，纠正错误说法。

沈括的科学成就的取得，与他所持的科学思想及科学方法紧密相关。他十分重视调查、观察、实测、实验，强调要"原其理"，以理推之，并且倡导"见简即用，见繁即变，不胶一法"。沈括留意观察自然，得出很多独特、精辟的见解。他在延州（今陕西延安）时，就注意到当地的石油"生于地中无穷"，预言"此物后必大行于世"。首创用石油炭黑代替松木炭黑制造烟墨的工艺，石油这个词也是沈括首先使用的。在研究凹面镜成像的原理时，沈括通过反复观察，得出了较《墨经》更进一步的结论。他发现用凹面镜照物，中间有一被称作"碍"的点（焦点），物在此点之内，成正像；在此点之上，不成像；在此点之外，成倒像。他对凸面镜、平面镜也做了细致的观察，对镜面大小、镜面曲率与成像的关系有了清楚的认识。

科学实验是人们根据研究的目的，利用仪器和设备，人为地控制或模拟自然现象，以获取科学事实，揭示自然规律的活动。沈括用实际行动表明了科学实验的重要性。在研究指南针时，沈括注意到磁针指向不是正南方，而是略微偏东，这是世界上关于地球磁偏角的最早发现。他还动手做了磁针四种装置方法的试验：水浮法、指甲旋定法、碗唇旋定法和缕悬法。根据试验，他认为还是缕悬法最佳。现代磁变仪、磁力仪的基本结构原理，就是用缕悬法，而航空和航海使用的罗盘则多装置水浮磁针。

科学推理是在观察和实验中根据事实所做的推论。沈括善于使用科学推理，他到温州境内考察，看到雁荡山"峭拔崄怪，上耸千尺，穹涯巨谷，不类他山，皆包在诸谷中。自岭外望之，都无所见，至谷中则森然干霄"。这种地貌的形成，沈括认为是"谷中大水冲激，沙土尽去，唯巨石岿然挺立耳"（《梦溪笔谈·杂志一》），指出流水侵蚀作用的自然成因。他对太行山与华北平原成因的推论也是如此，他根据地下发掘出土的松树、鱼鹰等化石，明确指出这些是远古动植物，并且据化石推断出古代的自然环境。这种思想在当时的世界具有领先地位，西方直到文艺复兴时期的达·芬奇才对化石的性质有与沈括相近的看法，比沈括晚四百年。

数学思维方法是通过数学语言来表达事物及其过程并对其进行推导、演算、分析和综合的科学方法。在科学研究中，只有注重对事物量的分析，才能准确地把握事物的质。数学中具有明显的约简思想，沈括继承并发展了这种思想。如在论乘除速算法里，他提出了简单性的原则，这种原则，正好是他取得多方面科学成就的内在因素。

第三节 "金元四大家"的医学思想

金元时期，医林出现各成一家的四大流派，他们分别是开启中国医学史"温热病学"先河的刘完素，首先提倡"攻下"说的张从正，力主"温补"的李杲和主张"滋阴清热"的朱震亨。

一、刘完素的医学思想

刘完素（约 1120—1200），字守真，自号通玄处士，金瀛州河间县（今河北河间）人。刘完素认为，医学应该从临症实际出发，深究理论渊源，勇于创新，不可做只会背诵药方的"汤头大夫"。其著作有《素问玄机原病式》《医方精要宣明论》《伤寒直格》等。刘完素对医家的理解是"夫医者，唯以别阴阳虚实最为枢要，识病之法，以其病气归于五运六气之化，明可见矣"（《素问玄机原病式·自序》）。他阐发了五运主病、六气为病的思想，强调阳气、火气和热实的联系，认为"燥气"也是一种病因。他论证了内科的精要方剂 300 多个，所创立的寒凉方剂，是中国医学史上热病治疗方剂由辛温为主变为辛凉为主的显著转折。他对伤寒病理的讨论，集古代医史相关观点之大全，对伤寒治疗原则的分析也最为深入。他提出伤寒火热病机理论，主寒凉攻邪，善用防风通圣散、双解散等方治疗。他强调根据岁气的变换施以相应的药方和疗法的原则，反映出他具有深刻的辩证思想。

二、张从正的医学思想

张从正（1156—1228），金睢州考城（今河南兰考）人，著作有《儒门事亲》

等。他紧扣"邪气"为致病之源的理论，继承刘完素的学术思想，力主以寒凉药物攻邪。"夫病之一物，非人身素有之也。或自外而入，或由内而生，皆邪气也。"（《儒门事亲》卷二）在具体治疗上，他强调由于邪有上、中、下之别，应有针对性地使用汗、吐、下三法。他认为凡因风寒之邪所致或皮肤经络之间的疾病，可用汗法（灸、蒸、熏、涤、洗、针、砭、导引、按摩等），以解表发汗去痛；若是风寒宿食郁积在胸膈上脘的，可用吐法（引涎、流涎、嚏气、追泪等），以解中膈痰食之积；凡寒湿固冷，或热在下焦的疾病，用下法（通下、催生、下乳、消滞、逐水、通经、泄气等）。他不仅在认识上扩大了三法的范围，在临床上也有一定的创造性。由于他力主三法攻邪，处方也以寒凉药物为主，故后人称他为"攻下派"。攻下之后随即扶正，"以五谷养之，五果助之，五畜益之，五菜充之"。史称其"起疾救死多取效"（《金史·方伎·张从正传》）。

三、李杲的医学思想

李杲（1180—1251），字明之，号东垣老人，金真定府（今河北正定）人。著作有《内外伤辨惑论》《脾胃论》《医学发明》《兰室秘藏》等。他通过对外感和内伤的辨析，建立内伤学说，指出胃气能够滋养元气。胃气弱，则饮食多，饮食多反而伤害脾胃，元气不能充实。外感之邪为风寒之邪，内伤之病为饮食不节，劳役所伤在于脾胃之气。他论述了脾胃的重要性与治疗原则，发扬了扶护元气和温养脾胃学说。他以《内经》理论为基础，认为脾胃是万物之母，是运化水谷供一身元气之本，"脾既病，则其胃不能独行津液，故亦从而病焉。"（《脾胃论·脾胃盛衰论》）"五脏皆得胃气乃能通利。"（《脾胃论·脾胃虚实传变论》）他认为人体不正常的胖瘦是脾胃虚弱、吸收功能差的表现。因此，他进一步归纳了造成脾胃损伤的原因。《脾胃论》共列出古方与他自己研制的方剂 40 余种，都以增强脾胃功能为主。李杲用药，讲究君、臣、佐、使，益气养脾之方的加减之法就有几十条。他提出的增强消化吸收功能以提高人体免疫力的治疗原则，与现代医学思想有很深的契合处。他的医学思想正好与张从正的医学思想针锋相对，他反对多用寒凉药与攻下之法，故而被称为"温补派"。

四、朱震亨的医学思想

朱震亨（1281—1358），字彦修，元婺州路义乌县（今浙江义乌）人，人称"丹溪翁"。著作有《局方发挥》《格致余论》《本草衍义补遗》《伤寒论辨》《外科精要发挥》等，是中国医学史上"滋阴派"的创始人。朱震亨崇尚程朱理学，理学所主张的"阳常盈，阴常亏，一盈一虚，参差不齐，而万变生焉"（《西山读书记·阴阳》）的说法成为他医学思想的核心要素。他说"天之阳气为气，地之阴气为血"，"气常有余，血常不足"，其中的原因是"天大也"，"地居天之中"。在病理上，"阳有余"是指饮食、情态、色欲等极易引发相火为病；"阴不足"是指人体阴精在发病中极易亏损。"相火论"是朱震亨在医学病理方面的独特见解，他认为"凡动皆属火"，又可以分为"君火"和"相火"。"形气相生，配于五行，故谓之君"；"生于虚无，守位禀命，因其动而可见，故谓之相。"（《格致余论·相火论》）相火寄于肝、肾两脏和胆、膀胱两腑，各种因素都极易激起体内脏腑之火，煎熬真阴，阴损则易伤元气而致病，因此，相火是"元气之贼"。所以在治疗上滋阴是根本，"补阴则火自降"。他还创造性地分析了相火变化的规律，在临床上提出了切实可行的方法与步骤，操作性很强。

第四节　郭守敬所代表的元代科技思想

郭守敬（1231—1316），字若思，元顺德府邢台县（今属河北）人。自幼由祖父郭荣抚育，郭荣本人"通五经，精于算数、水利"，对郭守敬的成长影响很大。16 岁时，郭守敬从学于刘秉忠。"秉忠于书无所不读，尤邃于《易》及邵氏《经世书》，至于天文、地理、律历、三式六壬遁甲之属，无不精通。论天下事如指诸掌。"（《元史·刘秉忠传》）刘秉忠为元初重臣，参领中书省事，是元朝国家典章制度和大都城市的设计者和实施者。郭守敬由是眼界大开，学问精进。成年后，郭守敬被荐至忽必烈前，忽必烈任用其为提举各路河渠，从此步入工程专家型仕途。

一、天文历法方面的成就

刘秉忠建议忽必烈定国号"元"，作为新朝受命于天的象征，必须颁布新历法，郭守敬是这个任务的实际操作者，至元十八年（1281），郭守敬团队利用新创制的仪器，在进行了大量的天文观测工作后，颁行《授时历》，"自古及今，其推验之精，盖未有出于此者也。"（《元史·历志一》）是元明两朝通用历，也是古代中国使用最久的历法。《授时历》的成就，用主要完成者郭守敬的话说就是改进仪器和提高天文观测精度，并创用新的算法公式。制历中实现了真正的全国实测，北至铁勒故地（叶尼塞河畔），南至南海（西沙群岛），共安排 27 个观测站。为解决天球面上黄道、赤道上太阳的"积度"和"内外度"的换算问题，郭守敬在推导中正确运用了二视图（俯视图、平视图）投影概念，比法国蒙日（1746—1818）《画法几何学》（1799 年）早 500 年。在计算时则依相似勾股成对应边的比例关系，并利用了沈括会圆术公式，相当于西方球面三角法的结果。

二、天文仪器的创制

自忽必烈诏令编制新历始，郭守敬在数十年间陆续设计、制造了 17 种仪器，其中 13 种是用于天文台上的仪器，另外 4 种是供观测者携带的仪器。这 13 种天文仪器在技术思想上都属于当时世界上最先进的，按照其功能可分为三大类：第一类是观测用的仪器，如简仪，将浑仪分解为赤道经纬仪和地平经纬仪，安装在同一个铜底座上，由六个基本的圈环组装而成。候极仪和立运环，前者的发明解决了观测中定极位的困难，后者的创建则克服了古代仪器中经纬呆滞不动的缺憾。高表，用于测量日影长度的圭表。第二类是供演示用的仪器，如浑天象，表现天球运动，上缀众星，绘有黄赤道，以及可以随时移动的白道，设有机械装置，使天球自动随天同步旋转。证理仪，演示日、月运行状况，这个名称在古代天文仪器中首次出现，反映用仪器来论证宇宙之"理"的意图，凸显郭守敬的科学实证思想。第三类是兼具观测和演示两种功能的仪器，如玲珑仪。

三、水利方面的成就

郭守敬最早发挥的技术专长是水利工程。他前后经营水利二十年，根据时代的需求，紧紧扣住三项主要的水利功能：第一是农田水利，这是农业基础设施；第二是航运，这是古代性价比最高的运输方式；第三是防洪，这是确保前两项作用的实施和人民生命财产安全所必不可少的任务。他的水利思想，重点明确，力求兼顾其他功能，着眼于构筑自流灌溉的河渠网络，试图"因旧谋新"，改造水利。在设计上，郭守敬正确认识水文地理诸条件，十分重视寻源问流和调查水文要素等方面的工作，探索河渠流量的计算法。针对不同的水利建设项目，采用不同的设计方案。

四、郭守敬的科学思想

郭守敬的科学思想体现在一切接受实践检验的思路上。"历（法）之本在于验"，他继承并发展了前人的实测功夫，认识到新修历法"非止密于今日而已"，还必须"能通于古"（《元史·郭守敬传》），相当于用历史事实（以往的实测记录）来检验新历法，新历法如果能"合于既往，则行之悠久，自可无弊"（《元史·历志一》）。他的科学思想还表现在批判继承的态度上，他一方面承认"古称善治历者，若宋何承天，隋刘焯，唐傅仁均、僧一行之流，最为杰出"，另一方面又指出他们的历法"与至元庚辰冬至气应相较，未有不舛戾者，而以新历上推往古，无不吻合，则其疏密从可知已"（《元史·历志一》）。当他发现新测二十八宿距度与历代所测不同时，他分析这可能是由于二十八宿距度古今微有移动，也可能是前人所测有差错所致，足见他思维的缜密。郭守敬彰显了与时俱进的精神。他说："苟能精思密索，心与理会，则前人述作之外，未必无所增益。"（《元史·历志一》）他尖锐地指出，"人之安于故习"是革新的思想障碍。他强调"法之不密，在所必更"，这是郭守敬立法改革和创新活动所遵循的信条。他反对安于故习，敢于接受新鲜事物。他一向坚持精密策划的主张，在兴修水利设施的过程中，郭守敬对灌溉、航运和防洪三项内容尽可能兼顾，尽可能将设计精密化，并明确讲求经济效益。

思考题：

1. 陈旉《农书》与王祯《农书》所体现的农业思想有何异同？

2. 沈括的科学思想有何独特的价值？

3. 郭守敬的科学思想今天有何可资借鉴之处？

第六篇 | 明代至清代中期篇

导　论

　　由于元末民族矛盾和阶级矛盾的激化，1351 年爆发了红巾军农民大起义。朱元璋原为红巾军的领袖人物之一，1368 年建立了明王朝。明初统治者采取了一些有利于恢复生产的措施，如奖励垦荒、兴修水利等，因此，明代初年的社会生产力有了明显的提高。但是，自明英宗正统年间（1436—1449）以后，明王朝的统治渐趋衰落。

　　明朝建立以后，继续把理学奉为官方思想。明代科举所用的八股制义，是明太祖与刘基所规定的，也以理学家的传注为主。明成祖永乐十三年（1415）将《五经大全》《四书大全》《性理大全》颁行天下，作为钦定教本，其内容完全是程朱理学。

　　理学家吴与弼的弟子陈献章，开始转入陆九渊的"心本"论，且赋予"心"以独立思考的思想内容，反映了不同于程朱理学而强调个体意识的倾向。明代中叶王守仁发展了"心本"论思想，对人的主体作了细致的分析，特别强调个体意识的重要性，其思想一方面突出主体意识的作用，另一方面又包含有独立思考和个性解放的若干因素。明代的王学与理学曾经展开过论争，不过，王学并未能取代理学在思想界的统治地位。明代中叶，还出现了以王廷相为代表的反对理学思潮的先驱人物。

　　王守仁以后，王学传播甚广，分为若干学派。各派在理解和领会王守仁思想方面各有不同，有的强调"彻悟"，有的重视"修行"；从形式上看，仿佛以往朱学与陆学之争又重新出现，其实这只是现象。在王学各派的思想论争中，值得重视的一点是，许多学者自觉或不自觉地想从王学中撷取思想觉醒的因素，寻找新的思路。在这方面，泰州学派的后学特别引人注目。一种要求独立思考、离经叛道的新思想在艰难地成长，尽管它的力量微弱，但它展现出若干新的面貌。

　　激烈动荡的社会，不能不引起思想的剧变。明末清初，出现了早期启蒙思潮。其代表人物大都有丰富的社会实践经验，而且对中国古代文化深有素养。他们著作宏富，从哲学、政治思想、史学、军事学诸学术领域阐述了一些新的思想观点，尽管这些思想观点还无法从根本上摆脱封建思想的总框架。这些思想家，如王夫之、顾炎武、黄宗羲、方以智、陈确等，在思想史和学术史方面都留下了宝贵的精神财富。

　　历史的发展是曲折的。明末清初的早期启蒙思潮在古老的中国土地上并不能生根、成长、壮大。残酷的封建专制主义统治迫使学者们走上了考据学的道路。这就是清朝康熙朝以后直到嘉庆年间的学术思想风貌，大体相当于公元纪年的 18 世纪；这个时候盛行汉学、朴学，亦称考据学。当时的学者在古籍文献整理方面做出了贡献。

然而，不少的汉学家博学多才，他们的研究并不完全局限于古籍文献的整理，有的仍然注意研究现实问题，他们在注解经书的形式下对理学——当时的统治思想作了猛烈的抨击。戴震、汪中、章学诚、焦循和阮元就是这批学者的代表。

第一章 从理学到心学的演变

有明一代，延及清代，程朱理学都是正统。明初统治者宗奉程朱理学，为理学在思想上的统治地位奠立了重要基础。及至陈公甫、湛甘泉，倡导返回本心，先识大体，开心学端绪，理学转向内在，趋于深沉，而后阳明学之学大兴。

第一节 明初朱学统治地位的确立

明代初年，朱子学盛行，据《明史·儒林传》记载："明初诸儒，皆朱子门人之支流余裔，师承有自，矩矱秩然。"这与当时的科举制度有关，尤其与钦定教本三部《大全》的颁布有关。

明代科举规定用"四书""五经"的内容作考试题目。明初"四书"依朱熹的《四书章句集注》，《易》依程颐的《伊川易传》、朱熹的《周易本义》，《书》依朱熹弟子蔡沈的《书集传》以及古代注疏，《诗》依朱熹的《诗集传》，《春秋》依"三传"以及胡安国和张洽的《春秋传》，《礼记》依古代注疏。文体使用排偶体式，通称"制义"，俗谓八股。

永乐十二年（1414），朱棣命翰林学士胡广等人纂修《五经大全》《四书大全》和《性理大全》，以统一思想，"使家不异政，国不殊俗"。其中，"五经""四书"《大全》是"五经""四书"的集注与汇纂，汇集了大量元代朱学余裔的著述，非程朱之学不载。《性理大全》同样也以程朱之学为本，是一部以阐述程朱性命理气之学为主要内容的典籍。《大全》废古代注疏不用，故顾炎武说："八股行而古学弃，《大全》出而经学亡。"（《日知录》卷十八）

三部《大全》的颁行，使朱学在明代占据了统治地位。明人高攀龙说，自永乐至万历，"二百余年以来，庠序之所教，制科之所取，一禀于是。"（《高子遗书》卷七《崇正学辟异说疏》）三部《大全》成为明代教育、科举的核心内容，乃至于被认为"有明一代士大夫学问根柢具在于斯"（《四库全书总目》卷三六《四书大全》）。

虽然明代中叶以后阳明学兴起，并成风行天下之势，但由朱熹总其成的程朱理学仍是整个明清时期的官方正统之学，这与明初统治者倡立朱学具有密切的关系。

第二节　明初朱学的代表人物及其思想

明初著名学者宋濂、刘基、方孝孺等，基本上是儒林、文苑兼及的学者。至曹端，始以讲理学为本，并开启了理学大家薛瑄、胡居仁的先河。

宋濂（1310—1381）与刘基（1311—1375）都是浙东人，二人在元至正二十九年（1360）受朱元璋聘请而赴金陵，助其完成了统一大业，并为明朝的制度和文化建设做出了贡献。

宋濂的著作，有《宋文宪公全集》。他的思想以儒学为主，同时又广泛地汲取佛道思想，在理学方面以程朱为宗。宋濂沿着理学的内圣外王之路，特别强调以治心为先，说："心一立，四海国家可以治；心不立，则不足以存一身。"（《龙门子凝道记中·天下枢第四》）"心一正则众事无不正，犹将百万之众在于一帅。"又说："大哉心乎，正则治，邪则乱，不可不慎也。"（《六经论》）其治心的路径基本承袭宋儒主静、持敬的方法。

刘基著有《诚意伯文集》。他认为天地乃元气所生，人也是秉气而成。他说："天以其气分而为物，人其一物也。"（《郁离子·神仙》）他还依据"气"对雷击现象作出了近似科学的解释，说："雷者，天气之郁而激而发也。阳气团于阴，必迫，迫极而迸，迸而声，为雷光、为电，犹火之出炮也。而物之当之也，柔必穿，刚必碎，非天之主以此物击人，而人之死者适逢之也。"（《雷说上》）这一观点具有打破传统迷信的意义。

在天人关系方面，他认为人并不能凌驾于天之上，说："人，天地之盗也。天地善生，盗之者无禁，惟圣人为能知盗，执其权，用其力，攘其功而归诸己，非徒发其藏、取其物而已也。"（《郁离子·天地之盗》）他认为得天地之分的人，应该依循自然规律，对自然的索取不应取之无厌，而应有其度，否则将"物尽而藏竭"。同时，他还提出要"遏其人盗，而通其为天地之盗"（《郁离子·天地之盗》），即合理利用资源，不要向自然过分索取。

在知行关系方面，他重视"行"，认为圣人作经明道，并不是要逞文辞之美，学者应诵其言，求其义，"必有以见于行"。他认为，如果文辞华美而有悖于事实，即使"班、马、扬、韩之文，其于世之轻重何如耶？"（《送高生序》）这是一种知行统一的观点。

方孝孺（1357—1402）是宋濂的受业弟子，浙江宁海人，建文帝时被召为翰林院侍讲。"靖难之役"后，怒斥"燕贼篡位"，因而被杀，并夷十族，遇难者达873人。其著作有《逊志斋集》。他十分注重"外王"实践，认为君主应该以古为师，"法尧为仁，法舜为孝，视民如伤。"（《九箴》之四《正学》）在经济方面，他主张"宁余于民，无藏府库"（《隋文帝》）。其气节与学术在明代读书人中产生了较大影响，刘宗周称其为"程朱复出"，"有明之学祖。"（《明儒学案·师说》）

明代理学的真正兴起始于曹端。曹端（1376—1434），字正夫，号月川，河南渑池人，永乐进士，著有《曹月川集》。其学说以理学为重点，他认为太极是理的别名，说："天道之立，实理所为；理学之源，实天所出。"（《太极图说述解序》），他论学以存养性理为重点，以事心为入道之路，也就是涵养用敬，在心上做功夫，以"诚"为理，注重笃实躬行。他与胡居仁、薛瑄一起被视为明代醇儒。

薛瑄（1389—1464），字德温，号敬轩，山西河津人，永乐年间登进士第，曾任礼部右侍郎，兼翰林学士并入内阁。其著作今人整理为《薛瑄全集》。其学恪守宋人矩矱，以复性为宗，强调人伦日用的下学功夫，笃实躬行，自警自惕，刻刻在心。门徒遍及晋、豫、关陇，衍成"河东之学"，以"达于性天"为宗旨，学风平实无华。后学吕柟官至翰林修撰，国子祭酒，讲席几与阳明并驾齐驱。

抚州崇仁（今属江西）学者吴与弼（1391—1469）的学术旨趣则与曹端、薛瑄稍有不同，他在道德修养方面特别强调涵养省察，尤其重视"平旦之气"的静观和夜卧的静思冥悟，在念头上省察，刻苦自立。为学方法兼采朱陆的特点。他的弟子胡居仁对朱熹思想多有发明，而另一位弟子陈献章则是明代思想学术发生转变的关键人物。对此，黄宗羲说："椎轮为大辂之始，增冰为积水所成。微康斋（吴与弼），焉得有后时之盛哉！"（《明儒学案·崇仁学案一》）将吴与弼视为明代学术由理学到心学转变的重要环节。

第三节　陈献章、湛若水与心学的兴起

陈献章（1428—1500），字公甫，号石斋，广东新会白沙里人，世称白沙先生，其著作为《白沙子》。白沙之学与阳明之学前后相映，黄宗羲说："有明儒者，不失其矩矱者亦多有之，而作圣之功，至先生（陈献章）而始明，至文成（王阳明）而始大。"（《明儒学案·白沙学案》）其学术思想主要表现在以下三个方面。

第一，以虚静见心体。黄宗羲说："先生之学，以虚为基本，以静为门户。"

（《明儒学案·白沙学案》）"虚"与"静"是陈献章求理求道的重要方法。"虚"是前提。关于虚，陈献章说："夫动，已形者也，形斯实矣。其未形者，虚而已。虚，其本也；致虚之所以立本也。"他认为虚是道的重要特征，修养方面也要以虚为本，说："人心上容留一物不得，才着一物，则有碍。"在为学方面，其"虚"表现为可废书册，说："诗文末习、著述等路头一齐塞断，一齐扫去，毋令半点芥蒂于我胸中，然后善端可养，静可能也。"（《明儒学案·白沙学案》）修养与学问不是由积累而得，而主要是心灵的体验。他主张"静中养出端倪"，这显然不同于朱子的格物之法，而是要悟见心体。

第二，以心为本以及求诸心的为学功夫。陈献章虽然也有道为天地之本的论述，但是，在心与理的关系上显示了与朱学的异致，说："君子一心，万理完具，事物虽多，莫非在我。"（《论前辈言铢视轩冕尘视金玉》）万物、万理都具于一心。更进一步，陈献章说："天地我立，万化我出，而宇宙在我矣。"（《与林郡博》）基于这样的认识，他主张心中求道，说："求之书籍而弗得，反而求之吾心而道存焉，则求之吾心可也。"（《明儒学案·白沙学案》）为学的主旨在于悟心，要从心中求道，这为王阳明的"心即理"开启了先河。

第三，以自然为宗。陈献章说："人与天地同体，四时以行，百物以生。若滞在一处，安能为造化之主耶？古之善学者，常令此心在无物处，便运用得转耳。学者以自然为宗，不可不着意理会。"（《遗言湛民泽》）又说："士从事于学，功深力到，华落实存，乃浩然自得。"（《李文溪文集序》）所谓"自得"即是不受外物拘束的自然境界："自得者，不累于外，不累于耳目，不累于一切，鸢飞鱼跃在我，知此者谓之善，不知此者虽学无益也。"（《陈白沙先生年谱》成化十八年条）这种自然的境界是和乐愉快的，"自然之乐，乃真乐也。"（《遗言湛民泽》）其自然之乐，是主体意志、行为与宇宙规律顺适的怡然情境。这与朱熹的功夫论迥然有别。

陈献章的弟子湛若水（1466—1560），字元明，广东增城人，学者称甘泉先生。著有《甘泉文集》。他从学于陈献章，深得其器重，被其视为学术传人。

他认为"万事万物莫非心"。其所论之心，一方面是知觉思虑的实体，他说："知觉者心之体也，思虑者心之用也。"（《樵语》）同时，他又对"心"作了进一步的规定，说："夫心非独知觉而已也，知觉而察知天理焉，乃为心之全体。"（《与吉安二守潘黄门》）"心之本体，所谓天理"（《圣学格物通》卷十八《正心》），这就为他"随处体认天理"（《四勿总箴》）的圣学功夫提供了理论基础。

他继承了其师"天地我立"的思想，认为万事万物皆是心物合一所致，他说：

"人心与天地万物为体，心体物而不遗。认得心体广大，则物不能外矣。"（《与阳明鸿胪》）认为心贯天地万物之中，而天理就是心的中正状态，因此，天理可随处体认，乃至"日用间参前倚衡，无非此体"（《上白沙先生启略》），这些都显示了与朱子学不同的为学路径。湛若水与王阳明的思想同中有异，他们互相论辩发明，揭开了明代思想史新的一页。

思考题：

1. 简述明初思想的主要特征。
2. 刘基"天地之盗"思想的现代价值是什么？

第二章　王阳明的心学思想

　　王守仁（1472—1529）是宋明理学中对后世影响最大的思想家之一，明代心学的代表人物。字伯安，浙江余姚人，因曾筑室于阳明洞，世称阳明先生。他出身官吏之家，年轻时豪迈不羁，喜欢兵法，泛滥辞章，出入佛道。28 岁举进士，授刑部主事，后改兵部。因上疏救戴铣等人而触怒刘瑾，被贬贵州龙场驿，刘瑾伏诛后被起用。正德十四年（1519），平定宁王朱宸濠发动的叛乱。晚年又奉命征讨，一生处于政治风波之中。隆庆初，被追封为新建侯，谥文成，万历年间批准从祀文庙。其著作在隆庆年间被编为《阳明全书》，今人在隆庆本的基础上进行增补、编辑、点校，成《王阳明全集》。

第一节　"心即理"与王门四句教

　　王阳明早期曾受朱熹思想影响，并通过"格"竹子来验证朱熹格物穷理的说法，但结果令其失望。被贬龙场后，"始知圣人之道，吾性自足，向之求理于事物者误也。"（《王阳明全集》卷三十三《年谱》一）这就是所谓"龙场悟道"。龙场悟道认识到理并不是存在于外部事物，提出了心即理和心外无理的思想。

　　关于理，他说："理也者，心之条理也。是理也，发之于亲则为孝，发之于君则为忠，发之于朋友则为信。千变万化至不可穷竭，而莫非发于吾之一心。"（《书诸阳伯卷》）王阳明所谓的"理"与朱熹"事事物物皆有定理"的"理"有明显的区别。阳明将理看作道德原则，因此，事物之理的根源在于心内，而不在于心外。正是在这个意义上，阳明才说："心外无理"，"心外无物"。他说"如意在于事亲，即事亲便是一物；意在于事君，即事君便是一物；意在于仁民爱物，即仁民爱物便是一物；意在于视听言动，即视听言动便是一物。"（《传习录》上）

　　阳明所谓"物"主要是与意识相关的事，是呈现在意识中的东西。他根据《大学》中"心""意""知""物"的关系，说："身之主宰便是心，心之所发便是意，意之本体便是知，意之所在便是物。""心"是王阳明思想中的终极本体。在这样的前提之下，阳明认为格物就应该是格心中之物，求理就应该求心中之理。他还把"格"解释为"正"，说："格者，正也。正其不正以归于正也。"（《传习录》上）无疑，"正"与否主要是就道德层面而非知识层面而言。这样，阳明的格物与朱熹的格物就有了明显的不同，朱熹格物的认识功能被阳明剔除了，而完全转向了向内的功夫。

王阳明晚年提出了"四句教"，其内容是："无善无恶心之体，有善有恶意之动，知善知恶是良知，为善去恶是格物。"（《年谱》三）四句教完整地体现了阳明的思想，但阳明后学的思想分歧亦由此而来。阳明晚年征思田前夕，弟子钱德洪与王畿在越城天泉桥上为四句教发生了争论，就正于阳明。阳明认为人的根性有别，所以钱、王对四句教的不同理解正可相资为用。史称"天泉证道"。钱德洪与王畿对阳明四句教的分歧，根源在于"无善无恶"的心体与"有善有恶"的意、知、物之间的关系问题。王畿认为，既然说心体是无善无恶的，那么意、知、物作为心体的发用，也应该是无善无恶的，是谓"四无"。钱氏则维持阳明之说，认为心既有天命之性的一面，还有习心的一面，这样，就有善恶之意念，因此而有为善去恶的功夫。阳明虽然肯定了王畿的"四无说"是"接利根人的"，但又指出利根之人十分难遇，本体功夫一悟尽透者自古鲜见，即使是颜回、程颢这样的人也不能承当。（详见《传习录》下）可见，阳明对其只是虚应而已。

虽然阳明认为钱德洪、王畿两人的理解可相资为用，但并没有解决"四句教"与"四无说"的根本矛盾。其实，阳明所谓"无善无恶心之体"是说心体本无善恶之念，而本具善性，正如黄宗羲所说："其实无善无恶者，无善念恶念耳，非谓性无善恶也。下句意之有善有恶，亦是有善念有恶念耳。"（《明儒学案·姚江学案》）王畿与钱德洪对于阳明思想理解的殊异肇始了阳明学派的分化。

第二节　致良知与"知行合一"

致良知是阳明在平定朱宸濠之后总结出的学术宗旨，他说："某于此良知之说，从百死千难中得来，非是容易见得到此。"（《王阳明全集》卷四十一钱德洪《刻文录叙说》）阳明将其视为解释诸多学术问题的钥匙，说："累千百言，不出此三言为转注。"将其视为"真圣门正法眼藏。"（《王阳明全集》卷三十四《年谱》三）

"良知"说原出于《孟子》，是指不依赖于教育而自然具有的道德意识。王阳明将孟子所说的良知视为《大学》中"致知"之"知"，并特别强调了其作为"是非之心"的含义，也就是说，判断是非的标准是良知，而不是外在的标准。因此，阳明不承认外在的权威，说："夫学贵得之心，求之于心而非也，虽其言之出于孔子，不敢以为是也，而况其未及孔子者乎?"（《王阳明全集》卷三十四《年谱》二）他甚至将儒家经典也释为"吾心之常道""吾心之记籍"（《稽山书院尊经阁记》）。这种蔑视权威、经典的思想在泰州学派李贽的"童心说"中得到了充分的展开，演绎成了晚明个性解放的思潮。

良知不但"知善知恶"，且"好善恶恶"，他说："良知是天理之昭明灵觉处，故良知即是天理。"（《传习录》中）阳明对此"知"赋予了更多的道德理性。同时，良知还具有本体的意义，他说："自圣人以至于愚人，自一人之心，以达于四海之远，自千古之前以至于万代之后，无有不同。是良知也者，是所谓天下之大本也。"（《书朱守乾卷》）良知是与物无对的宇宙法则，万物皆是良知的派生物。

阳明强调良知具有灵性特征，与理学家所说的天理的超验峻厉明显不同，他说："人若复得它（良知）完完全全，无少亏欠，自不觉手舞足蹈，不知天地间更有何乐可代。"（《传习录》下）这是因为阳明所说的良知是"理之灵处。就其主宰处说，便谓之心"（《传习录》上）。阳明认为，良知既是天理，具有高峻的一面，同时，它又是不离万物的。既是与物无对的绝对，又是贯注于万物的流行发用。阳明还说："良知良能，愚夫愚妇与圣人同。"（《传习录》中）自孟子"人皆可为尧舜"之后又一次打通了凡人成圣之路。对此，黄宗羲有极高的评价："自姚江（王阳明）指点出'良知人人现在，一反观而自得'，便人人有个作圣之路。故无姚江，则古来之学脉绝矣。"（《明儒学案·姚江学案》）

致良知是阳明思想的一个重要表征。所谓致良知，就是将作为心之本体的良知发用流行，将其善性推至于万事万物，他认为这就是《大学》"致知""格物"的过程。他说："所谓致知格物者，致吾心之良知于事事物物也。"（《传习录》中）阳明的良知即是天理，因此，致良知于事事物物，则事事物物皆得其理。阳明之"致"，强调的是良知的推致、实行之意，并以此来代替致知，他说："致知云者，非若后儒所谓充广其知识之谓也，致吾心之良知焉耳。"（《大学问》）阳明的致良知与知行合一一起圆融地体现了其内圣外王的为学方法及成圣路径。阳明的致良知，目的在于使人人本有的良知得以发现，得以践行。

王阳明的"知行合一"说是他三十八岁时在贵阳书院提出的，通俗易懂，广为人们所熟知。阳明所谓"知"，是知善知恶的良知；所谓行，既指人的实践行为，也包括人的心理行为。他强调知行二者的互相贯通，这就是他所说的"知是行之始，行是知之成"。（《传习录》上）又说："今人学问只因知行分作两件，故有一念发动，虽是不善，然却未曾行，便不去禁止。我今说个知行合一，正要人晓得一念发动处，便即是行了。发动处有不善，就将这不善的念克倒了，须要彻根彻底,不使那一念不善潜伏在胸中,此是我立言宗旨。"(《传习录》下)知行合一论的特质在于重行,在于为善去恶的道德践履。

第三节　王阳明思想的影响

王阳明的思想在明代产生了巨大的影响。明代前期的学术堪称"此亦一述朱,彼亦一述朱"(《明儒学案·姚江学案》)。但自阳明之后,"笃信程朱,不迁异说者,无复几人矣。"(《明史·儒林传》一)阳明学之所以能够形成风行天下之势,这与阳明提出与程朱不同的学术思想有关。对此,顾宪成说:"当士人桎梏于训诂词章间,骤而闻良知之说,一时心目俱醒,恍若拨云雾而见白日,岂不大快!"(《小心斋札记》卷三)明代中叶以来,士大夫对于朱学的思想禁锢和学术上的呆滞局面深为不满,阳明所倡的良知之说,简易直接,打破了明初以来思想界的沉闷局面,并为其后的个性解放思潮提供了重要理论依托。这主要在于:朱熹将"天理"与"人心"分隔,天理成了超然于世俗的外在准则。阳明则不同,他认为良知即天理,天理不再是外在的教条而与人心相通,是通过人心体现出的圣愚皆有的主体理性。阳明学的这一特质为个体意识的觉醒提供了条件。

思考题:

王阳明"致良知"学说的思想内涵和理论意义。

第三章　王阳明心学学派的分化与演变

王阳明的弟子与传人众多，由于对阳明学术内容的认识和领悟各有不同，遂分化为不同的学派。黄宗羲《明儒学案》按地域将阳明后学分为浙中王门、江右王门、南中王门、楚中王门、北方王门、粤闽王门以及泰州学派，还有的学者将其分为"现成派""归寂派"和"修正派"。在阳明后学中，以泰州学派与王畿的思想最具特点，影响也最大。

第一节　王畿的四无说及其影响

王畿（1498—1583），字汝中，别号龙溪，浙江山阴（今浙江绍兴）人。嘉靖进士，官至南京兵部郎中，因触忤时相夏言，具疏致仕。一生以传播阳明学说为己任。黄宗羲谓其"林下四十余年，无日不讲学，自两都及吴、楚、闽、越、江、浙，皆有讲舍，莫不以先生为宗盟。"（《明儒学案·浙中王门学案》）有《王龙溪先生全集》二十卷，今人编校整理为《王畿集》。

王畿论学发展了阳明所谓"上根之人"的为学路径，提出了"四无说"。他说："体用显微只是一机，心意知物只是一事，若悟得心是无善无恶之心，意即是无善无恶之意，知即是无善无恶之知，物即是无善无恶之物。"（《天泉证道记》）他将这一本于"正心"的思想称之为"先天之学"，主张从先天本心立根，而不从后天动意上立根，说："吾人一切世情嗜欲皆从意生。心本至善，动于意始有不善。若能在先天心体上立根，则意所动自无不善，一切世情嗜欲自无所容，致知工夫自然易简省力。"（《三山丽泽录》）王畿认为，他的悟证方法是"顿法"，就像是将丝头一齐斩断，当下认识本体。当然，王畿也承认因人的根器利钝有别，还有一种"渐法"，也有顿、渐相兼，"或顿中有渐，或渐中有顿。"（《留都会纪》）但他特别重视的还是顿法，也就是他所说的在本心上用功的先天之学。

王畿认为良知不待修正而现成存在，心中自觉之良知即是尧舜所具的最高境界的良知，他认为这正是阳明言良知的本意，说："先师提出良知二字，正指见在而言；见在良知与圣人未尝不同。所不同者，能致与不能致耳。"（《与狮泉刘子问答》）他认为良知当下具足，能否"致"良知，关键在于先天之"见"的差异。其功夫践履，全在一个"悟"字，说："君子之学，贵于得悟。悟门不开，无以征学。"（《悟说》）对于悟的方法，王畿认为有从言辞而入、从静坐而入、从人情事变练习而入三种。其中只有第三种才可称得上是"彻悟"。被学者们所重的从言而入的学问功夫，仅是"解悟"，因为其"触发印正，未离言诠"。即如同门外之宝，而非家珍。同样，得于静坐之悟，也仅是"证悟"而已。

在阳明弟子中，王畿受佛学的影响较深。刘宗周在论及泰州学派王艮与王畿思想的异同时说："王门有心斋、龙溪，学皆尊悟，世称二王。心斋言悟虽超旷，不离师门宗旨；至龙溪直把良知作佛性看，悬空期个悟，终成玩弄光景。虽谓之操戈入室可也。"（《明儒学案·师说》）学者们对王畿的评论并非空穴来风，他时常有援佛入儒的观念，如，他在论说如何保任先天之心而不对境起念时，说："一念者，无念也，即念而离念也。故君子之学，以无念为宗。"（《趋庭漫语付应斌儿》）但王畿论学并没有失去儒学本位。他对阳明思想的继承与发展，既扩大了阳明的影响，同时也将阳明思想中的内在矛盾揭示了出来，诚如黄宗羲论及泰州学派与王畿之于阳明学所起的作用时所说的那样："阳明先生之学，有泰州、龙溪而风行天下，亦因泰州、龙溪而渐失其传。"（《明儒学案·泰州学案》）

第二节 王艮与泰州学派思想

黄宗羲将以王艮为首的发源于泰州东台的王门支流称为泰州学派，这是王门中唯一的一支由下层人士（盐丁）开创的学术流派。泰州学派对阳明学的流播起到了十分重要的作用，并以其别具一格的理论特色在中国思想史上占据重要的一页。泰州学派的成员并不限于泰州一地。对于泰州学派的特点，黄宗羲说："泰州之后，其人多能以赤手搏龙蛇，传至颜山农、何心隐一派，遂复非名教之所能羁络矣。"（《明儒学案·泰州学案》）王艮与罗汝芳分别为泰州学派前后期的代表。

一、王艮与泰州学派的兴起

王艮（1483—1541），字汝止，号心斋，泰州安丰场（今江苏东台东南安丰镇）人，7岁进乡塾读书，11岁随父兄烧盐。19岁开始发愤读书，29岁开始讲学，"毅然以先觉为己任"。38岁才拜阳明为师。以讲学和著述终其一生。其弟子多为田夫、樵夫、陶匠、商人等平民百姓，也有士大夫。清末袁承业辑录《王心斋弟子师承表》，开列的王艮的弟子达487人之多，可见泰州学派声容之壮。王艮的著作被后人辑为《王心斋先生遗集》。其思想特色主要表现在以下方面：

首先是"淮南格物"说。所谓"淮南格物"，是指王艮在淮南会讲时对"格物"的新诠释。他说："身与天下国家一物也。惟一物而有本末之谓。格，絜度也。絜度于本末之间，而知本乱而末治者否矣。"朱熹认格物为穷理，王阳明认格物为正心，而王艮则以格物为"安身"。他认为，由身至于天下，是"物"之本末的关系，"身也者，天地万物之本也；天地万物，末也。""安身者，立天下之大本也。"（《语录·答问补遗》）他还将"保身"与良知相联系，在《明哲保身论》中，他说："明哲者，良知也。明哲保身者，良知良能也。"又说："知保身者则必爱身，能爱身则不敢不爱人，能爱人则人必爱我，人爱我则吾身保矣。"他以"保身"替代"修身"，把儒家原有的成德之义变成了重视个体生命的表述。

其次是"百姓日用即道"。他在提出这一命题时，学生们多不信，"先生（王艮）指僮仆之往来，视听持行，泛应动作处，不假安排。"（《年谱·嘉靖七年》）显然，王艮所谓"百姓日用即道"是指随顺自然之性，不假安排思虑，当下即是。在王艮看来，"道"就是事物的自然律，因此，百姓日用之事即圣人之事，百姓穿衣吃饭就是圣人之道。这一思想同样是继承了阳明学而来，阳明曾说："与愚夫愚妇同的，是谓同德；与愚夫愚妇异的，是谓异端。"（《传习录》下）王艮将阳明的良知说发展成良知当下即是的自然现成论。

最后是乐学之解。王艮作《乐学歌》："人心本自乐，自将私欲缚。私欲一萌时，良知还自觉。一觉便消除，人心依旧乐。乐是乐此学，学是学此乐。不乐不是学，不学不是乐。乐便然后学，学便然后乐。乐是学，学是乐。呜呼！天下之乐，何如此学；天下之学，何如此乐。"（《王心斋先生遗集》卷二）他认为圣人之学是简易好学的，说："天下之学，惟有圣人之学好学，不费些子气力，有无边快乐。若费些子气力，便不是圣人之学，便不乐。"（《语录》）这与其"百姓日用即道"观念是相通的。《乐学歌》颠覆了传统的为学严苦功夫。学与乐的有机融合，体现了其思想的平民色彩。

二、罗汝芳与泰州学派的展开

罗汝芳（1515—1588），字惟德，号近溪，26岁时听颜钧讲学，如梦初醒，纳拜称弟子。嘉靖进士，官至云南参政，因讲学结怨张居正而致仕。归家后与弟子往来于苏浙闽广等地讲学。与王畿（龙溪）并称"二溪"，时人谓"龙溪笔胜舌，近溪舌胜笔"（《明儒学案·泰州学案》）。罗汝芳著作颇丰，万历时杨起元将其视为阳明学集大成的人物。

罗汝芳着重以赤子之心不学不虑对泰州学派的良知现成观念进行了论证，他说："天初生我，只是个赤子；赤子之心，浑然天理。"（《近溪子集》射编）他认为"赤子之心即是良知。"初生赤子，视听言动思浑然为一，但既长之后，视听言动思分而为二。赤子之时，则是心体与感知合一，爱亲敬长，开口即是，不用假借，并无功利，观此时之心，"方见浑然无二之真体，方识纯然至善之天机。"（《近溪子集》乐编）可见，其所谓赤子之心，就是人心未受习染的自然状态。但是，由于既长之后，人们往往满足于耳目口体之欲，赤子良心未得妥帖安宁，因此，修养功夫就在于葆其赤子之心，达到自然天成的境界。其功夫就是顺适当下，即他所谓"解缆放船，顺风张棹，则巨浸汪洋，纵横任我，岂不一大快事也耶"（《近溪子集》乐编）。

生，是罗汝芳论学的重要特点，乃至于径以"生"来代替"心"。他认为天地无心，以生物为心。如果独言心字，心人人殊，因此，"善言心者，不如把个生字来替了他，则在天之日月星辰，在地之山川民物，在吾身之视听言动，浑然是此生生为机，则同然是此天心为复。"（《盱坛直诠》上卷）言生，则天与地、我与物贯通联属，不容有二。当然，他并不是要否认心体，而是要从生生不息的万事万物上体会心的存在。在他看来，学者们想之、猜之、谈之、参之的心体，已全然不是真实自然的心体，真实的心体是自然流行中无所不在而无形象，无可描述，与天地万物浑然为一的。

近溪之学具有比较严密的逻辑结构。他以《易》道论学，而《易》之核心在生生之学。"生生而无尽曰仁。"（《盱坛直诠》）其当下顺适的重要依据则是人原初的赤子之心的自然天成，真性流行，生机勃勃。其学术的核心是赤子良心，不学不虑。其思想对李贽、汤显祖、袁宏道等人产生了显著影响。

三、泰州学派内部的思想异同

泰州学派成员众多，其中以王艮之子王襞、族弟王栋、门人徐樾最为著名。他们虽然受王艮的影响很大，但弟子们之间的思想也有相当大的差异。其中，王襞和徐樾以现成良知、顺适自然为宗旨。而王栋则以主意为特征，发刘宗周诚意说之先声。王襞是王艮次子，同时又是王畿、钱绪山的学生，其理论也多继承王艮、王畿。他主张良知现成，说："良知自能应感，自能约心思而酬酢万变。"主张顺任自然，说："鸟啼花落，山峙川流，饥飧渴饮，夏葛冬裘，至道无余蕴矣。"（《王东崖先生遗集》卷一）王艮的门人徐樾，早年师事王阳明，继而卒业于王艮之门。其思想与王襞相仿，主张圣学不欺天性，学者当率性而行。徐樾之学开启了"非名教之所能羁络"的颜钧、何心隐一派。

第三节 李贽的童心说和异端思想

李贽（1527—1602），号卓吾、宏甫，泉州晋江（今福建泉州）人。曾师事王襞，与泰州学派有密切联系。26 岁时中举，51 岁任云南姚安知府，三年后辞官，专心从事讲学与著述。其晚年讲学活动受到群众欢迎，但也因此引起统治者的不满并遭到迫害。在 76 岁高龄时以"惑世诬民"的罪名被捕于通州（今北京通州区），后自杀于狱中。其主要著作有《焚书》《续焚书》《藏书》《续藏书》等，今人合编为《李贽文集》7 册、《李贽全集注》26 册。

李贽思想的核心是"童心说"。他说："童心者，绝假纯真，最初一念之本心也。"他认为人的童心之所以丧失，是因为受了儒家学说的蒙蔽。他说"六经"、《语》《孟》，"非其史官过为褒崇之词，则其臣子极为赞美之语；又不然，则其迂阔门徒，懵懂弟子，记忆师说，有头无尾，得后遗前，随其所见，笔之于书"，"大半非圣人之言"，即便出自圣人之口也不过是因病所发的药石，"非万世之至论"。其结论是："'六经'、《语》《孟》，乃道学之口实，假人之渊薮也，断断乎其不可以语于童心之言明矣。"（《童心说》）他在否认经典神圣性的同时，还反对神化孔子。他说，孔子是人，别人也是人，"若必待取给于孔子，则千古以前无孔子，终不得为人乎？"因此，他宣称不能以"孔子之是非"为原则，而必须打倒盲从的教条，建立"今日之是非"。他说："咸以孔子之是非为是非，故未尝有是非耳。"（《藏书·世纪列传总目前论》）

李贽提出了"人必有私"说，指出："夫私者，人之心也。人必有私，而后其心乃见，若无私，则无心矣。"（《藏书·德业儒臣后论》）他认为私是各阶层人士共同具有的本性，是人的活动的原动力，道学家所谓的存天理、灭人欲乃是"画饼之谈，观场之见"（《藏书·德业儒臣后论》）。他不仅肯定人人皆有的共同欲望，而且主张"任物情"，即承认每个人都有自己的个性，应当允许其自由发展，这种要求反映了当时市民阶层的思想意识。他继承了泰州学派的学术传统，将百姓日用视为道之所存和人伦所在。他说："穿衣吃饭，即是人伦物理；除却穿衣吃饭，无伦物矣。"（《答邓石阳》）

李贽的平等思想在同时代格外突出。他主张"圣人"与"凡人"的平等，指出："侯王不知致一之道与庶人同等，故不免以贵自高……人见其有贵有贱、有高有下，而不知其致之一也。曷尝有所谓高下贵贱者哉?"(《老子解》下篇）他还主张男女平等，写有《答以女人学道为短见书》，说："谓人有男女则可，谓见有男女则可乎? 谓见有长短则可，谓男子之见尽长，女人之见尽短，又岂可乎?"这在当时是极其大胆的言论。

在文学创作上，李贽反对当时的摹古文风，指责这种文风是"以假人言假言，而事假事、文假文"，主张文学创作必须出自"童心"。钱谦益对于李贽与晚明文学思潮的关系评说较为中肯，云："万历之季，海内皆诋訾王、李，以乐天、子瞻为宗，其说唱于公安袁氏。而袁氏中郎、小修，皆李卓吾之徒，其指实自卓吾发之。"(《陶仲璞遁园集序》）

思考题：

1. 简述阳明后学的主要流派。
2. 简述李贽"童心说"在思想史上的地位。

第四章　理学修正派的思想

阳明学的流行，对朱学是一个冲击。与此同时，在阳明学之外，还有一些思想家对理学提出批评与修正，在思想史上显现了别样的学术取向，他们的理论探索为明代思想界增添了色彩。其中以罗钦顺、王廷相、吕坤最为突出。

第一节　罗钦顺的理气论

罗钦顺（1465—1547），字允升，号整庵，泰和（今江西太和）人，弘治六年（1492）进士，授翰林院编修，曾任南京吏部尚书、礼部尚书。后辞官家居二十余年，专心于学术。主要著作有《困知记》六卷，《整庵存稿》二十卷、《整庵续稿》十三卷。其中《困知记》最能体现他的思想。

罗钦顺认为朱熹的理气观有严重的失误，理不是形上的实体，而是气运动的条理。他说："理只是气之理，当于气之转折处观之，往而来，来而往，便是转折处也。"（《困知记》续卷上）罗钦顺认为，理与气并不是朱熹所说的"决是二物"，理不是依于气而立，附于气以行的另"一物"，理是气运动的根据与法则，是气之理。他说"仆从来认理气为一物"（《与林次崖金宪》），理只是气所固有的属性与条理，气蕴含着理。所谓"阴阳刚柔"就是指气的诸种属性。本于理气一物的前提，他还对理一分殊作了新的诠释，说："盖人物之生，受气之初，其理惟一。成形之后，其分则殊。其分之殊，莫非自然之理。其理之一，常在分殊之中。"（《困知记》卷上）虽然罗钦顺与朱熹一样重视理一分殊，但其内涵有很大的差异。朱熹是以理为本体，而罗钦顺所谓"理一"是指具有相同的"自然之理"，是指万物本于一气。

对心性论罗钦顺也有苦心探究。他认为心与性不同，说："理之所在谓之心，心之所有谓之性。"性在罗钦顺看来具有恒常稳定的品性，而心则是生动活泼、灵活变化的，即他所谓"动静不常"，"有觉"。罗钦顺的心性论与其"理即是气之理"的理气论是相通的。他说："天命之谓性，自其受气之初言也；率性之谓道，自其成形之后言也。"所谓"性""受气之初"，就是承认性乃气之所成。他认为"性"与"气"虽然有形上、形下之别，但本质上是一致的，说："气与性一物，但有形而上下之分尔。养性即养气，养气即养性，顾所从言之不同，然更无别法。"(《困知记》卷上）本乎此，他对于天理人欲的传统看法提出了质疑。

罗钦顺讨论的几乎都是理学的基本问题，但他与张载、二程、朱熹等人的理学思想又有不同，克服了理气二元论的趋向，堪称是对程朱以及张载学术的一次融通与补正。他与王阳明交谊虽笃但论学迥异，显示了在心学肇兴之时明代学术界多元共生的一个侧面。

第二节　王廷相的气本论和人性论

王廷相（1474—1544），字子衡，号浚川，河南仪封（今河南兰考东）人。弘治进士，官至南京兵部尚书兼左都御史掌院事，是明代"前七子"之一。著作合编为《王氏家藏集》和《王浚川所著书》，今人整理其著作而成《王廷相集》八十五卷，其思想集中体现在《慎言》《雅述》等书中。

王廷相是继罗钦顺之后又一位对程朱提出批评的思想家，这首先体现在他的"万理皆出于气"的气本论中。王廷相说："天内外皆气，地中亦气，物虚实皆气，通极上下造化之实体也。"（《慎言·道体》）发展了张载"太虚不能无气"的思想，形成了自己的气本论。他还论及道体，说："元气者，天地万物之宗统。有元气则有生，有生则道显。故气也者，道之体也；道也者，气之具也。"（《慎言·五行》）与理学家们的普遍论述不同，他所说的"道"是元气流行的状态。关于理与气的关系，王廷相提出以气为本，"气一则理一，气万则理万。"（《雅述》上篇）在王廷相看来，没有一成不变之理，理是随气的变化而具有不同的理，事物的差异性是由气决定的。他特别强调"元气"的至上性，说："愚谓天地未生，只有元气，元气具，则造化人物之道理即此而在，故元气之上无物、无道、无理。"（《雅述》上篇）

王廷相还讨论了元气化生万物的机制，说："愚尝谓天地、水火、万物皆从元气而化，盖由元气本体具有此种，故能化出天地、水火、万物。"（《答何柏斋造化论十四首》）在王廷相看来，气之种，是说物物各具气的特殊性的根据，即他所说："金有金之种，木有木之种，人有人之种，物有物之种，各各完具，不相假借。"（《五行辩》）虽然王廷相所谓气之"种"具有一定的先在性色彩，但也可见其将以气为本的理论贯彻到底的决心。在这方面，王廷相比罗钦顺论述得更为彻底，这与王廷相对实证科学的探究有关，他的《慎言》中就有诸多与近代科学颇为相近的论述。如："月食日，形体掩之也；日食月，暗虚射之也。日光正灼，积晕成蔽，故曰暗虚。"再如，他解释冰雹的成因说："雹之始，雨也，感于阴气之冽，故旋转凝结以渐而大尔。"（《慎言·乾运篇》）王廷相对于天文学、音律学和农学都有独到的研究，著有《岁差考》《玄浑考》《律尺考》《律吕论》等书。其具有科学实证色彩的思想，显示了与一般理学家迥然不同的风格，对空疏的理学思潮具有纠偏之效。

与程朱等主流理学家所说的性即理不同，王廷相认为性是由气决定的，说："性者，阴阳之神理，生于形气而妙乎形气者也。"又说："性者，言乎其生之主也。精气合而灵，不可离而二之者也。"（《慎言·问成性篇》）他认为性善说并不是人性的全部："善固性也，恶亦人心所出，非有二本。"（《性辨》）在王廷相看来，并没有离开气的本然之性。

王廷相与传统的儒家思想不同，不以解经的形式发挥自己的思想，他的《慎言》和《雅述》，独抒己见。虽然其思想长期为其文名所掩，隐而不彰，但其有别于朱、陆而自成其说，显示了其理论的独创性。

第三节　吕坤的元气论、人性论和经世思想

吕坤（1536—1618），字叔简，号新吾，宁陵（今属河南）人。万历二年（1574）进士，官至刑部侍郎，因遭人陷害而辞官家居二十年，以"我只是我"的态度独立治学，著述颇丰，现存的主要有《去伪斋文集》《呻吟语》等。

吕坤认为元气存在于天地之先，说："先天有元气，又为造化根。"（《去伪斋文集》卷八）"天地万物只是一气聚散，更无别个。"（《呻吟语·天地》）又说："宇宙内主张万物底只是一块气，气即是理，理者，气之自然者也。"（《呻吟语·谈道》）吕坤所论之"气"具有本体的含义，而非具体的万物之"形"，他说："气无终尽之时，形无不毁之理。"（《呻吟语·性命》）气并不随具体形物的消亡而消亡，而主宰乾坤者就是元气，元气作为形化气化之祖，是守恒不灭的。他还通过物体的多样性推究到构成物体的元素的多样性，这是其独特的认识。吕坤认为，气是运动的，他说："大抵阴阳之气，一偏必极，势极必反。""气化无一息之停，不属进就属退。"（《呻吟语·天地》）当然，吕坤的气本论在理学主流的影响下，在理气关系上还是给理留下了至上的统御地位。他说："肩天下之任者，全要个气。御天下之气者，全要个理。"（《呻吟语·治道》）虽然其论述有内在矛盾，但还是丰富了中国古代的气学传统。

在人性论方面，吕坤显示了较为独特的思维特征，他的人性论本于其理气论。他认为，言性善者是纯粹从理的角度言，论性恶和善恶相混者则是兼气而言。前者仅说到理，后者仅说到气，都是不完整的。同时，他对程颢、张载等人的性气论也提出了不同的看法，认为将性气分为二物过于支离，他主张性气合论，其目的是强调后天"习"之于"性"的作用。他反对儒家传统中的性善论，认为义理、气质都是天赋，同时，性善论易使人们轻视后天修养的作用。

吕坤不但为官清正，以刚介峭直著称，并且以社稷苍生为己任，提出了诸多经世实用的思想，其中较为突出的是经济思想。吕坤主张抑制土地兼并，平均赋役。他还强调使民以时，认为政府需减轻赋税，并且提出了具体的克除税收弊政的措施。吕坤具体而微的养民思想本质上是由其民本思想决定的。尤其重要的是，他在《治道》中直接提出："天之生民非为君也，天之立君以为民也，奈何以我病百姓？……岂其使一人肆于民上而剥天下以自奉哉？呜呼！尧舜其知此也夫？"他关于井田、学校、世官、封建等传统制度的论证，开启了黄宗羲等人启蒙思想的先声。吕坤既有高远的境界，又有实地功夫，他的理论不但丰富了中国传统思想宝库，而且还将其付诸实践，在阳明学"风行天下"之时体现了独特的风貌。

思考题：

1. 罗钦顺、王廷相的思想与朱熹、王阳明有哪些异同？

2. 吕坤思想有哪些特点？

第五章　东林学派和刘宗周的思想

东林学派在明末影响极大。万历年间，以无锡人顾宪成、高攀龙为首，以江南士大夫为主，形成一个讲学与议政相结合的学术流派，因为顾宪成、高攀龙讲学、读书于东林书院，故得名。东林学派在明末的政治与思想界占有独特的地位，黄宗羲描述东林学派，称其"一堂师友，冷风热血，洗涤乾坤"，其主要代表人物是顾宪成和高攀龙。东林学派的学术思想，在刘宗周、黄宗羲等人那里有所传承。

第一节　顾宪成、高攀龙与东林学派的思想

顾宪成（1550—1612），字叔时，号泾阳，江苏无锡人。万历进士，官至吏部文选司郎中。后因触忤权臣王锡爵，削职为民。归乡后读书讲学，修葺宋代杨时讲学的东林书院，与其弟顾允成，同里高攀龙、钱一本等在此讲学，大会四方之士，臧否人物，訾议国政，以清议闻名。著作有《小心斋札记》《证性编》《商语》《泾皋藏稿》等，后人编为《顾端文公遗书》。

顾宪成的理学思想一方面"恪遵洛闽"，以朱子为宗，而又融合朱陆。顾宪成的这种学术路径与其师承薛应旂具有一定的关系。薛氏在黄宗羲的《明儒学案》中被列为"南中王门"，曾师从王守仁的弟子欧阳德。但薛氏论学与王畿不合，王门学者也不认同其为王门后学。事实上，他在修订宋端仪的《考亭渊源录》之后，即已有朱学的倾向。薛应旂的学术路向也影响了顾宪成，这从顾宪成对阳明学较为平允的态度中可以看出。一方面顾宪成自己曾说"少尝受阳明先生《传习录》而悦之，朝夕佩习，不敢忘"（《泾皋藏稿·复方本庵》），并曾为阳明学辩解。另一方面，顾宪成又直言阳明学的不足，他说："阳明先生开发有余，收束不足。"（《小心斋札记》卷三）顾宪成痛陈了"无善无恶"之说的危害，说："以为心之本体原本无善无恶也，合下便成一个空。"空则一切解脱，无复挂碍，以至"以仁义为桎梏，以礼法为土苴"（《罪言》上）。

顾宪成用孟子的思想来补救阳明学，与其调和朱子学与阳明学的路径是一致的。顾宪成曾将朱学与王学进行比较，认为朱子学的弊端是"拘"，阳明学的弊端是"荡"，两相比较，"与其荡也，宁拘。"（《小心斋札记》卷三）顾宪成由王门而融会朱、王之学，与当时阳明后学虚玄而荡的倾向有关。同样，他在功夫论方

面，也悟修兼济，说："悟而不落于无，谓之修；修而不落于有，谓之悟。"（《小心斋札记》卷十八）目的是强调学习与思考的重要。总体而言，虽然顾宪成后期有倾心朱子学的取向，但是，对阳明始终较为尊崇，他所反感的主要是阳明后学中王畿等人的玄虚之论，认为他们违背了阳明本意。

对于朱、陆之学，顾宪成同样采取调和融合的态度，他对于程朱与陆王的批评基本能秉持公允的立场。顾宪成调和朱、陆是从双方最为迥异的方面入手的。他的学术旨趣，显示了明清之际思想界在阳明学流行之后出现的新气象。

高攀龙（1562—1626），字存之，号景逸，江苏无锡人，万历进士，官至左都御史。后因受到阉党迫害，自沉而死，是东林学派中另一主要人物。高氏的著述被门人陈龙正辑成《高子遗书》。

高攀龙虽然与顾宪成一样也注意调和理学与心学的关系，对阳明也屡有崇敬之辞，但是，他与阳明学派中人没有师承关系，对于阳明学弊端的批评也比较率直。如他说："姚江天挺豪杰，妙悟良知，一破泥文之弊，其功甚伟。岂可不谓孔子之学？然而非孔子之教也。今其弊略见矣。"（《崇文会语序》）他对于阳明的四句教同样持批评态度，但他批评的途径与顾宪成不同，他从"有善有恶者意之动"入手，指出，此之善乃意之动而成，因此，善只是善念而已，由此而反溯第一句"心体"的"无善"，也就是无念而已。认为阳明之"无善无恶心之体"，有悖孟子的"性善"说，而是"乱教"之说。可见，高氏之指斥阳明比顾宪成更为直接、更为尖锐。

对于程朱与陆王的评价，高攀龙多右程朱而远陆王。他认为朱子能守定孔子家法，朱学能包容陆学，而陆学粗疏，不能包含朱学。关于理学的基本观念也近于程朱，以理为本，主张"太极"是"理之极至处"。与此相关，在人性论方面，他认为，理在天谓之"命"，在人谓之"性"。高氏论学以理、性尤其是性为主，他认为圣学与释氏的区别，"只一性字"。而"圣人言性，所以异于释氏言性者，只一理字"（《心性说》），亦即儒学与释学言性的区别则在于是否有"理"的含义在。当然，高氏的"理"与程朱的形上之理又有所不同。高氏最为注重的还是"性"，他认为天下学术的歧见大致可以概括为"老氏气也，佛氏心也，圣人之学，乃所谓性学"（《气心性说》）。

以顾宪成、高攀龙为代表的东林学派，在政治上反对独裁专制，抨击阉党，弘扬士大夫精神，尖锐地揭露了当时的现实："今之肆毒者，固在中涓（宦官）；与中涓合毒者，实由外廷（内阁）。"（《答周绵贞》二）他们认为民众是国家和社会的主体，在"利国"与"益民"之间以"益民"为要。在经济方面，他们反对税使矿监的肆意搜刮，要求朝廷恤民惠商。他们还要求改革江南农民沉重的徭役制度，并提出了以钱代役的"贴役"办法。这些政治经济思想一方面源于传统的民本思想，另一方面也比较充分地反映了当时新兴的商人、市民阶层的利益，显示了东林学派的进步特征。

第二节　刘宗周的理气论和"慎独"说

刘宗周（1578—1645），字起东，号念台，浙江山阴（今浙江绍兴）人，因在山阴蕺山讲学，故被称为"蕺山先生"，曾官至吏部左侍郎。明室南渡后，他看到明王朝覆灭的局面已无法改变，于是绝食而死。其著作编为《刘子全书》《刘子全书遗编》。刘宗周曾师事许孚远，在明末被推为海内大儒，为世所重。他的学术思想曾有几次变化，门人黄宗羲认为刘宗周对阳明学的态度经历了由怀疑、信奉到最终辩难的过程。刘宗周在晚明思想界影响甚大，门人张履祥、陈确、黄宗羲都在思想史上具有重要影响，他们共同形成了影响甚大的蕺山学派。

关于理气关系，刘宗周认为"有是气方有是理"（《学言》中）。气还是道体、性体的基础，道、性、心都不能离开气而存在。他并不同意道生气的说法，说："盈天地间一气而已矣。有气斯有数，有数斯有象，有象斯有名，有名斯有物，有物斯有性，有性斯有道，故道其后起也。"（《学言》中）就是说，道是以气为基础的，气才是终极存在物。

刘宗周思想最具特色之处在于对"诚意""慎独"的讨论。关于"意"，朱熹和王阳明都认为意为心的发用。但刘宗周对此提出了异议，他认为意是"心之所存"（《学言》上），就是说意是与心相通的一种存在，而不是心之所发。从价值方面来判断，意是纯善无恶的，与作为已发的"念"区别显然。刘宗周特别强调了意的重要，说："意者心之所以为心也，止言心，则心只是径寸虚体耳。着个意字，方见下了定盘针，有子午可指。"（《答董生心意十问》）其意是说，意主宰着心念的方向。意是"存主"，是与心相通的存在，不是所发，因此，刘宗周认为"至静者莫如意"（《学言》上）。显然，这与王阳明"四句教"中的"有善有恶意之动"迥然不同。就意的形态而言，是超越动静的，他说："一念不起时，意恰在正当处也。念有起灭，意无起灭也。"（《答董生心意十问》）刘宗周还将意视为心之本，他说："《大学》之教只要人知本。天下国家之本在身，身之本在心，心之本在意。意者，至善之所止也。"（《学言》上）

刘宗周强调"诚意",与矫正阳明后学的流弊有直接关系。他认为阳明"于知止一关全未勘入,只教人在念起念灭时,用个'为善去恶'之力,终非究竟一著"。理论的不完备给后学流弊的形成留下了伏笔。他说:"其答门人有'即用求体'之说,又有'致和乃以致中'之说,又何其与龟山门下相传一派相矛盾乎?"他还认为龙溪等人"将无善无恶四字播弄得天花乱坠,一顿扯入禅乘,于其平日所谓'良知即天理''良知即至善'等处全然抹杀,安得不起后世之惑乎!"(《答韩参夫》)

刘宗周将"慎独"视为与"诚意"一样的为学、修养根本功夫,说:"自昔孔门相传心法,一则曰慎独,再则曰慎独。"(《证人要旨》)又说:"独之外别无本体,慎独之外别无功夫,此所以为《中庸》之也。"(《语类·中庸首章说》)因此,门人黄宗羲说,念台之学"以慎独为宗"(《明儒学案·蕺山学案》)。其子刘汋则将其思想分为三个阶段:"始致力于主敬,中操功于慎独,而晚归本于诚意。"(《蕺山刘子年谱》)当然,他所谓"独"主要是从本体方面而言,所谓"意"主要是从主宰方面而言。主意的思想与邹守益的主敬,聂豹、罗洪先的主静类似,都具有重视功夫的趋向,都对王学现成派有所修正,这也是晚年刘宗周极力表彰江右王门邹守益、聂豹、罗洪先等人的原因。

同时,刘宗周还认为王畿的四无说背离了阳明的原意,而陷入禅学。他对阳明后学中的部分学者提出了尖锐的批评,说:"今天下争言良知矣,及其弊也,猖狂者参之以情识,而一是皆良;超洁者荡之以玄虚,而夷良于贼,亦用知者之过也。"(《证学杂解》)对于王畿等王学现成派,虽然邹守益、钱德洪、聂豹等人已提出驳难,但他们对于阳明本人的学说则并无疑议,而刘宗周则对阳明的四句教本身提出质疑,主意说与阳明的良知说存在着明显的理论差异。这也从一个侧面体现了刘宗周思想的独特性。

思考题:

1. 简述顾宪成、高攀龙对程朱、陆王的批评与汲取。
2. 简述刘宗周思想影响。

第六章　黄宗羲思想

黄宗羲（1610—1695），字太冲，号南雷，学者称梨洲先生，浙江余姚人。他年轻时积极参加了复社的活动，并师事蕺山刘宗周。1645 年清军占领南京后，他起义兵守浙江抗清，失败后退守四明山寨，又随鲁王在舟山图谋匡复，备极艰险。晚年归隐讲学，著有《明夷待访录》《明儒学案》《南雷文定》等书，今人将其著作合编为《黄宗羲全集》。

第一节　《明夷待访录》对君主专制的批判

《明夷待访录》是明清之际最富于战斗的民主精神的启蒙著作。其核心思想是"天下为主君为客"。与古代儒家所谓"天下大公"和"民贵君轻"的说法相比，其思想的新意主要表现在以下方面：

第一，肯定人人皆有"各得自私，各得自利"的自然权利。《明夷待访录》一开始就指出："有生之初，人各自私也，人各自利也，天下有公利而莫或兴之，有公害而莫或除之。有人者出，不以一己之利为利，而使天下受其利；不以一己之害为害，而使天下释其害。"人们只是为了自身的生存和发展才组织起社会，建立起国家。所谓"天下之大公"，亦不过是使普天下人皆"各得其私，各得其利"而已。

第二，揭露专制统治者所标榜的"天下之公"实为"一己之私"。他说："古者以天下为主，君为客，凡君之所毕世而经营者，为天下也。今也以君为主，天下为客，凡天下之无地而得安宁者，为君也。"他揭露帝王荼毒天下之肝脑，敲剥天下之骨髓，离散天下之子女，以奉其一人之淫乐，"以天下之利尽归于己，以天下之害尽归于人……以我之大私为天下之公"，大声疾呼："为天下之大害者，君而已矣！"

第三，主张以"天下之法"代"一家之法"。他认为全部专制法制都是为维护帝王的"一己之私"服务的："其所谓法者，一家之法，而非天下之法也。"又说："夫非法之法，前王不胜其利欲之私以创之，后王或不胜其利欲之私以坏之，坏之者固足以害天下，其创之者亦未始非害天下者也。"传统的法律观念是"有治人而无治法"，而黄宗羲则针锋相对地提出了"有治法而后有治人"的命题。"有治人而无治法"，法律只是帝王的工具；"有治法而后有治人"，则要求以至高无上的

"天下之法"取代"一家之法"。

第四，提出新的君臣观。他认为君臣关系的起源是："缘夫天下之大，非一人之所能治，而分治之以群工。"既然君臣皆为治天下而设，因此人民的利益是高于一切的："天下之治乱，不在一姓之兴亡，而在万民之忧乐。"也正因为如此，所以君臣关系应该是一种平等的关系："治天下犹曳大木然，前者唱邪，后者唱许，君与臣，共曳木之人也"，"臣之与君，名异而实同"。不应以父子关系比拟君臣关系："君臣之名，从天下而有之也，吾无天下之责，则吾在君为路人。"所以"臣不与子并称"。

第五，主张"公是非于学校"。他认为"必使治天下之具皆出于学校，而后设学校之意始备"。主张太学应议决大政方针并监督行政权的行使。"每朔日，天子临幸太学，宰相、六卿、谏议皆从之。祭酒南面讲学，天子亦就弟子之列。政有缺失，祭酒直言无讳。"郡县设学宫，于朔望日"大会一邑之缙绅士子，学官讲学，郡县官就弟子列，北面再拜。""郡县官政事缺失，小则纠绳，大则伐鼓号于众"。他主张通过学校议政来培养普遍的民主氛围，"盖使朝廷之上，闾阎之细，渐摩濡染，莫不有诗书宽大之气，天子之所是未必是，天子之所非未必非。天子亦遂不敢自为非是，而公其非是于学校。"各级学校俨然成为上至中央、下至地方的议政机关。

黄宗羲的这一学说，在晚清遭到顽固派的激烈攻击。李滋然《明夷待访录纠谬》认为，黄宗羲之说是"后世逞逆谋者谓天下以民为主人，君与臣皆国民之代表之悖论也"。顽固派对《明夷待访录》的攻击，从反面证明了黄宗羲政治思想的启蒙意义。

第二节 对理学的批评及"气外无理"的哲学思想

黄宗羲晚年将注意力集中到学术方面，潜心研究理学、经学和史学，阐述了很多深刻的思想见解。他对理学学风提出了严厉批评，指出："尝谓学问之事，析之者愈精而逃之者愈巧……今之言心学者，则无事乎读书穷理；言理学者，其所读之书不过经生之章句，其所穷之理不过字义之从违。薄文苑为词章，惜儒林于皓首，封己守残，摘索不出一卷之内，其规为措注，与纤儿细士，不见长短。天崩地解，落然无与吾事，犹且说同道异，自附于所谓道学者，岂非逃之者之愈巧乎？"（《留别海昌同学序》）他认为，无论是程朱理学，还是陆王心学，他们的理论分析都很细密，使人抓不住不足之处，但其共同缺点是与社会实际脱节。他强调人们研究学术必须着眼于现实社会，表现出强烈的求实倾向。

黄宗羲明确反对朱熹的理先气后说，指出："理气之名，由人而造，自其浮沉升降者而言，则谓之气；自其浮沉升降不失其则者而言，则谓之理。盖一物而两名，非两物而一体也。"（《明儒学案·诸儒学案》上二）气是主体，理是其内在规则，不过是一物二名而已。这就坚持了理在气中的观点。与此相应，他也反对程朱陆王在气质之性之外杜撰义理之性的观点，主张气质之性一元论。他说："夫盈天地间，止有气质之性，更无义理之性。"（《南雷文定》后集一）认为只有气质之性才是真实存在的性之体，而所谓"不落于气质"的义理之性，不过是因名取义而已，实际上并无此物，更谈不上高于气质之性。

为了纠正王龙溪舍功夫而谈本体的弊端，黄宗羲提出了"心无本体，工夫所至，即其本体"（《明儒学案·序》）之说。他认为先验的本体是不存在的，存在的只是工夫中的本体。他把研究历史看作认识本体的重要途径，主张"不为迂儒，必兼读史"；又从研究思想史的特定视角讲"盈天地皆心"，认为充满于思想发展之天地里的乃是人类心灵的创造活动及其成果，只有通过研究思想发展的历程，才能认识"心体"。章学诚将这一思想概括为"穷性命者必究于史"，可谓把握住了黄宗羲"工夫所至，即其本体"的思想精髓。

黄宗羲反对朱熹"兼人物而言"的性理之说，指出："人与万物并立于天地，亦与万物各受一性……故万物有万性，类同则性同……物尚不与物同，而况同人于物乎？"（《马雪航诗序》）他在去世前一年（1694）列举自己"平生心得，为先儒之所未发者"，首列"论性之一本万殊"之旨："其言性也，以为阴阳五行一也，赋于人物，则有万殊，有情无情，各一其性，故曰各正性命，以言乎非一性也。"（《万公择墓志铭》）这就有力地批判了"立一理以穷物"的先验论，与理学家鼓吹的"一物之性即天地万物之性"的观点划清了界限。

第三节　《明儒学案》《宋元学案》的学术史意义

黄宗羲特别重视史学，特别是学术史研究。他亲手写定《明儒学案》六十二卷；又主持编纂《宋元学案》，为之发凡起例，并写成了其中的十七卷。

黄宗羲著《明儒学案》，有四条重要的方法论原则：

第一，必须详尽占有第一手资料，把思想分析与历史考证结合起来。他认为"诸儒之言，有自得者，有传授者，有剽窃者，有浅而实深者，有深而实浅者"，如果"不能通知一代盛衰之始终,徒据残书数本,谀墓单词,便思抑扬人物",就不可能如实反映思想史的风貌。例如,要研究明代思想史,就必须"取近代理明义精之学,用汉儒博物考古之功,加之湛思"。为了编写《明儒学案》,他不仅搜集整理了有明一代数百位学者的著述,而且还参考了大量的乡邦文献、人物传记和各种专门史料,以求知人论世皆中肯綮。

第二,必须善于把握每一位学者的学术宗旨。体现"其人一生之精神"的学术宗旨必须"皆从全集提要钩玄",而不是仅仅根据几条语录。他说:"每见钞先儒语录者,荟撮数条,不知去取之意谓何,其人一生之精神未尝透露,如何见其学术?"他认为把握前人的思想宗旨,是完整准确地把握前人的思想体系的关键:"大凡学有宗旨,是其人之得力处,亦是学者之入门处。天下义理无穷,苟非定以一二字,如何约之使其在我!"他认为只有经过艰辛的理论探索,才能真正明白前人思想体系的精髓之所在。

第三,要在把握前人学术宗旨的基础上,"为之分源别派",梳理学脉。《明儒学案·自序》说:"羲为《明儒学案》,上下诸先生,深浅各得,醇疵互见,要皆功力所至,竭其心之万殊者而后成家,未尝以懵懂精神冒人糟粕。于是为之分源别派,使其宗旨历然。"梳理学脉有两个层次:一是同一位学者本身思想发展的脉络,如王阳明,"其学凡三变而始得其门",而学成之后又有三变。二是同一学术流派发展演变的脉络,必须做到"宗旨历然"而"学脉一贯"。例如,关于心学的演进,黄宗羲就把它看作"白沙开其端,至姚江而始大明""至刘宗周而总其成"的发展过程。

第四,反对"必欲出于一途"的文化专制主义,提倡"一本而万殊"的多元学术史观。他反对以"一定之说"裁量古今学术,主张学者要敢于运用自己的理性去作独立的是非判断,"务得于己,不求合于人"。他认为"人心之万殊"使思想之途亦"不得不殊",把容纳"一偏之见"和"相反之论"作为其编撰《明儒学案》的一条重要原则。他说:"此编所列,有一偏之见,有相反之论,学者于其不同处,正宜著眼理会,所谓一本而万殊也。以水济水,岂是学问!"这一论述,正是近代学者所说的"独立之人格,自由之思想"的先声。

思考题:

1. 黄宗羲如何批判封建君主专制?
2. 如何理解"穷性命者必究于史"?

第七章　顾炎武的思想

顾炎武（1613—1682），字宁人，学者称亭林先生，苏州昆山人。学者称亭林先生，为开风气的一代学术巨擘。清军下江南后，他参加了江南人民的抗清斗争。为了民族复兴，他"九州历其七，五岳登其四"，出入险阻，广交豪杰，两入牢狱，坚贞不渝。其主要著作有：《日知录》《天下郡国利病书》《肇域志》《菰中随笔》《音学五书》等，今人合编为《顾炎武全集》。

第一节　"经学即理学"

鉴于明朝灭亡的教训，顾炎武在哲学上的问题意识，首先就是要解决读书人"置四海困穷不言，而终日讲危微精一之说"的问题，为面向实际、面向实践提供哲学依据。

他在《与友人论学书》中，明辨孔子之学与宋明理学的区别，鲜明地表达了推倒一切道学玄谈、扭转空疏学风、提倡经世致用的学术宗旨。他说："窃叹夫百余年来之为学者，往往言心言性，而茫乎不得其解也。命与仁，夫子之所罕言也；性与天道，子贡之所未得闻也。性命之理，著之《易传》，未尝数以语人。其答问士也，则曰'行己有耻'；其为学，则曰'好古敏求'。其与门弟子言，举尧舜相传所谓危微精一之言一切不道……今之君子则不然，聚宾客门人之学者数十百人……而一皆与之言心言性。"他认为程朱之学与孔子之学的根本区别在于：孔子只讲关系民生和人伦日用的学问，而程朱理学则是"置四海困穷不言，而终日讲危微精一之说"。这一观点，是对程朱鼓吹的所谓"孔门传授心法"的道统论的彻底否定。

顾炎武通过提倡经学来作为其倡导经世致用之实学的号召，他提出了"理学，经学也"的命题。这一命题有两种不同的表述。其一见顾炎武《与施愚山书》："理学之名自宋人始有之。古之所谓理学，经学也……今之所谓理学，禅学也，不取之五经而但资之语录，校诸帖括之文而尤易也。"其二见全祖望《亭林先生神道表》的转述："谓古今安得别有所谓理学者，经学即理学也。自有舍经学以言理学者，而邪说以起，不知舍经学则其所谓理学者禅学也。"前者说"理学，经学也"，后者说"经学即理学也"，并无歧义，都是说经学才是真正的理学，而宋以后的所谓理学则是禅学。顾炎武《与周籀书书》说,学者治学,当"鄙俗学而求六经,舍春华而食秋实",正可与以上论述相印证。

针对宋明理学的性理空谈,顾炎武提出了"博学于文,行己有耻"的治学宗旨。他说:"愚所谓圣人之道者如之何?曰'博学于文',曰'行己有耻'。"(《与友人论学书》)"博学于文"包括两大知识部类:一是自然知识和工艺知识,二是社会历史知识。他强调"士当求实学,凡天文、地理、兵农、水土,及一代典章之故不可不熟究"。(《三朝纪事阙文序》)他还论述了"博学于文"与"行己有耻"二者的关系,强调:"耻之于人大矣!……士而不先言耻,则为无本之人;非好古而多闻,则为空虚之学。以无本之人,而讲空虚之学,吾见其日从事于圣人而去之弥远也。"(《与友人论学书》)

第二节 "合天下之私以成天下之公"的政治哲学

与黄宗羲相一致,顾炎武政治思想的逻辑起点是"人之有私"的现实人性。他说:"人之有私,固情之所不能免矣……合天下之私,以成天下之公,此所以为王政也。"(《日知录·言私其豵》)又说:"天下之人各怀其家,各私其子,其常情也。为天子、为百姓之心,必不如其自为。"(《郡县论五》)他认为有"私"是人的常情,只有让人民"自为",才能真正体现"天下之公"。

他认为人民之所以不能"自为",根源在于君主专制。他发挥"周室班爵禄之义"说:"班爵之意,天子与公侯伯子男一也,而非绝世之贵。……是故知天子一位之义,则不敢肆于民上以自尊;知禄以代耕之义,则不敢厚取于民以自奉。"(《日知录·周室班爵禄》)他明确表示反对"独治"而提倡"众治",主张"以天下之权寄天下之人",并提出了实行"众治"的三大对策:

第一,分天子之权。顾炎武说:"所谓天子者,执天下之大权者也。其执大权奈何?以天下之权,寄天下之人,而权乃归之天子。"(《日知录·守令》)他主张"寓封建于郡县之中",扩大地方政府的权力。他认为"今天下之患,莫大于贫",要使人民的生活达到"小康"乃至"大富"的水平,就必须废除超经济强制式的干涉和剥夺,使人民能够自由地从事经济活动。他认为"利尽山泽而不取诸民",才是真正的"富国之策"。(《郡县论六》)

第二,实行按人口比例推选人才的选举法。他在《生员论》中指出,天下生员不下五十万人,这些人在未登科第以前,勾结胥吏,武断乡曲,包揽词讼;一登科第，即攀援声气，依傍门户，结成一股"朋比胶固、牢不可解"的官僚特权势力。这说明通过科举选拔人才没有也不可能体现"众治"的原则。因此，他力主废除科举制，实行按人口比例推选人才的制度，认为"天下之人，无问其生员与否，皆得举而荐之于朝廷"。

第三，确认人民有"不治而议论"的权利。他特重"清议"，将其上升到关系国家治乱兴亡的高度来认识，他认为透过"清议"可以知政治得失和人才邪正，从而可以使政治清明，并避免社会动乱。孔子说"天下有道，则庶人不议"，顾炎武则说："然则政教风俗苟非尽善，即许庶人之议矣。"（《日知录·直言》）如果统治者连"清议"也不能容忍，其结果就只能是"清议亡则干戈至"了。

顾炎武提出的这些政治改革的主张，反映了早期市民阶层摆脱超经济强制的控制和争取更多的政治参与权利的愿望。

第三节　《日知录》的学术思想和方法论

顾炎武自称"一生志与业皆在《日知录》中"。《日知录》在学术思想和方法论上的最显著的特点，是体现了重实际、重实践、重实证的新学风。

在《日知录》中，他发挥了"唯物""唯变"的哲学见解。明确指出："盈天地之间者，气也。"气之为本体，通过事物的生灭成毁来显现："唯物也，故散必于其所聚"，任何运动变化都是具体事物的运动变化；"唯变也，故聚不必其所散"，运动变化贯穿于事物存在的全过程。他坚持用物质现象去解释精神现象，认为所谓"神"只是"气"的机能和属性。他说佛教讲灵魂不灭，是不明白精神依赖于物质的道理，其弊病在"昧于散"；道教幻想人可以长生不死，是不懂得"气"有聚必有散的道理，其弊病在"荒于聚"。他以十分简洁的语言将自己的气本论与佛教和道教的唯心主义划清了界限。

从"唯物""唯变"的原则中，他引申出"非器则道无所寓"的道器论。他认为要认识道，就必须致力于认识自然、认识社会。针对二程以"不求于内而求于外，非圣人之学"的观点，他批评说，人的知识不是靠"用心于内"而得来的，而是靠学习和实践得来的。他认为无论是老、庄、禅宗，还是宋明道学，都是要"禁治"人心，使人"不得有为"；可是，人心是禁治不了的，关键在于如何"存此心于当用之地"。他区分了两种"存心"，反对"摄此心于空寂之境"，主张发挥"心"的能动作用去认识事物，"裁物制事"。

他把思想僵化看作横在追求真理道路上的最大绊脚石。他说"学者之患，莫甚于执一而不化"。他十分欣赏《诗经》中的"他山之石，可以攻玉"这句话，主张治学要"不存门户方隅之见"，"不求异而亦不苟同"。他引用孔子"三人行，必有我师"的说法，并深有感触地写道："非好学之深，则不能见己之过；虽欲改不善以迁于善，而其道无从也。"这句话正是顾炎武一生治学的经验总结。

倡导"天下兴亡，匹夫有责"，是《日知录》对国家与天下关系的深刻辨析。顾炎武深刻阐明了保天下与保国的关系："易姓改号谓之亡国"；"仁义充塞，而至于率兽食人，人将相食，谓之亡天下"。指出"保国者，其君其臣，肉食者谋之"；而保天下，则是"匹夫之贱与有责焉耳"。"知保天下，然后知保其国"。匹夫只有意识到保天下的重要性，才能更为自觉地投身于民族复兴事业。

思考题：

1. 如何理解顾炎武提出的"博学于文，行己有耻"的学术宗旨？
2. 如何理解"合天下之私以成天下之公"？

第八章　王夫之对古代哲学思想的总结

王夫之（1619—1692），字而农，号薑斋，湖南衡阳人。因其晚年隐居于衡阳之石船山，学者称他为船山先生。24 岁湖广乡试中举。清军进入湖南时，他在衡山起兵抗清，失败后走桂林，由大学士瞿式耜荐于永历帝，授行人司行人。王夫之治学，以"六经责我开生面"自许，主要著作有：《张子正蒙注》《周易外传》《尚书引义》《思问录》《读通鉴论》《宋论》《黄书》《噩梦》等，有《船山全书》传世。

第一节　关于有无、理气、道器的论述

王夫之在哲学本体论上的重要贡献，在于他从人类生活和实践的经验事实，从人类实践的能动性的视角去确证物质世界的"实有"，深刻地论证了有无、理气、道器关系，为"尽废古今虚妙之说而反之实"提供了哲学依据。

一、有无之辨

王夫之继承并发挥了张载关于"知虚空即气则无无"的观点，以"诚者，实有者也"来规定"气"的本质属性。所谓"气"，不再是庄子和张载之所谓"生物以息相吹"，也不再是王廷相所谓"口可以吸而入，手可以摇而得"的具体物质，而成为虽"视不可见，听不可闻"，却是"物之体"的客观实在。

王夫之以人类生活与实践的经验依据来论证"实有"，指出："天下之用，皆其有者也。吾从其用而知其体之有，岂待疑哉！……体用胥有而相胥以实，故盈天下而皆持循之道。"（《周易外传》卷二）他认为人类的生活离不开"假物以为用"，通过"取用不爽"的经验积累，确认"所依者之足依，无毫发疑似之或欺"的亲身体验的真实性，将这一切上升到哲学认识的高度，就必然得出"可依者有"，即以物质世界为客观存在之"实有"的结论。

王夫之认为天地间的万物都是自然气化的产物，事物有成毁而气无生灭："车薪之火，一烈已尽，而为焰、为烟、为烬，木者仍归木，水者仍归水，土者仍归土，特希微而人不见尔……有形者且然，况其絪缊不可象者乎！"（《张子正蒙注》卷一）这一论述，以科学的物质不灭原理进一步论证了物质世界的客观

实在性。

二、理气之辨

与朱熹关于"宇宙之间,一理而已"的命题针锋相对,王夫之提出了"天人之蕴,一气而已","气外更无虚托孤立之理"(《读四书大全说》卷十)的命题。他认为理是自然界固有的条理、规则和秩序,不能脱离物质的存在,因而决不能像朱熹那样把理与气看作"决是二物",而应该确认理与气不可分离。他说:"理与气元不可分作两截。"(《读四书大全说》卷九)世界上没有无气之理,也没有无理之气:"理,行乎气之中,而与气为主持分剂者也。"(《读四书大全说》卷七)这就既反对认为气外别有理的"理本论",也堵死了以"理气"为二物的二元论通道。

既然"理"只是"气"之理,也就与物质世界和人类实践同生,而且丰富并变化不居,由此,王夫之得出了以下富于启蒙精神的结论:"气者,理之依也……天积其健盛之气,故秩叙条理,精密变化而日新。"(《思问录·内篇》)气在变,即理在变;因此,理"非一成可执",理"变化而日新"。这正是王夫之"破块启蒙、灿然皆有"的哲学本体论在理气关系的展开中的必然结论。

三、道器之辨

与程朱理学以精神性的道为"生物之本"的观点相对立,王夫之鲜明地提出了"天下惟器""盈天地之间皆器"(《周易外传》卷五)的命题,并且从道器关系上回答了物质存有与一般原理、法则、规律的关系问题。

王夫之批评了程朱理学对"道体"的虚构,指出:"形而上者,非无形之谓。既有形矣,有形而后有形而上。"(《周易外传》卷五)他反对玄学和佛教"标离器之名以自神",特别是反对程朱理学的"道先器后"说,强调"形而上者为形之所自生"(《张子正蒙注》卷三),即形而上之道为形而下之器所固有。器是体,道是用:"道者器之道,器者不可谓之道之器也。"(《周易外传》卷五)"尽器则道在其中。"(《思问录·内篇》)

王夫之认为"道"是依存于人类"制器""作器"的实践活动而发展的。他说:"无其器则无其道,人鲜能言之,而固其诚然者也。洪荒无揖让之道,唐虞无吊伐之道,汉唐无今日之道,则今日无他年之道者多矣。"(《周易外传》卷五)他认为人类社会在发展,其治道也不是永恒不变的。这就从根本上推倒了"天不变道亦不变"的传统形而上学，为社会改革提供了哲学依据。

第二节　王夫之的认识论思想

在认识论上，王夫之扬弃程朱陆王，对"理一分殊"作了新的解释，深刻地阐述了认识中的主客体关系和知行关系，把中国哲学的理论思维提到了一个更高的水平。

为了使认识论摆脱伦理学的附庸地位，王夫之区分了"理"的两层意义。他说："凡言理者有二：一则天地万物已然之条理，一则健顺五常、天以命人而人受为性之至理。"（《读四书大全说》卷五）他广泛运用关于自然和社会的知识，指出动物之理不同于植物之理，自然之理不同于人类社会之理，说明了分殊之理的无限多样性。他认为程朱之所谓"一物之中莫不有万物之理"之说违反了自然界和人类社会基本事实，"窒塞乖刺"，堵塞了人类认识发展的道路。

立足于"理"的概念分疏和对宋儒"立一理以穷物"的批判，王夫之对朱熹的"理一分殊"说作了根本改造和重新诠释。他认为天、地、人、物虽然皆为一气所化生，却有不同的特性；其性质不同，理亦不同："'分'云者，理之分也。迨其分殊，而理岂复一哉！"（《读四书大全说》卷十）基于这一认识，他对研究自然事物的新兴"质测之学"表现出高度的重视。他说："密翁（方以智，字密之——引注）与其公子（方中通——引注）为质测之学，诚学思兼致之实功。盖格物者，即物以穷理，惟质测为得之。"这一观点，标志着传统哲学在认识对象上的转变和突破。

王夫之利用、改造了佛教哲学的"能"和"所"范畴，对认识活动中的主体和客体给予明确的规定和区分。他说："'能''所'之分，夫固有之，释氏为分授之名，亦非诬也。乃以俟用者为'所'，则必实有其体；以用乎俟用，而可以有功者为'能'，则必实有其用。体俟用，则因'所'以发'能'；用，用乎体，则'能'必副其'所'。"（《尚书引义》卷五）他指出必须分清"所不在内"和"能不在外"，前者是客观存在的外部世界，后者是人本身的反应能力，二者不容混淆。"所"和"能"都是实有的，"所"必须实有其体，才能作为认识的对象；"能"必须实有其用，才能发挥认识的功能。主观认识是由客观对象的引发而产生的，因而客观是第一性的；正确的认识必须与客观对象相符合，因而主观只是客观的副本。这一观点，表述了唯物主义反映论的基本原则。

在知行关系上，王夫之十分鲜明地主张行重于知。他认为知源于行，"行可以得知之效"，知必须"以行为功"。"行可兼知，而知不可以兼行。"知行关系是一个"相资以为用""并进而有功"的循环往复、不断发展的过程。人们通过行，从不知到知，从浅知到深知，就可以做到"精义入神，日进于高明而不穷"。致知没有止境，力行也没有止境，"以一人之身，藐然孤处于天地万物之中，虽圣人而不能知不能行者多矣……君子知此，念道之无穷，而知能之有限。"在这里，他接触到了真理的无限性和人类认识、实践的相对性。

王夫之认为认识的目的是为了指导实践，"知之尽，则实践之而已。"他尊重"厚生利用"等生产活动，认为人不仅"资其用于天"，而且通过自己的创造"盈而与天相争胜"。在改造社会方面，他提出不仅"君相可以造命"，而且"一介之士，莫不有造焉"。人作为认识的主体，也只有通过实践才能增长聪明智慧："夫天与之目力，必竭而后明焉；天与之耳力，必竭而后聪焉；天与之心思，必竭而后睿焉。"这种富于进取精神的朴素实践观，是中国早期启蒙思潮中反映时代脉搏的最强音。

第三节　王夫之的历史观

王夫之是中国思想史上具有系统思维的历史进化论者。其历史哲学突破以上古三代为"黄金时代"的传统观念和宋儒的历史退化论，深刻阐明了人类从"植立之兽"到"文之已备"、从"既愚且暴"的上古三代到"文教之薮"的汉唐宋明之发展演变的过程，形成了较成系统的历史进化的理论。

王夫之认为人类的祖先是从禽兽进化而来的，其进化经历了从"禽兽"到"夷狄"、再到文明的发展阶段。在中国历史传说中的"太昊以上"时代，人们还处于"禽兽"阶段；在"轩辕以前"的时代，华夏民族的人们也还处于"夷狄"阶段；只是从黄帝时代起，中国才开始向文明时代过渡。在太昊以上的远古时代，人还只是"饥则呴呴，饱则弃余"、赤身裸体的"植立之兽"（《思问录·外篇》）。那时的人伦关系是"君无适主，妇无适匹"，人们过的是一种原始的群婚制的生活。

在人的进化过程中，王夫之指出火的使用和农业的推广具有关键意义。火的使用和农业的发明改变了人们的食物结构，从而也改变了人们的生理和心理素质，兽性才进化成为人性（"不粒不火之禽心，其免矣夫"）。他认为后稷把农业生产普遍化，为华夏民族奠定了文明社会的基础，所以他讴歌道："来牟率育而大文发焉，后稷之所以为文，而文相天矣。"（《诗广传》卷五）他强调，只是由于足以"资生而化光"的"粒食"，即农业的发明，在"轩辕所治、大禹所经维"的亚洲东部的广阔平原上，我们的祖先才走上了文明发展的大道。

在夷夏关系上，王夫之把"夷狄"与"华夏"看作社会从低级向高级发展的不同阶段："夷狄"过着"射生饮血"的生活，"彼自安其逐水草、习射猎、忘君臣、略婚宦、驰突无恒之素"；而农业民族则不同，"有城郭之可守，墟市之可利，田土之可耕，赋税之可纳，婚姻仕进之可荣。"（《读通鉴论》卷二十八）这就相当准确地概括了野蛮时代（"野"）与文明时代（"文"）的不同特点，看到了社会分工、家庭制度，特别是"有城郭之可守"对于人类进入文明时代的重要意义。诚如恩格斯《家庭、私有制和国家的起源》一书所指出："在新的设防城市的周围屹立着高峻的墙壁并非无故：它们的堑壕成了氏族制度的墓穴，而它们的城楼已经高耸入文明时代了。"[1]

王夫之认为儒者们鼓吹的"三代盛世"处于中华文明发展的低级阶段。这一认识是根据对西南少数民族生活的实地观察，并对比历史文献研究而得出的。他说："自邃古以来，各君其土，各役其民，若今化外土夷之长，名为天子之守臣，而实自据为部落。"（《读通鉴论》卷十五）"三代沿上古之封建，国小而君多，聘享征伐一取之田，盖积数千年之困敝，而暴君横取，无异于今川、广之土司，吸齕其部民，使鹄面鸠形，衣百结而食草木。"（《读通鉴论》卷二十）如实描写了上古三代"国"和"君"的残暴野蛮，恢复了三代古史的本来面目，有力地冲击了所谓"三代盛世"的传统教条。

思考题：

1. 简述王夫之在有无之辨、理气之辨、道器之辨等问题上的基本观点。

2. 王夫之历史进化论思想的主要内容是什么？

---

[1]　《马克思恩格斯文集》第 4 卷，人民出版社 2009 年版，第 183 页。

第九章　傅山与颜李学派的思想

明末清初，在中国的北方大地上产生了一批杰出的学者和思想家。就思想的创新性而言，傅山和颜元颇具代表性。清末山西巡抚丁宝铨指出，傅山在清初巍然为北方学术大师者数十年，"论者以声震天下，伏阙为师，义难及矣"，他还注意到傅山与颜李学派的关系，"傅、颜论议，先后一辙，由是以言，颜氏学风，啬庐（傅山）所渐渍者也。"（丁宝铨《霜红龛集序》）这一说法，甚有见地。在总结明亡教训、反对程朱理学、提倡社会功利方面，傅山和颜李学派是一致的。

第一节　傅山的子学研究与个性解放思想

傅山（1607—1684），初名鼎臣，字青竹，后改青主，山西阳曲人。崇祯九年（1636），因山西提学袁继咸被阉党诬陷下狱，傅山乃约集全省生员一百余人赴京请愿，迫使朝廷将袁继咸无罪释放。明亡后，自号"朱衣道人"，从事抗清活动。他继承和发扬了晚明兴起的"酷尚诸子"风气，对诸子学说作了别出新解的阐发。著有《霜红龛集》《荀子评注》《庄子批点》《淮南子评注》等书，今人将其著作编为《傅山全书》。

傅山充分肯定人具有自由地运用其理性的权利，鲜明地倡导了独立思考的近代理性精神。他说："一双空灵眼睛，不唯不许今人瞒过，并不许古人瞒过。"（《看古人行事》）他特别强调要不被宋儒瞒过，首先是不被其自我神化的"道统论"瞒过。他说："今所行'五经''四书'注，一代之王制，非千古之道统也。"（《五经四书注》）他以诸子之学来与道统相对抗，认为经与子相同，有子而后有作经者，子是源，经是流，子比经更根本，批评儒者"以为子不如经之尊，习气之鄙可见"（《经子之争》），谴责其为"失心之士"，说他们对于"诸子著述云雷鼓震而不闻，盖其迷也久矣"（《重刻释迦成道记叙》）。

傅山将宋儒所讲的作为宇宙伦理本体的"天理"还原为具体事物之理，首先从训诂学上揭露宋儒篡改了"理"字的本义。他说："韩非曰：'理者，成物之文也。'解理字最明切矣。"（《理字考》）所谓"理"只是具体事物之理，是事物的文理、条理或结构规则。他又说："气在理先，若云理在气先，但好听耳，实无着落。""穷理之能事，断非鄙儒小拘者所能颠顶欺人。"（《理字考》）他反对理学家将事物之理偷换成伦理之理，鼓励人们去研究实实在在的具体事物之理。

傅山意识到，对一种学说是非真伪的检验，必须有一个客观标准，这一标准是"实用""实济""救时""济世"。他指出"宋人议论多而成功少"，其中"必有病根，学者不得容易抹过。"（《宋人成功少》）这病根就是脱离实际，脱离践行。他讥讽所谓精通经术的腐儒，如三国蜀汉的谯周、郤正之流，满腹文章非但不能救世，而且还在外敌入侵时起草投降文书："经术蔽腐儒，文章难救时，谯郤富典故，建议草降辞。"（《咏史感兴杂诗》）批评儒家经典和理学语录犹如重重罗网，将学者变成网中之鱼："依经无古佛，顿悟有仙儒。故纸亦网罟，痴人为佃鱼。"（《听道学者归寓作》）在先秦诸子中，他酷好《管子》和纵横家言，借以发挥其注重社会功利的思想。

傅山自称"学老、庄者"，屡屡称引老、庄来反对程朱的所谓"理"。他说："《老子》八十一章绝不及理字。《庄子》，学《老》者也，而用理字皆率不甚著意。"（《杂记六·老子不言理》）。他反对朱熹以理释性，说："《中庸注》'性即理也'亦可笑，其辞大有漏。……理之有善有恶，犹乎性之有善有恶，不得谓理全无恶也。"（《理字考》）他唾弃程朱之"理"，却对一个"情"字极为推崇。说"情为天地生人之实"（《庄子批点·天地第十二》），认为不见情也就是不见人，故呼唤"尽情""复情"。

傅山作《墨子大取篇释》，提出了个人权利与社会利益的界限问题，主张在公共利益和私人利益之间划一道合理的界限，正如"墙所以障护也，又堵御不可过也"，国家不得越过这条界限而侵害私人利益。他强调："天下之利弗能去也……如墙也者，人所依以为庇者者也。圣人知为人之墙，而非为一人之墙也，又非于人有时墙、有时不墙也。今日之智，则爱此人时墙此，爱彼人时墙彼，非若圣人公普之墙，故所以利人者，偏矣。贵为天子而利人者，莫贵于正，正犹反偏……取诸民者有定，不横征以病之。"他要在国家与人民之间筑一道"圣人公普之墙"，以保障个人利益，这是一种反映早期市民阶层要求保护私有财产的新思想。

傅山对奴性的批判，是早期启蒙思潮中个性解放的最强音。在他的笔下，维护旧礼教的"腐奴"、充当专制主义帮凶的"骄奴"、依傍程朱的"奴儒"等，统统受到了无情的揭露和批判。他要人们把"奴俗龌龊意见打扫干净"，堂堂正正做人。为了治愈奴疾，他提出了两点要求：一是"觉"。他说"学本义觉，而学之鄙者无觉"（《学解》），"学"如大江大河，要不沉没于江河，就必须有清醒的自我意识和主见。二是要"改"："小底往大里改，短底往长里改，窄底往宽里改，躁底往静里改，轻底往重里改，虚底往实里改，摇荡底往坚固里改，龌龊底往光明里改。"（《杂训》）他还说，要克服"齷齪不出气"即受压迫而又不敢反抗的奴性，不再当"多肉而无骨"的人，就必须破除只知保住自己的"窝"和"囊"的狭隘眼界和利己主义心态，确立"光明取舍之度""四方远大之志"（《窝囊解》）。

傅山看到，要真正扫除奴性，就必须改造造成奴性的社会制度。他主张改变既往的君民关系，变君主在民之上、之前为"下之，后之"（《庄子解》）。他抗议专制礼法使志士仁人不能施展自己的才智和抱负，故诗中有"知属仁人不自由"（《与某令君》）之句。他讴歌恋爱自由，其《方心》诗并序叙述了方姬爱而不得、为爱而死的经过，诗结尾处云："黄泉有酒妾当垆，还待郎来作相如，妾得自由好奔汝"，充满了追求自由的精神。

第二节　颜李学派的人性论和功利伦理思想

颜元（1635—1704），字浑然，号习斋，河北博野人，颜李学派的创始者。19岁中秀才，因家道衰落，亲自"耕田灌园，劳苦淬砺"（《年谱》）。24岁以后以教书为生，读《性理大全》，始信程朱。34岁时居丧尽孝，经家庭之变，方悟"程朱陆王为禅学、俗学所浸淫，非正务也"，从此以"周公之六德、六行、六艺，孔子之四教"为正学，著《存性编》《存学编》《存人编》《存治编》对理学进行批判。45岁（1679年）收李塨为弟子，共同研讨"实学"。今有《颜元集》传世。

颜元的人性论，以"生"或"生理"为核心。他反对程朱关于"性"的玄谈，认为人性就是实有的"生"："'生之谓性'，若以'天生烝民，有物有则'，'人之生也直'等'生'字解去，亦何害？"（《四书正误》卷六）宋儒讲"性即理"，颜元认为，所谓"理"也就是"生理"："宇宙真气即宇宙生气，人心真理即人心生理。"（《习斋记余》卷一）他反对程朱理学关于"天命之性"与"气质之性"的区分，提出"性即气质之性""舍形即无性"的命题，强调"非气质无以为性，非气质无以见性"（《性理评》），批评程朱理学视"至尊至贵至有用"之气质为"累碍赘余"，认为这种观念是从佛教思想中窃取而来。

颜元继承和发展了北宋王安石重视《周礼》"乡三物"（正德、利用、厚生）和南宋事功派学者陈亮"义利双行、王霸并用"的观点，提出了"正其谊以谋其利，明其道而计其功"的新义利观。他说："世有耕种而不谋收获者乎？世有荷网持钩而不计得鱼者乎……盖正谊便谋利，明道便计功，是欲速，是助长；全不谋利计功，是空寂，是腐儒。"（《颜习斋先生言行录》卷下）他认为正义的目的是为了谋利，明道的目的是为了计功，正如耕者谋收获、荷网持钩者计得鱼一样，空谈正义明道，要么是堕入释老的空无，要么便是腐儒。

颜元认为程朱理学和陆王心学都有空疏之弊："原以表里精粗，全体大用，诚不能无歉也。"（《存学编》卷一）天生圣贤，是为了使他们成就社会功业，可是实际情况却与此相反，以两宋为例，出了那么多"圣贤"，却弄得国势愈来愈弱，亡国之祸接踵而来："前之居汴也，生三四尧、孔，六七禹、颜；后之南渡也，又生三四尧、孔，六七禹、颜。而乃前有数圣贤，上不见一扶危济难之功，下不见一可相可将之材，两手以二帝畀金，以汴京与豫矣！后有数十圣贤，上不见一扶危济难之功，下不见一可相可将之材，两手以少帝付海，以玉玺与元矣。多圣多贤之世，而乃如此乎？"他更说到明朝灭亡的惨祸："吾读《甲申殉难录》，至'愧无半策匡时艰，惟余一死报君恩'，未尝不凄然泣下也！"（《存学编》卷二《性理评》）这些话讲得非常沉痛。

颜元认为宋明儒者言心言性的所谓义理之学乃是空疏无用之学，既害国家，又害自身："今天下兀坐书斋人，无一不脆弱，为武士、农夫所笑者，此岂男子态乎！"（《存学编》卷二《性理评》）他更将批判的矛头直指作为理学之集大成者朱熹，痛斥："千余年来，率天下入故纸中，耗尽身心气力，作弱人、病人、无用人者，皆晦庵为之。"（《朱子语类评》）他批评历代统治者以爵禄诱天下于章句浮文之中，造成了天下读书人奄无生气的局面，慨叹"此局非得大圣贤大豪杰，不能破矣！"

颜元认为程朱理学与孔孟之学根本不同：前者蹈虚空谈，后者讲求实用。他以生动形象的语言对陈天锡描述二者区别："请画二堂，子观之：一堂上坐孔子，剑佩、觿、玦、杂玉、革带、深衣。七十子侍，或习礼，或鼓琴瑟，或羽籥舞文、干戚舞武，或问仁孝，或商兵农政事，服佩皆如之。壁间置弓、矢、钺、戚、箫、磬、算器、马策，各礼衣冠之属。一堂上坐程子，峨冠博服，垂目坐如泥塑，如游（酢）、杨（时）、朱、陆者侍，或反观打坐，或执书唔咿，或对谈静敬，或搦笔著述。壁上置书籍、字卷、翰砚、梨枣。此二堂同否？"（《颜习斋先生年谱》卷上）所以，颜元宣称："必破一分程朱，方入一分孔孟。"提出"彼以其虚，我以其实"（《由道》），以"尧舜三事、周孔三物"教人的方针。他说："尧舜之正德、利用、厚生，谓之三事；不见之事，非德、非用、非生也。周公之六德、六行、六艺，谓之三物，不征诸物，非德、非行、非艺也。"（《颜习斋先生年谱》卷下）"义"或"德"必须落实到"见之事""征诸物"上。他崇尚艺能，特别强调"礼乐射御书数"六艺及兵农、钱谷、水火、工虞、天文、地理等学问。他认为"艺精则行实，行实则德成"（《四书正误》卷三），只有"道艺一滚加功"，才能使学问有裨于实用。

颜元在明清之际新的历史条件下继承和发展早已被程朱理学湮没了的李觏、王安石、陈亮等人的功利学说，把自宋以来五百年已成定案的"王霸义利之辨"彻底翻了过来，使其具有了新的历史意义。这新的历史意义虽然难以在颜元著作的字面上寻觅，却寓于明代中叶以后中国社会发展的新动向之中。

思考题：

1. 傅山的个性解放思想的特色是什么？

2. 颜元"习行"思想的主要内容及其理论意义是什么？

第十章　乾嘉学派的方法和思想

乾嘉学派，又称乾嘉汉学或乾嘉朴学。乾嘉学术或分为吴、皖二派，或分为吴派、皖派和扬州学派三派，或认为浙东学派也应包含在内。乾嘉学术的各派学者都有不同程度的思想建树，但最有建树的当推皖派和浙东学派，以戴震和章学诚①为代表；此外，扬州学派的汪中、焦循、阮元的学术思想也有其无可替代的独特性。

第一节　戴震的思想

戴震（1724—1777），字东原，安徽休宁人，出身于商人家庭，"自幼为贾贩，转运千里，具知民生隐曲"（章太炎《释戴》）。20 岁以后，师事江永。1762 年中举。此后以教书和修志为生。1773 年朝廷开四库全书馆，召任纂校，赐同进士出身。主要著作有《原善》《绪言》《孟子字义疏证》等，皆收入《戴震集》。

一、论破除"人蔽"与"己蔽"

戴震之所以提倡考据学，具有十分明确的目的，即破除"人蔽"。所谓"人蔽"，主要是指宋明理学所造成的蒙蔽。他说："宋以来儒者，以己之见，硬坐为古圣贤立言之意，而语言文字实未之知；其于天下之事也，以己所谓理，强断行之，而事情原委隐曲实未能得，是以大道失而行事乖。"（《与某书》）他说宋儒虽然对汉晋学者的注疏都有所袭取，然而，由于他们学问功底不足且缺乏分辨对错的能力，所以古人错了的，却被他们所沿袭；古人对了的，却被他们所抛弃。"人蔽"之祸如此，所以戴震要以科学的考据来证明宋儒之悖谬，让天下人懂得什么才是真正的"古圣贤立言之意"。

戴震强调在破除"人蔽"的同时还要破除"己蔽"。欲破除"己蔽"，就必须讲求治学的科学方法。他说："寻求而获，有十分之见，有未至十分之见。所谓十分之见，必征之古而靡不条贯，合诸道而不留余议，巨细毕究，本末兼察。

---

① 章学诚重视辨章学术、考镜源流，其学术思想和方法不能完全归为"乾嘉学术"，但与乾嘉风气有联系，我们姑将其放入本章。

若夫依于传闻以拟其是，择于众说以裁其优，出于空言以定其论，据于孤证以信其通；虽溯流可以知源，不目睹渊泉所导，循根可以达杪，不手披枝肄所歧，皆未至十分之见也。"（《与姚孝廉姬传书》）梁启超认为，此处所云"十分之见"与"未至十分之见"之分，即科学家之"定理"与"假说"之分。科学的立论，不仅要拿证据来，而且要拿出充足的证据来，否则，就是"未至十分之见"。所以，戴震主张，在证据不足的情况下，宁可阙疑，也不可将假设当作结论。

戴震进而揭露了学者之所以为人所蔽和为己所蔽的心理根源。他指出学者要去除"人蔽"与"己蔽"，就必须克服"名之见"和"私智穿凿"的毛病。他认为"名之见"导致"鄙陋之心"，或者为了一时之名和后世之名，不论是非而去批判前人；或者是为了名而依傍先贤，附其骥尾；前者由好名而终蔽于己，后者由好名而终蔽于人。至于"私智穿凿"者，虽没有前两种鄙陋心态，但由于任一己之私智，蔽于一曲而暗于大理，也会导致"积非成是而无从知"的"己蔽"和"先入为主而惑以终身"的"人蔽"两种后果。因此，戴震告诫人们，科学的学术研究，其价值在于"真"，"知十而皆非真，不若知一之为真知也。"（段玉裁《娱亲雅言序》）以上分析，颇能击中学者的通病，是一剂医治古今坏学风的良药。

二、论"必就事物剖析至微，而后理得"

为了批判宋儒关于"理"的谬说，戴震通过对"理"字作字义疏证，恢复了"理"作为具体事物的"分理"、作为"物之质"和"物之则"的本来意义，引导人们从事关于具体事物的分门别类的科学研究。

他说："理者，察之而几微，必区以别之名也，是故谓之'分理'。在物之质，曰肌理，曰腠理，曰文理。得其分则有条而不紊，谓之'条理'……许叔重《说文解字序》曰：'知分理之可相别异也。'古人所谓理，未有如后儒之所谓理者矣。""就事物言，非事物之外别有理义也。"（《孟子字义疏证》卷上）理在事物之中，是作为认识的对象而存在的。人的任务就是运用其"心知"所具有的认识能力，对事物作细致入微的分析研究，"必就事物剖析至微，而后理得。"（《孟子字义疏证》卷下）这种寻求具体事物道理的认知态度，特别是把分析研究作为基本的认知方法，是科学精神的体现。

戴震对于"分理"的阐说，颇具特色。他认识到"飞潜动植，举凡品物之性，皆就其气类别之"，世上的事物皆可因其品物之性而分门别类地加以研究。

即使是同一类事物，也有分别加以研究的必要。他特别强调"分"的必要性："医家用药，在精辨其气类之殊。不别其性，则能杀人。"他还指出，对于自然事物作分门别类的科学研究，乃是发展社会生产的前提。他说："凡植禾稼卉木，畜鸟兽虫鱼，皆务知其性。知其性者，知其气类之殊，乃能使之硕大蕃滋也。"（《孟子字义疏证·绪言》卷上）所有这些论述，都为分门别类的科学研究奠定了哲学基础。

三、"血气心知"说与新理欲观

戴震从唯物主义宇宙观推导出"血气心知"的人性论。他认为"道"就是阴阳二气的流行："一阴一阳，流行不已，夫是之谓道而已。"与此相应，所谓"性"亦只是人的"血气心知"："言分于阴阳五行以有人物，而人物各限于所分以成其性。阴阳五行，道之实体也。血气心知，性之实体也。"（《孟子字义疏证》卷中）因此，对于人类社会来说，"喜怒哀乐、爱隐感念、愠憞怨愤、恐悸虑叹，饮食男女、郁悠喊咨，惨舒好恶之情，胥成性则然，是故谓之道"（《原善》卷中）。

戴震认为人性中包含着欲、情、知三个方面，"人生而后有欲，有情，有知，三者，血气心知之自然也"（《孟子字义疏证》卷下）。知与情、欲并非对立，而是为"欲得遂""情得达"服务的："由血气之自然，而审察之以知其必然，是之谓理义……就其自然，明之尽而无几微之失焉，是其必然也，如是而后无憾，如是而后安，是乃自然之极则。"因此，"理者，存乎欲者也。"（《孟子字义疏证》卷上）他批评程朱理学家不懂得这一道理，"举凡饥寒愁怨，饮食男女，常情隐曲之感，则名之曰'人欲'……其所谓'存理'，空有理之名，究不过绝情欲之感耳"（《孟子字义疏证》卷下）。程朱之所谓"得于天而具于心"的所谓"天理"，实际上不过是"一己之意见"，"意见所非，则谓其人自绝于理。此理欲之辨，适成忍而残杀工具，为祸又如是也"（《孟子字义疏证》卷下）。在程朱理学的统治下："尊者以理责卑，长者以理责幼，贵者以理责贱，虽失，谓之顺；卑者，幼者，贱者以理争之，虽得，谓之逆……人死于法，犹有怜之者；死于理，其谁怜之！"（《孟子字义疏证》卷上）这是对程朱理学造成的巨大现实灾难的沉痛控诉。

通过批判程朱理学，戴震提出了启蒙者的社会理想。他说："天下之事，使欲之得遂，情之得达，斯已矣！……遂己之欲者，广之能遂人之欲；达己之情者，广之能达人之情。道德之盛，使人之欲无不遂，人之情无不达，斯已矣！"（《孟子字义疏证》卷下）这一使天下人人皆能遂其欲的"公欲"理想，表现了戴震与王夫之等人在理欲观上一脉相承的理论特色。

第二节　章学诚论"六经皆史"

章学诚（1738—1801），字实斋，浙江会稽（今浙江绍兴）人。1778年进士，不愿做官，以讲学、修志为生，曾主修《湖北通志》。著有《章氏遗书》，自选其精要为《文史通义》。他的历史哲学中包含了深刻的辩证法思想的合理内核，表现了巨大的历史感；他的历史辩证法思想与"贵时王之制度"的保守结论，亦很像黑格尔式的方法和体系的矛盾。

在章学诚的学说中，"道"包含两重含义：第一，从共时性的视角看，"道"是体现于特定时代的文明中的活的灵魂；第二，从历时性的视角看，"道"是不以个人的意志为转移的历史规律性。他以人类文明的起源来说明"道"的起源，从而排除了把"道"看作先于天地人而存在的精神本体的唯心主义臆说，把对于"道"的哲学论说建立在人类生活和实践的基础上。

章学诚认为，"道"是在人类生活与实践的过程中逐渐形成的，是"事势之自然"。他说："天地之前，则吾不得而知也。天地生人，斯有道矣，而未形也。三人居室，而道形矣，犹未著也。人有什伍而至百千，一室所不能容，部别班分，而道著矣。仁义忠孝之名，刑政礼乐之制，皆其不得已而后起者也。"（《原道上》）"道者，非圣人智力之所能为，皆其事势自然，渐形渐著，不得已而出之。"（《原道上》）众人在其"不知其然而然"的生活与实践中形成的社会法则就是"道"，"道"深藏和体现于人民的生活中。

"道"的演变同样是一个自然历史过程。对此，章学诚提出了"理势之自然"说。他说："法积美备，至唐、虞而尽善焉；殷因夏监，至成周而无憾焉。譬如滥觞积而渐为江河，培塿积而至于山岳，亦其理势之自然；而非尧、舜之圣，过乎羲、轩，文、武之神，胜于禹、汤也。后圣法前圣，非法前圣也，法其道之渐形而渐著者也"（《原道上》）。他以历史事实说明，道并不是一成不变的，不同的时代有不同的治国方略，这些不同的治国方略就是顺应"道"的变化而产生的。

经学的传统见解是，"六经"为载道之书，所谓"道"或圣贤之"理义"皆毕具于"六经"。自顾炎武至戴震亦皆认为"经学即理学"，"训诂明而后义理明"。而章学诚则从纵观历史发展的更高层次上对上述观点提出了挑战，用"六经皆器""六经皆史""经之流变必入于史""事变之出于后者，六经不能言"一整套论证来说明"宗史"的必要性，用"因史见道"的新方法来代替"通经明道"的旧方法。

首先，"六经皆器""六经皆史"。章学诚指出："道不离器，犹影不离形。后世服夫子之教者自六经，以谓六经载道之书也，而不知六经皆器也……夫子述六经以训后世，亦谓先圣先王之道不可见，六经即其器之可见者也。"（《原道中》）把所谓"六经皆器"的命题具体化，即："六经皆史""六经皆先王之政典。"（《易教上》）他说："三代学术，知有史而不知有经，切人事也；后人贵经术，以其即三代之史耳；近儒谈经，似于人事之外别有所谓义理矣。"（《浙东学术》）他通过把六经还原为上古史料，来打破对于古代经典的崇拜，指出："六经初不为尊称。"（《经解下》）"古无经史之分，圣人亦无私自作经以寓道法之理。六经皆古史之遗，后人不尽得其渊源，故觉经异于史耳。"（《丙辰札记》）

其次，章学诚认为"六经"之道是可以通过章句训诂去阐发的，但"六经"以后的"器"或"史"中所包含的"道"就不是通过解释"六经"所能说明的。他说："事变之出于后者，六经不能言，固贵约六经之旨而随时撰述，以究大道也。"（《原道下》）因此，"经之流变必入于史"，"六经"以后的"道"只能通过研究"六经"以后的"器"或"史"来发现。所以他反对"宗经而不宗史"，认为"守六籍以言道，则固不可与言夫道矣"（《原道中》）。"道"不只是"六经"中所展示的上古三代的"道"，而是从过去发展到现在、从现在延伸到未来的"道"。但他并没有把"因史见道"的辩证法思想贯彻到底，相反却得出了"贵时王之制度"的保守结论。

最后，章学诚继承晚明以来学者重视诸子百家学说的思想并加以发展，认为诸子皆出于"六经"，是从不同方面对"道体"的阐发。他说："诸子之为书，其持之有故而言之成理者，必有得于道体之一端，而后乃能恣肆其说，以成一家之言也。"（《诗教上》）他认为独尊儒术后诸子学说并未消失，唐宋八大家乃是诸子之遗："韩愈之儒家，柳宗元之名家，苏洵之兵家，苏轼之纵横家，王安石之法家，皆以生平所得，见于文字，旨无旁出，即古人之所以自成一子者也。"（《校雠通义·宗刘》）他总结说："盖百家之言，亦大道之散著也，奉经典而临治之，则收百家之用；忘本源而厘析之，则失道体之全。"（《校雠通义·汉志诸子》）他的论述，隐然承续黄宗羲之所谓"圣贤之血路，散殊于百家"的观点，说明他亦初步具有多元开放的文化心态。

第三节　汪中、焦循、阮元的学术思想

一、汪中的学术思想

汪中（1745—1794），字容甫，江都人（今江苏扬州江都区）。他出身于贫苦书生家庭，7岁丧父，靠母亲替人缝鞋补衣维持一家四口生计，饥寒交迫，不能入塾读书，由母亲抽暇教他识字，14岁时入书铺为佣工，"助书贾鬻书于市"，刻苦自学而遍观经史百家，以文章宏丽渊雅而倾动士林。20岁中秀才，却屡应乡试不中，靠做幕宾和校书来维持生活。著有《述学》等。

汪中最有开拓性的学术贡献是对《墨子》思想的研究。他在《墨子后序》中指出，墨子学说的产生乃是救世的需要，是墨子"学焉而自为其道"的独创。其尚贤尚同、节用节葬、非乐非命、尊天事鬼、兼爱非攻等主张，都是针对当时社会的弊病而提出的。孟子说"墨子兼爱，是无父也"，是过分的诬妄。对于墨子在《非儒》中对孔子的攻击，汪中辩护说，"立言而务以求胜"是百家争鸣时期的正常现象，当年孔墨是平等的，墨子攻击孔子出自道不同不相为谋。今人以孔子为"至圣先师文宣王"，但在墨子眼中，孔子不过是一个与自己地位相当的人。汪中认为墨子是一位真诚同情人民的苦难、以救民于水火为己任的仁人志士，并为墨学中衰而深感惋惜。

汪中继承了戴震对程朱理学"以理杀人"的批判，通过古礼考证来阐发自己的伦理思想。在《女子许嫁而婿死从死及守志议》一文中，他明确表示"恶人以死伤生"，反对夫死殉节，揭露程朱理学"饿死事极小，失节事极大"说教的非人道性质。在《释媒氏文》中，他通过对古礼的发挥，表达了男女婚姻自由的思想："其有三十不娶，二十不嫁，虽有奔者不禁焉"。章学诚对汪中这一观点不满，说："男女婚姻失时而即许淫奔，虽衰世犹无其法，而《周官》有此法乎？"从而告诉人们：汪中不是阐明经义，而是在讲他自己的独见。

汪中还有一些表达其人道主义思想的直抒胸臆之作。在《经旧苑吊马守真》中，他盛赞马守真是一位百年千里不可多得的才女，其才华超过班婕妤和蔡文姬，但道学家却"责之以死"，社会又对她摧辱至极。由此联想到自己，"顾七尺其不自由兮，倏风荡而波沦；纷啼笑其感人兮，孰知其不出于余心？"他还有一篇《哀盐船文》，叙乾隆三十五年十二月十九日屯泊在仪征江南的官办运盐船队失火，焚死溺死船工 1400 余人、毁船 130 余艘的悲惨事件，抗议官府视人命如草芥的罪恶。杭世骏比之为"变雅"，称其"惊心动魄，一字千金"。

二、焦循的学术思想

焦循（1763—1820），字里堂，江苏甘泉（今江苏扬州）人，16 岁入扬州安定书院，1801 年中举，但无意仕禄而潜心著述。著有《雕菰楼易学三书》《易通释》《易图略》《易章句》《孟子正义》《论语通释》《雕菰集》等书。

焦循将"性灵说"引入朴学研究，鲜明地提出了"无性灵不可以言经学"的命题，主张"以己之性灵合诸古圣人之性灵，并贯通于千百家著书立言者之性灵"，倡导"天下之知觉自我始"的个性自觉与学术自觉。他提出了以作为述、述寓于作的观点，认为"圣人之道，日新而不已"。他反对以是否讲求义理为标准来强分汉宋、"以义理归之宋"的传统观念，以戴震由训诂以明义理的事实为例，明确论定朴学也有义理。

焦循的"易学三书"，既重"由辞以通道"，更重数学的实测和逻辑方法的运用。他治《易》的主要心得皆来自数理实测，是"以测天之法测《易》"所取得的成果。他把"天"和《易》皆看作科学研究的对象，"天"是自然之天，故可用数理科学实测之；《易》是古人仰观俯察、类万物之情的结果，亦可用数理科学来实测之。他把《易》学建立在数理科学的基础上，发明"旁通""相错""时行"之义，提出了一些前无古人的新见解。

焦循对"一以贯之"的解释，有"兼容并包"的意义。他深知人的认识能力的局限性，一个人可能"知此不知彼"，而他人则可能"知彼不知此"，因而主张以兼容并包的胸怀去容纳不同意见。他极力打破两千年来儒学独尊在学者中形成的狭隘心态和传统偏见，极力申说"九流诸子，各有所长"。他批评儒家的道统论，认为"有统则仍执一无权"，"凡执一皆贼道"，提出了"竞设异端，百家互起"方能"相观而善"的观点。

焦循推崇戴震的哲学思想，自云"循尝善东原戴氏作《孟子》字义证，于理道天命性情之名，揭而明之如天日"。他把人性看作自然赋予的物质欲求和精神潜能，把传统的先天道德论的性善论改造成为"能知故善""能行故善""能移故善"的后天知行努力。他继承了戴震"以情絜情"的思想，把教人"彼此相与以情"看作"伏羲以来圣圣相传之大经大法"，把"旁通情"看作平息社会纷争的必要条件。

三、阮元的学术思想

阮元（1764—1849），字伯元，号芸台，江苏仪征人，1789 年进士，官至体仁阁大学士。他任浙江巡抚时立诂经精舍，任两广总督期间设学海堂，并广延同时代的学术大师，共同编纂大型典籍，如《经籍纂诂》《畴人传》等。代表其学术成就的主要著作是《揅经室集》。

阮元论学，特重一个"达"字。他作有《释达》一文，首先证明"达"为圣贤道德之始，继而证明古人最重达，且恒言达，进而证明"圣"即"通"，"通"即"达"。所谓"智类通明""通达物理""博达众务、庶事尽通"，既是圣贤的标准，也是成为圣贤的途径。他认为"达"乃兼体用而言，具有经世致用、"所行事功及于家国"的意义。他以"通儒"的气概，主持编纂《经籍纂诂》，集乾嘉学者由训诂以通经义的成就之大成。

对于中西天文历算之学，他主张"融合中西，归于一是"（《里堂学算记序》）。他主编的《畴人传》，为 243 位中国数学家和 37 位西方数学家作了传记。为了使天文历算在中国成为纯正的科学，无论是"太史""佞臣"妄占星气，还是"河洛邵蔡"的迷信，统统被他拒斥于这部科学史之外。他认为研究数学，通晓几何，在于把握其"精意"，"深推其理"，即掌握形式化的公理演绎方法。当然，阮元也有其局限性，如批评哥白尼的"日心说"，赞扬古代圣人"但言其当然而不言其所以然"等。

阮元在考据学上的特点是善于运用文化史还原的方法。例如其《释矢》一文，从先民的生产活动去考察语言的起源，说明人类的发声与使用劳动工具时的感觉及所获得的劳动成果有密切的关系。其《商周铜器说》一文，从古代遗存的"器"去考察古代社会生活的"道"，揭示了道器同出一源的社会历史真相和孔子所谓"唯器与名不可以假人"的秘密。他还善于从古人所经常使用的"最要之字"来考察其思想观念。如《性命古训》一文，说明"礼"的核心价值观念是统治者的威仪显示。

阮元善于通过字义诠释来发挥自得义理。他以"圣贤实践之道"释"格物"，使格物不再是程朱式体认天理的途径。以"纤微无物不贯"释"心"，使"心"从陆王的虚灵本体转化为面向经验世界的认识能力。他广泛搜罗古代经籍中论"性"的语词加以比较，使人们明了"性"字在古经中的含义，对摒欲于性之外的观点进行了批判。这些见解既有很高的学术品位，也具有思想的深刻性。

思考题：

　　1. 戴震如何论述破除"人蔽"与"己蔽"？其理论意义是什么？

　　2. 说明章学诚"六经皆史"说的主要内容及其理论意义。

第十一章　明清之际的宗教思想

明清之际儒释道三教会通出现新的形式，即以"心"和"理"为焦点，寻求更多学理上的沟通；同时，伊斯兰教义思想与儒学相互诠释和融合也取得了一定的成果；天主教传教士和士大夫在交流中，开启了天主教教义、西学思想和儒家思想的对话。

第一节　晚明三教会通的思想

儒释道三教合一的传统由来已久，晚明时期的融合更趋明显和深化。王阳明是明代中后期为数不多的有辟佛言论的人之一，但他批判佛教也仅限于佛教的社会作用方面，在思想上则受佛教影响乃至着意于融通儒释，他甚至以《六祖坛经》做教材。王畿以心性之学为标准来划分正统与异端，而不囿于三教门户，认为"吾儒之学与禅学、俗学，只在过与不及之间"（《自讼长语示儿辈》），并无本质的区别。"卓吾李老合和儒释"（李中黄《逸楼四论·论禅》），焦竑更直截了当，云"释氏诸经即孔孟之义疏"（《答耿师》）。同时期的管志道、林兆恩、何心隐等人的学术路向也基本相似，其中林兆恩尤为典型。

林兆恩由儒家的三教合一论者发展为自创的"三一教"教主。其三一教认为，三教都陷于迷途：儒教病在支离，佛教病在坐禅，道教病在运气。他认为三教之道同归而一致，即所谓的"道一教三"。当然，林兆恩的三一教其实是以儒为本而兼融佛道二教的宗教，他认为孔子之道最切合于寻常的百姓日用。

儒家学者推扬三教合流的学说，受到了佛教丛林的呼应，以明代四大高僧为例，他们无不以三教合一作为论佛宗趣。袾宏作《儒释和会》《儒佛交非》《儒佛配合》，虽然其表述不及焦竑那样率尔直言，但认为"禅宗与儒典和会"是"聪明人"所为。他指出，佛虽主出世而疏远家国天下，但因劝俗人"改恶修善"而能"阴助王化之不及"；儒主治世，虽理论有所不足，但能以法惩治不受清规约束的僧人，故又能"显助佛法之所不及"。关于三教之间的关系，他认为三教"理无二致，而深浅历然；深浅虽殊，而同归一理。此所以为三教一家也"（《三教一家》）。真可也认为三教同源，说三教"门墙虽异本相同"（《题三教图说》），主张会通儒释。他曾将儒家的仁义礼智信"五常"说成是"人人本自有"的"五如来",要求人们皈依礼敬"五常"而成就佛果。德清则说:"为学有三要:所谓不知《春秋》,不能涉世,不精老、庄,不能忘世;不参禅,不能出世。"(《学要》)强调"三教圣人,所同者心,所异者迹也"(《道德经解发题·发明归趣》)。他不但精研佛理,而且博通儒道。除佛学著作之外,还撰有《大学纲目决疑》《大学中庸直解指》《春秋左氏心法》《老子道德经注》《庄子内篇注》等。

在道教方面,明代著名道士张三丰说:"窃尝学览百家,理综三教,并知三教之同此一道也,儒离此道不成儒,佛离此道不成佛,仙离此道不成仙。"(《大道论》上篇)他将内丹学看成融合三教的最好的修炼方法,是"仙佛圣凡同具同证。"道教伍柳派的代表之一柳华阳则在阐述丹道时,首先将《周易》作为其源头,并援引孟子、邵雍等儒家学者的思想作印证,并且注意将丹道法则与佛教禅宗法则相互印证,在《禅机赋》中将佛道融为一体。

明清之际三教合一思潮的兴起与阳明学的流行不无关系。同时,儒者公开倡论三教合一,也促进了佛教的发展。三教互通,尤其是心学与禅学交互作用,共同产生了冲破程朱理学禁锢的效用。陶望龄说:"今之学佛者,皆因良知二字诱之也。"(《辛丑入都寄君奭弟书》之十)心学与禅学并无本质区别,王阳明自己就曾直言不讳地说过:"夫禅之学与圣人之学,皆求尽其心也,亦相去毫厘耳。"(《重修山阴县学记》)李贽也认为王学与佛教互通不碍,他说:"阳明先生曰:'满街皆圣人。'佛氏亦曰:'即心即佛,人人是佛。'"(《焚书》卷一《答耿司寇》)

三教合一思想对晚明文人产生了深刻的影响,他们大多三教兼综。袁宏道认为"一切人皆具三教"(《德山麈谭》)。袁中道说:"道不通于三教,非道也。"(《示学人》)这种兼综的特色,深刻影响了他们的生活态度和创作实践。晚明文学中的"性灵说""尚情论"在与正统思想背离这一点上,与禅宗离经慢教的精神颇有相似之处。

第二节 "以儒释回"及回回理学的特点

明清之际,中国回族中一批有伊斯兰与儒家双重文化背景的知识分子,亦即"回儒",在伊斯兰哲学的基础上,受儒学尤其是宋明理学的影响,展开了阐述伊斯兰教教义和思想的汉文著述活动,被称为"以儒诠经""援儒入回""以儒解回"。他们创造出来的具有伊、儒融合特征的学术体系，可称为回回理学。①　其中最为突出的当数王岱舆、刘智。而此前的胡登洲开展的经堂教育，则为他们以儒诠经活动和回回理学的形成奠定了基础。

胡登洲（1522—1597），字明普，经名穆罕默德·阿卜杜拉·伊勒亚斯，回族，陕西渭南人，是中国伊斯兰教经堂教育的开创者。胡登洲在明代伊斯兰教衰微之时，追随域外来华的经师，广为游学，坚持"儒伊并重"，寻求"贯通一家"。他不但具有高深的伊斯兰教学养，而且具有一定的儒学修养。据《经学系传谱》记载，胡登洲在学习伊斯兰经学时，"谋习儒学，贯通一家"。胡登洲不但在家设帐讲学，而且将学校移到清真寺之中，逐步形成一种教育制度。他为伊斯兰教教育的民族化走出了重要的一步。伊斯兰教的汉文译著活动的参加者基本都是经堂教育培养出来的人才，多是胡登洲的嫡传弟子。

回回理学虽然受到儒家以及理学思想的影响，但与一般的理学不同，其中最显著的特点是作为宗教理论的造物论思想源于伊斯兰教对真主的信仰。回回理学家们坚持了《古兰经》中的创世思想，但他们又吸收了儒家无极太极、动静、阴阳、五行等范畴，将其糅合为一。他们认为，天地万物是唯一真实的存在，即真一显现而有。但真一首显则是无极太极，这是第一被创造物。

与回回理学的造物论相关，其本体论也体现了伊儒相兼的特色。如，刘智在伊斯兰四行的基础之上，又加入了儒家五行学说中的金与木，共同参与宇宙生成过程之中。他们在坚持伊斯兰教造物论的前提之下，认为世界本身是由理与气构成的，承认理与气都是"万有之宗"。同时，还吸收了儒家的心物、道器等范畴，构建其回回理学体系。回回理学家们的基本思想路径是：造物主最具先验特征，次为理，再次为气。他们的伊儒融合乃先伊而后儒。

在伦理学方面，由于伊斯兰教与儒家文化中都具有丰富的道德伦理思想，因此，回回理学家们也都高张道德的旗帜，如梁以浚说："宇宙间君臣、父子、夫妇、昆弟、朋友之伦，诚意、正心、修身、齐家、治国、平天下之道，理尽义极，无复漏遗，至正大中，绝去偏颇，非此则人道不全，治法不备。"（《正教真诠·叙》）而刘智在《天方典礼》中用大量篇幅论述了"五典"说，内容其实就是儒家的"五伦"，只不过将其置于"安拉创世"的起点之下，将"五典"也归于安拉所创，并将夫妻之伦放在首位而已。

----

① 自元以来，中国史籍多用"回回"一词泛称伊斯兰教的信仰者。"回教"亦称"回回教"，系伊斯兰教在中国的旧称。此处"回回理学"为学术概念。

回回理学是伊儒合璧的产物，它既有伊斯兰教信仰主义的特征，也有儒家的圣人观念和天人合一的思想。在他们看来，顺主与忠君，赞主与赞圣，拜主与孝亲，感主与济人，都是一致的，互不相碍，不得偏废。回回理学是回族发展史上重要的文化创造，它以伊斯兰文明为本，儒家文化为用，两者相互兼济。回回理学与此前的经堂教育共同成为回族文化的重要标志。同时，它还是中国文化宝库中一个颇具特色的组成部分。它既是中阿与汉回文化交流的产物，又对这种交流产生了新的推动作用。

第三节　天主教的传入与中西思想交流

在 16 世纪以前，基督教曾两度传入中国，一次是唐代中叶传入的景教，流行仅数十年即告衰落。第二次是横跨欧亚大陆的蒙元大帝国时期，随着元朝覆亡又告中断。16 世纪末西方传教士纷纷东来，带来了持续一个多世纪的西学东渐。

为了使中国人信奉基督教，以利玛窦为代表的耶稣会传教士采取了"适应"政策，制定了"合儒""补儒""超儒"的传教方针。利玛窦把他的传教政策建立在"三重性的偏爱"之上："偏爱儒教而非佛教，偏爱古代儒教而非当代儒教，偏爱自然的理性而非异教徒的宗教性。"[1] 利玛窦的《天主实义》、庞迪我的《七克》，就是系统宣传基督教义的代表作。

为适应中国学者渴求新知识的特点，利玛窦采取借科学知识以扩大其影响的办法。为此，他们带来了西方的许多自然科学知识，如世界地图，欧几里得几何学，托勒密、第谷、哥白尼三大天文学体系，伽利略的地圆说和地动说，气象学知识，生理学知识等；带来了西方的许多技术发明，如望远镜、铳炮、西药和各种机械的制造技术等。此外，他们还带来了西方的"建学育才"之法，如 1623 年出版的艾儒略《西学凡》一书，介绍了西方的大学教育，文学、哲学、法学、医学各科莫不粲然具备。

传教士带来的新知识引起了不少人的兴趣。惊奇于"坟典丘索之外别有秘籍"（高一志《斐禄答问》，毕拱辰《序》），出于探求新知识的热情，不少著名学者都与传教士交往，如李贽、徐光启、李之藻、杨廷筠、叶向高、王徵、韩霖、瞿式

---

[1] 谢和耐：《论利玛窦在中国的皈化政策》，转引自《利玛窦中国札记》法文本，1978 年版序言。

耕、方以智等。一些中国学者皈依了基督教，其中，徐光启、李之藻、杨廷筠被称为"天主教在华三柱石"。

徐光启于 1603 年受洗入教。他与毕方济合作翻译了专门讲述基督教哲学灵魂学说的《灵言蠡勺》一书。利玛窦的《天主实义》、庞迪我的《七克》等著作，在出版前都经过他修改润色。由于对西方历史缺乏了解，他完全相信了传教士宣扬的基督教"治化之迹"，认为基督教"可以补益王化，左右儒术，救正佛法"（《辨学章疏》）。他甚至断言："若崇信天主，必使数年之间，人尽为贤人君子，世道视唐虞三代且远胜之。"（《与乡人书》）

李之藻于 1601 年结识利玛窦，1610 年受洗入教。他在《译〈寰有诠〉序》中表达了虔信基督教的心情："鞿鞧灵明，既甘自负，更负造物主之恩，且令造物主施如许大恩于世，而无一知者，则其特注爱于人类，亦何为也！"他与传教士共同翻译西方哲学著作，特别是《名理探》和《寰有诠》这两部书。他还认为基督教伦理有助于改变中国人的纳妾"颓俗"。与徐光启一样，他之所以皈依基督教，是"企图从这里寻找一种美好的文明景象"[①]。

杨廷筠，字仲坚，号淇园，浙江仁和（今杭州）人，1592 年中进士，曾任苏松巡按、南畿督学等职，1611 年受洗入教。著有《代疑编》等书。他主张"取西来天学与吾儒相辅而行"，认为中学西学皆根源于"天命之性，厥赋惟均"（《〈绝徼同文记〉序》）的共同人性。他认为在人性论方面，西方哲学关于世间万物唯有人具有自由意志的观点可以弥补儒学的不足。他把基督教的博爱学说与儒家的"仁者爱人"、墨家的"兼爱"相会通，来阐述超越传统的等差之爱的博爱精神。他还十分重视基督教伦理关于"德义之爱"和"灵性之爱"学说，认为这对于提升中国人的精神生活品质具有积极意义。

在明清之际中国学者与西方传教士的对话中，传教士宣传的"以实有为贵，以虚无为贱""理卑于人""人之异于禽兽者非几希""上帝面前人人平等"等观念，对于明清之际的早期启蒙思潮产生了一定的积极影响。

由于传教士内部某些人（如龙华民、利安当等）不尊重中国人的祭祖、祭孔等风俗习惯，以及罗马教廷对中国主权的横加干预，同时也由于清政府意识到西学的传播不利于维护其统治，因而在 18 世纪初采取了驱逐西士并禁教的措施，遂使延续一个多世纪的中西文化交流陷于中断。但西学的影响并未完全消除。"江永、戴震之徒，则非但涉猎其历数之学，且研究其心性，而于彼教中之大义真理，

---

① 侯外庐：《中国思想通史》第 4 卷（下），人民出版社 1960 年版，第 1204 页。

默契冥会，时窃取之，以张汉学之帜，而与宋儒敌，今其所著之书可按也。"①

　　明清之际的中西文化交流，是一个双向流动的过程。近代以来，中国的四大发明推动了资本主义的文化教育、航海开拓、经济贸易等；特别是 16 世纪以降，步当时的世界交流新浪潮，以耶稣会士为主体的西方传教士、商人、使节和旅行者在中国文化中发现了更多有意义的成分，除了四大发明之外，他们开始向西方系统介绍中国文化中比较深层次的东西，诸如经典、哲学、史学、宗教、伦理、政治、法律、文学艺术等，18 世纪法国曾出现持续一个世纪的"中国热"；西方很多知识精英的思想曾受到中国观念的影响，例如伏尔泰、魁奈、莱布尼兹、马勒伯朗士等；英国文官制度的形成借鉴了中国科举和官僚制度；诸如此类不胜枚举。

思考题：

　　1. 简要说明明清之际三教会通思潮。

　　2. 晚明西学东渐在中西文化交流史上具有什么意义？

---

① 邓实：《古学复兴论》，《国粹学报》第九期。

第十二章　明清之际的科学思想

资本主义萌芽的生长必然带来一个"天工开物"的新时代。16—17 世纪，一部分先进的中国读书人，以朦胧的历史自觉顺应了这一新的时代要求。这一时期中国产生了很多著名的自然科学家和科学著作，从他们的思想中可以看出传统思维方式逐步变革的轨迹。

第一节　李时珍、朱载堉、徐弘祖、宋应星的科学思想

一、李时珍"窥天地之奥而达造化之权"

李时珍（1518—1593），字东璧，号濒湖，湖北蕲春人，出身医学世家，14 岁中秀才，但三次乡试均未中举，于是继承父业，专攻医学。他发现前代本草药物分类不详，名目错讹，不少新药有待补录，乃有重修本草之志。他从 35 岁起开始进行这项工作，遍走中南数省，采集标本，求教民间，披阅八百余种文献，历时 27 年，三易其稿，终于在 1578 年撰成《本草纲目》一书。

《本草纲目》打破了本草学中流传上千年的"三品"分类法，对药物加以合乎科学的自然分类。全书分十六部，每部下又详分为若干类，如"草部"有山草、芳草、隰草、蔓草、毒草、水草、石草、苔、杂草九类，使其更接近科学的分类系统。书中正文首标正名为纲，将同类各部分列为目，继以"释名""集解"，说明各药别名、产地、形态、采集方法，更以"正误"考订品种真伪和历代文献记载，"修治"栏说明药物炮制，而"主治""发明"和"附方"各栏则详述药物性能和功用。全书纲举目张，层次清晰，"博而不繁、详而有要"，表现了李时珍严谨的科学精神。

中国传统医学多与道教思想相结合，而李时珍则极力使医学摆脱宗教束缚。《本草纲目》一书对陶弘景、葛洪、孙思邈等都有批评。他特别憎恶服食求仙之说，指出所谓"丹砂化为圣金，服之升仙"的说法乃是秦皇汉武时方士传流而来，"岂知血肉之躯，水谷为赖，可能堪此金石重坠之物久在肠胃乎？求生而丧生，可谓愚也矣"（《本草纲目》卷八）。他对古代医学成就的批判继承和总结，更表现了追求真知的科学精神。他指出："天地之造化无穷，人物之变化亦无穷……肤学之士，岂可恃一隅之见，而概指古今六合无穷变化之事物为迂怪耶？"（《本草纲目》

卷五二）"古今之理，万变不同，未可一辙论也。"（《本草纲目》卷十八）

李时珍注意到科学认识发展的三种情形：一是古人已知而后人不复知，二是古人和今人各认识事物属性的某一方面，三是古人未认识而后人有认识。因此，他既注重发掘古代本草学的成就，又注重将古今人对事物不同属性的认识加以概括总结，更注重对古人未认识的事物及其道理作新的探索。他强调认识自然规律的重要性，认为只有对病因和药性及其相互作用形成深刻认识，才能洞悉生理、病理和药理，"非窥天地之奥而达造化之权者，不能至此"。在李时珍对药物学和辩证施治的论述中，占主导地位的已不是朦胧直觉，而是经验的实证和辨析的理性，展示了近代科学的曙光。

《本草纲目》于 1596 年刊刻问世，1607 年传入日本，1735 年法文摘译刊于巴黎，旋即被转译成英、德、俄文。达尔文在论证生物进化论和物种变异学说时，引证了《本草纲目》，誉之为"中国古代的百科全书"。李约瑟指出："无疑地，明代最伟大的科学成就是李时珍的《本草纲目》。""李时珍在和伽利略-维萨留斯的科学运动完全隔离的情况下，能在科学上获得如此辉煌的成就，这对任何人来说都是难能可贵的。"[1]

二、朱载堉论"天运无端，惟数可以测其机"

朱载堉（1536—1611），字伯勤，号句曲山人。明仁宗朱高炽的第六代孙，郑王世子。1591 年其父去世后，他坚决放弃王位继承权，献身文化事业。著有《律学新说》《律吕精义》《算学新说》《律历融通》等科学著作。

以数学来总结自然科学研究的成果，是朱载堉的科学方法与传统方法相区别的最重要的特征。他认为"理"必须通过"数"的研究才能得到明晰的阐发，主张学者必须具备数学知识，用精确的数学语言、严密的推导来揭示自然奥秘，总结科学成果。他指出："理由象显，数自理出，理数可相依而不可相违。凡天地造化，莫能逃其数。"（《律历融通》卷四）"天运无端，惟数可以测其机；天道至玄，因数可以见其妙。理由数显，数自理出，理数可相倚而不可相违，古之道也。"（《圣寿万年历》卷首）他认为离开了数学的量化和合乎逻辑的推导，所谓自然之理不过是"臆说"。

朱载堉将数学方法运用于音律学的研究，指出："夫音生于数者也，数真则音无不合矣。若音或有不合，是数之未真也。"（《律学新说》卷一）音是自然之音，

---

①　李约瑟：《中国科学技术史》第 1 卷，科学出版社 1990 年版，第 148 页。

要制作出与自然之音相合的律管就必须通过数学的计算，计算精确才能与自然之音相合；不合则是由于"数之未真"，即计算不精确的缘故。正是通过将数学方法引入音律学研究，他将音乐的八度分为十二个相等的半度，并完美地计算出十分精确的十二平均律的每一个音，总结出十二平均律的科学计算公式及其原理。至今全世界都在使用他的这一科学发明，没有人能够超越他。

在朱载堉之前，天文学家都根据传统的"天人感应"说，把历法的误差归结为天体"失行"，即天体突然偏离其正常运动的轨道，根本原因是人间伦理政治的得失。朱载堉批评道："窃谓此言过矣。苟日度失行，当如岁差渐渐而移，今岁既已不合，来岁岂能复合耶？盖系前人所测或未密耳，非日度变行也。"（《圣寿万年历》卷四）他批评了儒家"天人感应"的灾异谴告说，指出"日月之食于算可推而知，则是数自当然"，"固皆常理，实非灾异"；日月运行的"舒亟之度乃数使然，非由人事之应。"（《律历融通》卷四）他认为要制定出精确的历法，只有借助于高精密度的仪器，通过观测取得准确的数据，作精确的计算。

朱载堉的科学思想，已经对"缘数以寻理"的科学方法作了相当明确的表述，比徐光启和利玛窦合作翻译《几何原本》以后学者们趋向"缘数以寻理"的科学方法要早十余年。这一事实充分说明，即使没有西学东渐，中国的先进学者也能铸造出自己的科学新工具。

三、徐弘祖"直抉鸿蒙来未凿之窍"

徐弘祖（1587—1641），字振之，号霞客，南直隶江阴（今属江苏）人，是中国明代伟大的旅行家和地理学家。在中国历史上曾经产生过许多著名的旅行家，但像徐霞客这样主要是由科学兴趣所推动的旅行考察，却亘古未有。

徐弘祖对科举不感兴趣，"特好奇书，侈博览古今史籍，及舆地志、山海图经，以及一切冲举高蹈之迹"（陈函辉《徐霞客墓志铭》）。亦"不喜谶纬术数家言"，谓："昔人志星官舆地，多承袭傅会。"（钱谦益《徐霞客传》）他从 22 岁开始出游，一生中遍访全国名山大川，海隅边陬，走遍了明代的两京十三布政司，途中经历了说不尽的艰难困苦，风餐露宿，历深履险，三次被盗，多次绝粮，却丝毫也没有动摇他的意志。"峰峰手摩足抉"，处处细心观察，边走边依岩作记，一日千言或两三千言，最后汇成了《徐霞客游记》这部千古奇书。

徐弘祖在地理学上的突出成就之一是对岩溶地貌的研究和对江河源流的考察。他系统考察了从湖南到滇东磅礴数千里的石灰岩溶蚀地貌，对其分布状况、形成原因、地区差异等作了科学的说明。近代科学技术实测的结果，证明他的记录十分精确。根据实测，他否定了出自《禹贡》的"岷山导江"之说，第一次论证了金沙江才是长江之源；他破除陈说，弄清了三分石下水分三流，皆入湘江，与两广无涉。

徐弘祖的科学精神不仅表现在对经验事实的重视，而且还表现在对自然现象给出"所以然"的推理。在水文方面，他对河流的流速与流程的关系、河水的侵蚀作用、喷泉发生的原因等作了科学的解释。在气象研究方面，他探讨了影响气候的诸要素，如地理位置、海拔与气温的关系等。在对各地物产的考察方面，他探讨了各地特有植物的地理分布与环境、气候的关系。近人丁文江把徐霞客看作中国近代地质学的开山，"朴学之真祖"①。英国著名科学技术史家李约瑟也说："他的游记读来并不像是十七世纪的学者所写的东西，倒像是一位二十世纪的野外勘测家所写的考察记录。"②

四、宋应星与《天工开物》

宋应星（1587—1666?），字长庚，江西奉新人。1615 年中举，曾任江西分宜教谕、福建汀州府推官、南京亳州知州等职。1644 年弃官回乡，后曾仕南明。所著《天工开物》一书，初刊于 1637 年。现存的其他著作有《野议》《论气》《谈天》等。

在《天工开物》序言中，宋应星表达了他决心冲破传统束缚，把治学方向引向科学技术，引向生产实践的新思路。他愤然写道："丐大业文人，弃掷案头。此书于功名进取，毫不相关也。"公开声明：这本书不是供仕进升官用的，也不希望得到所谓"大业文人"的青睐。他讽刺正统儒家假充"博学"，揭露其玄谈缺乏经验根柢："枣梨之花未赏，而臆度楚萍；斧斨之范鲜经，而侈谈莒鼎"，就像"好图鬼魅而恶犬马"的画工那样脱离实际。他批评"圣之时也者"的儒生们出于"进身博官"的需要，有时也会侈谈科技，但其根本弊病就在于"未必亲由试验"。

与正统儒家相反，宋应星重视科学技术，尊重劳动人民的智慧和创造，亲身参加科学实验活动。他提出了"天工开物"的思想，主张发挥人的主观能动性去认识自然，用技术开发自然。他认为天是无意志的自然的天，是可以研究、可以认识、可以议论的，历代的星官、太史制定历书已这样做了，只是儒道佛诸宗把天神秘化了。他表示不怕他们的围攻："既犯泄露天心之戒，又罹背违儒说之讥，

---

① 丁文江：《重印徐霞客游记及新著年谱序》，徐弘祖著、朱惠荣校注：《徐霞客游记校注》，云南人民出版社 1995 年版，第 1307 页。
② 李约瑟：《中国科学技术史》第 5 卷，科学出版社 1990 年版，第 62 页。

然亦不遑恤也。"（《谈天·序》）他通过对日食原理和历史记载的分析，批判了儒家的天人感应论。他还在 1637 年写的《论气》一文中论述了关于物质不灭的一些初步思想。

宋应星认为，认识自然的目的是为了开发自然，创造出对人类有益的事物来为人类服务，这就要发挥人工技巧的作用。他称赞纺织工人具备了如同天上织女一般的技巧："凡工匠结花本者，心计最精巧……天孙机杼，人巧备矣。"（《天工开物·乃服·结花本》）他强调实验对认识事物和技术创造的重要性，认为凡事"皆须试见而后详之"（《天工开物·佳兵·火药料》）。他自己正是通过深入实际，实地观察，调查研究，"穷究试验"，方才总结出许多劳动人民的发明创造，凝聚成《天工开物》这本杰出的科学技术著作。

《天工开物》于 17 世纪末传入日本，1771 年再刊于大阪。在工业革命的浪潮席卷欧洲的 19 世纪，《天工开物》在欧洲广为流传。1830—1840 年法国汉学家儒莲（1797—1873）将其中五章译成法文，有的译文再转译为英、德、俄和意大利文。20 世纪以来，出现两种英文全译本和前四章的德文译本。儒莲称此书为"技术百科全书"，李约瑟认为宋应星是"中国的狄德罗"。

第二节　会通中西自然科学的徐光启、李之藻、王徵

一、徐光启论"欲求超胜，必须会通"

徐光启（1562—1633），字子先，号玄扈，明南直隶松江府上海县人。1603 年在南京皈依基督教。1604 年中进士，选庶吉士，官至文渊阁大学士兼礼部尚书，谥文定。在引进西学、会通中西自然科学方面，徐光启是开风气之先的第一人。他一生中以大量的时间和精力从事西方科学著作的翻译和科学研究，翻译《几何原本》和《泰西水法》，督领翻译西方天文历算书籍和修历事务，倡议制造望远镜等天文仪器 10 种，引进西洋大炮并负责监制；他还从事农学的科学实验和研究，写作了六十卷的《农政全书》。

徐光启的最大贡献是引进西方的科学方法。他把中西自然科学方法进行对比，认为中国传统的科学技术为狭隘的经验方法所束缚，"能知其然而不知其所以然"。在数学方面，"仅仅具有其法，而不能言其立法之意"（《刻同文算指序》）；与此相反，欧氏几何学则有一套演绎推理的方法，不仅知其然，而且能说明其所以然。在天文历法方面，历代修改历法的方法"实未究其所以然也"，而西洋利玛窦则能

"从其所以然处，指示确然不易之理"（《修改历法请访用汤若望罗雅谷疏》）。

徐光启认为宋明理学阻碍了中国科学的发展。他说："算数之学特废于近世数百年间尔。废之缘有二：其一为名理之儒土苴天下之实事，其一为妖妄之术谬言数有神理。"（《刻同文算指序》）所谓"名理之儒"，就是指空谈心性的理学家；而"谬言数有神理"的"妖妄之术"，则是指邵雍的先天象数学。徐光启又说："古来言历者有二误：其一，则《元史》历议言考古证今，日度失行者十事，夫已则不合，而归咎于天，谬之甚也。其一，则宋儒言天必有一定之数，今失传耳。"（《条议历法修正岁差疏》）他认为这两种说法都颠倒了主客体关系，犯了强使天体运行规律服从人的主观臆测的错误。

徐光启通过对传统方法的反思，认识到在中国推广几何学方法的重要意义。他认为这一方法能促使人们以科学的态度审视旧的传统，追求新的知识："明此，知吾所已知不若吾所未知之多，而不可算计也"；"明此，知向所想象之理，多虚浮而不可捉也"；"明此，知向所立言之可得而迁徙移易也"。它能锻炼理论思维能力："能令学理者祛其浮气，练其精心，学事者资其定法，发其巧思。"它"兼能为万务之根本"，是一切科学的基础，也是促使人们注重实际事功的必由之路。"能精此书者，无一事不可精；好学此书者，无一事不可学。"所以，"率天下之人而归于实用者，是或其所由之道也。"（《几何原本杂议》）

依据数理科学是一切科学门类和实用技术的基础这一观点，徐光启提出了在中国发展十项科学技术事业的规划，这十个方面，几乎遍及 17 世纪的全部科学技术门类，包括气象、水利、建筑、机械制造、测绘、医学和钟表制造业等。他认为这十个方面与国计民生关系极大，因而主张"接续讲求""分曹述就"（《度数旁通十事》），以培养各方面的专业人才。

二、李之藻论"因西法以求进"

李之藻（1565—1630），字振之，号我存，又号凉庵、存园叟，浙江仁和（今杭州）人，1598 年中进士，官至太仆寺少卿。

在徐光启和利玛窦合译《几何原本》的同时，李之藻亦从利玛窦问学，会通中西天文学而撰《浑盖通宪图说》。他在该书自序中明白表示，他所要向西方传教士学习的主要是自然科学的"实学"。基于这种追求实学的愿望，他对传统士大夫浮夸、怠惰、故步自封的不良学风进行了批评，指出："学者之病有四：浅学自夸一也，怠惰废学二也，党所锢习三也，恶闻胜己四也。"（许胥臣《〈西学凡〉引》）主张以谦虚诚挚的态度、沉潜的学风去学习、研究西方的自然科学学说。

李之藻指出西方天文学的优点在于"不徒论其度数而已，又能言其所以然之理"，正因为如此，所以其观测工具也日益精密，"所制窥天窥日之器，种种精绝。"（《请译西洋历法疏》）而中国的天文学则不然，"二千年来推论无征，漫云存而不论，论而不议；夫不议则论何以明？不论则存之奚据？"（《译〈寰有诠〉序》）他把从利玛窦那里学来的数学知识写成《圜容较义》和《同文算指》两本书，强调研究数学、特别是几何学"缘数寻理"的公理演绎方法对于"人心归实"的重要性。他指出："数于艺，犹土于五行，无处不寓；耳目所接已然之迹，非数莫纪，闻见所不及，六合而外，千万世而前而后，必然之验，非数莫推……缘数寻理，载在《几何》。"其中道理可以"使人心归实，虚矫之气潜消；亦使人跃跃含灵，通变之才渐启。"

为了介绍西方学者的治学方法，李之藻与葡萄牙传教士傅汎际合作翻译了亚里士多德的逻辑学著作《名理探》和宇宙学著作《寰有诠》。他在《寰有诠》序文中说："彼中先圣后圣所论天地万物之理，探原穷委，步步推明，由有形入无形，大抵有惑必开，无微不破"；"盖千古以来所未有者"。他试图通过译介西方哲学著作，推广公理演绎的逻辑方法，以此弥补中国传统方法之不足。

李之藻生前还想把世界的自然地理和人文地理作系统的介绍。1623年，杨廷筠与艾儒略辑成《职方外纪》一书，李之藻为该书作序，在序言中，他希望有一本比《职方外纪》更详备的书，拟分前十卷和后十卷，前十卷是世界自然地理，后十卷是世界人文地理。他热烈赞颂金尼阁携带西方书籍七千余部"梯航八万里而来"这一西学东渐的空前盛况，希望朝廷能够组织翻译出版，以广流传。就在李之藻去世那一年，他还辑刻了《天学初函》丛书，专门介绍西方的知识，表现了先进的中国人放眼世界的宽广胸怀。

三、王徵对"远西奇器"的引进及其科学思想

王徵（1571—1644），字葵心，又字良甫，陕西泾阳人。1622年中进士，曾任南直隶扬州府推官，山东按察使司佥事等职。他自幼受舅父张鉴影响，酷好机械制造。1626年在京结识西方传教士龙华民、邓玉函、汤若望，著有《远西奇器图说录最》《额辣济亚牗造诸器图说》《畏天爱人论》等书。

王徵将"由数达理"的科学方法运用于机械力学。他盛赞西方机械力学"种种妙用，令人心花开爽"，进而强调"由数达理"的数理之学乃是机械"奇器"制造的基础。他引传教士邓玉函的话说："此道虽属力艺之小技，然必先考度数之学而后可。盖凡器用之微，须先有度、有数。因度而生测量，因数而生计算，因测

量、计算而有比例，因比例而后可以穷物之理，理得而后法可立也。"（《远西奇器图说录最》序）在这里，王徵赋予了"穷物之理"以探求科学真知的意蕴。

王徵作《远西奇器图说录最》，最早向中国人介绍西方的机械力学，当时有人批评他说："君子不器，子何敝敝焉于斯，矧西儒寓我中华？"王徵回答说："学原不问精粗，总期有济于世人；亦不问中西，总期不违于天。兹所录者，虽属技艺末务，而实有益于民生日用、国家兴作甚急也……夫西儒在兹多年，士大夫与之游者，靡不心醉神怡，彼且不骄不吝，奈何当吾世而觌面失之？古之好学者裹粮负笈，不远数千里往访。今诸贤从绝徼数万里外赍此图书以传我辈，我辈反忍拒而不纳欤！"（《远西奇器图说录最》序）王徵在 17 世纪对科学精神的提倡和"师夷之长技"的努力，发 19 世纪 40 年代魏源所提出的"师夷之长技以制夷"的先声。

思考题：

1. 朱载堉科学思想的主要特点是什么？
2. 说明徐光启论述《几何原本》的方法论意义。

第七篇 | 近 代 篇

导　论

　　1840 年中英第一次鸦片战争以后，中国从封建社会逐渐转入半殖民地半封建社会的历史时期。由此带来的中国近代思想史主题是：古老的中国如何争取民族独立和实现面向世界的近代化。

　　鸦片战争前的二三十年间，乾嘉汉学逐渐由盛而衰。虽然还有不少汉学家仍在潜心著述，但活跃于思想界的已是一些新人物。他们不同程度地感受到其所处的社会已进入衰世，而外国侵略者的虎视眈眈，更增加了他们的忧虑和不安。正是这些人物，如龚自珍、魏源等，酝酿了一种转变时期的新风气。

　　1851 年爆发了洪秀全领导的太平天国农民运动，太平天国后期的重要领导人洪仁玕是一位具有近代知识和眼光的政治家、思想家，其《资政新篇》提出了在中国实现近代化的方案，但没有实施。

　　太平天国运动失败后，清朝经历了一段所谓"同治中兴"时期，上层统治集团内部开始分化并形成守旧派和洋务派。洋务派提出了"自强""求富"的口号，为宣传和引进西方资本主义文明做了一些有益的工作，但其思想明显带有维护封建主义上层建筑的局限性。

　　中国近代资产阶级新思想体系的设计者是戊戌变法时期的康有为、梁启超、谭嗣同、严复诸人。他们力图从哲学高度论证其变易思想，19 世纪中叶欧洲出现的达尔文进化论恰好适应了这一需要。达尔文学说被介绍进来并经过改造，形成了近代思想特有的进化观。

　　资产阶级民主革命运动勃兴于 20 世纪初年。革命派思想家对君主制度进行了猛烈抨击，论证了建立民主共和国和实现近代化的必要性。孙中山是中国民主革命的伟大先驱，他领导人民多次举行武装起义推翻了清朝统治，结束了两千多年的帝制。他紧密结合革命实践，在争取中国实现近代化的理论方面做出了创造性的贡献。

　　由于近代工业和自然科学发展不足，维新志士和民主革命的先驱们饱经忧患，不断遭受挫折和失败，他们认识到新生事物要战胜具有强大力量的旧事物，首先取决于新事物自身的精神作用。当他们对这一点作哲学论证的时候，有意无意地夸大了精神的作用。

　　西方近代的自然科学开阔了中国近代思想家的眼界，使他们从一个崭新的角度重新认识宇宙、认识自然。生物进化论、天文学、天体力学、物理学（尤其是有关电、磁、光、热等学说）的理论传入后，许多思想家都程度不同地将这些科学理论引入自己的思想体系，用以解释纷纭复杂的自然现象和社会现象，使他们的哲学思想带有自然科学唯物论的倾向。

第一章　鸦片战争时期的社会思潮

鸦片战争时期，中国社会内外矛盾加剧，不仅原有的封建主义与人民大众的矛盾依然存在，而且还增加了帝国主义与中华民族的矛盾。随着外国资本主义势力的侵略和压迫日益加深，国内的阶级矛盾和阶级斗争也更加复杂化。与此同时，社会思潮转向，经世致用之学兴起，出现变革呼声，其主要代表人物有龚自珍、魏源、林则徐、包世臣等。

第一节　半殖民地半封建社会的开端

18 世纪末叶以来，清王朝的统治已显著没落，面临严重的社会危机。吏治败坏，军备废弛，财政困窘，政策僵滞。土地兼并现象十分严重，"无田者半天下"。阶级矛盾日趋激化，秘密结社遍及各省，农民起义不断发生。在这种形势下，统治阶级内部出现了一部分改革派人士，他们同守旧势力之间的矛盾逐渐尖锐起来。

与此同时，英国等资本主义国家为了打开中国的门户，不择手段地贿买清朝官吏，向中国源源不断地偷运鸦片，给中国造成白银大量外流、银荒蔓延、银价飞涨、民生凋敝的恶果。在这种严峻形势下，统治集团中的禁烟派首领林则徐（1785—1850）采取严厉的禁烟措施，于 1839 年 6 月 3 日，把收缴的 2 万多箱鸦片在虎门海滩一举销毁，向全世界表明了中国人民根除烟毒、反抗侵略的坚强意志。

为了维护可耻的鸦片贸易，英国殖民势力于 1840 年 6 月发动了对中国的第一次鸦片战争。1842 年 8 月，清政府在英国侵略军炮口的威胁下，与之签订了《南京条约》。由此开始，中国社会逐渐发生了一系列重大变化：

在经济方面，从自然经济向半殖民地经济的转化。鸦片战争后，外国资本主义势力向中国倾销工业品，使中国的自然经济逐渐趋于解体，这给中国资本主义产生和发展造成了某些客观的条件和可能。但外国资本主义的侵略又阻断了中国近代化独立发展的道路，它们通过一系列不平等条约控制中国的经济命脉，并与封建势力相勾结来扼杀中国的民族工业，从而使中国的经济又具有浓厚的半殖民地特征。

在阶级关系方面，新的对抗性阶级产生。鸦片战争前，中国社会主要有两个基本的对抗性阶级，即地主阶级和农民阶级。鸦片战争后，由于外国资本主义在中国开办企业和中国资本主义经济的产生、发展，中国社会开始出现无产阶级和资产阶级这两个新的阶级。

在社会矛盾方面，不仅原有的封建主义与人民大众的矛盾依然存在，而且还增加了帝国主义与中华民族的矛盾。随着外国资本主义势力的侵略和压迫日益加深，封建统治者亦日益勾结和依附外国侵略势力，国内的阶级矛盾和阶级斗争也更加复杂化。

鸦片战争时期社会思潮的转向，明显地表现为经世致用之学的兴起，其主要代表人物有龚自珍、魏源、林则徐、包世臣等。

首先，他们揭露了封建社会的黑暗与腐败。在这方面，以龚自珍最为突出。其笔锋所向，不仅对准腐败的官僚集团，而且触及封建君主专制。对他早年的文集《伫泣亭文》，时人的评价是："上关朝廷，下及冠盖，口不择言，动与世迕。""伤时之语，骂坐之言，涉目皆是。"（《定盦年谱外纪》）此外，张际亮（1799—1843）、沈垚（1798—1840）等人也抨击了清朝的腐朽政治。

其次，他们批评了汉学与宋学。魏源指出：汉学"锢天下聪明智慧，使尽出于无用之一途"（《古微堂外集》卷四）。沈垚也认为汉学家们"考证于不必考之地"，使得"学术衰而人才坏"。与此同时，他们也抨击了宋学家的空疏学风，如龚自珍就曾指责宋学家"坐谈性命，其语暗暗……何施于家邦？"（《龚自珍集》卷八）

第三，他们主张进行改革。龚自珍从"乱亦竟不远矣"的社会现实中看到了改革的紧迫性："未雨之鸟，戚于飘摇……将萎之花，惨于槁木"（《龚自珍集》卷一），因而在政治和经济方面曾提出了自己的改革主张。林则徐、魏源和包世臣也针对经济领域的问题提出了一些具体的改革措施。

第四，他们主张防御、抵制西方资本主义的侵略。早在 1828 年，包世臣就曾致书广东按察使，指出英国殖民者可能以新加坡为基地对中国进行侵略，主张及早防范。此后，林则徐更强调指出，鸦片输入将使数十年后"中原几无可以御敌之兵，且无可以充饷之银"（《钱票无甚关碍，宜重禁吃烟以杜弊源片》）。

满怀深沉的忧患意识，先进的中国人开始睁眼看世界。林则徐开风气之先，他在广州查禁鸦片时，就主持将所搜集的有关外国历史、地理和政治状况的资料译编为《四洲志》一书（1841 年）。此后，魏源的《海国图志》（1842 年）、梁廷枏的《海国四说》（1844 年）、徐继畬的《瀛环志略》（1848 年）等书也先后出版。魏源提出的"师夷之长技以制夷"的思想，是中国近代"西学"的发端；而他所提出的"去人心之寐患"，"使风气日开、智慧日出，方见东海之民犹西海之民"（《海国图志》卷二）的思想，更表现了深远的历史眼光。

第二节　龚自珍的社会批判思想及其哲学基础

龚自珍（1792—1841），又名巩祚，字璱人，号定盦，浙江仁和（今杭州）人。他的最著名的新兴气锐的文字《明良论》和《乙丙之际箸议》，作于其 19 岁到 25 岁的数年间。《明良论》深为段玉裁所嘉许，曰："隽矣，犹见此才而死，吾不恨矣！"龚自珍 28 岁从刘逢禄学《公羊春秋》，38 岁时应会试中式，殿试举策惊动公卿，却被屈列三甲第十九名，闲居礼曹小官，久不得志，1839 年辞官离京，1841 年突然死于丹阳云阳书院，年仅 49 岁。有今人所编《龚自珍全集》传世。

一、社会批判论

龚自珍思想的中心是他对社会现状的批判。他大胆地揭露了清朝统治衰敝陵夷的情景，指出当时社会虽"文类治世，名类治世，声音笑貌类治世"，但事实上却是一个没有是非黑白、一片荒凉破败、人们不敢随便说话的黑暗世界。衰世也产生人才，但没有人才的立足之地。"当彼其世也，而才士与才民出，则百不才督之，缚之，以至于戮之。戮之非刀、非锯、非水火；文亦戮之，名亦戮之，声音笑貌亦戮之……徒戮其心，戮其能忧心、能愤心、能思虑心、能作为心、能有廉耻心、能无渣滓心。"（《乙丙之际箸议第九》）。这种"徒戮其心"的专制，迫使每一个有血性、有思想、有才能、有良心的人去适应那种不需要个性、不需要独立思考、不需要有所作为、不需要讲道德廉耻的社会。

对清朝政治的极端腐败，龚自珍进行了猛烈的抨击。他指出，当时的官僚集团不仅庸碌无能，"尽奄然而无有生气"，而且是一批无耻之徒："历览近代之士，自其敷奏之日、始进之年，而耻已存者寡矣！"他认为天下之大患莫过于士不知耻，强调："士皆知有耻，则国家永无耻矣；士不知耻，为国之大耻！"（《明良论二》）他认为士不知耻是君主专制造成的，其《古史钩沉论》指出："昔者霸天下之氏……未尝不仇天下之士。去人之廉，以快号令；去人之耻，以嵩高其身。"他抨击了科举制度，认为它使士子们自"进身之始"就"言不由衷"。

目睹深重的社会危机，龚自珍预感到一场巨大的变乱行将爆发。在《尊隐》一文中，他为统治者所在的"京师"与反抗力量所在的"山中"描绘出了两幅截然不同的景象："京师贫，则四山实矣……京师如鼠壤；如鼠壤，则山中之壁垒坚矣。"京师"寡助失亲",而山中之民则是"一啸百吟",众志成城;"山中之民有大音声起,天地为之钟鼓,神人为之波涛矣。"这明显是在预言,腐朽的清朝有可能被"山中之民"推翻。

二、改革主张

龚自珍探索了社会危机的经济根源,结论是:"千万载治乱兴亡之数",取决于社会财富的分配状况。他在《平均》篇中写道:"其始,不过贫富不相齐之为之尔,小不相齐,渐至大不相齐;大不相齐即至丧天下。"这是说,贫富不齐是导致封建王朝覆灭的根源。他认为"有天下者,莫高于平之之尚",并总结出"浮(与)不足之数相去愈远,则亡愈速。去稍近,治亦稍速"的规律,主张"此贵乎操其本源,与随其时而剂调之"。

龚自珍早在1823年就看到英国殖民者对中国的威胁,指出"近惟英夷,实乃巨诈。拒之则扣关,狎之则蠹国",主张预防可能发生的军事侵略。他在《送钦差大臣侯官林公序》中,主张严禁鸦片,强调以武力为后盾,准备迎击英国的侵犯。在《西域置行省议》一文中,他建议迁徙"内地无产之民"到新疆从事开垦,以维护国家统一,抵御沙俄侵略。

他明确提出了"改革""更法"的主张:"一祖之法无不敝,千夫之议无不靡,与其赠来者以劲改革,孰若自改革?"(《乙丙之际箸议第七》)"仿古法以行之,正以救今日束缚之病……删弃文法,捐除科条……勿苛细以绳其身。"(《明良论四》)他认为改革就是从制度上解除束缚,从而造成一个有利于发展人的个性的社会环境。他在去世前不久写的《己亥杂诗》中大声疾呼"我劝天公重抖擞,不拘一格降人才",更表现了他要求改革社会的强烈愿望。

三、哲学观点

龚自珍对天人感应论进行了批评。他依据当时的天文学知识,明确认为天上的星象都是自然现象,否认天象与人事间有什么必然联系。他在《与陈博士笺》中说:"近世推日月食精矣,惟彗星之出,古无专书,亦无推法……此事亦有定数,与日食等耳。"(《定盦文集》补编)他认为随着历算学的发展,人们能"自察天文,步历造仪",那种天降灾异说的荒谬是很容易被识破的。

龚自珍主张:"欲知大道,必先为史。"他主张变易和进化的历史观,指出:"自古及今,法无不改,势无不积,事例无不变迁,风气无不移易。"强调历史进化是一种"自然之势",不以人的意志为转移,即使是"贤圣"也不能左右。

龚自珍推崇"心力"，认为"心力"可以从根本上改变现状。他说："心无力者，谓之庸人。报大仇，医大病，解大难，谋大事，学大道，皆以心之力。"（《壬癸之际胎观第四》）又说："天地，人所造，众人自造，非圣人所造"。"众人之宰，非道非极，自名曰我。我光造日月，我力造山川……"（《壬癸之际胎观第一》）经过他的大力提倡，"心力"的概念在近代中国知识界开始流行。由于对现实的失望，龚自珍转向佛教教义寻求精神寄托。《己亥杂诗》的最末两句"忽然阁笔无言说，重礼天台七卷经"，是他后期思想的真实写照。

第三节　魏源的《海国图志》：睁眼看世界

魏源（1794—1857），字默深，湖南邵阳人，与龚自珍齐名，时人并称"龚魏"。嘉庆末年曾在京向刘逢禄学习公羊学，1822 年中举，1825—1826 年为江苏布政使贺长龄编辑《皇朝经世文编》。鸦片战争期间曾参与筹划浙江前线的抗英斗争，后又遵林则徐嘱托，在林则徐编写的《四洲志》书稿的基础上，编写了中国近代第一部系统介绍世界历史、地理的专著——《海国图志》。他的著作，后人合编为《魏源集》上下册和《魏源全集》20 卷。

一、"扩万古之心胸"

为了挽救民族危机，魏源提出了"师夷之长技以制夷"的主张。他认为，"夷之长技三：一战舰，二火器，三养兵练兵之法"（《海国图志·议战》）。因此，他主张"竭耳目心思之力"以"师夷长技"，以抵御外来侵略。但他的思想并没有停留在这一点上。

魏源在关于美国的记载中论述了西方民主政体的主要内容，把美国共和政体描述为一种既"公"且"周"的社会制度。所谓公，即"公举一大酋总摄之，匪惟不世及，且不四载即受代，一变古今官家之局而人心翕然"；所谓周，即"议事听讼，选官举贤，皆自下始，众可可之，众否否之，众好好之，众恶恶之，三占从二，舍独徇同，即在下预议之人，亦先由公举"（《海国图志》卷五十九）。肯定西方人民在反对封建专制的斗争中所确立的"民选""民治"等主要政治原则。他还赞叹瑞士之治说："瑞士，西土之桃花源也。惩硕鼠之贪残，而泥封告绝，主伯亚旅，自成卧治……岂不异哉！"（《海国图志》卷四十七）

魏源认为当时的中国社会，腐朽的官僚集团"除富贵以外不知国计民生为何事，除私党以外不知人才为何物"，朝廷"不选天下英才，惟取诸科目资格"；"或为一隅之偏听，或为一室之迩听"，他向往一个"人人皆谏官也，不惟广受天下之言，亦所以广收天下之才"（《默觚下·治篇十二》）的社会，使人依稀可见他的社会理想与他的世界视野的某种联系。

二、"变古愈尽，便民愈甚"

魏源从哲学的高度提出了变革社会弊政的问题。他说三代以上，天皆不同于今日之天，地皆不同于今日之地，人皆不同于今日之人，物皆不同于今日之物，历史的发展是不以圣人、祖宗、天命的意志为转移的，"天下大势所趋，圣人即不变之……亦必当自变"；"祖宗亦不能听其不自变"；"虽天地亦不能不听其自变。"（《书古微》卷十一）

魏源把近代世界变局的发生追溯到早在明末就已开始的西方殖民者开拓世界市场的活动，在《海国图志·东南洋叙》中说："天地之气，其至明而一变乎？沧海之运，随地圜体，其自西而东乎？"（《海国图志》卷五）他认为西方的势力已经侵入东方，冲突难以避免，东方民族唯有急起直追，庶几可与西方立于平等地位，并通过日益加深相互间了解，达于孔子之所谓"四海一家"的理想境地："岂天地气运，自西北而东南，将中外一家欤？"（《海国图志》后叙）

魏源认为"变古愈尽，便民愈甚"（《默觚下·治篇五》），呼唤"何不借风雷，一壮天地颜"（《北上杂诗》），这风雷就是他一生中所期望的中国社会政治上层建筑的改革。世人皆以龚、魏并举，但龚自珍是着眼于"山中之民有大音响起"而主张"变"，魏源则看到了近代社会发展的趋势而主张"变"，其所主张的"变"具有超越前古的划时代意义，他以"创榛辟莽、前驱先路"自许的真正意义即在于此。

三、使"东海之民犹西海之民"

魏源注意到改革与民众素质、民心向背的关系问题。他说："天下事，人情所不便者变可复，人情所群便者变则不可复。"（《默觚下·治篇五》）只有顺乎人情所群便的改革才是不可逆转的历史趋势。在《海国图志》中，他的这一思想表现得更为明确，亦更为深沉。

在《海国图志·西洋人玛吉士地理备考叙》中，魏源批评了传统的"华夷之辨"。他说："夫蛮狄羌夷之名，专指残虐性情之民，未知王化者言之。故曰先王之待夷狄，如禽兽然，以不治治之，非谓本国而外，凡有教化之国，皆谓之夷狄也。"他主张对西方文化给予合理的尊重，以宽广胸怀去学习西方文化的长处。他指出："圣人以天下为一家，四海皆兄弟，故怀柔远人，宾礼外国，是王者之大度；旁咨风俗，广览地球，是智士之旷识。彼株守一隅，自画封域，而不知墙外之有天，舟外之有地者，适如井蛙蜗国之识见，自小自鄙而已。"（《海国图志》卷七十六）

魏源深知，一切制夷方案，一切内政改革措施，都必须以人心的觉悟为前提。他在《海国图志·叙》中借用明人语言指出："欲平海上之倭患，先平人心之积患。"他希望人们通过了解西方而"去伪，去饰，去畏难，去养痈，去营窟，则人心之寐患祛其一。以实事程实功，以实功程实事，艾三年而蓄之，网临渊而结之，毋冯河，毋画饼，则人才之虚患祛其二"。如此，才能使"风气日开，智慧日出，方见东海之民犹西海之民"，"天日昌"而"风雷行"（《筹海篇三》），使改革成为不可逆转的大势之所趋。

思考题：

1. 龚自珍改革思想的哲学基础是什么？
2. 魏源的改革思想与他的世界视野是什么关系？

第二章　19世纪50年代至90年代的社会思潮

中国近代史表明，这一时期，内忧外患，形势日趋严峻，主要的有太平天国的土地和新政思想、洋务派思想和早期维新思想等。

第一节　洪秀全与洪仁玕：从《天朝田亩制度》到《资政新篇》

中国社会的根本问题是农民问题，太平天国农民战争正是借助宗教思想的旗帜来解决中国农民问题的一场社会大动荡。

一、洪秀全与《天朝田亩制度》

洪秀全（1814—1864），广东花县（今广东广州花都区）人，出身于农民家庭，自幼受儒家文化教育，16岁因穷困辍学，"助理家中农事，或到山野放牛"。18岁以后在农村作塾师，深知民间疾苦。1851年1月11日，他在广西桂平县金田村发动农民起义，建号"太平天国"，并于1853年3月攻占南京，改南京为天京，定为太平天国首都。

早在金田起义前15年（1836年），洪秀全就已从西方传教士那里得到宣传基督教义的《劝世良言》；发动起义前4年（1847年），又到广州礼拜堂向美国牧师罗孝金学习。1845—1847年，他先后写了《原道救世歌》《原道醒世训》《原道觉世训》等作品，创立了一个农民革命的"上帝教"。袭用基督教的某些思想资料，并加以改造发展。这表现在：

首先，借用"上帝"的权威否定君主的权威。《原道觉世训》说："皇上帝乃是帝也。救世主耶稣，皇上帝太子也，亦只称主已耳。地下人间有谁大过耶稣者乎？耶稣尚不得称帝，他是何人，敢觑（然）称帝者乎？"他借用所谓"至尊至贵之真神""皇上帝"的名义，宣判清朝统治者、地主豪绅都是妖魔鬼怪，是"阎罗妖"，必须予以诛伐降服。

其次，借用基督教"上帝面前人人平等"的观点，贯注以农民的朴素平等思想，明确主张在现实社会中也应消除等级差别。《原道醒世训》说："天下多男人，尽是兄弟之辈，天下多女子，尽是姊妹之群，何得存此疆彼界之私，何可起尔吞我并之念？"强调"天下总一家，凡间皆兄弟"。

最后，改造基督教关于"地上无实福，天上才有福"的"天国"观念，主张建立人间的"地上天国"。他区分了两个世界：一个是"乖漓浇薄之世"，另一个则是"太平之世"。又指出："乱极则治，暗极则光，天之道也。于今夜退而日升矣。"认为从"乱"发展到"治"，从"暗"转化为"光"，是社会发展的必然趋势。

不过，洪秀全领导的太平天国农民运动虽然对封建神权迷信思想有一定的冲击，但与此同时又制造了对洋上帝的迷信。他虽然反对清朝统治，但他所建立的太平天国政权也是以君权思想为指导的。他虽然以农民的朴素平等思想反对封建等级制，但他在太平天国政权内部也建立了一套等级制，这与他宣传的平等思想是对立的。

太平天国从"天下总一家，凡间皆兄弟"的理想出发，于1853年颁布了《天朝田亩制度》，其核心价值观念是："有田同耕，有饭同食，有衣同穿，有钱同使，无处不均匀，无人不饱暖。"这一观念反映了农民对土地的要求和对社会平等的愿望。其中有以下一些重要内容：（一）按人口平分土地："凡分田，照人口，不论男妇，算其家口多寡，人多则分多，人寡则分寡。"（二）按规定领取生活必需品："凡当收成时，两司马督伍长，除足其二十五家每人所食可接新谷外，余则归国库。凡麦、豆、苎麻、布、帛、鸡、犬各物及银钱亦然。"（三）主张妇女享有与男子平等的地位，分田"不论男妇"，"婚姻不论财"，妇女和男子一样享有参军权、应试权和被保举权。

但《天朝田亩制度》也有严重的局限性。它幻想在小农经济基础上消灭私有制，建立没有剥削和压迫的永恒"天国"，实际上是农业社会主义的空想，在实践中并未能得到真正的贯彻执行。

二、洪仁玕与《资政新篇》

洪仁玕（1822—1864）是太平天国后期一位具有近代知识和眼光的政治家、思想家和重要领导人。1859年4月，他在历尽艰难险阻之后到达天京，被封为干王，总理太平天国朝政。1864年7月天京陷落后就义，年仅42岁。

洪仁玕到天京后不久，即向洪秀全进呈《资政新篇》，提出了整套带有资本主义性质的社会改革方案。《资政新篇》的思想内容贵在一个"新"字。所谓"新"，是指它已经具有了近代"新政"思想的特点。

第一，是关于一切大政均"宜立法以为准"的思想，这是贯穿于《资政新篇》的一个总纲。洪仁玕认为，治国应遵循法律，"以法法之"："其事大关世道人心，如纲常伦纪、教养大典，则宜立法以为准焉。"他说国家的盛衰兴亡在于"设法、用人"之是否"得其当"；而关键在于尊重法律："奉行者亲身以倡之，真心以践之。"他力劝洪秀全行事不要独断，多交群臣讨论。又主张立法和司法平行、分立，不能互相代替。此外，他还介绍了美国的选举制度，建议"留为圣鉴"，对于"有宜于后，不宜于今者，准以时势二字推行"。

第二，是关于"设新闻馆以收民心公议"的思想。他认为治理国家除了要尊重法律以外，还要发展新闻事业："上下情通，中无壅塞弄弊者，莫善于准卖新闻篇。""上览之，得以资治术；士览之，得以识变通；农商览之，得以通有无。"他主张允许民间开办新闻馆，"准富民纳饷，禀明而设。"主张设"新闻官"，专门收集各省吏治的情况，使为"善"、为"恶"者"难逃人心公议"；"设书信馆""以为四方耳目之便，不致上下梗塞，君民不通"。由此而建立一个"上下情通""君民一体"的新政体。

第三，是关于发展近代社会生产和经济、福利事业的主张。其大端有：兴办社会福利事业（如开医院，行社会保险法，办育婴堂等）；破除迷信，革除不良的社会习俗（如严禁鸦片，"除九流惰民不务正业"，戒"女子喜缠足"等）。而更富于时代精神的是发展近代经济和生产事业。如制造火车、轮船；开矿山，准民采获；发展工艺技术，鼓励发明创造，实行专利制度；"兴银行"，发行纸币，发展近代金融事业等。

洪仁玕的"新政"思想可以在他的哲学中得到进一步的理论说明。他提出了"事有常变"的观点，认为事物是变化的，人们的认识也应随之变化；"物必改而更新"，所以一切"治国""为政"的"制度考文"也"无不革故鼎新"。他提出了"时势之变通为律"的观点，认为时势的变化包含着新陈代谢、除旧布新的内容，关键在于"因时制宜，审势而行"；"变通"则"本强"，反之则"本弱"。他提出了"天道自然"的观点，批评"干支生克之论""日时吉凶之言"，要求按照天体运行的本来面目去认识自然，这是合乎唯物主义认识路线的。《资政新篇》的内容在太平天国内并未得到实施。

第二节　洋务派思想

1858 年英法联军攻陷北京，是促使洋务运动兴起的一个重要契机。1861 年 1 月《北京条约》签订之后，恭亲王奕䜣等人上书，把太平天国称为"心腹之害"，把俄国和英国的侵略分别称为"肘腋之忧"和"肢体之患",主张"灭发捻为先,治俄次之,治英又次之"。为实现这一方略,清廷采取了勾结外国侵略势力共同镇压太平天国的政策,洋务派正是在所谓"同治中兴"时期形成的。

同治元年(1862)清廷设同文馆,为办理洋务培养人才。与此同时,曾国藩、李鸿章也先后设立安庆内军械所、上海洋炮局。1864 年太平天国被镇压后,清廷的注意力遂从清除"心腹之害"转移到解决"肘腋之忧"和"肢体之患"的问题上。在此过程中,围绕着要不要引进西学的问题,统治集团内部分化并形成了顽固派与洋务派的对立。顽固派以倭仁、宋晋等人为代表,洋务派则以奕䜣和曾国藩、左宗棠、李鸿章等人为代表。

奕䜣与大学士倭仁的辩论,是洋务派与顽固派的首次交锋。奕䜣作为专办"夷务"的大臣,"因思洋人制造机器、火器等件,以及行船、行军,无一不自天文、算学中来",所以在同文馆内另设天文算学馆,延聘西人教习。这一做法遭到理学名臣倭仁等一大批士大夫的激烈反对。"大学士倭仁奏……窃闻立国之道尚礼义而不尚权谋,根本之图在人心不在技艺……何必师事夷人?"奕䜣申辩说:"凡此苦心孤诣,无非欲图自强。"他痛斥倭仁等一大批士大夫平日只知空谈,而当英法联军兵临北京时"非袖手旁观,则纷纷逃避";"无事则嗤外国之利器为奇技淫巧,以为不必学;有事则惊外国之利器怪神奇,以为不能学。"最后,奕䜣写道:"该大学士既以为此举为窒碍,自必别有良图……如别无良策,仅以忠信为甲胄、礼义为干橹等词,谓可折冲樽俎,足以制敌死命,臣等实未敢信。"(《筹办洋务始末》)这场争论过后,洋务运动得以推进。

李鸿章等人对于办理洋务的迫切性也有很深刻的认识。他在 1874 年描写当时的时局说:"东南海疆万余里,各国通商传教,来往自如,麇集京师及各省腹地,阳托和好之名,阴怀吞噬之计。一国生事,诸国构煽,实为数千年来未有之变局。轮船电报之速,瞬息千里;军器机事之精,工力百倍,炮弹所到,无坚不摧,水陆关隘,不足限制,又为数千年来未有之强敌。"(《李文忠公事略》)正是基于这一认识,洋务派对于引进西方科学技术采取了积极的态度。在谋求国家富强、引进新的生产力方面,洋务派所采取的措施是具有一定的进步意义的。

洋务派的根本主张是"中学为体,西学为用",张之洞《劝学篇》对此作了系统阐述,其要点是:第一,中国之所以为中国,就在于有君臣、父子、夫妇三纲,有一套序尊卑、明贵贱的道德规范,有一套以责任和义务为核心的伦理体系,所以自由、平等、民权之说不可行;第二,今欲强中国,存中学,不得不讲西学,但读书人如果不先通中学,则"其西学愈深,疾视中国愈甚",这样的人即令学问很好，也不能为中国所用，弄不好这些人会成为"乱首"。所以，应以中学为本，西学为末，中学治身心，西学应世事。

清政府的腐败政治体制难以容纳先进的生产力，许多官僚"借洋务以谋私"，而先进的生产力则受到封建把头式的管理方式的严重摧残。用坚船利炮装备起来的北洋水师大多数素质低劣。中国在甲午海战中的失败，宣告了洋务运动的破产。

第三节　李善兰、华蘅芳与近代自然科学思想

在洋务派所经营的企业及其附属机构中走出了一批具有近代自然科学素养的知识分子，为了抵御外侮，他们努力向西方学习近代自然科学知识。在介绍近代自然科学知识的过程中，他们表现出某些唯物主义观点，其中著名数学家李善兰、华蘅芳便是杰出的代表。

李善兰（1811—1882），字壬叔，号秋纫，浙江海宁人。早年曾从著名学者陈奂受业，后去上海与英国传教士伟烈亚力、艾约瑟、韦廉臣等人翻译了大量科学书籍。1868年经郭嵩焘推荐到北京同文馆任算学总教习，直至逝世。他的著作汇集为《则古昔斋算学十三种》。

李善兰的首要贡献是翻译《几何原本》后九卷。晚明徐光启笔译《几何原本》前六卷，在该书跋语中表达了对后继者的热切呼唤："续成大业，未知何日？未知何人？"这一遗愿250年后才实现。1857年春，李善兰与英国人伟烈亚力合作，将《几何原本》后半部译成。李善兰在序中说："自明万历迄今，中国天算家愿见全书久矣……岁壬子（1852年）来上海与西士伟烈君亚力约，续徐利二公未完之业……凡四历寒暑始卒业……伟烈君言：异日西土欲求是书善本，当反访诸中国矣。"《几何原本》全译本的问世，再一次向中国思想界介绍了一种新的演绎推理的思维方法。

李善兰的又一重要贡献是第一个系统地介绍微积分的科学思想。早在1864年，李善兰就在《方圆阐幽》中独立地摸索到微分积分的一些初步概念。后来他译《代微积拾级》时，又对这一通过数学形式表现的辩证法思想作了进一步阐发。他认为莱布尼兹、牛顿"创立微分积分二术……其理实发千古未有之奇秘"，"其理之大要，凡线面体，皆设为由小渐大，一刹那中所增之积即微分也，其全积即积分也。故积分逐层分之为无数微分，合无数微分仍为积分。"中国古代思想家早有

对数学中的无限概念的天才直觉，如《庄子》中所述辩者的光辉命题："一尺之棰，日取其半，万世不竭"。但只有到了近代微分积分概念的建立，有关无限性的辩证思维才获得了明确的、科学的表述形式。

李善兰在哲学上的贡献，是他提出的"万事万物以格致真理解之"的唯物主义认识论观点。他翻译《谈天》一书，明确表示拥护太阳中心说、反对中世纪的地球中心说。在思想方法论上，他在《谈天》卷首着重指出："为学之要，必尽祛其习闻之虚说，而勤求其新得之实事，万事万物以格致真理解之。"这里所谓"习闻之虚说"，即指中世纪的神学世界体系；所谓"新得之实事"，即指近代的经典力学体系。他要求人们以自然科学的真理去探求和解答万事万物的奥秘，表现出笃信科学的实事求是精神。

李善兰批评了阮元的基本论点：阮元认为哥白尼学说是"动静倒置，离经叛道，不可为训"。李善兰针锋相对地指出，阮元的观点不过是"拘牵经义，妄生议论"，并非建立在对自然规律作"精心考察"的基础上；物质世界及其运动规律是客观存在的，可以为事实所验证，也并非如阮元所说的只是主观虚构的"假象"。

华蘅芳（1833—1902），字若汀，江苏无锡人，是与李善兰齐名的数学家和翻译家。在江南机器制造局翻译馆40年，与西方传教士玛高温、傅兰雅等人合作翻译了西方自然科学书籍12种，170余卷。其中《地学浅释》一书，是中国最早翻译的西方地质学书籍，康有为曾将该书推荐为青年必读书。《决疑数学》一书，首次把西方概率论学说传入我国。此外，他还编写了大量具有创见的数学著作，合刻为《行素轩算稿》。其科学思想，与李善兰一致。他在论及李善兰对阮元的批评时，肯定李善兰在科学上坚持"顺天以求合，而非求合以验天"这一思想方法的正确性。所谓"顺天以求合"，是要求人们按照自然界的本来面貌去认识它；而"求合以验天"，则是把自己先验的主观臆想强加于自然界。李善兰、华蘅芳的思想路线反映了近代科学家要求正确认识世界的迫切愿望。

第四节　早期维新思想

随着近代中国的社会变化，从旧的士大夫营垒里分化出了有新思想的知识分子，他们比较敏锐地感受到了时代的脉搏：在新的世界历史条件下，认识到必须正确认识世界并努力改造自己，才能使中国跻入近代国家之林。早期维新派就是他们的思想代表，他们大都是从洋务派出身的爱国知识分子。

一、冯桂芬的"变古"思想

冯桂芬（1809—1874），字林一，江苏吴县（今江苏苏州）人。曾师从林则徐，1840 年中进士，授编修，同治初入李鸿章幕府，在上海设广方言馆，培养西学人才。其主要著作是初版于咸丰十一年（1861）的《校邠庐抗议》。

中国在两次鸦片战争中失败的刺激，是冯桂芬变法思想的直接动力。他认为，中国以广远万里而受制于夷，实为"天地开辟以来未有之奇愤"。究其原因："非天时地利物产之不如也，人实不如耳……非天赋人以不如也，人自不如耳……如耻之，莫如自强！"他认为"人不如人"是政治原因造成的。"彼何以小而强，我何以大而弱，必求所以如之，仍亦存乎人而已矣。以今论之，约有数端：人无弃才，不如夷；地无遗利，不如夷；君民不隔，不如夷；名实必符，不如夷。"（《制洋器议》）他明确主张："法苟不善，虽古先吾斥之；法苟善，虽蛮貊吾师之。"（《收贫民议》）

冯桂芬认为"古今异时亦异势"，提出首先要效法西方，进而才能"出新意于西法之外"。他力主通过兴办西式教育，采用西学来培养"通达治体者"，认为这样做初看上去"犹操其末而未控其本也，然就后世而言，则可谓知本也"（《收贫民议》）。他以独到的历史远见看到了本和末可以在一定的历史条件下互相转化，暗示"本"的变化不可避免。他在《改科举议》中痛斥明太祖之"枭雄阴鸷"，"求一途可以禁锢生人之心思材力，不能复为读书稽古有用之学者，莫善于时文。故毅然用之，其事为孔孟明理载道之事，其术为唐宋英雄入彀之术，其心为始皇焚书坑儒之心"。可见他已经在追求从制度上求得根本变革。

二、王韬的道器关系论

王韬（1828—1897），字仲弢，号紫诠，苏州人，1845 年考取秀才，1862 年因上书太平天国被清廷通缉，逃亡香港。1867—1868 年漫游法英等国。1874 年在香港创办《循环日报》，提倡维新变法。1886 年担任上海格致书院院长。著有《弢园文录外编》等书。

王韬认识到西方资本主义国家对外侵略是"兵力"和"商力"并用，为了挽救日益加深的民族危机，他主张中国也应"兵力商力二者并用"（《弢园文录外编·英重通商》，以下引用《弢园文录外编》只注篇名），以对付西方资本主义的侵略。这一思想，发郑观应"商战"论之先声。

　　王韬指出，西方的强盛并不仅仅依靠器艺技巧小慧，而洋务派"仅袭皮毛"，"徒恃西人之舟坚炮利，器巧算精，而不师其上下一心，严尚简便之处。则犹未可与权。盖我所谓师法者，固更有进焉者矣，彼迂腐之儒又何足以知之哉？"（《变法自强下》）所谓"更有进焉者"，即需要进一步向西方学习的内容，指的是政体。他认为民主政体的优点是："无论政治大小，悉经议院妥酌，然后举行。故内则无苛虐残酷之为，外则有捍卫保持之谊，常则尽懋迁经营之力，变则竭急公赴义之忱。"（《达民情》）他认为中国地广人众而衰弱，原因就在于没有发挥人民的作用。他把君主制、民主制、君主立宪制进行比较，首先提出中国应效法英国实行君主立宪。

　　王韬更以其远见深识看到了"火轮舟车皆所以载道而行"的辩证法。他指出："今日欧洲诸国日臻强盛，智慧之士造火轮舟车，以通同洲异洲诸国，东西两半球足迹几无不遍，穷岛异民几无不至，合一之机将兆于此。夫民既由分而合，则道亦将由异而同，形而上者曰道，形而下者曰器，道不能即通，则先假器以通之，火轮舟车皆所以载道而行者也。"（《原道》）他意识到："天下之道，其始也又同而异，其终也由异而同"，中外之道，最终要殊途同归。

三、郑观应的《盛世危言》

　　郑观应（1842—1921），字正翔，广东香山（今广东中山）人。他于1860年进入英国人傅兰雅所办的英华书馆夜校学习，1873年参与创办太古轮船公司，先后被李鸿章委派为上海机器织布局总办、上海电报局总办、轮船招商局总办。其最有名的著作是《盛世危言》一书。

　　为反抗西方资本主义的侵略，郑观应提出了著名的"商战"论。他指出："兵之并吞祸人易觉，商之掊克敌国无形"（《盛世危言·商战上》），主张以商业为中心全面发展资本主义经济，促进中国社会从以农立国向以工商立国转型。他又说："西人以商为战，士、农、工为商助也，公使为商遣也，领事为商立也，兵船为商置也……我中国宜标本兼治。"（《盛世危言·商战下》）认为中国要在"商战"方面足以与列强相抗衡，就必须破除贱商的传统观点，为"商战"培养大量的专业人才。

　　郑观应还认为，"治乱之源，富强之本，不尽在船坚炮利，而在议院上下同心，教养得法"（《盛世危言》自序）。他认为君主立宪政体优于专制政体。"欲行公法，莫要于张国势；欲张国势，莫要于得民心；欲得民心，莫要于通下情；欲通下情，莫要于设议院。"（《盛世危言·议院上》）在体用关系上，郑观应把向来认为属于本体的政治问题纳入器用的范畴，看到了政治与实业的不可分割性。"政治关系实业之盛衰。政治不改良，实业万难兴盛"。由此，他把"自强"和"立宪"联结为一个整体。"有国者苟欲攘外，亟须自强；欲自强，必先致富；欲致富，必首在振工商；欲振工商，必先讲求学校，速立宪法，尊重道德，改良政治。盖宪法乃国家之基础，道德为学问之根柢，学校为人材之本源。"（《盛世危言后编·自序》）

郑观应接受了西方自然法学的理论，并把这种学说用中国式的语言表达出来：第一，保民权、重民权即为全天、顺天。"民权者，君不能夺之臣，父不能夺之子，兄不能夺之弟，夫不能夺之妇，是犹水之于鱼，养气之于鸟兽，土壤之于草木。故其在一人，保斯权而不失，是为全天；其在国家，重斯权而不侵，是谓顺天。"第二，政府、宪法、律令应服从民权："民与权俱起，其源在乎政府以前。彼宪法云，律令云，特所以维持之，使无失坠，非有宪法律令而后有民权也。"第三，官吏是人民的公仆："君相之权，固假之万民，非自有其权也。柳宗元曰：'吏于上者民之役，而非以役民而已。'西人之谚曰：'官吏者，天下之公仆也。'"（《盛世危言·原君》）郑观应强调"公理无东西，大道无古今"，把西学的精华与中华传统思想的精华相结合，是其改革思想的一大特色。

思考题：

1. 洪仁玕《资政新篇》的近代意义是什么？

2. 李善兰科学思想的特点是什么？

3. 早期维新派思想在哪些方面超越了洋务派的局限？

第三章　戊戌变法时期的社会思潮

这一时期，变法维新思想发展成为社会思潮，是在甲午战争后中国面临着内忧外患这一新形势下出现的，它是近代先进的中国人努力向西方寻找救国救民真理的产物。

第一节　变法维新思潮的特点

1894—1895 年的中日甲午战争，清政府惨败，于 1895 年签订丧权辱国的《马关条约》。为挽救民族危机，以康有为为首的维新派发出了救亡图存的强烈呼声。他们联合了一批爱国士大夫，于 1895 年 5 月向光绪皇帝上书，反对签订《马关条约》，主张变法图强。这就是有名的"公车上书"。此后，维新派积极开展了变法的理论宣传和组织活动。

1895 年秋冬，康有为先后在北京和上海组织强学会，创办《中外纪闻》和《强学报》以宣传变法。严复也在此时译述赫胥黎的《天演论》一书，发表《原强》《辟韩》等文章，宣传生物进化论和天赋人权论，反对君主专制，提倡民权。讲新学，求变法，一时蔚为风气。这不能不引起封建顽固派的敌视和恐惧，他们要求清廷予以取缔。

就在清廷于 1896 年年初勒令解散强学会、查封学会的报纸后不久，维新派又在北方和南方各地办起学会、学堂和报纸，出版鼓吹变法的书刊。1896 年 8 月，维新派在上海创办《时务报》，由梁启超主笔，发表了《变法通议》等一系列文章，更加激烈地鼓吹变法。1897 年 2 月，康有为在澳门创办《知新报》，作为南方宣传变法的阵地。同年秋，谭嗣同等维新志士在湖南立时务学堂，组织南学会，又于 1898 年初创办《湘报》和《湘学新报》，提倡新学，宣传变法，培养维新人才。严复等人在天津办《国闻报》，发表了许多宣传爱国思想、主张变法自强的社论。变法维新运动在同顽固派的斗争中逐步走向新的高潮。

1897 年 11 月德国强占胶州湾，随后其他列强也相继在中国强占租借地，于是康有为再次上书，力陈时危，要求从速变法；又进呈《俄彼得变政记》《日本变政考》，作为变法的借鉴。1898 年 4 月，他又在北京组织具有政党性质的保国会，以"保国、保种、保教"为宗旨，以便更广泛地把爱国士大夫吸引到变法维新运动中来。

在维新派的大力推动下，1898 年 6 月 11 日，光绪皇帝发布"明定国是"诏，宣布实行"变法"。从 6 月至 9 月，连续发出了一系列除旧布新的诏令，包括：广开言路，提倡官民上书言事；准许自由开设报馆，组织学会；撤除闲散衙门，裁减冗员，增设变法机构；兴办农会和商会，鼓励商办铁路、矿务，奖励实业方面的各种发明；开办京师大学堂，并要全国各地设立兼学中学和西学的学校；废除八股，改试策论等。史称"戊戌变法"，亦称"百日维新"。

9 月 21 日，慈禧太后发动政变。9 月 28 日，谭嗣同等"戊戌六君子"① 被杀于菜市口。随着百日维新的失败，变法维新思潮也随之走向低潮。

第二节　康有为、梁启超、谭嗣同的变法思想

一、康有为的变法思想

康有为（1858—1927），字广厦，号长素，广东南海人，1895 年进士。1895年 5 月领导了著名的"公车上书"，1898 年又直接推动了中国近代第一次政治改革运动——戊戌变法。变法失败后流亡国外，坚持改良派立场。其变法思想集中反映在他的七次上书和《戊戌奏稿》里。此外，他还著有《新学伪经考》《孔子改制考》和《大同书》等著作。

康有为在给光绪皇帝的上书中，呼吁仿效西方定立宪，开国会。他把国家强弱的原因完全归结于是实行民主政体还是实行专制政体："臣窃闻东西各国之强，皆以立宪法、开国会之故……人君与千百万之国民，合为一体，国安得不强？吾国行专制政体，一君与大臣数人共治其国，国安得不弱？"（《请定立宪开国会折》）他指出中国政治的根本弊病是"上下否塞极矣"，认为这种等级森严的官僚体制和自我封闭的宫廷政治，只能造成一个"积弊如山，疾苦如海"的社会；要想拯救民族危亡，就必须"去塞求通"，"设立议院，以通下情"。

在当时反改革势力还很强大，"圣人崇拜"的精神枷锁还在禁锢着人们头脑的情况下，康有为不得不请出圣人的亡灵来给他以帮助，借助中国古代经典来论证其政治主张。他宣称开国会、立宪法合乎"圣人之道"和"《春秋》之义"，是中国本来就有的；所谓"天视自我民视，天听自我民听"；"孟子称大夫皆曰，国人

---

① "戊戌六君子"，指谭嗣同、杨锐、杨深秀、林旭、刘光第、康广仁六人。

皆曰"等就是"国会之前型"；孔子"托古改制"，所作"六经"皆为改制而作，"《春秋》改制，即立宪法。"（《请定立宪开国会折》）因此，开国会、立宪法，并非离经叛道，而是古代圣人之所嘉许的。

康有为驳斥顽固派攻击变法维新是"以夷变夏"、充当"洋奴"的谬论，指出"近世百年，诸欧治定功成，其新政、新学、新器，绝出前古"，只有向西方学习，才能富强起来，做到"中国不亡，国民不奴"。他明确指出：对于西方的新事物，"守旧拒之则削弱"，"更新变用之则骤强"，是"公理正则，无可遁难者"。他撇开了"体、用"和"道、器"之争，借鉴各国经验而主张"全变"（《上清帝第五书》《第六书》），包括经济上变以农立国为"以商立国"，文化教育上"废科举，兴学校"，政治上变君主专制为君主立宪。

康有为自称 1884 年就开始"演大同主义"，1885 年就"手定大同之制，名曰《人类公理》"。在《大同书》中，康有为把君主立宪看作到达大同境界的必由之路。他批判君主专制"鱼肉其臣民，视若虫沙，恣其残暴"；"摧抑民生，凌锄士气"。与此相反，"升平世"作为走向大同的必要准备阶段，从保障"天赋人权"入手，其关键在于"明男女平等各自独立之权"，作为走向大同境界的根本前提。他认为中国只能从实行君主立宪开始，才能由"据乱世"走向"升平世"，并进而走向"太平世"的大同境域。康有为描述的大同社会，是至平、至公、至仁、至治的极乐世界，没有国界，没有私产，共同劳动，共享财富，没有军队，政府民选，事务众决，男女平等，人人独立。这种对大同世界的描绘，反映了人们对美好社会的憧憬，是西方乌托邦理想和中国大同理想的结合。

康有为改革思想的哲学依据是进化论。其"改制进化"的微言大义，在于由生物进化推及社会进化，巧妙地把进化论思想注入儒家的"公羊三世说"，从而推倒了专制时代占统治地位的历史倒退论和历史循环说，把历史进化论的思想建立在近代自然科学和社会科学的基础上。"由据乱而升平而太平"的公羊三世说一变而为"由专制而立宪而共和"的进化之理。其历史哲学之核心，是改良政治上层建筑以推动社会发展。

二、梁启超的变法思想

梁启超（1873—1929），字卓如，号任公，广东新会人，17 岁中举；1891—1894 年就学于康有为主持的万木草堂，深受其思想影响。甲午战后，忧愤时危，追随康有为从事变法维新活动。1896 年任《时务报》主笔，撰写了《变法通议》等大量宣传变法维新的政论。其文章"笔锋常带感情"，极富感染力，对于推动变法维新运动起过很大作用。时人曾以"康、梁"并称，把他看作维新派的主要代表人物之一。有《饮冰室合集》传世。

梁启超的变法思想以救亡图存为急务。列强的侵略，时局的危殆，激发他写出了一系列宣传变法的文章。他从《时务报》第 1 期发表《变法通议》起，就不断以慷慨激昂的言辞宣传变法，认为变法关乎中国存亡。他在《南学会叙》中指出，列强"瓜分中国之图，已高张于议院"。当此列强虎视眈眈，皆思染指于中国之际，如不"洗常革故"，变法维新，"以图自保于万一"，则数年以后，"乡井不知谁氏之藩，眷属不知谁氏之奴，血肉不知谁氏之俎，魂魄不知谁氏之鬼"，家破国亡，不日即至。其变法图强，救国救民之心，字里行间，随处可见。

至于法如何变，梁启超和康有为一样，主张从"根本"入手。他在 1896 年发表的《变法通议》里，专门论述"变法不知本原之害"。与他的老师一样，他揭露洋务派的所谓"新政"不过是"补苴罅漏，弥缝蚁穴"，其要害在于"行之而不知其本"。他指出："变法之本，在育人才；人才之兴，在开学校；学校之立，在变科举；而一切要其大成，在变官制。"但康梁对于"根本"的理解也有一点微妙的区别。康有为认为，变法的根本在于改变政体，开议院，变官制；梁启超则认为，"议院以学校为本"，兴学校，开民智，似乎更具有"根本"的意义。

梁启超这一变法思想的理论根据，是以"变"为"古今之公理"的变易观和《春秋》公羊三世说。其《变法通议自序》说："法何以必变？凡在天地之间者，莫不变……藉曰不变，则天地人类并时而息矣。故夫变者，古今之公理也……为不变之说者，动曰'守古守古'，庸讵知自太古、上古、中古、近古以至今日，固已不知万百千变。"他又说："吾闻之，《春秋》三世之义，据乱世以力胜，升平世智力互相胜，太平世以智胜。"又说："胜败之原，由力而趋于智。故言自强于今日，以开民智为第一义。"（《学校总论》）

梁启超在任湖南时务学堂总教习期间，也曾一度主张民主革命。他自称到湖南后，在时务学堂每日讲课，"所言皆当时一派之民权论，又多言清代故实，胪举失政，盛倡革命"（《清代学术概论》）。他与谭嗣同等秘密摘印《明夷待访录》《扬州十日记》，并加以按语，广为散布。宣传《明夷待访录》，尚可解释为主张君主立宪；而散发《扬州十日记》，就只能解释为宣传反清了。

三、谭嗣同的变法思想

谭嗣同（1865—1898），字复生，号壮飞，湖南浏阳人，出身于官僚家庭，1896 年春在北京结识梁启超，了解到康有为的学说，甚为叹服，自称"私淑弟子"；1898 年夏，被召以"四品卿衔军机章京"参与变法。政变发生后，友人劝他出走，他说："各国变法，无不从流血而成。今中国未闻有因变法而流血者，此国之所以不昌也。有之，请自嗣同始。"（梁启超《谭嗣同传》）以生命和热血写下了中国近代第一次政治改革运动最悲壮的一页，年仅 34 岁。后人将他的著作编为《谭嗣同全集》。

谭嗣同勇敢地发出"冲决网罗"的呼声，不但要"冲决利禄之网罗"，"俗学"之"网罗"，而且还要"冲决君主之网罗""伦常之网罗"。他指出，两千年来的君主专制是强盗政治，历代的封建君主是"独夫民贼"，他们"视天下为其囊橐中之私产"，视"天下之民"若"犬马土芥"。因此，他激烈反对传统的忠君观念，认为提倡"忠君"就是"辅桀""助纣"，祸国殃民，十分服膺"法人之改民主"。谭嗣同反对君主专制的激进态度，使他的社会政治思想闪烁着资产阶级民主主义的思想光辉。

谭嗣同用于批判君主专制的思想武器，是资产阶级的国家学说。其要点一是以"民择君"的"共举论"否定"君权神授"的传统说教。他认为，生民之初，只有民而无所谓君；所以有君，是因为"民不能相治，亦不暇治，于是共举一民为君"，是"民择君"而非"君择民"。二是以"民本君末"的民权论否定君权至上："君也者，为民办事者也；臣也者，助办民事者也。"不仅如此，"君亦一民也，且较之寻常之民而更为末也"。这种以民为本位而把君降到从属于民的地位的思想，是以民权思想反对封建君权的理论观点。

谭嗣同进而抨击封建主义纲常名教，对于"俗学陋行，动言名教"痛加驳斥："以名为教，则其教已为实之宾，而决非实也。又况名者，由人创造，上以制其下而不能不奉之，则数千年来，三纲五伦之惨祸烈毒，由是酷焉矣。"（《仁学》上）认为独夫民贼"固甚乐三纲之名，一切刑律制度皆依此为率，取便己故也"，揭露了封建君权和纲常名教之间的依存关系。

针对洋务派"中学为体，西学为用"的主张，谭嗣同根据王夫之的道器论，发挥了"道不离器"的唯物主义命题，阐明了改变封建纲常名教的必然性。他说："特所谓道，非空言而已，必有所丽而后见……无其器则无其道。""故道，用也；器，体也……器既变，道安得独不变？"（《思纬壹壹台短书·报贝元徵》）他把批判的锋芒直指当时封建顽固派的"天不变，道亦不变"的形而上学，有力地冲击着封建传统观念。

在哲学本体论上，谭嗣同提出了"以太—仁—心力"学说。"以太"源于西文"Ether"，在近代物理学中曾被看作一种存在于太空中可以传播光、电的细微介质。

谭嗣同吸取了这一学说，认为物质是由"原质"（即元素）构成的，"原质"的化合和分解及数量的增减，就构成新的物质。"至于原质之原，则一以太而已"。他认为"以太"充满于"法界，虚空界，众生界"，"三界"由是生，由是立，由是出。他用"以太"来解释"光浪、声浪、气浪、电浪"等自然现象，具有明显的近代机械唯物论倾向。

谭嗣同力图调和唯物论和唯心论。他把作为多样性自然现象背后的统一实体看作"以太—仁"的复合体，以"仁"来规定"以太"的本质属性，这就把万物的本原从物质性的"以太"过渡到精神性的"以太"。更进一步，他用佛学唯识宗的义理来解释"以太"，把"以太—仁"与"心力"等同起来，认为"以太也，电也，粗浅之具也，借其名以质心力"，这就滑向了主观唯心论。

第三节　严复对西学的介绍

严复（1854—1921），字又陵，福建侯官（今福建福州）人，幼年入福州马尾船厂附设的船政学堂学习，1876 年被派往英国学习海军，回国后历任北洋水师学堂总教习、总办等职。他被梁启超誉为"清季输入欧化之第一人"，其主要著述被编为《严复集》。

与康有为假借旧学形式搞托古改制不同，严复直接通过对西学的翻译、介绍和宣传来阐述自己的思想主张。他先后翻译了八种西学名著，如为市场经济奠定理论基础的《原富》，为民主政治奠定学理基础的《孟德斯鸠法意》，为人的自由作坚实之理论论证的《群己权界论》，为现代社会学奠定基础的《群学肆言》，作为一切科学之基础的《穆勒名学》和《名学浅说》，有力地激发了人们爱国心的《天演论》，意在明政治进化之公例的《社会通诠》等。他把西学的精髓概括为"自由为体，民主为用"八个字。

在严复对西学名著的译述中，尤以《天演论》对晚清思想界影响最大。1895年，他在天津《直报》上先后发表《论世变之亟》《原强》等一系列文章，发出了爱国救亡的强烈呼声。在《原强》中，他首次介绍达尔文学说，高度评价其《物种探原》一书，指出"其一新耳目，更革心思"，超过了牛顿力学。他在介绍达尔文此书时，特别强调其中关于"物竞天择"的理论："物竞者，物争自存也；天择者，存其宜种也"，认为这是全书的主旨。他借用达尔文的生物进化论所阐明的中心思想是：中国如能顺应"天演"规律而实行变法维新，就会由弱变强，由落后变先进；反之，则将亡国灭种而被淘汰。基于上述认识，严复在《原强》中提出"鼓民力""开民智""新民德"的主张。

严复在宣传进化论的同时，还介绍了天赋人权论，作为批判君权，伸张民权的思想武器。他在《论世变之亟》中说："彼西人之言曰：唯天生民，各具赋畀，得自由者乃为全受。故人人各得自由，国国各得自由，第务令毋相侵损而已。侵人自由者，斯为逆天理，贼人道。"依据这一理论，他又写了《辟韩》一文，批判了韩愈的君权神授说，认为君权神授说不符合历史实际，君民之间是本于"通功易事"的原则而确立起来的契约关系，"立君之本旨"在于为民兴利除害，"君不能为民锄其强梗防其患害则废"。这就把被颠倒了的君民关系颠倒过来。

严复在宣传西学的同时，对旧学展开了理论批判。他宣称：处当今之世，不但"八股宜除，举凡宋学、汉学、词章小道，皆宜且束之高阁也"（《救亡决论》）。在他看来，这些旧学都是"无实""无用"的，它们不是从考验事实出发，而是从古书成训出发。西学则与此相反，"一理之明，一法之立，必验之物物事事而皆然，而后定之为不易"。这一"必验之物物事事而皆然"的方法，就是自然科学的归纳法。严复承认，作为自然科学的方法，归纳法与演绎法虽然都是必需的，但推理所据以进行的大前提应当从归纳法产生，即由"实测"而得出"公例"，这样才能保证正确的推理，并获得正确的结论。

严复认为"旧学之所以多无补者"，在于其推理的大前提是"心成之说"。虽然"持之似有故，言之似成理"，其实却是先验的，似是而非的，不足以作推理的依据，不足以当大前提之用。在他看来，这是中国"学术之所以多诬，而国计民生之所以病"（《穆勒名学》按语）的原因。对于宋学，不论是程朱理学还是陆王心学，他都一一加以责难。程朱讲"理在气先"，严复反问道："然无气又何从见理？"（《天演论》按语）他把陆王心学看作"心成之说"的典型，斥之为"向壁虚造""强物就我""直师心自用而已"。他认为，一切都要经过事实的验证，而不应强使客观实际迁就于主观认识。

严复特别强调在全民族中灌注科学精神的重要意义。他说："为西人之政论易，为西人之科学难。政论有骄嚣之风（如自由、平等、民权、压力、革命皆是），科学多朴茂之意。且其人既不通科学，则其政论必多不根，而于天演消息之微，不能喻也。"（《与外交报主人书》）他独具慧眼地看到了科学精神的确立比其他观念的确立更为根本。为了使全民族真正确立起科学精神，他主张："中国此后教育，在宜著意科学，使学者之心虑沈潜，浸渍于因果实证之间，庶他日学成，有疗病起弱之实力，能破旧学之拘挛，而其于图新也审，则真中国之幸福矣！"

（《与外交报主人书》）这一主张，是有远见卓识的。

第四节　新学与旧学的争论

1898 年 4 月，也就是戊戌变法发生前夕，洋务派大官僚张之洞抛出《劝学篇》，系统批判维新派的改革主张，并直接策动旧学派发表了许多反对变法维新的文章。9 月政变发生后，为配合对维新派的镇压，湖南旧学派代表人物苏舆（1874—1914）将张之洞、叶德辉（1864—1927）、王先谦（1842—1917）等十三人反对变法维新的文章汇集在一起，编成《翼教丛编》（以下简称《丛编》）一书，并于当年刊刻问世。

苏舆是湖南顽固派首领王先谦的门生。他声称其之所以编辑《丛编》，就在于要对新学作彻底清算，其自序谓："邪说横溢，人心浮动，其祸实肇于南海康有为"；梁启超"张其师说"，"其言以康之《新学伪经考》《孔子改制考》为主，而平等、民权、孔子纪年诸谬说辅之。伪六籍，灭圣经也；托改制，乱成宪也；倡平等，堕纲常也；伸民权，无君上也；孔子纪年，欲人不知有本朝也"。他宣称，《丛编》一书"专以明教正学为义"，即专以反对新学、维护纲常名教为主旨。《丛编》对康有为、严复、梁启超和谭嗣同等维新派代表人物的言论"逐条痛斥"。例如，康有为有《长兴学记》一书，宣传平等观点，《丛编》就有叶德辉的《长兴学记驳义》；梁启超有《孟子界说》《读西学书法》等旨在提倡新学的论著，《丛编》就有《正界篇》《读西学书法书后》与之抗衡；严复有《辟韩》一文，抨击封建纲常，《丛编》就有《辨辟韩书》指责它坏"伦纪"、乱"天下"。他们反对新学的理论依据，主要来自董仲舒学说和程朱理学。《湘绅公呈》说："为政先定民志，立学首正人心，损益乃百世可知，纲常实千古不易。"以董仲舒的"天不变道亦不变"和程朱理学的"理在气先"作为纲常名教的理论基础。

维新派把民权学说作为新学的重要内容，指出"君权日益尊，民权日益衰"是"中国致弱之根源"。旧学派则强调，民有权则君无权，"民权之说一倡"，势必"纪纲不行，大乱四起"。他们说："今康、梁所用以惑世者，民权耳，平等耳。试问：权既下移，国谁与治？民可自主，君亦何为？是率天下而乱也。平等之说，蔑弃人伦，不能自行，而顾以立教，真悖谬之尤者"。（《丛编》卷五《宾凤阳等上王益吾院长书》）对于维新派宣传的"使人人有自主之权，人人以救亡为是"的爱国言论，他们痛骂道："推其意，直欲以我列圣以来乾纲独揽之天下，变为泰西民主之国，其斯以为智与，真汉奸之尤哉！"（《丛编》卷五《邵阳士民驱逐乱民樊锥告白》）他们不仅主张全面禁毁维新派著作，甚至建议对维新派人士"脔割寸磔，处以极刑"，可见当时旧学反对新学的激烈程度。

戊戌政变发生后，面对清政府的血腥镇压和思想清算，维新派仍坚持在思想领域与旧学派展开说理斗争。1899 年春，何启、胡礼垣作《〈劝学篇〉书后》，对张之洞的反民权思想作了全面回击。该文的主要特色是全面批判三纲，认为三纲违反人道，极不合理，给中国造成了极大的危害。针对张之洞所谓中国人民一不知世界大势，二无巨资，三无远志，因而不得享有民权的说法，何启、胡礼垣指出，人民权利乃天所赋予，与生俱来，任何人不得以任何借口剥夺。只有实行民权，方能"为正本清源之治"，"开平康正直之风"，"去篡弑浇漓之习"；如此，才是中华民族的"起衰振敝"之道。

1902 年，严复发表《与外交报主人书》，对张之洞等人宣扬的"中学为体、西学为用"论作了深刻批判。他指出："体用者，即一物而言之也。有牛之体，则有负重之用；有马之体，则有致远之用。未闻以牛为体，以马为用者也……故中学有中学之体用，西学有西学之体用，分之则并立，合之则两亡。"对于中西二学，他主张"统新故而视其通，苞中外而计其全"，只要能使人民摆脱愚昧，不管古今中西，都要择善而从。与旧学派的谩骂和诉诸暴力相比，新学派的态度是理性的、平和的。

思考题：

1. 康有为、梁启超变法思想的主要内容是什么？

2. 如何理解谭嗣同提出的"以太—仁—心力"学说？

3. 严复是如何从思想方法论上对旧学展开理论批判的？

第四章　孙中山的思想

孙中山（1866—1925）名文，号中山，广东香山（今广东中山）人。他是中国民主革命的伟大先行者，资产阶级民主派的领袖和思想家。他努力从欧美吸取先进思想，熔铸他的三民主义学说，倡导民主革命。他提出了"知难行易"的学说，发展了中国哲学的知行观；他对中国传统文化作了深刻的反思，继承和发展了中国传统文化的"人格"与"国格"观念，致力于铸造我们的"民族之魂"。

第一节　三民主义

三民主义是孙中山倡导的民主革命纲领，由民族主义、民权主义和民生主义构成，简称"三民主义"。1905 年 11 月，孙中山在《〈民报〉发刊词》中，第一次公开揭橥了民族、民权、民生"三大主义"，后来又在《民报》周年纪念大会上作《三民主义与中国民族之前途》的演讲，详细阐述了三民主义。三民主义的发展过程分为两个阶段，即旧三民主义和新三民主义。它是中国人民的宝贵精神遗产。

民族主义是孙中山首先揭橥的战斗旗帜。它反映了近代中国社会的民族矛盾——既有帝国主义同中华民族的矛盾，又有以满族贵族为首的清朝统治集团同汉族及其他少数民族的矛盾，而帝国主义和清朝统治集团正日益勾结起来。民族主义的主要内容之一，就是"反满"。"驱除鞑虏，恢复中华"，始终是资产阶级革命民主派在清末的战斗口号。这不仅由于清王朝是一个由满族贵族"宰制于上"的封建专制政权，还因为它已经成为"洋人的朝廷"。"反满"口号所以具有广泛的动员意义，原因就在于此。民族主义的另一主要内容是争取民族的独立和解放。孙中山在《〈民报〉发刊词》中认为，"非革命无以救垂亡"，而革命必须"先倒满洲政府"，民族主义反对帝国主义压迫的意义即蕴含于此。

民权主义是三民主义的核心。它反映了近代中国社会的又一个主要矛盾，即封建主义和人民大众的矛盾。民权主义的基本内容是：揭露和批判封建专制主义，指出封建的社会政治制度剥夺了人权，因而，决非"平等的国民所堪受"；必须经由"国民革命"的途径推翻封建帝制,代之以"民主立宪"的共和制度,结束"千年专制之毒"。与这种"国体"的"变革"相适应,关于政体的擘画也构成民权主义的重要内容。民权主义的要点是:实行为一般平民所共有的民主政治,而防止欧美现行制度之流弊,人民有选举、罢免、创制、复决四权以管理政府,政府则有立法、司法、行政、考试、监察五权以治理国家。其核心观念是强调直接民权与权能区分,亦即政府拥有治权,人民则拥有政权。

民生主义是孙中山的"社会革命"纲领,其最重要的原则有两个:一为平均地权,实行耕者有其田;二是节制资本,使私人不能操纵国民生计。"平均地权"——"土地国有"是孙中山的土地方案。主要内容为"当改良社会经济组织,核定天下地价。其现有之地价仍归原主所有,其革命后社会改良进步之增价,则归于国家,为国民所共享"(《同盟会宣言》)。孙中山认为这一方案的实施可以防止垄断,也能使"公家愈富",从而促进"社会发达"。他主张发展"国家社会主义",将"不能委诸个人及有独占性质"的"大实业"(如铁路、电气和水利等)"皆归国有",因为这既可"防资本家垄断之流弊",又得以"合全国之资力"。民生主义实质上是最大限度发展资本主义的方案,带有主观社会主义的色彩。

辛亥革命后,孙中山制定了宏大的《实业计划》,这是近代以来中国人提出的最富想象力,宏伟、全面、系统的经济现代化建设的纲领。其主要内容为:建设北方大港、东方大港和南方大港三大世界级港口;修筑总共十万英里[①]长的六大铁路系统;修筑百万英里长的公路网;整治长江、淮河、黄河等内河水系;通过大规模移民开发边疆,全面开采煤、铁、石油、有色金属等矿藏;发展轻重工业和现代农业,规划衣、食、住、行等涉及民生的各项实业。孙中山认为,"建设是革命的惟一目的","发展实业,乃振兴中华之本";而发展实业的根本目的,就是要解决民生问题,确立"建设之首要在民生"的观念。为了解决民生问题,不仅要注重经济建设,还要"同时注重"社会财富的分配,要使国民所得在分配上相对平均、相对公平,以切实改善民生,使"四万万人都可以享福,把中国变成一个安乐国家和一个快活世界"。

在 1924 年 1 月中国国民党第一次全国代表大会上,孙中山提出"重新来研究国家的现状,重新来解释三民主义"。他"适乎世界之潮流,合乎人群之需要",确立了联俄、联共、扶助农工的三大政策,把旧三民主义发展为新三

---

① 1 英里约合 1.6 公里。

民主义。

第二节　知难行易说

在革命党人中，一些人认为孙中山"理想太高，不适中国之用"。孙中山认为，数千年来"知之非艰、行之惟艰"的传统思想深入人心，使人们误解了知行关系。他以"破心理之大敌，出国人思想于迷津"（《建国方略》）为己任，创立"知难行易"学说以鼓舞革命斗志。

首先，他指出，欧美之人只知"知之为难"，未闻"行之为难"，因而创造了高度发达的近代文明；与此相反，"夫中国近代之积弱不振、奄奄待毙者，实为'知之非艰，行之惟艰'一说误之也。此说深中于学者之心理，由学者而传于群众，则以难为易，以易为难。遂使暮气畏难之中国，畏其所不当畏，而不畏其所当畏……如是不知固不欲行，而知之又不敢行，则天下事无可为者矣。此中国积弱衰败之原因也。"（《建国方略》）中国古代学者所讲的"知"，主要是道德之知；所讲的"行"，主要是道德践履之行。而孙中山所讲的知，是科学真理之知；所讲的行，则接近于辩证唯物论的"实践"概念，其内涵包括了社会经济活动、科学实验活动和政治活动，因而其知行概念与传统的知行概念有着质的区别。

其次，孙中山指出，在中国，人们之所以认为"知之非艰"，乃是因为缺乏追求真知的科学精神，其所谓知识大都不是科学的真知。他说："夫科学者，统系之学也，条理之学也。凡真知特识，必从科学而来也。舍科学而外之所谓知识者，多非真知识也。"（《建国方略》）西欧人以知为难，但也正是他们发展了科学，创造了灿烂的近代文明。而"吾国人所谓'知之非艰'，其所知者大都类于天圆地方、天动地静、蜈蚣为子之事耳。""此数千年来之思想见识，习为自然，无复有知其非者，然若以科学按之以考其实，则有大谬不然者也。"（《建国方略》）孙中山赞扬了西欧人知难而进、追求科学真理的精神，批评中国人满足于朴素的直观而缺乏科学精神，从而以知为易的缺点。这一批评应该说是很中肯的。

第三，孙中山还指出，习练、试验、探索、冒险四事，乃"文明之动机"：生徒之习练，即行其所不知以达其欲能；科学家之试验，即行其所不知以致其所知；探险家之探索，即行其所不知以求其发现；伟人杰士之冒险，即行其所不知以建其功业。即使在科学昌明的今天，人们也不可能在一切事情上都能够做到先知而后行，而不知而行的事情，仍然比知而后行的事情要多。所以，只有敢于行其所不知，才能促进人类文明的进步。孙中山认为，中国要与欧美各国并驾齐驱，一方面要敢于不知而行，用行以求知，敢于探索，敢于冒险；另一方面又要打破闭关时代的旧思想，善于学习和借鉴欧美国家的经验，为中国的现代化事业服务。

难行易说问世后受到国民党内外广泛关注和评论，今天看来，中山先生的知难行易说绝不只是某种单纯的学术思考，需要记住的是，它也是在当时历史趋势下关于革命实践的总结。

第三节　论中西文化的融合

孙中山认为，要想复兴中国文化，就必须综合中西文化的优长之处，走交融互补的综合创新之路。对于如何博采中西文化之长，结合中国实际，创造出一种驾乎欧美之上的新文化，孙中山有深入的思考。

孙中山主张对西方文化采取开放态度，指出："立国于世界之上，犹乎人处于社会之中，相资为用、互助以成者也。"（《建国方略》）认为只有博取兼收，用人所长，补己所短，才能促进民族文化的进步。但学习西方文化，不能盲目照搬。在政治上，固然要吸收西方制度文明的精华，用民主主义代替专制主义；但另一方面，也要汲取中国传统制度和思想文化的合理成分，加以融会贯通。他表示："彼将取欧美之民主以为模范，同时仍取数千年前旧有文化而融贯之。"（《在欧洲的演说》）以此"作成一中西合璧的新文化"（《宴请国会及省议会议员的演说》）。他称其三民主义学说，就是内审中国情势，外察世界潮流，对中西文化综合创新的结果。

中国传统文化中的"人格"与"国格"观念，作为我们的"民族之魂"，在孙中山的思想体系中闪烁着格外耀眼的光辉。他强调一个革命者应从"修身"出发，以锻炼革命意志，以至达到治国平天下即振兴中华的目的。他认为，修身必先"正心"。他在《国民党员不可存心做官发财》的演说中指出："人心就是立国的大根本……得人心的方法很多，第一要本党现在的党员，人格高尚，行为正大。不可居心发财，想做大官；要立志牺牲，想做大事，使全国佩服，全国人都信仰。"这就赋予中国传统文化中的"人格"和"国格"观念以新意，并且把"人格"观念升华为人的价值观念。他认为要造成一个好国家，便先要人人有好人格。他说："从事革命事业，非成功，即成仁，二者而已。"孙中山抽掉了"杀身成仁""舍生取义"等传统观念中誓死效忠皇权的封建意识，代之以为国为民奉献一切的新意识，力图在传统的"人格"与"国格"心理积淀的基础上，铸造出具有时代意义的崭新的民族之魂。

孙中山还看到了中国传统文化中伦理道德的凝聚力。他想从中国传统伦理道德中吸取精神力量，加强民众的凝聚力。他认为，从历史上看，"因为我们民族的道德高尚，故国家虽亡，民族还能够存在，不但是自己的民族能够存在，并且有力量能够同化外来的民族。所以穷本极源，我们现在要恢复民族的地位，除了大家联合起来做成一个国族团体以外，就要把固有的旧道德先恢复起来。"（《民族主义》）他所谓的"固有的旧道德"，主要是指儒家的忠孝、仁爱、信义、和平。在他看来，"四维八德"的传统道德范畴和规范，只要运用得当，是可以在建立共和国的大厦时起到和混凝土一样的黏合作用的。

孙中山对中国传统道德是有鉴别取舍的。他说："一般醉心新文化的人，便排斥旧道德，以为有了新文化，便可以不要旧道德。不知道我们固有的东西，如果是好的，当然是要保存，不好的才可以放弃。"（《民族主义》）以"忠"字而论，儒家的三纲把忠君作为第一条准则，孙中山明确地表示反对，但他认为君主可以不要，"忠"字则不能不要："不忠于君，要忠于国，要忠于民，要为四万万人去效忠。"（《民族主义》）可见孙中山对中国传统道德既有继承，也有改造。他的伦理学说不是儒家伦理道德的翻版，他也不是新儒家而是革命家。中国传统的道德伦理，经他鉴别、取舍，有些便升华为"革命的道德"。

思考题：

1. 孙中山"知难行易"说的主要观点是什么？

2. 孙中山如何赋予中国传统文化中的"人格"和"国格"观念以新意？

第五章　辛亥革命时期的社会思潮

辛亥革命时期国民性改造思潮兴起，民族精神高涨，革命派和立宪派展开论战，夹杂着国粹主义思想主张。这一时期是中国学术界特别富于创造力的时期，产生了许多著名的学者，如章太炎、梁启超、刘师培、王国维等人，其中影响最大的是梁启超和王国维。

第一节　民族主义与呼唤国魂

20 世纪初，在海内外中国人办的进步报刊上，充满了呼唤"国魂"的声音："中国之国魂安在乎？""吾中国国民之魂安在乎？""国魂乎！盍归来乎！"这是中华民族觉醒的呼声，标志着中华民族的文化自觉达到了一个新的水平。这一时期的启蒙者们看到，民族精神的盛衰，关系到社会的荣枯、民族的存亡。要挽救民族的危亡，就必须实行改革，而欲实行改革，就必须振奋民族精神，因此，形成了"志士竟言召国魂"（黄公《大魂篇》）的局面。

一、什么是"国魂"？

《浙江潮》杂志 1903 年刊登的《国魂篇》，首论国魂之定义。文章说："一民族而能立国于世界，则必有一物焉，本之于特性，养之以历史，鼓之舞之以英雄，播之于种种社会上，扶其无止之魔力，内之足以统一群力，外之足以吸入文明，与异族抗。其力之膨胀也，乃能转旋世界而鼓铸之；而不然者则其族必亡。兹物也，吾无以名之，名之曰国魂。"《江苏》杂志 1903 年刊载壮游（金天翮）《国民新灵魂》一文，文章说："灵魂其人类之天使哉，氤氤氲氲，异彩奇芬，蟠天际地，化为祥云。是故特殊之灵魂足以代表一群，多数之灵魂足以代表一国……夫国而无魂，乃以陈死之人而充国民之数矣，可乎哉！"1907 年《中国女报》载黄公写的《大魂篇》指出："国民者，国家之要素也；国魂者，国民之生源也。国丧其魂，则民气不生；民之不生，国将焉存？"由上可见，所谓"国魂"，就是民族精神，是民族赖以自立于世界民族之林的精神力量。对内，它是沟通民族心灵和增强民族凝聚力的心理纽带；对外，它是勇于接受新文明的恢弘气魄和抵御外侮的崇高气节。

二、什么是中国的"国魂"？

中国近代的志士仁人们纷纷到中华民族立国于东方的悠久历史中去探寻国魂。《江苏》杂志上发表的《民族精神论》认为，中华民族自古以来就有一种伟大的精神气质，这种精神气质是深深地蕴藏在民族的生命之中的，但由于屡屡遭受游牧民族入侵，这种精神气质才渐渐衰弱了。在民族遭受种种浩劫的历史中，民族的真精神并没有消失。"胡骑踏来，元戎授首；君王南渡，父老东迁；乃能以扫荡胡氛，廓清大夏为己任……朱熹唱正学，见忌于奸臣，椒山上直疏，遭谗于佞贼，延及明季，东林党名士，崛然兴起于一方，说仁义道德以折奸邪金任之徒者，随在皆是。乃至流血数千，刎颈相继，囹圄之中，霜雪之野，浩然之气逼霄汉而贯山河者，又不知凡几矣！……纲常名教，正气之歌，德义之粹，正吾族自古及今一大精神之所凝积而成者也。"所谓"中国魂"，就是爱国主义的"正气歌"。中华民族的新国魂是什么？有人称之为"祖国主义"。他们解释说："祖国主义者何？根于既往之感情，发于将来之希望，而昭之于民族的自觉心。"（《国魂篇》）用今天的话来说，所谓新国魂，就是民族感情和民族文化自觉（包括民族的历史感、使命感和责任感）的统一。

三、铸造国民新灵魂的途径

《国民新灵魂》一文认为，把中华民族性中的优秀因素与西方民族性中的优秀因素相结合，是改造国民劣根性、铸造新国魂的基本途径。文章疾呼以"吾固有而兼采他国之粹"，"上九天下九渊，旁求泰东西国民之粹，囊之以归，化分吾旧质而更铸吾新质。"我中华民族固有探险精神、勇武精神、侠义性格，只是由于独尊儒术，才使得这些精神气质渐被窒息，因此，要学习高张独立之旗的"美利坚人之侠骨"、推翻君权而演革命之剧的"法兰西人之侠心"，以此来铸造我中华民族的新灵魂。《国民报》的《说国民》一文，则以唤起人民追求自由的精神为主题。文章认为，摆脱君权和外权的压制只能算是实现了"自由之形体"，还必须摆脱"数千年来牢不可破的风俗、思想、教化、学术之压制"，才能真正实现"自由之精神"，使中国人取得近代"国民"的资格。该文把追求自由的精神看作近代国民新灵魂的核心，可谓抓住了根本和关键。马克思就曾指出，只有唤起人们的自尊心，即对于自由的追求，才能使社会走向民主。

第二节　章太炎与国粹派思潮

章太炎（1869—1936），初名学乘，字枚叔，后易名炳麟，又因仰慕顾炎武而更名绛，号太炎，浙江余杭（今杭州余杭）人。他青年时代师从汉学家俞樾，深研古文经学。戊戌变法时期参加过《时务报》的撰述，并与宋恕共同编辑《经世报》。戊戌变法失败后转向革命。1903 年，他为邹容的《革命军》作序，赞扬该书为"义师先声"；又作《驳康有为论革命书》，强调用革命手段推翻清朝统治，因此被捕入狱。1905 年出狱后抵达日本，担任《民报》主编，以犀利的文笔、渊博的学识，写了不少振奋人心的政论。这一时期，是章太炎思想丰富多彩的时期。

一、哲学观点与政治学说

章太炎早期曾经是进化论的拥护者，也是一位自然科学的唯物主义者，这主要表现在他所写《菌说》和《訄书》中。他在 1899 年发表的《菌说》一文，依据进化论和细胞学说阐述了唯物主义的自然观。他认为"以太"并不是精神性的"心力"或"性海"，而是一种有形体的物质，"原质有形，即以太亦有至微之形，固不必以邈无倪际之'性海'言也"。他还援引细胞学说，指出细胞是表现生命现象的基本结构，"庶物莫不起于细胞"。他还引证 17 世纪英国唯物主义者洛克的"白板说"，认为"人之精神，本为白纸"，否认有天赋的或先验的知识。在《訄书·原人》中，他依据达尔文的学说概述生物和人类的进化过程，企图借此唤醒人心，注重当时的民族危机。

作为一位思想深沉的哲人，他并没有对进化抱盲目的乐观主义态度，而是看到了进化的两重性，提出了"俱分进化"的学说。他说："生物之程度愈进而为善，为恶之力亦因以愈进……而就一社会一国家中多数人类言之，则必善恶兼进。"（《俱分进化论》）他认为在西欧各国是善亦进化，恶亦进化；与此不同，中国自宋以后，则是善亦退化，恶亦退化："程、朱、陆、王之徒，才能自保，而艰苦卓绝，与夫遁世而无闷者，竟不可见。此则善之退化矣。"古人行事，即使是恶，也有"伟大雄奇之气"贯于其中；"然观今日……朝有谀佞而乏奸雄，野有穿窬而鲜大盗，士有败行而无邪执，官有两可而少顽嚚。方略不足以济其奸，威信不足以和其众，此亦恶之退化也。"（《俱分进化论》）他的"俱分进化"论，既反映了他对资本主义文明的怀疑，也反映了他对我们民族精神状态的深沉忧虑。

1903 年章太炎在上海被捕后，在三年的监狱生活中研读了大量佛教典籍，从此，他抛弃了早年的唯物论思想，以为唯心、唯物都是偏见，他想超乎二者之上，用唯识宗和老、庄哲学相混的思辨哲学调和二者。他在东渡日本以后的许多哲学论著中，非常明确地否认世界万物为客观存在，而把一切归于人的意识的虚构。他说："宇宙本非实有，要待意想安立为有。若众生意想尽归灭绝，谁知有宇宙者？"（《建立宗教论》）这就和他早年的观点完全相反了。

在政治上，他坚决主张以革命的手段推翻清朝的统治。针对康有为所谓"公理未明，旧俗俱在"，不能革命的观点，他严正指出："公理之未明，即以革命明之，旧俗之俱在，即以革命去之。革命非天雄大黄之猛剂，而实补泻兼备之良药矣。"（《驳康有为论革命书》）但他对西方资本主义民主持怀疑态度，认为真正的共和政体不在于施行代议制，而在于实施直接民权，这反映了他思想中的激进民主主义色彩。他提出了耕者有其田的主张，要求"均配土田，使耕者不为佃奴"。这种"均田"思想是他的民主主义思想中的合理成分，具有反对封建土地所有制的进步意义。

二、"用宗教发起信心，增进国民的道德"

从有利于增进国民道德的观点立论，章太炎认为，基督教不适用于中国，但孔教也"断不可用"。"孔教最大的污点，是使人不脱富贵利禄的思想。自汉武帝专尊孔教以后，这热衷于富贵利禄的人，总是日多一日。我们今日想要实行革命，提倡民权，若夹杂一点富贵利禄的心，就像微虫霉菌，可以残害全身。"（《东京留学生欢迎会演说辞》）至于道教，那"最混账的《太上感应篇》《文昌帝君阴骘文》"，又怎能作为革命党人的信仰呢？

章太炎认为，唯有佛教可以使人有勇猛无畏的气概，理由是：其一，华严宗主张，只要能普度众生，头目脑髓，都可施舍于人，在道德上最为有益。其二，法相宗说，万法唯心，一切有形的色相，无形的法尘，总是幻见幻想，并非实在实有，与康德的"十二范畴"、叔本华的唯意志论相通，"在哲学上今日也最相宜"。其三，佛教讲一切众生皆是平等，且佛教最恨君权；"佛是王子，出家为僧，他看做王就与做贼一样，这更与恢复民权的话相合。"（《东京留学生欢迎会演说辞》）他强调："非说无生则不能去畏死心，非破我所则不能去拜金心，非谈平等

则不能去奴隶心，非示众生皆佛则不能去退屈心，非举三轮清净则不能去德色心。"（《论佛法与宗教、哲学以及现实之关系》）

章太炎反对崇拜鬼神、偶像的宗教，提倡建立一个崇拜无人格的"本体"的宗教，这就是以"自识为宗"的佛教。他摈弃佛教六道轮回、地狱变相之说，着重撷取它的宗教哲学。他说："佛法的高处，一方在理论极成，一方在圣智内证……与其称为宗教，不如称为'哲学之实证者'。"（《论佛法与宗教、哲学以及现实之关系》）他通过宣传佛教"依自不依他"的思想，扫除权威，鼓舞士气。他认为宗教有高下优劣，下劣者为多神教与一神教，其神权思想与平等相去绝远。唯识的"宗教"则摒绝鬼神，不承认鬼神的权威，而依自心为最高的主宰。这样，他又从"宗教"论导出了无神论。

三、"用国粹激动种性，增进爱国的热肠"

章太炎自述其提倡"国粹"的用意说："为甚提倡国粹？不是要人尊信孔教，只是要人爱惜我们汉种的历史。这个历史，是就广义说的，其中可以分为三项：一是语言文字，二是典章制度，三是人物事迹。"（《东京留学生欢迎会演说辞》）

章太炎深入研究了中国学术思想发展的全部历史，做出不少有价值的论断。他早岁推重荀卿、韩非，并为商鞅辩诬；他批评儒家思想汗漫调和，说孔子仅是一个好的史学家和教育家，说孟子的五行说荒谬不伦。对于汉代思想家，他斥责董仲舒为"神人大巫"，尊崇王充为"汉代一人"。对于魏晋玄学，他多从怀疑主义的自由思想方面接受其观点。对于唐代思想家，他表彰刘禹锡、柳宗元的无神论。对于宋明理学，他批评二程之学杂无系统，往往以己意专断，批评程朱一派"事君以诚"，是"乡愿之秀者"。他推崇王夫之、顾炎武、吕留良等人，称许清代汉学家"研精故训而不支，博考事实而不乱"的"实事求是"态度。

章太炎反对"醉心欧化"的风气，认为"自国的人，该讲自国的学问，施自国的教育"（《革命的道德》）。他认为中国历史人物事迹中表现出的俊伟刚严气魄，是中国人的特点，在这方面，"与其学欧美，总是不能像的，何如学步中国旧人，还是本来的面目。"他推崇周秦诸子，推崇南宋伐金的岳飞，推崇抨击宋儒"以理杀人"的戴东原，认为这些人体现了我们民族的气魄，"我们不可不追步后尘。"（《东京留学生欢迎会演说辞》）他反对醉心欧化，但并不排斥学习外来的先进文化，主张会通"东西学人之所说，华梵圣哲之义谛"（《菿汉微言》），将中西学中的精华结合起来。

第三节　革命派与立宪派的论战

立宪派是指 20 世纪初期随着清政府的"新政"和"预备立宪"而崛起的政治派别，实际上就是戊戌变法时期的维新派或改良派，只是在反对以革命手段推翻清朝政府和君主专制、主张君主立宪方面旗帜更为鲜明而已。革命派与立宪派的论战于 1906 年达于高潮，争论主要是围绕孙中山的三民主义的三个方面而展开的。

第一，要不要采取革命手段推翻清朝政府。革命派在"驱逐鞑虏，恢复中华"的民族主义口号下来反对清朝统治，这其实是他们立论中的一个弱点。梁启超抓住这个弱点，指责革命派是狭隘的"排满复仇主义"。针对立宪派对"排满"的指责，孙中山解释说："我们并不是恨满洲人，是恨害汉人的满洲人。假如我们实行革命的时候，那满洲人不来阻害我们，决无寻仇之理。"(《在东京〈民报〉创刊周年庆祝大会的演说》) 章太炎也在《排满平议》中明确指出，所谓"排满"，"非排一切满人，所欲排者，为满人在汉之政府"；"排清主即排王权矣"。

立宪派反对革命的又一个理由，是认为革命只会造成内乱，导致"杀人盈野"。革命派反问说，"内乱"难道是革命造成而不是清朝统治造成的吗？难道不正是腐朽而恶劣的清政府造成了到处民不聊生、民变蜂起的情势吗？当权者既不肯进行"推诚布公之改革"，"则其改革之权，势不得不操之于在下者之手"。革命固然不能避免流血，但即使是英国、日本那种所谓"和平革命"的国家也是流了血的。不革命，每年被清政府残杀的同胞也在百万之上，"然不革命则杀人流血之祸可以免乎？"

第二，是建立民主共和，还是实行君主立宪。立宪派认为，中国不能建立共和政体，理由是民智未开，人民尚且不具备国民的资格和参与政治的能力，因而没有建立共和政体的条件。革命派针锋相对地指出，认为中国国民能力差，这是对中国国民的侮辱。中国人的能力并不逊于世界上别的民族，"遽从外观之，而即下断语曰：中国之民族，贱民族也，只能受压制，不能与以自由……何其厚诬吾民族也！"(陈天华《论中国宜改创民主政体》) 又指出，梁启超寄希望于清政府，显然是"以为政府之能力优于国民"。但事实上，"所谓皇帝，以世袭得之，不辨菽麦"，"所谓大臣，以蝇营狗苟得之，非廉耻丧尽，安得有今日？"他们其实是"一国之中至不才至无耻者，何足与言能力？"(汪兆铭《再驳〈新民丛报〉之政治革命论》）革命派强调，中国人民决不比欧美各国人民低劣，应当寄希望于人民，而不能寄托于没落腐朽的统治者。

第三，要不要实行平均地权、土地国有的社会革命。立宪派特别仇恨革命派提出的社会革命和平均地权的主张。梁启超说，革命派以为土地国有就是实行社会主义，这是"未识社会主义之为何物"。指斥革命派讲平均地权是"利用此以博一般下等社会之同情"，是煽动"赌徒、光棍、大盗、小偷、乞丐、流氓"起来"荼毒一方。"（《开明专制论》）针对这一观点，资产阶级革命派论述了社会革命与平均地权之必要性。他们认为："一国之地当散之一国之民。今同为一国之民，乃所得之田有多寡之殊，兼有无田有田之别，是为地权之失平。"（刘师培《悲佃篇》）所以平均地权是完全必要的。革命派也看到"纯恃会党"的革命是有弊病的，所以又指出，"今后革命，固不纯恃会党，顾其力亦必不出于豪右，而出于细民，可预言者也。"（朱执信《论社会革命当与政治革命并行》）他们还认为，社会革命的原因在于"社会经济组织不完全"，为使中国将来免受第二次革命的惨祸，"社会革命当与政治革命并行"。尽管革命派关于社会革命的宣传带有空想性，但与那些从来不敢触动封建主义经济基础的立宪派相比，其言论显然是站在更先进的地位。

在论战中，革命派系统宣传了三民主义，有力地促进了革命思想的传播，就连立宪派的《新民丛报》也不能不承认："立宪党者，不过为名义上之鼓吹。气为所慑，而口为所箝。"革命派之所以有如此压倒之声势，并不在于他们的理论多么高深，而在于清朝政府已经失去民心。所以其革命宣传虽然有许多弱点，却能对广大群众具有强大的吸引力。

第四节　后期立宪派思潮

由于清政府于 1907 年和 1910 年先后设立咨议局和资政院，给形形色色的立宪团体提供了新的合法的活动场所，立宪派遂成为清末政坛上举足轻重的一大势力。后期立宪派的代表人物是从事实业的绅士张謇，其理论上的代表人物则为后来沦为"筹安会六君子"之一的杨度，其政治主张与康有为和梁启超基本上是一脉相承的。

后期立宪派的基本主张仍然是实行"君主立宪"。他们认为，"中国存亡诚一大问题"，要挽救中国的危亡局面，首先必须改变腐朽的专制制度。所以他们认同梁启超关于"专制政体之在今日，有百害于我而无一利"的观点，确信只有立宪才能挽救民族危亡。他们反复申说，专制政体是可以而且应当通过和平手段来废除的，所以他们坚决反对暴力革命。在宣传民主、民权、法治、宪政等观念方面，他们做了不少有益的工作。

作为后期立宪派的理论权威的杨度，1907 年初在日本创办的《中国新报》发刊词中宣称，按照中国的事实来看，中国只能实行君主立宪，因此，"吾人之所问者，不在国体而在政体，不争乎主而争乎宪。"这一观点其实也是梁启超的观点，即："吾人之目的，将以改造现政府，而不欲动摇国家之根本。"这里所谓"国家之根本"，实际上就是国体，也就是说，中国只能是一个君主国。因此，他们都不企望国体的改变，而只要求政体有所改变，变革其政权组织形式，让上层民族资产阶级和地方绅士参与政权。

立宪派把立宪看作强国御侮的手段，也是他们获得政治权力的手段。杨度在《中国新报》发表了《金铁主义说》一文："金者黄金，铁者黑铁；金者金钱，铁者铁炮；金者经济，铁者军事。欲以中国为金国，为铁国，变言之即为经济国、军事国。合为经济战争国。"他认为要实现这一把中国改造成军事强国的目标，就必须变专制政体为君主立宪政体：一是要制定宪法，二是要建立责任内阁，三是要召开国会。他认为君主立宪国家的宪法，以英国的民主程度最高，普鲁士次之，日本最低，而宪法程度之高低，则主要取决于国会。他认为清政府是不负责任的政府，对内是"偷钱之政府"，对外是"送礼之政府"，能否建立起责任内阁，使政府负责任，也取决于能否早开国会。所以他认为速开国会为"唯一的救国方法"。

但后期立宪派在政治上所效法的，实际上并不是英国，而是普鲁士和日本。梁启超的思想在总体上更多地带有英国式的自由主义色彩，而杨度所代表的后期立宪派的"金铁主义"则是普鲁士和日本式的军国主义，这种军国主义是有浓厚封建色彩的。杨度说："假使人人起来力争开设国会，日本亦不足虑，直可成为普鲁士。"这既反映了他们对于国家富强的迫切愿望，也反映了他们思想的局限性。

1908 年 7 月 22 日，清政府批准颁布了《各省咨议局章程》和《咨议局议员选举章程》。以此为契机，后期立宪派大力宣传选举的重要意义："选举权者，权利也，非义务也。盖士民多一选举权，即多一权利。"① 浙江咨议局筹办所在一篇白话演说稿中，更明白地说明了选举与保护私有财产权之间的利害关系："叫有财产

---

① 《选举权》，《时报》1908 年 11 月 5 日。

的人举出议员，到省城咨议局里面议事，自然代你们有财产的人计算利益，从前苛派勒捐的事，就可不致再有了。"这样的宣传，在一定程度上促进了民主知识的普及。

后期立宪派以轮番举行国会请愿为主要形式，掀起了全国规模的立宪运动。但无论立宪派如何"匍匐都门，积诚馨哀"反复请愿，都没能使清廷改变其"假立宪之名以行集权专制之实"的宗旨。1911 年 5 月"皇族内阁"的登场，使立宪派对清廷的幻想彻底破灭。

第五节　辛亥革命时期的学术思想

这一时期中国学术比较发达，代表人物有章太炎、梁启超、刘师培、王国维等人，其中影响最大的是梁启超和王国维。

梁启超的著述达一千多万字，其中关于中国历史的专著就有数十种。首先是大量个案研究的成果，包括管子、老子、孔子、墨子、屈原、陶渊明、杜甫、王安石、王阳明、戴震等；其次是从先秦思想到隋唐佛学直到明清学术的断代史专著，至今仍是学者的必读书；进而是贯通古今的专门史著作，如《中国学术思想变迁之大势》《中国之美文及其历史》《中国文化史》等。可以说，中国之有思想史、学术史、文化史、文学史、佛学史、法学史专著，皆自梁启超始。对于西学，他也有系统深入的研究，写了《论希腊古代学术》《近世文明初祖二大家之学说》《法理学大家孟德斯鸠之学说》《近世第一大哲学家康德之学说》《乐利主义泰斗边沁之学说》《生计学学说沿革小史》以及几位西方哲人的学案，已俨然构成西方思想史的规模。他为中国现代史学奠定了理论和方法的基础，其《中国历史研究法》《新史学》等书，至今仍有重要的参考价值。

王国维（1877—1927），字伯隅、静安，号观堂，浙江海宁人。16 岁中秀才，22 岁入上海《时务报》馆充校对，1901 年赴日本留学，次年因病归国，先后执教于南通师范学校和江苏师范学校，1922 年受聘为北京大学国学门通讯导师，1925 年受聘为清华研究院导师，1927 年自沉于北京昆明湖。他在文史哲三方面都取得了重大的成就。

从 1901—1907 年，王国维对哲学研究倾注了极大的兴趣，发表了许多研究西方哲学的文章，尤以介绍康德、席勒、叔本华学说而惠及中国学林。与此同时，他亦特别注重中国哲学研究，发表了许多论文。1903—1906 年间，他积极参加了政、学二界关于哲学学科合法性问题的争论，为中国哲学的合法性作了有力辩护。他明确论定"哲学为中国固有之学"（《哲学辨惑》），指出："无论古今东西，其国民之文化苟达一定之程度者，无不有一种之哲学。"（《奏定经学科大学文学科大学章程书后》）他认为哲学形上学是一个民族的文化达到一定程度的产物，是否承认中国有哲学，是一个是否把中国人当作文明人看待的问题。

王国维探讨了什么是"真正的哲学"的问题，认为哲学植根于人性，是体现人类对于真善美的理想追求的学说："今夫人之心意，有知力，有意志，有感情。此三者之理想，曰真曰善曰美。哲学实综合此三者而论其原理者也。教育之宗旨亦不外造就真善美之人物，故谓教育学上之理想即哲学上之理想，无不可也。"（《哲学辨惑》）这一论述，独具只眼地阐明了什么是哲学、哲学与人的关系和教育学上的理想与哲学上的理想的一致性。他以中国古代哲人在哲学形上学方面的建树证明了"哲学为中国固有之学"的观点，并预言："异日发明光大我国之学术者，必在兼通世界学术之人，而不在一孔之陋儒，固可决也。"（《奏定经学科大学文学科大学章程书后》）

王国维热切呼唤以追求真理为最高之精神追求的"学术之自觉(self-consciousness)"。他认为是否以追求真理为最高目的和唯一目的，是衡量学者是否具有"学术自觉"意识的根本标志。（《论近年之学术界》）他以是非真伪作为衡量学术的唯一标准，提出要"破中外之见"，认为"学问之事，本无中西"，"中西二学，盛则俱盛，衰则俱衰，风气既开，互相推助。"（《国学丛刊序》）他提出了能动的"化合"说，主张通过研究西学来发展中国学术。他反对以学术为狭隘的功利手段，并满怀忧虑地指出："今之人士之大半，殆舍官以外无他好焉，其表面之嗜好集中于官之一途，而其里面之意义，则今日道德、学问、实业等皆无价值之证据也。夫至道德、学问、实业等皆无价值而惟官有价值，则国势之危险何如矣。"（《教育小言十三则》）这一论述，对于针砭学界的不良倾向具有重要意义。

1907 年，王国维在经历了多年的中西哲学研究以后，突然宣告不再研究哲学。他在《静庵文集·自序二》中写道："哲学上之说，大都可爱者不可信，可信者不可爱。余知真理，余又爱其谬误。伟大之形而上学，高严之伦理学，与纯粹之美学，此吾人所酷嗜也。然求其可信者，则宁在知识论上之实证论，伦理学上之快乐论，与美学上之经验论。知其可信而不能爱，觉其可爱而不能信，此近二三年中最大之烦闷。"20 世纪人类在处理理想主义与经验主义之关系问题上的教训，表明了王国维的哲学眼光是何等深邃。

王国维告别哲学后，潜心甲骨文研究和史学研究，成为将甲骨文研究引向史学研究的第一人。他先后撰写了《殷卜辞中所见先公先王考》《殷卜辞中所见先公先王续考》《殷周制度论》和《古史新证》等论著，用甲骨卜辞补正了古书记载的错误，并对殷周政治制度作了探讨。他称自己的研究方法为"二重证据法"，即以地下的材料与纸上的材料相比较以考证古史真相的方法。这种方法既继承了乾嘉学派的传统，又运用了西方实证主义的科学考证方法，使两者有机地结合起来，从而在古史研究上开辟了新领域，创造了新方法，取得了巨大成就。郭沫若曾赞颂说：王国维"遗留给我们的是他知识的产品，那好像一座崔巍的楼阁，在几千年来的旧学的城垒上，灿然放出了一段异样的光辉"[①]。

思考题：

1. 章太炎主张"用国粹激动种性，增进爱国的热肠"有哪些内容？应如何评价？

2. 革命派与立宪派的主要分歧是什么？

3. 如何理解王国维提出的"学术之自觉"的学说？

---

① 郭沫若：《中国古代社会研究·自序》，人民出版社 1977 年版。

第六章 "五四" 与新文化运动

北洋政府腐败卖国，国内矛盾日益加深，新文化促进了思想解放，社会力量逐渐壮大，特别是俄国十月革命胜利点燃了中国的希望，巴黎和会上中国外交惨败。一系列因素交织，导致了"五四"运动的爆发。"五四"运动是中国青年觉醒的爱国主义新文化运动，它伴随着破旧立新的思想解放行动，为民族和国家树立了新的学术、文化和政治目标，从此民主、法治、科学精神扎下了根。

第一节 文学革命与新文化运动

辛亥革命以后的北洋政府时期，特别是 1915 年袁世凯复辟帝制的丑剧，使首先觉悟的知识分子认识到，中国要建设新制度，必须要有一场深刻的思想革命。

一、《新青年》与新文化运动

新文化运动的开端以 1915 年 9 月陈独秀（1879—1942）创办《青年》杂志为标志（第二卷开始更名为《新青年》），以推进启蒙运动、改造国民性为主旨，把着眼点放在新文化的建设和旧传统的摧毁上面，倡扬民主与科学。《新青年》的主要作者，有胡适（1891—1962）、吴虞（1872—1949）、李大钊（1889—1927）、鲁迅（1881—1936）、钱玄同（1887—1939）、刘半农（1891—1934）、易白沙（1886—1921）、高一涵（1885—1968）、沈尹默（1883—1971）、周作人（1885—1967）等人。他们主张白话诗文，抨击"三纲五常"，反对传统道德，以道德革命和文学革命相标榜。到 1919 年前，全国各地出版的刊物达 400 多种，启蒙运动达到前所未有的高潮。

陈独秀，字仲甫，安徽怀宁（今属安庆）人。他 1896 年考中秀才，1901 年因反清宣传遭到通缉而逃亡日本，入东京高等师范学校速成科学习。后协助章士钊主编《国民日报》，在芜湖创办《安徽俗话报》宣传革命，曾在日本帮助章士钊创办《甲寅》杂志。从 1915 年创办《青年》起，他成为新文化运动的领袖，1917 年受聘为北京大学文科学长，1918 年与李大钊创办《每周评论》。这一时期，他积极提倡民主与科学，提倡文学革命，反对封建的旧思想、旧文化、旧礼教，成为新文化运动的倡导者和领导人。1920 年年初，他到上海筹划成立共产党组织，是中国共产党的主要创始人。

新文化运动的主将有胡适和鲁迅等人。胡适，原名洪骍，后改名适，字适之，安徽绩溪人，早年就读于上海中国公学，1910 年赴美国留学，在康奈尔大学获文学学士学位。1915 年入哥伦比亚大学，师从杜威学习哲学。1917 年回国后任北京大学教授。1918 年参加编辑《新青年》，1919 年主编《每周评论》，1922 年与丁文江等创办《努力周报》，1923 年与徐志摩等组织新月社，主编《国学季刊》，提倡"整理国故"。1924 年与陈西滢等创办《现代评论》，后又主办《新月》月刊和《独立评论》周刊。鲁迅，原名周树人，字豫才，1918 年为《新青年》写稿时使用笔名鲁迅，浙江绍兴人，1898 年到南京水师学堂、路矿学堂求学，1902 年东渡日本在仙台医学专门学校学医，1909 年回国。1918 年在《新青年》上发表《狂人日记》，此后著有多篇小说、散文和杂文。

二、提倡白话文，反对纲常礼教

新文化运动中对白话文的提倡，由胡适 1917 年发表的《文学改良刍议》开端。在这篇文章中，胡适提出了"八不主义"，主张言之有物，不模仿古人，不作无病呻吟，务去滥调套语，不用典故，不讲对仗，不避俗字俗语。这种文学改良的呼吁，反映了打破精神束缚的自由追求。陈独秀对胡适的"文学改良"并不满意，发表了更为激烈的《文学革命论》，呼吁三大主义："曰推倒雕琢的阿谀的贵族文学，建设平易的抒情的国民文学；曰推倒陈腐的铺张的古典文学，建设新鲜的立诚的写实文学；曰推倒迂晦的艰涩的山林文学，建设明了的通俗的社会文学。"文学革命产生了新的白话作品，鲁迅写出了近代第一篇白话小说《狂人日记》后，又以《阿 Q 正传》塑造出阿 Q 这一文学史上的不朽典型。

在文学革命的大潮中，《新青年》以"打倒孔家店"为旗帜，对冠以孔子名号的纲常礼教展开了激烈的批判，试图对传统伦理道德进行彻底的清算。陈独秀说："忠、孝、贞节三样，却是中国固有的旧道德。中国的礼教、纲常、风俗、政治、法律，都是从这三样道德演绎出来的；中国人的虚伪、利己、缺乏公共心、平等观，就是这三样旧道德助长成功的；中国人分裂的生活、偏枯的现象（君对于臣的绝对权，政府官吏对于人民的绝对权，父母对于子女的绝对权，夫对于妻、男对于女的绝对权，主人对于奴婢的绝对权），一方无理压制，一方盲目服从的社会，也都是这三样道德教训出来的。中国历史上、现社会上种种悲惨不安的状态，也都是这三样道德在那里作怪。"① 这种与旧传统彻底决裂的革命姿态，使新文化

---

① 《调和论与旧道德》，《新青年》第 7 卷第 1 号。

运动显示出激进性的一面。

三、提倡民主与科学，反对专制

新文化运动初期以追求人权平等、个性自由解放为使命。1915 年《青年》杂志创刊时，陈独秀在《敬告青年》一文中说："自人权平等之说兴，奴隶之名，非血气所忍受。世称近世欧洲历史为解放历史——破坏君权，求政治之解放也；否认教权，求宗教之解放也；均产说兴，求经济之解放也；女子参政运动，求男权之解放也。解放云者，脱离夫奴隶之羁绊，以完其自主自由之人格之谓也。"这种思想，把政治民主、社会平等、个人自由结合起来，振聋发聩，是近代的思想解放宣言。

新文化运动带来的思想解放，引发了社会守旧势力的多方攻讦。为了回击社会上的各种责难，陈独秀于 1919 年写了《本志罪案之答辩书》，明确举起"德先生"（民主）和"赛先生"（科学）两面大旗："本志同人本来无罪，只因为拥护那德莫克拉西和赛因斯两位先生，才犯了这几条滔天的大罪。要拥护那德先生，便不得不反对孔教、礼法、贞节、旧伦理、旧政治；要拥护那赛先生，便不得不反对旧艺术、旧宗教。要拥护德先生又要拥护赛先生，便不得不反对国粹和旧文学。"陈独秀进一步感叹道："西洋人因为拥护德赛两先生，闹了多少事，流了多少血，德赛两先生才渐渐从黑暗中把他们救出，引到光明世界。我们现在认定只有这两位先生，可以救治中国政治上道德上学术上思想上一切的黑暗。若因为拥护这两位先生，一切政府的压迫，社会的攻击笑骂，就是断头流血，都不推辞。"此后，民主与科学的思想日益深入人心。

新文化运动在推进中国学术的近代化上也有一定贡献。胡适的《中国哲学史大纲》（上卷），开创了用近代科学方法研究传统思想的先声。在学术研究方法上，胡适提倡杜威的实用主义，主张"大胆的假设，小心的求证"；"假设不大胆，不能有新发明；证据不充足，不能使人信仰"（《清代学者的治学方法》），力求把中国传统的考据和朴学方法，与西方近代的实证和逻辑方法结合起来，对此后国内的学术研究具有引导的意义。

第二节　爱国救亡与"五四"运动

新文化运动以文学革命为开端，以爱国救亡为归宿。中国启蒙运动面临的社会现实，是社会贫瘠、国家落后、民族危亡、分崩离析，是国家和民族的解放与独立问题，而不是个人自由问题。所以，中国的启蒙运动，从一开始就与国家民族的命运紧密结合，新文化运动中所宣扬的人文主义，继承了中国士大夫"以天下为己任"的传统。因此，在"五四"前后激烈的反传统表象后面，"修齐治平""内圣外王""经世致用""天下兴亡匹夫有责"等传统文化的价值取向，与西方文化带来的新名词和新思维相融合，借助新的知识体系发扬光大。正因为如此，新文化运动与"五四"爱国运动在现实中融为一体。

一、"五四"爱国运动

在第一次世界大战中，日本借口对德宣战，占领原由德国控制的青岛和胶济铁路。1919 年的巴黎和会，中国作为战胜国，提出归还山东各项权利的要求。但和会拒绝了中国代表的要求，决定把战败国德国在山东的权益转交日本。消息传来，群情激愤，5 月 4 日，北京学生三千多人齐集天安门抗议，要求当局收回山东权益，"外争国权，内惩国贼"。学生游行队伍冲击交通总长曹汝霖住宅，痛打了驻日公使章宗祥，放火烧了赵家楼曹宅，遭到军警镇压，有 32 名学生被逮捕。学生的抗议活动得到各界人士广泛关注，爱国运动迅速波及全国。

5 月 19 日，北京学生全面罢课，通电全国。6 月，学生爱国运动的影响不断扩大，各地工人罢工，商号罢市，响应北京学生。在强大的社会压力面前，北京政府先后罢免了曹汝霖、陆宗舆、章宗祥的职务，总统徐世昌提出辞呈。"五四"运动以中国代表拒签和约而告终。

在"五四"运动中，新文化的倡导者把文化启蒙与爱国热情融为一体。新文化的干将傅斯年，成为"五四"游行的指挥；新潮社的主笔罗家伦，起草了《五四北京学界全体宣言》；著名学者李大钊和陈独秀，一个参加了"五四"游行，一个因在"五四"后散发传单被捕三个月。这些本来热衷于启蒙的学者，一个个自觉主动地投入了爱国救亡活动。

二、马克思主义在中国的传播

新文化运动之前，中国学界有零散的对马克思学说的介绍，其中既有改良派，也有革命派。改良派的梁启超曾在他的文章中提到过马克思；赵必振于 1903 年翻译日本福井准造的《近世社会主义》，对欧洲社会主义思想发展史有全面介绍。革命派的马君武于 1902 年发表的《社会主义与进化论比较》一文，明确指出："马克司者，以唯物论解历史学之人也，马氏尝谓阶级竞争为历史之钥。"同盟会的朱执信于 1906 年撰写的《德意志社会革命家列传》，全面介绍了马尔克（马克思）等人的活动概要。但是，此时关于马克思主义的介绍不但内容单薄零散，而且局限于学界，没有形成社会影响。

"五四"新文化运动促进了马克思主义在中国的传播。中国最早的马克思主义者陈独秀、李大钊，正是在新文化倡导的思想自由、言论自由、信仰自由旗帜下，学习、宣传马克思主义的。李大钊说："此间本来没有'天经地义'与'异端邪说'这样东西，就说是有，也要听人去自由知识，自由信仰。就是错知识了错信仰了所谓邪说异端，只要他的知识与信仰，是本于他思想的自由、知念的真实，一则得了自信，二则免了欺人，都是有益于人生的，都比那无知的排斥、自欺的顺从还好得多。"（《危险思想与言论自由》），对真理的探寻追求，使李大钊陆续写出了《法俄革命之比较观》《庶民的胜利》《Bolshevism 的胜利》《我的马克思主义观》等文章。陈独秀在"五四"运动后移居到上海从事共产主义宣传和建党筹备活动，他写的《谈政治》《对于时局的我见》等文，倡导"马格斯社会主义"，并于 1920 年创办《共产党》月刊，主张运用马克思主义改造中国社会，为创建中国共产党做了准备。正如习近平所言："历史不会忘记，陈独秀、李大钊等一批具有留学经历的先进知识分子，同毛泽东同志等革命青年一道，大力宣传并积极促进马克思列宁主义同中国工人运动相结合，创建了中国共产党，使中国革命面貌为之一新。"①

第三节　新文化运动引发的思想争鸣

民国初年的新思想，大体上源于晚清时期广为流传的进化论以及大范围的西学东渐，引来了多种思想流派。在新文化运动带动下，各种思想百家争鸣，从不同角度影响着中国社会的转型和思想文化的重建。

一、胡适与自由主义的传播

中国的自由主义思想，主要来源于杜威（1859—1952）、罗素（1872—1970）、拉斯基（1893—1950）的新自由主义。在这些自由主义者中，具有代表性的人物是胡适与傅斯年。在《新青年》之后，出现了一批宣传自由主义的报刊，包括

---

① 《在欧美同学会成立 100 周年庆祝大会上的讲话》，《人民日报》2013 年 10 月 22 日。

《努力周报》《现代评论》《新月》和《独立评论》等，围绕在这些杂志周围的学者，被人称为"现代评论派""新月派"。这些"派"并不是单纯的文学群体，而是留学英美、怀抱自由主义理念的松散同盟。他们在思想上也不尽一致，互相之间多有商榷争议，但大方向上尊奉自由主义。胡适的思想资源主要来自于美国的杜威，推崇实验主义的科学方法论，持渐进、改良的策略。在政治思想上，胡适将民主的含义普及化、大众化。20 年代，《现代评论》和《新月》关于民主和独裁的争论，关于国家主义和自由主义的争论，具备了一定的学术水准。

20 年代后期，中国的自由主义多受拉斯基的影响。胡适、张君劢（1887—1969）、罗隆基（1896—1965）等人以《新月》杂志为中心，组织了一个费边社式的小团体"平社"，翻译拉斯基的著作，传播费边主义。拉斯基的思想，介于自由主义和社会主义之间，试图调和个人自由和社会公正的关系。由此，中国的自由主义开始走向了社会民主主义。张君劢和张东荪崇拜罗素与拉斯基，推崇魏玛共和国的社会民主党和英国的工党。后来，他们既不赞成英美式道路，也不赞成苏俄式道路，提出了"第三条道路"的主张。但是，由于缺乏相应的社会基础和阶级基础，中国没有形成发达的资产阶级，所以，自由主义思想基本上停留在书斋之中，没有发展为普遍的社会思潮。

二、科学与玄学的论战

"五四"新文化运动以来，伴随着启蒙思想，中国的知识界开始出现科学主义的追求，试图把西方以近代实验为基础的科学作为一种武器，改造中国，重塑国民，使中国适应"物竞天择"的需要，在世界竞争中变成强者。国民党的元老吴稚晖等人主张科学救国，在《科学周报》（《民国日报》的副刊）的发刊词中，吴稚晖称："科学……的火焰在欧土忽炽。近百年来，更是火星进烈，光明四射。""独立自尊的观念，未来的理想世界，都仗着它造因。欧美各国的兴盛，除了科学，还能找出别的原动力么？"但有的学者则对科学能否应用于人生观提出质问，由此产生了科学与玄学的论战。

1923 年 2 月，北京大学教授张君劢发表了题为《人生观》的讲演（载《清华周刊》第 272 期），强调科学不能解决人生观问题，拉开了科学与玄学论战的序幕。接着，地质学家丁文江在北京的《努力周报》上发表《玄学与科学》一文，批评张君劢为"玄学鬼"，强调"今日最大的责任与需要，是把科学方法应用到人生问题上去"。此后，以张君劢、张东荪为一派，以丁文江、胡适为另一派，思想界的名流广泛参与，陈独秀等共产党人也积极介入，展开了激烈争辩。论战的主要文献，收录于陈独秀、胡适作序的《科学与人生观》（上海亚东图书馆）和张君劢作序的《人生观之论战》（上海泰东图书局）两本论文集中。

玄学派以张君劢为代表，批评科学万能论，认为科学的适用范围是有限的，尤其无法用科学来解决人生观问题。第一，科学是客观的，人生观是主观的；第二，科学为逻辑方法所支配，而人生观则起于直觉；第三，科学可以从分析方法下手，而人生观则为综合的；第四，科学为因果律所支配，而人生观则为自由意志的；第五，科学起于对象之相同现象，而人生观起于人格的单一性。科学派的丁文江则认为，科学能够解决人生观问题。"科学不但无所谓向外，而且是教育同修养最好的工具。因为天天求真理，时时想破除成见，不但使学科学的人有求真理的能力，而且有爱真理的诚心。无论遇见什么事，都能平心静气去分析研究，从复杂中求简单，从紊乱中求秩序，拿论理来训练他的意想，而意想力愈增；用经验来指示他的直觉，而直觉力愈活。了然于宇宙生物心理种种的关系，才能够真知道生活的乐趣。这种'活泼泼地'心境，只有拿望远镜仰察过天空的虚漠，用显微镜俯视过生物的幽微的人，方能参领得透彻，又岂是枯坐谈禅、妄言玄理的人所能梦见。"（《科学与人生观》）

科玄论战在思想史上并未超出当时已有的理论成果。玄学派的理论基础，为自由意志论和心物二元论，实际上是先验主义哲学早已提出的观点；科学派的理论基础，为决定论和还原论，实际上是经验主义和实证主义哲学早已提出的观点。这次论战最后以科学派的胜利结束。但是问题并没有结束。后来中国历史告诉人们：中华民族要站立起来，要靠科学社会主义的指导。

三、《学衡》与国学重构

在新文化运动的后期，出于对传统文化的反思，1922 年，东南大学教授吴宓（1894—1978）、梅光迪（1890—1945）、胡先骕（1894—1968）在东南大学副校长刘伯明的支持下，于南京创办了《学衡》杂志，吴宓任总编，从 1922 年 1 月到 1933 年 7 月共出版 79 期。这个杂志聚集的相关学人，后来被称为"学衡派"。所谓学衡派，实际上是一批以弘扬传统文化精神、促进传统文化转型为理念的学人松散集合。

《学衡》的宗旨，由留学美国的梅光迪提出，即："论究学术，阐求真理，昌明国粹，融化新知。以中正之眼光，行批评之职事，无偏无党，不激不随。"其基本思想是以理性、客观、中立的学术讨论，融合国学和西学。在这种宗旨与要求的指导下，一批对于国学有深入研究的学者相继为《学衡》撰文，包括梁启超、王国维、陈寅恪等学人。这些学人反复从学术角度论证传统与现代的关系问题。他们认为，在社会的转型时期，新旧思想的交锋之中，传统不可能中断，更不可能废除，思想和学术具有延续性。他们维护中国文化，推崇渐进式的变革，不主张摧枯拉朽的革命方式。但他们的思想，已经不是纯粹的"国故"，而是将西方的人文主义同中国传统文化相结合，用西式方法研究中国典籍。他们强调的不是固守传统，而是着手进行"学术结构重建"。正是在这种指导思想下，他们开了新儒学的先声。学衡派的基本思想，是以中国儒家的人文传统为立足点，运用西方学术方法，力求融会贯通中西文明，重建中华民族的精神家园。

"五四"运动是中国民主革命新时期的开端。马克思主义传入中国不久，经过陈独秀、李大钊等人的倡导，成为具有社会影响的思想和意识形态。与国民党倡导的三民主义相比，尽管当时马克思主义没有官方的强力后盾，但它却取得了社会性的广泛关注。中国人接受马克思主义的主要原因是它有切实可行的具体行动方案，有适应经济落后国家革命活动需要的战略和策略，尤其是提供了俄国 1917 年十月革命已见成效的经验借鉴。

1921 年中国共产党成立，在发展过程中，对马克思主义的认识逐渐加深。到延安时期，毛泽东从马克思主义与中国革命具体实践相结合的高度，对马克思主义有了重大发展，形成了毛泽东思想。尤其是毛泽东关于新民主主义革命的理论，立足于中国历史与社会的实际状况，发展了马克思主义。毛泽东思想指导中国人民取得了新民主主义革命的胜利，于 1949 年建立了中华人民共和国。此后，中国思想史跨进一个新的历史阶段。

思考题：

1. 简述"五四"运动的思想贡献。

2. 学习中国近代思想史可以得出什么结论？

后　记

　　《中国思想史》是马克思主义理论研究和建设工程重点教材，是在教育部实施马克思主义理论研究和建设工程领导小组领导下组织编写的。在编写过程中，得到了教育部马克思主义理论研究和建设工程重点教材审议委员会的指导，得到了中宣部、中央党校、中央编译局、求是杂志社、中国社会科学院等有关部门和有关专家学者的支持。同时，广泛听取了高校教师和学生的意见建议。

　　本教材由首席专家张岂之主持编写，谢阳举任副主编。张岂之撰写绪论、各篇导论，张茂泽撰写先秦篇第一章、第二章、第四章、第六章、第八章、第十章，谢阳举撰写先秦篇第三章、第五章、第七章、第九章、第十一章，方光华撰写秦汉篇，刘学智撰写魏晋南北朝篇、隋唐篇，肖永明撰写宋元篇第一章、第二章、第三章、第四章、第五章，范立舟撰写宋元篇第六章、第七章、第八章、第九章、第十章、第十一章，周群撰写明清篇第一章、第二章、第三章、第四章、第五章、第十一章第一节、第二节，许苏民撰写明清篇第六章、第七章、第八章、第九章、第十章、第十一章第三节、第十二章和近代篇第一章、第二章、第三章、第四章、第五章，刘文瑞撰写近代篇第六章。杨春贵、马敏、陈祖武、杨国荣等参加了学科专家审议并提出了修改意见。顾海良、杨河、陈炎等作了出版前的审读。

2015 年 9 月 9 日

第二版后记

定期修订马克思主义理论研究和建设工程重点教材是保证其编写质量的重要途径。党的十九大胜利召开后，为推动习近平新时代中国特色社会主义思想进教材、进课堂、进头脑，深入贯彻落实党的十九大和十九届二中、三中全会精神，教育部统一组织对已出版教材进行了全面修订。本书经国家教材委员会高校哲学社会科学（马工程）专家委员会审查通过。

张岂之主持了本次教材修订工作，谢阳举、刘学智、张茂泽参加了具体的修订工作。

2018 年 6 月

郑重声明

高等教育出版社依法对本书享有专有出版权。任何未经许可的复制、销售行为均违反《中华人民共和国著作权法》，其行为人将承担相应的民事责任和行政责任；构成犯罪的，将被依法追究刑事责任。为了维护市场秩序，保护读者的合法权益，避免读者误用盗版书造成不良后果，我社将配合行政执法部门和司法机关对违法犯罪的单位和个人进行严厉打击。社会各界人士如发现上述侵权行为，希望及时举报，我社将奖励举报有功人员。

反盗版举报电话　（010）58581999　58582371
反盗版举报邮箱　dd@hep.com.cn
通信地址　北京市西城区德外大街4号
　　　　　高等教育出版社法律事务部
邮政编码　100120

读者意见反馈

为收集对教材的意见建议，进一步完善教材编写并做好服务工作，读者可将对本教材的意见建议通过如下渠道反馈至我社。

咨询电话　400-810-0598
读者服务邮箱　gjdzfwb@pub.hep.cn
通信地址　北京市朝阳区惠新东街4号富盛大厦1座
　　　　　高等教育出版社总编辑办公室
邮政编码　100029

防伪查询说明

用户购书后刮开封底防伪涂层，使用手机微信等软件扫描二维码，会跳转至防伪查询网页，获得所购图书详细信息。

防伪客服电话　（010）58582300

教学支持服务说明

本书有配套教学课件,供教师免费下载使用,请访问 xuanshu.hep.com.cn,经注册认证后,搜索书名进入具体图书页面,即可下载。